/ 当代世界农业丛书 /

俄罗斯农业

郭翔宇　崔宁波　主编

中国农业出版社

北　京

当代世界农业丛书编委会

序

| *Preface* |

    2018 年 6 月，习近平总书记在中央外事工作会议上提出"当前中国处于近代以来最好的发展时期，世界处于百年未有之大变局"的重大战略论断，对包括农业在内的各领域以创新的精神、开放的视野，认识新阶段、坚持新理念、谋划新格局具有重要指导意义。农业是衣食之源、民生之基。中国农业现代化取得举世瞩目的巨大成就，不仅为中国经济社会发展奠定了坚实基础，而且为当代世界农业发展提供了新经验、注入了新动力。与此同时，中国农业现代化的巨大进步，与中国不断学习借鉴世界农业现代化的先进技术和成功经验，与不断融入世界农业现代化的进程是分不开的。今天，在世界处于百年未有之大变局、世界经济全球化进程深入发展、中国农业现代化进入新阶段的重要历史时刻，更加深入、系统、全面地研究和了解世界农业变化及发展规律，同时从当代世界农业发展的角度，诠释中国农业现代化的成就及其经验，是当前我国农业工作重要而紧迫的任务。为贯彻国务院领导同志的要求，2019 年 7 月农业农村部决定组织编著出版"当代世界农业丛书"，专门成立了由部领导牵头的丛书编辑委员会，从全国遴选了相关部门（单位）负责人、对世界农业研究有造诣的权威专家学者和中国驻外使馆工作人员，参与丛书的编著工作。丛书共设 25 卷，包含 1 本总论卷（《当代世界农业》）和 24 本国别卷，国别卷涵盖了除中国外的所有 G20 成员，还有五大洲的其他一些农业重要国家和地区，尤其是发展中国家和地区。

在编写过程中，大家感到，丛书的编写，是一次对国内关于世界农业研究力量的总动员，业界很受鼓舞。编委会以及所有参与者表示一定要尽心尽责，把它编纂成高质量权威读物，使之对于促进中国与世界农业国际交流与合作，推动世界农业科研教学等有重要参考价值。但同时，大家也切实感到，至今我国对世界农业的研究基础薄弱，对发达国家（地区）与发展中国家（地区）的农业研究很不平衡，有关研究国外农业的理论成果少，基础资料少，获取国外资料存在诸多不便。编委会、各卷作者、编审人员本着认真负责、深入研究、质量第一的原则，克服新冠肺炎疫情带来的诸多困难。编委会多次组织召开专家研讨会，拟订丛书编写大纲、制订详细写作指南。各卷作者、编审人员千方百计收集资料，不厌其烦研讨，字斟句酌修改，一丝不苟地推进丛书编著工作。在初稿完成后，丛书编委会还先后组织农业农村部有关领导和专家对书稿进行反复审核，对有些书稿的部分章节做了大幅修改；之后又特别请中国国际问题研究院院长徐步、中国农业大学世界农业问题研究专家樊胜根对丛书进行审改。中国农业出版社高度重视，从领导到职工认真负责、精益求精。历经两年三个月时间，在国务院领导和农业农村部领导的关心、指导下，在所有参与者的无私奉献、辛勤努力下，丛书终于付梓与读者见面。在此，一并表示衷心感谢和敬意！

即便如此，呈现在广大读者面前的成书，也肯定存在许多不足之处，恳请广大读者和行业专家提出宝贵意见，以便修订再版时完善。

唐欣荣

2021 年 10 月

前 言

|Foreword|

在当代世界农业发展中，俄罗斯是一个具有重要地位和影响的国家。在俄罗斯发展历史进程中，农业长期处于落后的状态。进入 21 世纪以来，俄罗斯农业出现了转机，迎来了重要的转折期和难得的快速发展期。综观俄罗斯不同时期农业发展状况及其影响因素，有不少经验和教训值得总结和分析，这对于作为农业大国的中国来讲具有启示和借鉴意义。

中国与俄罗斯是两个毗邻大国，有着 4 300 多千米的共同边界。近年来，在"一带一路"合作倡议和大力实施乡村振兴战略引领下，中俄农业合作日趋增强，两国农产品贸易持续增长，呈现出宽领域、多层次、广支点的良好态势。

2010 年首届金砖国家农业部长会议在俄罗斯莫斯科召开，明确指出农产品贸易与投资是未来金砖国家农业合作的重要领域之一，自此中俄农产品贸易进入快速增长阶段。2015 年，中俄两国签署丝绸之路经济带与欧亚经济联盟对接的协议。2019 年 6 月，习近平主席对俄罗斯进行正式访问，中俄两国元首发表了《中俄关于发展新时代全面战略协作伙伴关系的联合声明》，宣布中俄全面战略协作伙伴关系发展进入新时代。2020 年，中俄两国农产品贸易额达 55.44 亿美元，其中中国对俄罗斯农产品进口额达 40.87 亿美元，中国成为俄罗斯农产品第一大出口目的国。

2021 年是中国实施"十四五"规划、开启全面建设社会主义现代化国家新征程的第一年。在当前国际大背景下，中俄合作关系正寻找新的利益共同点，进一步扩大农业领域合作恰逢其时。中方共建"一带一路"倡议为中俄农业合作打开了新空间，注入了新动力。

为更好挖掘中国与俄罗斯开展农业合作的潜力，本书以黑龙江省高端智库东北农业大学现代农业发展研究中心为依托，汇集东北农业大学、东北林业大学、黑龙江省农业投资集团有限公司和俄罗斯远东联邦大学、伊尔库茨克国立农业大学等单位的专家力量，根据俄罗斯农业自然禀赋、经营制度、市场贸易等现实情况，使用了联合国贸易数据库（UNComtrade）、联合国粮农组织（FAO）、经合组织（OECD）、世界银行（WB）等国际组织及俄罗斯国家统计局、政府官方网站数据信息，期望全面展现俄罗斯农业现状。

本书在编写过程中，参阅了众多专家学者的相关研究成果和许多网络资源信息，并得到黑龙江省社会科学院、黑龙江大学等单位有关专家的支持和帮助。谨向关心和支持本书出版的所有人士表示衷心感谢！

由于苏联解体，使得俄罗斯农业发展数据不够连续和系统，加之编者的知识水平和时间有限，书中难免存在疏漏和不足之处，恳请广大读者批评指正。

编　者

2021 年 10 月

目 录

Contents

第一章 CHAPTER 1
俄罗斯概况 ▶▶▶

俄罗斯，全称为俄罗斯联邦，是世界上领土面积最大的国家，地跨欧亚两个大洲，与 14 个国家接壤。广阔的领土面积、特殊的地理位置和地质结构，造就了其得天独厚的自然资源，能够满足俄罗斯发展民族经济的需求。本章主要从自然地理与自然资源、国民经济、农业与国民经济三个方面介绍俄罗斯的基本情况。

第一节　自然地理与自然资源

一、自然地理状况

俄罗斯是世界上领土面积最大的国家，领土面积 1 709.82 万平方千米，占地球陆地面积的 11.4%，占苏联时期国土面积的 76.3%。俄罗斯位于欧亚大陆的北部，北纬 41° 到北纬 81°49′ 之间，俄罗斯北部领土的 36% 在北极圈内。领土略呈长方形，包括欧洲的东半部和亚洲的北部，从最东端白令海峡的杰日尼奥夫角到最西端加里宁格勒州的波罗的海海岸，长约 1 万千米，横跨 11 个时区。俄罗斯现由 85 个联邦主体组成，包括 22 个自治共和国、46 个州、9 个边疆区、4 个自治区、1 个自治州、3 个联邦直辖市。

俄罗斯拥有最漫长的边界线，边界的东部和北部是海疆，西部和南部主要是陆界，总长度超过 6 万千米，其中海疆约占 2/3，海岸线长 4.3 万千米，共与 12 个海相邻：北临北冰洋的巴伦支海、白海、喀拉海、拉普捷夫海、东西伯利亚海和楚科奇海，东濒太平洋的白令海、鄂霍次克海和日本海，西濒大西洋的波罗的海、黑海和亚速海。俄罗斯的陆路边界约占其疆界的 1/3，共与挪威、芬兰、爱沙尼亚、拉脱维亚、立陶宛、波兰、白俄罗斯、乌克兰、格鲁吉亚、阿塞拜疆、哈萨克斯坦、蒙古、中国和朝鲜 14 个国家接壤。此外，在东部，还同日本和美国的阿拉斯加隔海相望[①]。

俄罗斯境内地势东高西低，70％的土地是平坦辽阔的平原，地形主要分为东欧平原、西西伯利亚平原、中西伯利亚高原、乌拉尔山脉、西伯利亚南部和东部及远东山地等几部分。东欧平原面积约 400 万平方千米，有波状起伏的丘陵和低地分布，西西伯利亚平原上河网密布，湖泊众多。中西伯利亚高原海拔 500～1 500 米，是世界最大的高原之一。乌拉尔山脉和大高加索山脉是欧亚两洲分界线的一部分。乌拉尔山脉南北蜿蜒 2 000 多千米，一般海拔 500～1 200米。大高加索山脉海拔一般在 3 000～4 000 米，山峦重叠高峻。西伯利亚南部和东部及远东山地的山脉多为海拔 1 000～2 000 米的中山。

俄罗斯境内河流湖泊众多，沼泽广布，尤其是欧洲部分河网稠密，水量丰富，主要河流为伏尔加河、第聂伯河、顿河、伯朝拉河等。欧洲第一长河伏尔加河全长 3 690 千米。乌拉尔山脉以东地区多巨大河流，鄂毕河、叶尼塞河、勒拿河长度均在 4 000 千米以上。大部分河段可以通航，但结冰期长，通航期不足半年。俄罗斯拥有世界最深的湖泊——贝加尔湖，拉多加湖和奥涅加湖也是闻名世界的大湖，但绝大多数湖泊面积不足 1 平方千米。沼泽主要分布在北半部。

俄罗斯气候条件复杂多样，大陆性气候由西向东逐渐增强，西北部属海洋性气候，西伯利亚为典型的大陆性气候，远东属季风性气候。因此，俄罗斯温差普遍较大，1 月份大部分地区气温在 -10～40℃，7 月份气温在 11～27℃，年均降水量为 150～1 000 毫米。西伯利亚和远东的许多地区有多年冻土地带。俄罗斯境内自北向南为北极荒漠地带、冻土地带、森林冻土地带、森林地带、森林草原地带、半荒漠地带（里海沿岸低地）[②]。

二、自然资源状况

俄罗斯自然资源总量居世界首位，各种资源储量几乎都位于世界前列，特

① 潘德礼. 列国志：俄罗斯［M］. 北京：社会科学文献出版社，2005.
② 刘燕平. 俄罗斯国土资源与产业管理［M］. 北京：地质出版社，2007.

别是在其他国家非常短缺的矿产、植被、土地、水等资源方面，俄罗斯的优势非常明显。2016年淡水资源地表径流总量4.441万亿立方米，河川年径流量488亿立方米，天然气、煤炭、铁矿石、锰矿和金矿的储量分别为69.2万亿立方米、2 740亿吨、1 100亿吨、23 020万吨、14 600万吨。2018年，俄罗斯淡水资源为46 815亿立方米，森林面积87 070万公顷。

俄罗斯是森林资源大国。俄罗斯森林覆盖率约为43.9%，森林覆盖面积达80 000万公顷，约占世界森林总面积的20%以上，各种植被种类繁多。俄罗斯林木蓄积量800亿立方米，占世界总量的1/4，居世界首位，仅西伯利亚和远东地区就达600亿立方米。茂密的森林带来了大量的副产品，如野生苹果、梨等水果，浆果，榛子、胡桃、松子等坚果。俄罗斯的高等植物有2.5万～3万种。俄罗斯濒临的海域含有丰富的水生植物，白海和巴伦支海中共有达200万吨的大型水生植物。卫星遥感图显示的俄罗斯平原，特别是乌拉尔山脉以东地区自东向西被划分为4个植被区（表1-1）。

表1-1 俄罗斯森林资源总量及构成

单位：万公顷

年份	森林总面积	用于生产的森林		用于生物多样性保护区的森林		用于水土资源保护的森林	
		面积	占比	面积	占比	面积	占比
1990	80 895.0	44 667.9	55.2%	2 117.0	2.6%	5 869.5	7.3%
2000	80 926.9	41 143.7	50.8%	2 528.1	3.1%	7 038.8	8.7%
2005	80 909.0	41 310.3	51.1%	2 584.0	3.2%	7 055.6	8.7%
2010	81 513.6	42 149.1	51.7%	2 660.3	3.3%	8 511.1	10.4%
2015	81 493.1	41 507.4	50.9%	2 651.1	3.3%	8 645.3	10.6%
2020	81 531.2	45 529.2	55.8%	—	—	14 936.4	18.3%

资料来源：联合国粮农组织《全球森林资源评估报告》。

俄罗斯拥有丰富的水资源。俄罗斯淡水资源丰富，位居世界第二，境内的天然淡水储存总量达60万亿立方米，仅贝加尔湖容纳的淡水就达23.6万亿立方米，占全球地表淡水总量的20%。贝加尔湖是世界上最大的淡水湖之一，也是最深的湖泊，面积为31 500平方千米，最大深度达1 620米。俄罗斯拥有500多条通航的河流，总长度为30万千米，实际通航里程为8万千米。俄罗斯的地下水资源也很丰富，经过多年的地质勘探，在俄罗斯查明了约4 000个地下淡水和微咸水矿床，地下水总的开采储量为315亿立方米/年。预测的地下水资源量约为 3 500 亿立方米/年（约为 11 亿立方米/昼夜）。预测资源量最大的是西伯利亚、远东、乌拉尔和西北 4 个大区，经过国家审定的地下水储量最大的几个大区是中部、南部、滨伏尔加和西伯利亚 4 个大区①。

俄罗斯的动物资源十分丰富。俄罗斯是世界上经济鱼类和狩猎动物资源最多的国家之一，动物资源超过 12 万种，许多动物都有很高的经济价值。这使得俄罗斯的渔业、狩猎业、捕猎海兽业等产业都较为发达，为国民经济发展做出了重要贡献②。

三、农业资源状况

（一）农业自然地理条件的基本特征

俄罗斯是世界上土地总量（包括农用土地）最大的国家。俄罗斯拥有较多的农业发展机会，然而不利的地理位置、气候条件等自然环境却大大地限制了其农业发展。俄罗斯是世界上地理位置最北和气候最寒冷的国家，大约 75% 的领土位于温带气候带和寒冷区，还有广阔的土地位于永久的冻土区，太阳辐射十分有限；约 35% 领土处于温带，可以种植小麦、黑麦、大麦、燕麦、荞麦、亚麻、甜菜、向日葵等作物。在北极圈内的广阔区域，包括岛屿和北冰洋大陆沿岸，只能从事温室蔬菜种植业。

俄罗斯的地形呈现西低东高的特征，以叶尼塞河为界，中西部地区以平原为主，东部主要为高原和山地。这种地形结构和地势特征，既直接制约着俄罗斯的农业土地利用，还通过其对气候、水文、土壤和植被等的作用，间接地影响到俄罗斯的农业生产及其地理分布③。

由于大气挥发度的差异，俄罗斯的北部和西北部地区属于湿地区，北高加索的东部区域、东部和南部伏尔加河流域、乌拉尔和西伯利亚区域属于干旱区，几乎整个国家处于农业风险区中（干旱区、寒冷区、湿地区导致荒年的结果）。在俄罗斯种植多年生作物不太可能，大部分牧场产量较低。有利于农业发展的地区包括北部高加索地区、中部黑土区、伏尔加河中游地区，土地面积很小，仅占国家领土的 5% 左右。俄罗斯农业热量和水分提供能力远低于其他

① 刘燕平. 俄罗斯国土资源与产业管理 [M]. 北京：地质出版社，2007.
② 潘德礼. 列国志：俄罗斯 [M]. 北京：社会科学文献出版社，2005.
③ 毛汉英. 苏联农业地理 [M]. 北京：商务印书馆，1984.

国家，美国农业在这方面是俄罗斯 3.5 倍，法国是其 3.25 倍，德国是其 2.7 倍，英国是其 2.5 倍。

由于海陆位置与地形结构对俄罗斯气候的影响，除西北部极少数地区属海洋性气候外，其余地区都属于大陆性气候，程度从西向东逐渐增加。大陆性气候的程度（气象学上被称为大陆度）对于俄罗斯各个地区的区域性寒冷程度、农事季节的持续时间以及气候的干旱程度等，都有着重要的影响。

在大气环流方面，俄罗斯境内盛行的主要气团有极地气团、冰洋气团和热带气团，其中以极地气团活动的频率最大。极地气团是影响俄罗斯气候的主要气团，性质十分干燥，夏热冬冷。极地海洋气团由北大西洋地区进入俄罗斯境内，性质湿润，夏凉冬暖，且在向东移动的过程中水汽逐渐减少，发生变性，并表现出大陆气团的特性。冰洋气团具有低温、干燥等特点，主要影响俄罗斯的北半部地区，特别是西伯利亚地区。夏季，在北高加索和俄罗斯平原的南部常常形成地方性的热带气团，这是由极地气团变性而形成的高温、干燥的气团。上述三种气团间的交锋形成了冰洋锋和极锋，给俄罗斯带来了降水[①]。

在上述地理位置、海陆分布、地形、洋流以及大气环流等诸因素的综合影响下，俄罗斯的气候表现为以下基本特征：绝大多数地区冬季漫长，严寒干燥；夏季短促、温暖；春秋季很短，温差很大。降水不仅数量较少，季节分布也不均衡，在地区分布上呈现自西向东递减的趋势。俄罗斯全境冬季都有降雪，这对于保护农作物安全越冬有重要作用[②]。

（二）农业自然条件现状

1. 光热条件

光能和热量条件对于农作物的种类、品种的构成及其地区分布、种植制度以及产量的形成和变化等有着重要的影响。光能资源包括太阳年辐射总量、年辐射平衡、光合有效辐射量、年日照时数等相关指标。

同其他国家相比，俄罗斯的光能资源不够丰富。100 千卡[③]/平方厘米的太阳年辐射总量等值线大致沿北纬 50°分布（东部可以达到北纬 55°）。全国除了北高加索和西伯利亚南部部分地区外，太阳年辐射总量大都在 100 千卡/平方

①② 毛汉英.苏联农业地理［M］.北京：商务印书馆，1984.
③ 卡为非法定计量单位，1 卡≈4.18 焦耳，下同。

厘米以下，远少于北美大陆的同纬度地区，如加拿大平原的北纬 49°以北地区，太阳年辐射总量可达 100～180 千卡/平方厘米。就太阳的年辐射平衡来说，虽然全境均表现为正值，但分布很不均衡，约有三分之二的地区年辐射平衡不足 20 千卡/平方厘米，并且主要农业地区只有 25～40 千卡/平方厘米。

由于在日平均气温 10℃以上时农作物长势最盛，因而，这一时期的光合有效辐射量是决定农业生产潜力的重要指标之一。俄罗斯境内光合有效辐射量的分布状况大体是：西伯利亚以西地区，北纬 52°～53°为 30 千卡/平方厘米等值线；远东地区由于夏季受强烈的海洋季风影响，云量较多，空气透明度较小，太阳辐射量较少，北纬 50°以南地区只有 20 千卡/平方厘米。可见，在农作物生长季节，俄罗斯的光合有效辐射量相对不足。

俄罗斯年日照的分布趋势，大致是由西北向东南逐渐增加。在西伯利亚以西地区，年日照时数从中北部的不足 1 600 小时递增到南部的 2 100～2 200 小时；西西伯利亚平原南部在 2 000 小时以上；东西伯利亚和远东地区大多在 2 100～2 300 小时，一般高出西部同纬度地区 300～500 小时。

总的看来，俄罗斯的光能资源与同纬度的其他国家相比不算丰富。上述四项指标加起来，符合喜光的长日照作物生长的范围只有北纬 50°以南的极少数地区，主要农业区都存在光照缺陷。在俄罗斯平原的北部，常因光能资源不足，只能种植短日照的喜阴作物，如亚麻、马铃薯和饲料作物等；俄罗斯平原的中南部地区，可以种植一些中等日照的粮食作物和经济作物；而广大的西西伯利亚平原，由于光能不足，只能生长针叶林，仅西伯利亚南部地区才能生长谷类作物。除了伏尔加河下游和北高加索地区，几乎没有能够种植多种谷类作物、经济作物、蔬菜、瓜果的地区。

热量条件通常以农业指标温度与积温来衡量。对于俄罗斯农业来说，最重要的农业指标温度是日平均气温≥0℃和≥10℃的持续期。日平均气温在 0℃以上的日数是耐寒喜凉作物的生长期，或称农耕期。俄罗斯境内日平均气温 0℃以上持续期的分布大致是：北冰洋沿岸、东西伯利亚和远东地区不到 60 天，森林带为 80～120 天，伏尔加河下游为 150～180 天。总的说来，俄罗斯日平均气温在 0℃以上的持续期比较短，特别是在主要的农业区，一般仅有 4～6 个月时间。这就决定了俄罗斯几乎所有地区只能采用一年一熟制，还大大限制了一些喜温农作物和果树的种植。

俄罗斯无霜期的分布，大体上与日气温≥0℃持续期相似。俄罗斯平原大部地区无霜期为 120～180 天，西伯利亚的大部分地区仅有 90～120 天，而远东山地以及西伯利亚的北部等地区无霜期不足 60 天，甚至在夏季也有霜冻出现。总之，在俄罗斯，无霜期在 170 天以上、适宜喜温作物生长的地区只有伏尔加河下游、北高加索一带，占俄罗斯国土面积的比例微乎其微。

日平均气温≥10℃时，多数喜温作物如玉米、大豆、水稻和棉花等开始发芽生长，喜凉作物如小麦、大麦、马铃薯、甜菜和亚麻等进入活跃生长期，因而，日平均气温≥10℃的持续期是多数作物的活跃生长期（又称作物生长季）。按日平均气温≥10℃持续期的长短，俄罗斯可分为 5 个区域：持续期少于 90天的地区，几乎占国土总面积的三分之二；持续期为 90～120 天的地区，包括俄罗斯平原北部、西西伯利亚平原的中北部，以及东西伯利亚与远东的南部等；持续期为 121～150 天的地区，包括俄罗斯平原中部、西西伯利亚平原南部以及远东沿海部分地区；伏尔加河下游是持续期为 151～180 天的地区；北高加索地区可达到 180 天以上。就全国而言，日平均气温≥10℃持续期在 150天以上的地区，只有伏尔加河下游、北高加索一带。

俄罗斯上述两种农业指标温度持续期的分布状况，对多数主要农作物的生长有着很大的制约作用，尤其是那些生长期要求较长作物（如早熟籽粒玉米、高粱和棉花等）的种植范围比较狭小。生长期要求较短的马铃薯、荞麦等可以在持续期 90～120 天的地区种植；中等生长期的小麦、大麦、燕麦、甜菜、豌豆等，可分布在持续期 120～150 天的地区；生长期要求较长的籽粒玉米、高粱、大豆和向日葵等，可以分布在持续期为 150～180 天的地区；棉花、水稻等喜温作物，只有在北高加索地区种植。

俄罗斯通常以日平均气温≥10℃持续期的积温（活动积温）作为衡量大多数农作物热量条件或者热量保证程度的基本指标。俄罗斯热量资源的分布很不均衡，南北差异较大，其中活动积温不足 1 200℃（东部为 1 000℃）的严寒地带和寒冷地带，约占全国总面积的 44%；活动积温在 1 200（1 000）～2 200（2 000）℃的冷凉地带，约占全国总面积的 52%；活动积温在 2 200℃以上的适宜多种农作物栽培的地带仅占全国总面积的约 4%，其中北高加索地区还是山地。因此，热量保证程度中等以上的宜于种植业发展的地区，不到全俄罗斯总面积的 4%[1]。

① 毛汉英. 苏联农业地理 [M]. 北京：商务印书馆，1984.

2. 水分条件

水分条件是影响俄罗斯农业生产的最重要的条件之一。俄罗斯水资源极为丰富，是水资源大国，但分布不平衡。大部分河流集中在亚洲部分，东部地区占全俄淡水资源总量的绝大部分，其中东西伯利亚、远东和西西伯利亚即占全俄淡水资源总量的 70% 以上，而主要农业区——中央黑土区、北高加索、伏尔加河流域等仅占约 5%。

在俄罗斯，除了乌拉尔山脉外，几乎所有的山脉都是东西走向，另外，中亚、西伯利亚南部和东部连绵不绝的 3 000 米以上的高峰又挡住了来自印度洋、太平洋的湿气团流入，因此，俄罗斯的降水特征是受从西部进入的大西洋气团所支配。受这种温带大陆性和亚寒带大陆性气候的制约，俄罗斯境内的大气降水地理分布状况是：亚洲部分，也就是乌拉尔山以东的部分，绝大部分地区年降水量在 500 毫米以下，其中东西伯利亚北部北冰洋沿岸和勒拿河流域年降水量在 250 毫米以下，只有西伯利亚的鄂毕河和叶尼塞河两侧的高原和山地，以及远东沿海部分地区年降水量为 500～1 000 毫米；乌拉尔山以西的俄罗斯平原中部地区，以北纬 60° 线为基准，两侧各 5° 范围内，年降水量为 500～1 000 毫米，由此向南向北逐渐减少，伏尔加河中游直到北高加索东部地区都是 250～500 毫米，伏尔加格勒以下的下游地区还不到 250 毫米；但北高加索西部降水丰富，达到 1 000 毫米以上，黑海东岸甚至达到 2 000～3 000 毫米。

在年降水量的季节分配上，俄罗斯由于受大陆性气候的影响，年内最大降水量主要出现在 4—10 月的温暖季节。这一时期正是农作物生长发育的旺季，也是主要的需水时期，因此，暖季降水量的多少直接关系到多数农作物的生长状况，在非越冬作物的分布地区尤其如此。俄罗斯暖季降水量的分布特点为：俄罗斯平原的西、中部，降水量一般在 400 毫米以上，俄罗斯平原的中南部、南乌拉尔以及南西伯利亚地区为 200～400 毫米；远东地区因受海洋季风影响，暖季降水量多在 400 毫米以上。此外，黑海东北岸，即北高加索西部地区，属地中海型气候，以冬季降水为主。

俄罗斯境内的大气降水量，同世界同纬度的其他国家相比是较少的。如北美，落基山脉以东的整个大平原地带，降水量都在 500 毫米以上；美国农业用地中 60% 年降水量在 700 毫米以上，而俄罗斯只有约 10%。如以保证农作物生长发育良好所需的年降水量 500 毫米以上作为标准，那么，俄罗斯约有 77% 的地区都低于该值。年降水量在 400 毫米以上的地区，也只占全俄土地面积的四分之一，且其中还有相当大的地区或生长森林，或遍布沼泽与湿地（如西西伯利亚平原的中、北部），或因热量严重不足，不具备发展种植业的价值。可见，大气降水的分布特点对俄罗斯农业生产极为不利。

按各地区的湿润系数值，可把俄罗斯划分为两大湿度区域，即水分充足地区（降水量超过蒸发量）和水分不充足地区（降水量小于蒸发量）。俄罗斯平原、西西伯利亚平原以及远东沿海地区属于水分充足地区，面积约占俄罗斯的三分之二，但其中相当大一部分主要被苔原、森林苔原和森林带占据，对于发展种植业和畜牧业意义不大。水分不充足地区约占全国总面积的三分之一，主要分布在俄罗斯平原的中南部、伏尔加河中下游、北高加索东部、东西伯利亚和远东山地以及西伯利亚南部的森林草原、草原和干草原带，这些地区的水分条件难以保证，且很不稳定，从而影响了光热资源潜力的发挥。

降雪是俄罗斯大气降水的重要组成部分，它不仅是重要的水分来源，而且对越冬作物还起着保温、防寒作用。降雪的分布特点及积雪日期与厚度等状况，对俄罗斯农业生产，特别是秋播作物（即越冬作物）等有着重要的影响。俄罗斯各地积雪期和积雪厚度的分布状况，受纬度、海陆位置、大气环流、地形等条件的影响很大，但一般说来，俄罗斯的积雪期自北向南逐渐变短，积雪厚度也相应减小。由于积雪对秋播作物越冬有着明显的保护作用，使得这些作物在地域分布上大大突破了原有最低气温（即临界温度）的限制，其种植区域明显地向北推移，如在俄罗斯西部地区非黑土地带的北纬60°附近，冬季时尽管最冷月平均最低气温达－20℃，但由于有厚达45厘米以上的"雪被"保护，平均地温也仅为－12℃，使得这些地区甚至可以种植冬小麦和冬大麦[①]。

3. 土地条件

土地条件包括土地的地表结构特征（包括地形、地表组成物质等）和土壤的自然状况。前者直接制约着农业发展方向，后者在很大程度上决定土地资源的质量及农业利用特点。

（1）地表结构特征及其农业评价。地表结构特征对农业生产的影响表现在：一是直接影响农业用地的数量、分布和利用方式；二是由于不同的海拔高度、地势起伏及地面坡度等引起的对热量、水分的地表再分配以及土壤等要素的垂直分异，间接地影响农业生产。

---

① 毛汉英．苏联农业地理［M］．北京：商务印书馆，1984.

俄罗斯地表结构最基本的特征是平原类地形面积广大，平原、低地、丘陵等地形占国土面积的 50%～55%，并且俄罗斯的平原几乎都是连片分布，其间仅有浅丘或低山相隔，并不构成开垦利用的障碍。其中，以俄罗斯平原的农业利用价值最大，它占据了俄罗斯除北高加索山区以外的整个欧洲部分，一直延伸到黑海边，其中属于俄罗斯的面积约 300 万平方千米。平原的中南部经过长期开垦，是主要农业地区。此外，俄罗斯的其他平原类地形，如西西伯利亚平原的南部等，也是发展种植业的有利地区。

在平原地区，发展农业也存在着许多不利的因素，特别是沼泽、冰川沉积物、永冻土等所占面积较大，且难以开发，直接影响了土地资源的农业利用。其中，沼泽地面积约有 115 万平方千米，连同沼泽化土地共有约 200 万平方千米。这些地区地势低洼，地表储水，农业上难以利用。只有采取排水及一系列改良土壤措施后，才有利用价值。南部气候条件较好的地区，可以辟为牧场和耕地，但这不仅需要大量增加开垦投资，而且不利于实行农业机械化。

永久冻结层的面积约达 1 000 万平方千米，占国土面积的 58.5%。其中，连续永冻层分布于北冰洋沿岸及中西伯利亚高原的北部，由于它基本不化冻，故无任何农业利用价值；具有融土岛的冻结层主要分布在中西伯利亚高原的中部、勒拿河沿岸高地和外贝加尔附近地区，这类地区分布有森林，土地也难以开垦利用；岛状永冻层分布于俄罗斯平原的北部、西西伯利亚平原的北部，以及东西伯利亚和远东地区的大部。在岛状永冻层地区，永冻层对于林、牧业影响不大，但对于种植业的影响较大：永冻层虽然有助于保持土壤水分，但因土温较低，使农作物的生长期延长，成熟时间推迟，带来许多不利的影响。

此外，北极冰原、极地荒漠、苔原与森林苔原的面积总计有 300 万平方千米。这些土地，除少数经过改造后可供农业利用外，大多难以开发利用。

综上所述，俄罗斯虽然拥有连绵广阔的平原，为农业，特别是种植业的发展提供了巨大的可能性和有利条件，但是沼泽、荒漠、半荒漠、冰原、苔原、森林苔原、永冻层等占去了全部平原面积约一半以上，如再去掉水面、林地等，适宜发展种植业的地区仅占平原面积的 40% 左右。假如再考虑到热量和水分条件的可能保证程度，那么可利用的平原类地形中，就只剩下俄罗斯平原的中南部、西西伯利亚南部、南乌拉尔等地区了。

（2）主要土壤类型的农业评价。由于气候、地形、母质、植被等成土因素在空间和时间上的规律变化，俄罗斯土壤分布的基本特点是，从西北向东南随着热量、水分、生物等条件的变化而出现一系列呈水平地带的分布规律，其中尤以俄罗斯平原和西西伯利亚平原土壤分布的地带性最为明显。俄罗斯平原和西西伯利亚平原的北部是以灰化土为主，而南部则以黑土为主，在灰化土与黑土区之间有部分灰色森林土。在黑土区以南，伏尔加河下游、北高加索东部、西西伯利亚南部有栗钙土；中西伯利亚南部、东西伯利亚东部和远东地区则主要是山地灰化土；中西伯利亚北部是潜育灰化土、冰沼土和极地荒漠土。

灰化土是平原地区分布最广的土类，是俄罗斯非黑土地带的主要耕作土壤。这种土壤水分比较充足，但呈酸性反应，只要配合施用化肥和石灰，就可以使灰化土在农业上得到广泛的利用。灰色森林土一般土质比较肥沃，可种植谷类、饲料作物、蔬菜、马铃薯以及一些喜凉经济作物等。黑土为俄罗斯最重要的耕作土壤，俄罗斯境内的黑土带面积约110万平方千米，占世界黑土总面积的近三分之一和俄罗斯国土面积的6.4%左右。黑土腐殖质层深厚，肥力较高。但是，黑土区易受干旱威胁，土壤水分蒸发很快，因而，只有发展灌溉才能使农作物得到较高和较稳定的收成。栗钙土的特点是腐殖质层厚度较小，腐殖质含量也较黑土低，如果灌溉不当，容易发生土壤板结，出现盐渍化现象。冰沼土和荒漠土的农业利用价值很低[①]。

第二节 国民经济基本状况

2018年俄罗斯总人口为14 678万人，其中城市人口10 945万人，占75%，农村人口3 732万人，占25%。在世界各国人口数量排名中俄罗斯居第7位。与1989年的1.47亿人口普查结果相比，俄罗斯人口减少了约22万。俄罗斯人口自然增长率一直很低，在整个20世纪，居民人数大幅度减少的状况出现过三次。第一次是在十月革命和国内战争时期，1917—1920年居民减少了280万人。第二次是在卫国战争时期，由于战争造成的死亡以及生育能力下降，1940—1951年居民减少了720万[②]。第三次是在90年代，苏联解体以来，

① 毛汉英. 苏联农业地理［M］. 北京：商务印书馆，1984.
② 潘德礼. 列国志：俄罗斯［M］. 北京：社会科学文献出版社，2005.

俄罗斯人口的自然负增长率不断增大，人口的自然负增长使俄罗斯净减少人口从 1992 年的 22 万人增加到 2003 年的 89 万人。从苏联解体以来，俄罗斯人口累计减少了大约 500 万人①。

俄罗斯地域辽阔，人口平均密度很低，目前为 8.43 人/平方千米，是世界上人口密度较低的国家之一。但是，俄罗斯人口地域分布不平均，欧洲地区人口稠密，占全国人口的 78.5%，平均每平方千米 34.4 人，且人口主要集中在中央区、伏尔加河沿岸区、北高加索区和乌拉尔区，这 4 个区的面积占全国总面积的 13%，人口却占全国总人口的 57.4%。西伯利亚和远东地区地域辽阔，面积占全国总面积 80.2%，但人口稀少，仅占全国人口的 21.5%，平均每平方千米 2.32 人，而且主要集中在南部铁路沿线地带②。其人口最稀少的地区是北冰洋沿岸的寒冷地带，人口密度仅为 0.1~0.3 人/平方千米。目前，俄罗斯的退休总人数已占人口总数的 20%。虽然在 2009 年以前，俄罗斯有劳动能力的人口数量还在增加，但在 2009 年以后，劳动力的相对短缺就变为绝对短缺，这将对俄罗斯经济产生较大的负面影响。

俄罗斯各行业就业人数情况见表 1-2。

表 1-2　俄罗斯各行业就业人数情况

单位：千人

行业	2017 年		2018 年	
	男性	女性	男性	女性
农业	2 850	1 418	2 858	1 409
矿业	1 293	272	1 367	291
制造业	6 353	3 899	6 291	3 927
电气	1 419	488	1 431	493
供水、污水处理	348	168	354	161
建筑业	4 541	723	4 449	680
批发零售业	4 428	7 096	4 392	7 133
运输、储存	4 771	1 405	4 815	1 446

资料来源：俄罗斯联邦统计局。

---

① 唐朱昌. 从叶利钦到普京：俄罗斯经济转型启示 [M]. 上海：复旦大学出版社，2007.
② 潘德礼. 列国志：俄罗斯 [M]. 北京：社会科学文献出版社，2005.

<h1 style="text-align:center">第三节 农业现状</h1>

农业是俄罗斯经济发展中的短板，在苏联时期和俄罗斯早期，尽管政府采取了一系列的农业改革措施，但成效甚微，都未能转变俄罗斯农业落后的局面。在2000年后，俄罗斯将农业视为关系国计民生的重要领域，并且随着经济形势好转，政府进一步加强农业私有化的改革力度，加大对农业的支持，使得俄罗斯农业逆势增长。

一、农业对国民经济的意义

农业作为农产品生产部门，对保障居民粮食需求、工业生产所需原材料、促进农业地区稳定发展具有重要意义。下面从种植业和畜牧业两个方面来介绍俄罗斯农业发展对国民经济的重要意义。

俄罗斯的种植业生产对国民经济发展具有重要的意义。俄罗斯的种植业生产主要包括谷物生产和经济作物生产。对于俄罗斯来说，增加谷物生产是最重要的国民经济任务，因为只有掌握足够的谷物资源，才能使得国家拥有经济实力、政治力量并保持独立。谷物生产是农业生产的基础。粮食是人类的主要食品，谷物是许多工业部门的生产原料，对谷物的需求随着城市人口的增长而不断提高。畜牧业能否顺利发展取决于谷物生产状况。近几年，俄罗斯谷物总产量和单产都有所提高，谷物的单产由2000年每公顷1 560千克提高到2018年的每公顷2 445千克，谷物的总产量也由2000年的6 542万吨上升到2018年的11 330万吨。这期间谷物的播种面积变化不大，从2000年的4 558.5万公顷上升为2018年的4 633.9万公顷。

俄罗斯主要的经济作物包括棉花、亚麻、甜菜、油料、蔬菜、马铃薯和瓜果等。经济作物的生产对国民经济发展也具有重要意义。在俄罗斯，棉花是一种古老的作物，主要用途是提取纺纱、织布、制线和其他工业品的纤维。棉花纤维广泛应用于橡胶、航空、汽车、化学等工业部门。棉籽也是非常重要的食品工业原料。由于棉花的用途如此广泛，所以俄罗斯政府非常重视棉花生产。亚麻是一种多用途的作物，主要产品是麻茎和麻籽。麻茎加工得到的主要产品是亚麻纤维，麻籽可提取麻籽油以供食用，亚麻油渣是一种优质的饲料，所以亚麻全身都是宝。近几年，俄罗斯亚麻总产量虽然有所下降，但是单产提高幅度较大，亚麻的单产由 2000 年每公顷 470 千克提高到 2013 年的每公顷 970 千克，亚麻的总产量也由 2000 年的 3.1 万吨上升到 2013 年的 3.9 万吨。这期间亚麻的播种面积呈下降趋势，从 2000 年的 10.8 万公顷下降为 2013 年的 5.5 万公顷。甜菜在食品生产中具有很大的作用。俄罗斯的甜菜是生产食糖的唯一原料，利用甜菜加工后的废料还可以提取酒精、甘油等产品，废弃的污物还可以用作肥料和改良酸土用的灰化材料。俄罗斯种植甜菜始于 19 世纪初，近几年，俄罗斯甜菜总产量和单产都有较大幅度提高，甜菜的单产由 2000 年每公顷 18 800 千克提高到 2018 年的每公顷 37 356 千克，甜菜的总产量也由 2000 年的 1 405.1 万吨上升到 2018 年的 3 735.6 万吨。这期间甜菜的播种面积变化不大，从 2000 年的 80.5 万公顷上升为 2018 年的 112.7 万公顷。种植油料作物是为了提取食用和工业用植物油。这类作物包括向日葵、大豆、蓖麻、亚麻、芥菜、油菜、红花、芝麻、花生等。俄罗斯主要的油料作物是向日葵，用于许多食品工业部门，还用于制造甘油、油酸等。亚麻油用于油漆颜料工业和制革皮鞋工业，也做食用。豆油广泛用于食品工业，还作为工业原料用于制造塑料、油漆布等产品。芥籽油主要供食用。蓖麻油是工业油料，广泛用于航空工业、电子技术工业、金属加工工业、纺织工业和制革工业等部门，也用于医疗。花生油和芝麻油是食品工业不可替代的原料。榨油得到的废料——油渣、油粕是高蛋白饲料。近几年，俄罗斯油料作物总产量和单产都有较大幅度的提高，油料作物的单产由 2000 年每公顷 890 千克提高到 2016 年每公顷 1 390 千克，油料作物的总产量也由 2000 年的 447.3 万吨上升到 2016 年的 1 626 万吨。这期间油料作物的播种面积出现较大幅度增长，从 2000 年的 548.9 万公顷上升为 2016 年的 1 160 万公顷。马铃薯和蔬菜瓜果是重要的食用必需品，对于提高人们生活水平具有重要的意义。

畜牧业在俄罗斯是仅次于种植业的第二重要农业产业，畜牧业包括奶用养牛业、肉用养牛业、养猪业、养羊业、养禽业、养马业、养兽业、养蜂业、养蚕业、养鱼业等。畜牧业向居民供应非常重要的高热量的食品（奶类、肉类、油脂、油和蛋类），给轻工业和食品工业提供宝贵的原料（毛、皮、肉类、奶类、鱼类、蛋类、蜂蜜、蜂蜡和生丝等），并且提供畜力（马、犍牛、驴和骆驼）。用畜产品可以制作各种药剂和某些饲料（脱脂乳、乳浆、血粉和骨粉）。

近几年，俄罗斯畜产品产量有较大幅度的提高，供屠宰的牲畜和家禽产量由2000年的8 487万吨上升到2018年的10 629万吨，鸡肉、猪肉、鸡蛋等产量都有所上升。

二、农业在国民经济中的地位

(一) 农业在社会总产值和国民收入中的比重

农业是国民经济的基础。1978年苏联国民经济各个部门的社会总产值为9 921亿卢布，其中农业总产值为1 470亿卢布，占社会总产值的15%，仅次于工业（工业总产值占64%）。国民收入的部门结构可以比较确切地反映农业在国民经济中的比重。所谓国民收入是指新创造的价值，也就是净产值。据苏联官方公布的统计数字，1978年苏联国民收入为4 225亿卢布，其中农业创造的国民收入为736亿卢布，占17.4%。但是，在苏联，农业创造的净收入，有一部分是以工业和商业部门缴纳的周转税形式实现的，据苏联经济学家计算，如果加上这部分，农业创造的国民收入应占全部国民收入的四分之一以上。这个数字说明：第一，在苏联的整个国民经济中，农业占有十分重要的地位，它对整个经济的发展起着举足轻重的作用；第二，苏联的经济还是比较落后的。从西方发达资本主义国家的情况看，在经济高度发达的情况下，农业的比重应该更低一些。农业在整个国民经济中仍占四分之一，说明苏联经济现代化水平还不够高。

在20世纪90年代过渡时期俄罗斯农业所取得的成果依然较低。在1991年，农业产值占国内生产总值的16.4%，是俄罗斯最大的和非常重要的国民经济部门。到1998年农业产值占国内生产总值的比重低于6%，到1999年又提高到6.8%。2000年农业产值占国内生产总值比重为7.5%（表1-3）。到2005年农业产值占国内生产总值的比重进一步下降为4.4%，农业部门雇用了7.3万人，占全部职工人口的11%。只有3.6%固定资产主要集中在农业，5年前这个比例要高一倍，这种农业比重下降的现象在其他发达国家的经济发展中也都出现过，是经济发展的必然过程。自2008年俄罗斯农业得到了恢复，农业生产总值逐年增长，到2017年农业产值占国内生产总值的4.4%（表1-4）。

表 1-3　1995—2000 年农业在俄罗斯国民经济中的地位

年份	农业产值占国内生产总值的百分比	农业就业人数占比（%）	食品和农业原料（除了纺织品）在出口总额中比例（%）	食品和农业原料（除了纺织品）在进口总额中比例（%）	名义农业总产值（亿卢布）	实际农业总产值（1990 年为 100%）	种植业产值占农业总产值的比例（%）	畜牧业产值占农业总产值的比例（%）
1995	7.0	14.7	3.4	28.3	203.9	66.9	53.1	46.9
1996	7.1	14.0	3.7	25.3	286.9	63.5	54.6	45.4
1997	6.4	13.3	2.8	25.0	309.2	64.5	55.5	44.5
1998	5.6	13.7	3.2	24.9	304.5	56.0	49.4	50.6
1999	6.8	13.3	2.7	26.1	606.1	58.3	53.5	46.5
2000	7.5	13.0	2.6	21.8	844.9	61.2	58.3	41.7

资料来源：俄罗斯统计年鉴。

表 1-4　2008—2017 年农业总产值及在三产中所占的比重

年份	2008	2009	2010	2011	2012	2013	2014	2015	2016	2017
农业总产值（亿卢布）	15 493	15 851	15 485	20 405	21 193	23 615	28 017	34 077	36 741	36 947
农业总产值在三产中所占比重（%）	4.40	4.68	3.87	3.96	3.67	3.82	4.07	4.56	4.74	4.4

资料来源：金砖国家联合统计手册（2018）。

（二）农业是人们基本消费品的主要来源

农业是保证劳动力再生产的主要经济部门，是人类食物供给的主要来源，也是工业原料的重要来源。在苏联时期，尽管随着渔业、尤其是远洋捕鱼业的发展，苏联捕鱼量迅速增加，但基本食品仍是农业提供的。例如 1978 年，苏联人均消费肉 57 千克，奶 321 千克，蛋 230 个，糖 43 千克，植物油 8.2 千克，水果 41 千克。由于农业的发展，苏联人民饮食结构发生了很大的变化。食品中畜产品和营养价值高的产品的比重越来越大，每人平均的粮食制品、马铃薯的消费量不断下降。这种变化对农业提出了更高的要求，也使得农业对保证人民生活的作用提高了。农业也是提供主要日用消费品原料的部门。随着科学技术的进步，人造原料（合成纤维、人造革）不断增多，但是迄今为止，对于一些生活必不可少的非食品消费品来说，农业仍是相当重要的，甚至是主要的原料来源。例如，在俄罗斯纺织工业的原料中，化学纤维只占 22%，天然纤维仍占绝大部分。这种情况，在相当长时间内不会发生根本变化。

（三）农业与国民经济其他部门的经济联系

俄罗斯农产品不经加工直接用于个人消费的占 24.7％，经过工业加工后以轻工业、食品工业产品的形式提供给居民消费的占 52.4％，用于农业内部需要的（种子和饲料等）占 20.3％，这就是说，农产品一半以上是作为原料供工业加工。可见，国民经济许多部门的发展，直接或间接地取决于农业的状况。随着农业与非农业部门分工的加深和联系的扩大，它们之间在工艺上、经济上逐渐连接成为一个统一的整体。

第二章 CHAPTER 2
俄罗斯农业生产 ▶▶▶

　　俄罗斯农业用地地势平坦,土壤肥沃。辽阔的国土跨寒带、亚寒带和温带3个气候带,广袤的土地和多样的气候为俄罗斯农业发展提供了重要的自然物质基础。据统计,目前俄罗斯农业用地面积为2.2亿公顷,其中耕地面积约为1.3亿公顷,约占世界耕地面积的8.7%。粮食作物主要有小麦、大麦、玉米、水稻、大豆、马铃薯等,经济作物以向日葵和甜菜为主。小麦、葵花籽、马铃薯的产量均居于世界前五位。养殖业中,鸡蛋、牛奶、羊毛产量也居于世界前列。总体上,现阶段俄罗斯粮食生产不仅可以基本满足国内需求,而且部分出口,但畜产品及蔬菜水果生产还不能满足国内需求,依赖进口。本章主要介绍俄罗斯农业起源、发展与演变、种植业生产、畜牧业生产、林业生产、渔业生产的基本情况。

第一节　农业起源、发展与演变

一、农业起源与发展概况

　　农业是俄罗斯国民经济中的重要物质生产部门之一,在整个国家经济中占有重要地位。尽管俄罗斯农业资源十分丰富,拥有世界上最广阔的肥沃土地,但在过去很长一段时间内,农业一直都是其国民经济中比较薄弱的一环,这也使俄罗斯一度成为世界上最大的粮食进口国。在实行"休克疗法"之前,俄罗斯农业几经波折,有过低迷,也有过繁荣。

　　苏联解体后,由于受宏观经济、农业政策等因素的影响,俄罗斯农业连年歉收,种植面积大幅减少,农产品产量逐年下降,国内农产品供需矛盾日益尖锐。尽管政府出台了一些法令对农业进行改革，但最终均以失败而告终。1991—1998 年，俄罗斯的农业生产一直处在危机当中，农业总产值基本呈现不断下滑的趋势（只有 1997 年有过短暂的回升），累计下降 41.4%，年均下降 10.4%，其中种植业产值下降 34.3%，畜牧业产值下降 46.1%。粮食产量多年下降，1998 年下降达 46%，为 1952 年以来产量最低的一年，肉类产量减少了 6.5%，奶产量减少了 1.9%，整个农业生产在叶利钦改革年代倒退了 30 年。

1998 年金融危机成为俄罗斯农业发展的一个转折点。卢布的贬值抑制了食品的进口，居民购买力的恢复使国内市场需求有所增加。金融市场投机潜力的缩小、对资本流出的限制及对农业部门（如食品工业）短期投资增加的势头等成为农业部门发展的有利因素。近年来，俄罗斯农业在经历严重的危机之后步入了恢复与增长阶段，表现为农业产值不断增长。1999—2011 年，俄罗斯农业产值持续上升，其中 1999—2001 年增长速度较快，年均增长率高达 6.4%。近几年，俄罗斯不仅粮食实现了自给，农产品的出口也表现出增长的势头，这些都促进国内市场的容量迅速扩大，从而刺激了农业的发展。

如表 2-1 所示，近 10 年俄罗斯谷物和豆类播种面积变化不大，大约为 45 000 万公顷；谷物和豆类产量有波动，但近年基本稳定在 10 000 万吨左右；大牲口数近 10 年也基本没有太大浮动，保持在 7 000 万头左右。具体来看，2018 年，俄罗斯的谷物和豆类播种面积为 46 339 万公顷，谷物和豆类产量为 11 330 万吨，大牲口数为 7 290 万头。

表 2-1 1990—2018 年俄罗斯农业发展状况

年份	谷物和豆类播种面积（万公顷）	谷物和豆类产量（万吨）	大牲口数（万头）
1990	63 068	11 670	17 410
1991	61 783	8 910	16 600
1992	61 939	10 690	15 530
1993	60 939	9 910	14 100
1994	56 280	8 130	12 110
1995	54 705	6 340	10 770
1996	53 379	6 920	9 290
1997	5 3615	8 850	8 210
1998	50 697	4 780	7 480
1999	46 511	5 460	7 430
2000	45 585	6 540	7 100

（续）

年份	谷物和豆类播种面积 （万公顷）	谷物和豆类产量 （万吨）	大牲口数 （万头）
2001	47 176	8 510	7 150
2002	47 396	8 650	7 270
2003	42 072	6 700	6 980
2004	43 597	7 780	6 520
2005	43 593	7 780	6 350
2006	43 174	7 820	6 740
2007	44 266	8 150	6 880
2008	46 745	10 820	6 800
2009	47 555	9 700	6 860
2010	43 203	6 100	6 750
2011	43 584	9 420	6 870
2012	44 455	7 090	7 120
2013	45 848	9 240	7 080
2014	46 157	10 520	7 110
2015	46 609	10 470	7 270
2016	47 100	12 070	7 290
2017	47 705	13 550	7 380
2018	46 339	11 330	7 290

资料来源：《俄罗斯统计年鉴 2019》。

俄罗斯农业虽发展较为迅速，但农业增加值占 GDP 的比重变化不大。据世界银行的统计资料显示，如图 2-1 所示，2007—2019 年，俄罗斯农业增加值波动幅度较大，从 2007 年的 491 亿美元增加到 2014 年的 692 亿美元，达到一个峰值。在 2015 年又缓慢下降，到 2019 年，农业增加值为 586 亿美元。农业增加值呈上升—下降—再上升的发展趋势，2019 年与 2007 年相比，农业增加值提高了 16 个百分点。而从农业增加值占 GDP 的比重来看，近 5 年基本稳定在 3.5% 左右。同时，根据相关统计数据显示，俄罗斯农业对国内生产总值增长的贡献率呈负的年份较多，特别是在 2016 年，俄罗斯农业对国内生产总值增长的贡献率为 -54.7%，达历史最低[①]。

---

① 李敬．"一带一路"相关国家贸易投资关系研究．俄罗斯、蒙古、独联体其他六国［M］．北京：经济日报出版社，2017.

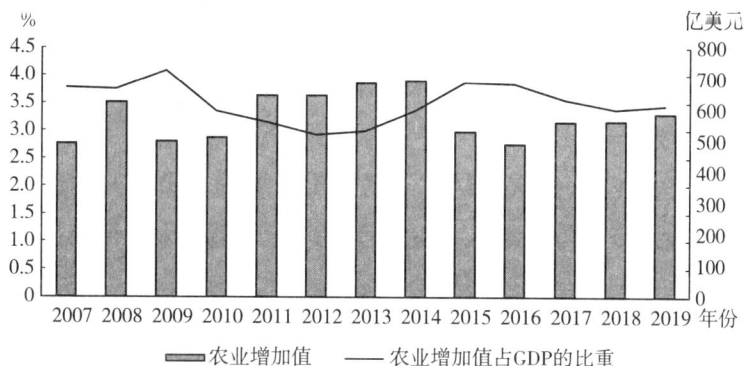

图 2-1 2007—2019 年俄罗斯农业增加值及其占 GDP 比重情况

资料来源：世界银行（World Bank）数据库。

二、农业产业结构演化

俄罗斯农业生产活动多样化，农业企业类型和数量初步反映了俄罗斯农业的产业结构。畜牧业在俄罗斯农业发展中十分重要，俄罗斯的草原面积大，为畜牧业发展提供了有利的条件。但是，由于牧场多位于荒漠和半荒漠地区以及草场质量差等多重不利因素的影响，俄罗斯畜牧业发展受到抑制。近 10 年的统计数据显示（表 2-2），2007—2010 年，畜牧业产值占比呈下降趋势，特别是在 2010 年，畜牧业与种植业产值比为 46：54，达到近 10 年最低比。自2011 年开始，畜牧业占农业总产值的比重有所提高，2016 年畜牧业与种植业产值比例为 53：47，是近 10 年最高比。2007—2018 年俄罗斯农业产值及部门结构变化，包括种植业和畜牧业的农业企业、家庭企业和农民（农场）企业产值的变化见表 2-2，2007—2018 年俄罗斯各种类型的农业企业所生产的基本农产品占比情况见表 2-3。

表 2-2 2007—2018 年俄罗斯农业产值部门结构与产值变化

单位：十亿卢布、%

年份	农产品总产值	种植业					畜牧业				
		产值	占比	农业企业	家庭企业	农民（农场）企业	产值	占比	农业企业	家庭企业	农民（农场）企业
2007	1 931.6	1 002.4	51.9	490.4	388.5	123.5	929.2	48.1	428.1	468.1	33.0

（续）

年份	农产品总产值	种植业					畜牧业				
		产值	占比	农业企业	家庭企业	农民（农场）企业	产值	占比	农业企业	家庭企业	农民（农场）企业
2008	2 461.4	1 306.4	53.1	637.6	501.5	167.3	1 155.0	46.9	546.1	567.0	41.9
2009	2 515.9	1 238.9	49.2	542.8	552.9	143.2	1 277.0	50.8	598.7	631.8	46.5
2010	2 587.8	1 191.5	46.0	485.9	572.1	133.5	1 396.3	54.0	664.1	678.3	53.9
2011	3 261.7	1 703.5	52.2	775.4	699.0	229.1	1 558.2	47.8	765.2	727.9	65.1
2012	3 339.2	1 636.4	49.0	738.1	677.0	221.3	1 702.8	51.0	862.7	763.9	76.2
2013	3 687.1	1 918.8	52.0	840.6	800.4	277.8	1 768.3	48.0	915.4	769.4	83.5
2014	4 319.1	2 222.5	51.5	974.1	917.9	330.5	2 096.6	48.5	1 164.9	832.4	99.3
2015	5 037.2	2 636.8	52.3	1 183.9	1 025.7	427.2	2 400.4	47.7	1 375.0	908.6	116.8
2016	5 112.3	2 710.3	53.0	1 428.4	768.9	513.0	2 402.0	47.0	1 390.0	890.3	121.7
2017	5 109.5	2 599.7	50.9	1 336.3	764.2	499.2	2 509.8	49.1	1 482.2	891.2	136.4
2018	5 348.8	2 756.1	51.5	1 438.8	787.1	530.2	2 592.7	48.5	1 583.3	869.6	139.8

资料来源：《俄罗斯统计年鉴2019》。

表 2 - 3 2007—2018 年俄罗斯各类农业企业生产基本农产品占比情况

单位：%

家庭企业												
年份	2007	2008	2009	2010	2011	2012	2013	2014	2015	2016	2017	2018
谷物（加工后重量）	1.0	0.9	0.9	1.0	1.1	1.0	0.9	1.0	1.0	0.9	0.8	0.8
甜菜	0.7	1.0	0.9	0.4	0.5	0.4	0.5	0.5	0.4	0.2	0.2	0.2
葵花籽	0.4	0.4	0.4	0.6	0.4	0.5	0.4	0.5	0.4	0.4	0.4	0.4
马铃薯	85.5	83.5	81.1	84.0	79.6	78.9	82.3	80.4	77.6	77.9	68.9	68.0
蔬菜	72.4	70.7	71.3	71.5	66.6	69.1	69.4	69.9	67.0	66.5	55.4	55.1
水果和浆果	—	—	—	—	—	—	—	76.7	76.	74.4	—	—
屠宰用畜禽（屠宰体重）	46.2	42.7	39.5	36.5	33.7	30.2	26.9	24.7	22.7	21.2	19.1	18.0
牛奶	51.8	51.7	51.1	50.4	49.7	48.3	48.1	47.1	45.6	43.9	40.2	38.7
鸡蛋	24.2	24.5	23.5	22.1	21.7	21.2	21.2	21.4	20.7	19.7	18.8	18.5
羊毛	55.4	55.4	53.8	54.4	54.9	52.0	49.1	49.0	—	46.4	47.2	46.5
农业企业												
年份	2007	2008	2009	2010	2011	2012	2013	2014	2015	2016	2017	2018
谷物（加工后重量）	78.8	78.1	78.2	77.1	76.8	76.8	74.5	73.7	72.7	71.4	70.1	70.2
甜菜	87.9	89.2	89.3	88.7	86.4	87.6	89.6	89.2	89.0	88.1	88.2	89.1

（续）

农业企业												
年份	2007	2008	2009	2010	2011	2012	2013	2014	2015	2016	2017	2018
葵花籽	69.9	70.7	70.7	73.0	71.9	72.4	70.7	70.1	70.3	68.7	68.1	66.4
马铃薯	10.1	11.4	70.7	10.5	13.0	13.1	10.9	12.1	13.8	13.5	19.5	19.3
蔬菜	18.9	19.2	18.4	17.1	19.7	17.1	16.3	16.5	17.9	18.9	25.6	26.2
水果和浆果	—	—	—	—	—	—	—	21.5	21.6	23.7	—	—
屠宰用畜禽（屠宰体重）	51.0	54.3	57.5	60.6	63.3	66.9	70.3	72.4	74.4	75.9	77.9	79.0
牛奶	44.2	44.0	44.5	44.9	45.5	46.3	46.0	46.7	47.8	49.0	51.9	53.1
鸡蛋	75.0	74.6	75.7	77.1	77.5	78.0	78.1	77.8	78.4	79.2	80.1	80.5
羊毛	21.8	18.4	19.8	19.7	18.1	17.8	18.3	17.9	—	16.1	15.9	18.0

农民（农场）企业												
年份	2007	2008	2009	2010	2011	2012	2013	2014	2015	2016	2017	2018
谷物（加工后重量）	20.2	21.0	20.9	21.9	22.1	22.2	24.6	25.3	26.3	27.7	29.1	29.0
甜菜	11.4	9.8	9.8	10.9	13.1	12.0	9.9	10.3	10.6	11.7	11.6	10.7
葵花籽	29.7	28.9	28.9	26.4	27.7	27.1	28.9	29.4	29.3	30.9	31.5	33.2
马铃薯	4.4	5.1	5.8	5.5	7.4	8.0	6.8	7.5	8.6	8.5	11.6	12.7
蔬菜	8.7	10.1	10.3	11.4	13.7	13.8	14.3	13.6	15.1	14.6	19.0	18.7
水果和浆果	—	—	—	—	—	—	—	1.8	2.1	1.9	—	—
屠宰用畜禽（屠宰体重）	2.8	3.0	3.0	2.9	3.0	2.9	2.8	2.9	2.9	2.9	3.0	3.0
牛奶	4.0	4.3	4.4	4.7	4.8	5.4	5.9	6.2	6.6	7.1	7.9	8.2
鸡蛋	0.8	0.9	0.8	0.8	0.8	0.8	0.7	0.8	0.9	1.0	1.1	1.0
羊毛	22.8	26.2	26.4	25.9	27.0	30.2	32.6	33.1	—	37.5	36.9	35.5

资料来源：《俄罗斯统计年鉴2019》。

第二节 种植业生产

俄罗斯种植业主要种植小麦、大麦、玉米、水稻、大豆、马铃薯、向日葵、甜菜、蔬菜和浆果等作物。近年来，俄罗斯种植业播种面积呈稳定增长态势，主要种植业产品产量在2004年已基本恢复到1990年的水平，但单产水平相对较低。

一、粮食作物生产状况

俄罗斯种植业以粮食作物为主，播种面积占60%左右。在粮食作物中，小麦是第一大作物，播种面积占一半以上；其次是大麦，播种面积约占1/5；

其他粮食作物主要有燕麦、玉米、黑麦、荞麦、水稻、高粱等。

（一）谷物生产

1. 小麦生产

小麦是俄罗斯播种面积最大和产量最高的粮食作物，根据表2-4、表2-5统计数据显示，俄罗斯小麦播种面积在2007年为2 438.5万公顷，2010年达到2 774.9万公顷，与2007年相比增加了336.4万公顷，为近十年以来的最大播种面积。但是，在2010年以后，小麦的播种面积逐年减少，到2014年减少到2 519.9万公顷，随后稍有回升，2018年小麦的播种面积达到2 726.4万公顷。与此同时，在2008—2017年的十年间，小麦的总产量和单产也存在较大幅度的波动，在2010年和2012年两年中，俄罗斯小麦总产量和单产先后两次达到近十年的最低点，特别是2012年，小麦总产量仅为3 772万吨，单产仅为1 484.6千克/公顷。在2012年以后，俄罗斯小麦的总产量和单产具有较大幅度的提升，在2017年达到近十年总产量的最高点，总产量和单产分别为8 600.0万吨和3 079.9千克/公顷。

2. 大麦生产

大麦在俄罗斯是仅次于小麦的第二大粮食作物，主要用作饲料和酿酒。根据表2-4、表2-5统计数据显示，从2007年到2018年，俄罗斯大麦的播种面积和产量的波动幅度均较大。2007年俄罗斯大麦播种面积为961.8万公顷，到2010年达到十年来的最低水平，仅为675.3万公顷，与2007年相比减少286.5万公顷。在2010年以后，大麦的播种面积逐渐增加，但是俄罗斯大麦的总产量和单产在近十年间始终处于较大幅度的波动状态，2008年大麦总产量最高，为4 505.1万吨，并且单产也最高，为4 682.6千克/公顷。2018年与2007年相比，大麦的总产量和单产均减少，总产量减少2 209.4万吨，单产减少2 022.7千克/公顷。

3. 玉米生产

俄罗斯玉米产业规模相对较小，玉米生产主要用于国内消费，只有很少一部分用于出口，最近几年俄罗斯的玉米出口量更是呈持续下降趋势，玉米在俄罗斯主要用于饲料生产和淀粉生产。表2-4、表2-5显示的数据是作为粮食的玉米产量，2007—2018年，俄罗斯玉米播种面积和产量总体呈上升趋势，2007年俄罗斯玉米播种面积为150.9万公顷，到2018年增长到245.2万公顷，年均增长 0.4 万公顷。2007 年俄罗斯玉米总产量为 379.8 万吨，单产为 2 516.9 千克/公顷，到 2018 年总产量增长到 1 140 万吨，单产增长到 4 649.3 千克/公顷，年均增长分别为 76 万吨和 213.2 千克/公顷。

表 2-4 2007—2018 年俄罗斯粮食作物播种面积情况

单位：万公顷

年份	小麦	大麦	玉米	水稻
2007	2 438.5	961.8	150.9	16.3
2008	2 506.9	962.1	181.2	16.0
2009	2 691.9	903.5	136.5	17.8
2010	2 774.9	675.3	141.6	20.1
2011	2 715.2	842.5	171.6	21.1
2012	2 540.8	862.8	205.8	19.2
2013	2 522.6	879.1	245.0	18.9
2014	2 519.9	835.5	268.7	19.7
2015	2 553.5	776.7	276.2	20.2
2016	2 770.9	832.2	288.7	20.4
2017	2 792.3	801.0	301.9	18.7
2018	2 726.4	832.5	245.2	18.2

资料来源：《俄罗斯统计年鉴 2019》。

表 2-5 2007—2018 年俄罗斯粮食作物总产量与单产情况

单位：万吨、千克/公顷

年份	小麦		大麦		玉米		水稻	
	总产量	单产	总产量	单产	总产量	单产	总产量	单产
2007	4 939.0	2 025.4	3 909.4	4 064.7	379.8	2 516.9	70.5	4 314.1
2008	6 376.5	2 543.5	4 505.1	4 682.6	668.2	3 687.6	73.8	4 602.9
2009	6 174.0	2 293.6	4 333.1	4 795.9	396.3	2 903.3	91.3	5 143.7
2010	4 150.8	1 495.8	1 636.6	2 423.5	308.4	2 178.0	106.1	5 279.7
2011	5 624.0	2 071.3	2 970.7	3 526.1	696.2	4 057.1	105.6	5 002.8
2012	3 772.0	1 484.6	2 131.5	2 470.4	821.3	3 990.8	105.2	5 490.1
2013	5 209.1	2 064.9	3 360.9	3 823.1	1 163.0	4 749.0	93.5	4 946.6
2014	5 791.1	2 298.2	3 280.7	3 926.6	1 133.2	4 217.3	104.9	5 331.0
2015	6 179.0	2 419.9	2 086.7	2 686.6	1 317.3	4 769.4	111.0	5 491.3
2016	7 329.0	2 645.0	2 541.2	3 053.6	1 531.0	5 303.1	108.1	5 303.7
2017	8 600.0	3 079.9	2 070.0	2 584.3	1 320.0	4 372.3	98.7	5 278.1
2018	7 210.0	2 644.5	1 700.0	2 042.0	1 140.0	4 649.3	103.8	5 703.3

资料来源：《俄罗斯统计年鉴 2019》。

4. 水稻生产

俄罗斯气候寒冷，积温较低，热量不足，导致俄罗斯水稻的生产能力相对较弱，出口总量相对较低。根据表 2 - 4、表 2 - 5 统计数据显示，2007—2018年，俄罗斯水稻的播种面积和产量总体呈上升趋势。2007 年，俄罗斯水稻种植面积为 16.3 万公顷，在 2011 年，播种面积达到近十年播种面积的最高点，为 21.1 万公顷，2011—2013 年，俄罗斯水稻的播种面积呈下降趋势，在 2013 年以后有小幅度的上涨，到 2016 年播种面积达到 20.4 万公顷，2017 年、2018 年又回落至 18 万公顷左右。与此同时，俄罗斯水稻的总产量从 2007 年的 70.5 万吨增长到 2018 年的 103.8 万吨，单产从 2007 年的 4 314.1 千克/公顷增长到 2018 年的 5 703.3 千克/公顷。

（二）大豆生产

俄罗斯种植大豆的历史悠久，在 20 世纪 20 年代就开始研发大豆种植技术。俄罗斯大豆主要种植在北高加索、外高加索和远东地区。目前，俄罗斯大豆主要种植区在远东的哈巴罗夫斯克、库尔斯克、沿海边疆、阿穆尔州和犹太自治州，约占俄罗斯大豆总播种面积的 80%。俄罗斯大豆质量佳、蛋白质含量高，不仅可以用于加工大豆油，还可以从大豆中提取优质大豆蛋白用于其他食品加工，因此俄罗斯大豆的发展前景可观。根据表 2 - 6 统计数据显示，2007—2018 年，俄罗斯大豆的播种面积和总产量均呈上升趋势，2007 年，俄罗斯大豆播种面积为 74.8 万公顷，到 2018 年达 294.9 万公顷，短短十年间，播种面积增长近 3 倍，总产量由 2007 年的 65.2 万吨增长至 2018 年的 400 万吨，增长了 5 倍多，单产也从 2007 年的 871.7 千克/公顷增长到 2018 年的 1 356.4 千克/公顷。俄罗斯大豆播种面积和产量的增加源于国内对大豆需求增加和国际贸易形势变化。

表 2 - 6   2007—2018 年俄罗斯大豆生产情况

年份	播种面积（万公顷）	总产量（万吨）	单产（千克/公顷）
2007	74.8	65.2	871.7
2008	76.9	74.6	970.1
2009	77.8	94.4	1 213.4
2010	82.7	122.2	1 477.3

（续）

年份	播种面积 （万公顷）	总产量 （万吨）	单产 （千克/公顷）
2011	122.7	164.0	1 336.4
2012	122.1	180.6	1 479.4
2013	148.4	163.6	1 102.5
2014	157.0	259.7	1 654.1
2015	206.2	271.0	1 314.4
2016	216.0	320.5	1 483.8
2017	263.6	360.0	1 365.7
2018	294.9	400.0	1 356.4

资料来源：《俄罗斯统计年鉴 2019》。

（三）马铃薯生产

根据表 2-7 统计数据显示，2007—2018 年，俄罗斯马铃薯的播种面积呈下降趋势，2007 年马铃薯播种面积最大，达到 201.0 万公顷，到 2018 年马铃薯播种面积达到近十年最低点，仅为 132.5 万公顷，虽然播种面积在 2011 年后有所下降，但是总产量下降幅度不大，单产呈现增长趋势，2018 年，俄罗斯马铃薯单产达到近十年最高点，为 16 905.7 千克/公顷。

表 2-7　2007—2018 年俄罗斯马铃薯生产情况

年份	播种面积 （万公顷）	总产量 （万吨）	单产 （千克/公顷）
2007	201.0	2 650.0	13 184.1
2008	197.2	2 710.0	13 742.4
2009	199.1	2 840.0	14 264.2
2010	194.8	1 850.0	9 496.9
2011	189.2	2 800.0	14 799.2
2012	184.0	2 450.0	13 315.2
2013	168.4	2 400.0	14 251.8
2014	159.9	2 430.0	15 197.0
2015	156.2	2 540.0	16 261.2
2016	144.1	2 250.0	15 614.2
2017	135.0	2 170.0	16 074.1
2018	132.5	2 240.0	16 905.7

资料来源：《俄罗斯统计年鉴 2019》。

二、经济作物生产状况

俄罗斯经济作物主要是油料作物，其次是甜菜和亚麻等。油料作物主要为葵花籽和油菜籽。2007—2018年，油料作物播种面积、产量波动比较大，有升有降，但总体呈上升趋势。油料作物产量的增长，一方面是由于俄罗斯居民生活水平提高而增加了对食用油的需求，另一方面是由于国际市场对生物能源的需求。

（一）葵花籽生产

葵花是俄罗斯的国花，俄罗斯是全球仅次于乌克兰的向日葵种植大国。向日葵是俄罗斯最受欢迎的农作物之一，种植面积占俄罗斯经济作物种植面积的1/2，葵花籽一直在俄罗斯油料作物中占主导地位，主要集中在大草原和干草原地区。北高加索经济区是葵花籽的主要生产区，产量占俄罗斯葵花籽总产量的60%。根据表2-8统计数据显示，在2007—2018年，俄罗斯向日葵种植面积呈快速增长态势，2007年播种面积为531.1万公顷，到2018年达到近十年向日葵播种面积的最大值，为816万公顷。俄罗斯葵花籽总产量除在2010年有大幅波动外，其余年份变化幅度较小，2018年俄罗斯葵花籽总产量达到1 280万吨，是2007年总产量的2倍多，单产达到1 568.6千克/公顷，比2007年增加501.0千克/公顷。

（二）油菜籽生产

尽管向日葵和油菜的生产费用和油产量大致相同，但种植油菜具有更高的回报率。油菜对气候条件的要求很低，这就意味着增加油菜的种植将有利于俄罗斯油料加工业的兴起，但油菜种植也存在一定的制约因素，例如出口关税的增加等。根据表2-8统计数据显示，2007—2018年，俄罗斯油菜的播种面积在2014年之前有较大幅度的提升，2007年，俄罗斯油菜的播种面积为67.3万公顷，到2014年达到133.5万公顷，播种面积是2007年的近2倍，虽然在2015年、2016年俄罗斯油菜的播种面积有所降低，但总播种面积仍在100万公顷以上，并且在2017年和2018年播种面积逐渐增加。随着播种面积的增加油菜籽总产量也有较大幅度提升，2007年俄罗斯油菜籽总产量为60万吨，到

2018 年总产量达到 200 万吨，达到近十年油菜籽总产量的峰值。就油菜籽单产而言，几乎保持在 1 000 千克/公顷左右，一直到 2017 年之后才有了较大的提升。

（三）甜菜生产

甜菜是俄罗斯制糖业的主要原料，近年来播种面积和总产量均呈上升趋势。俄罗斯是甜菜生产大国，据有关数据显示，2016 年俄罗斯生产甜菜制糖 620.0 万吨，已超过法国、美国和德国，成为世界上最大的甜菜糖生产国。据俄罗斯联邦统计局和俄罗斯统计年鉴数据显示（表 2-8），2007 年俄罗斯甜菜播种面积为 82.3 万公顷，到 2011 年达到近十年甜菜播种面积的峰值，为 130.4 万公顷，虽然此后年份甜菜播种面积稍有降低，但到 2018 年甜菜播种面积依旧保持在 100 万公顷以上，与 2007 年相比增加 30.4 万公顷。与此同时，2018 年俄罗斯甜菜总产量和单产与 2007 年相比也有较大幅度的提升，2007 年俄罗斯甜菜总产量为 2 884 万吨，单产为 35 051 千克/公顷，到 2017 年总产量最高，达到 5 190 万吨，单产达到 43 322.2 千克/公顷，增长率分别为 79.9% 和 23.6%。

表 2-8 2007—2018 年俄罗斯经济作物生产情况

年份	葵花籽			油菜籽			甜菜		
	播种面积（万公顷）	总产量（万吨）	单产（千克/公顷）	播种面积（万公顷）	总产量（万吨）	单产（千克/公顷）	播种面积（万公顷）	总产量（万吨）	单产（千克/公顷）
2007	531.1	567.0	1 067.6	67.3	60.0	891.3	82.3	2 884.0	35 051.0
2008	546.0	735.0	1 346.2	69.2	75.2	1 086.5	84.6	2 900.0	34 283.0
2009	622.4	645.0	1 036.3	70.0	66.7	952.6	85.6	2 489.0	29 083.9
2010	601.6	534.0	887.6	67.7	67.0	990.0	112.8	2 226.0	19 734.0
2011	728.7	906.0	1 243.4	84.4	96.0	1 137.8	130.4	4 764.0	36 536.5
2012	755.4	750.0	992.9	91.6	103.6	1 131.5	114.5	4 506.0	39 370.9
2013	671.7	984.0	1 465.0	125.0	139.3	1 114.8	93.7	3 932.0	41 954.8
2014	730.1	848.0	1 161.6	133.5	146.4	1 097.0	94.2	3 351.0	35 573.2
2015	697.8	928.0	1 329.8	119.0	101.0	849.1	103.1	3 903.0	37 860.1
2016	704.0	1 101.0	1 563.9	104.0	99.9	960.6	112.0	5 137.0	45 866.1
2017	799.4	1 050.0	1 313.5	100.5	150.0	1 492.5	119.8	5 190.0	43 322.2
2018	816.0	1 280.0	1 568.6	157.6	200.0	1 269.0	112.7	4 210.0	37 355.8

资料来源：《俄罗斯统计年鉴 2019》。

三、果蔬生产状况

(一) 水果生产

受自然条件的限制，俄罗斯水果生产以温带水果为主，品种不多，规模较小，主要生产苹果、葡萄、醋栗、樱桃、李子、草莓和树莓等。其中，苹果产量最高，也是俄罗斯唯一一类达上百万吨的水果，约占水果总产量的 45%；其次是葡萄和醋栗，约占总产量的 10%[①]。根据表 2-9 统计数据显示，2018 年俄罗斯水果播种面积仅有 46.6 万公顷，与 2007 年相比下降 1.5 万公顷，但总产量却比 2007 年高出 52.7 万吨，原因是单产比 2007 年每公顷高出了 1 321.3 千克。

表 2-9　2007—2018 年俄罗斯果蔬生产情况

年份	水果			蔬菜		
	播种面积 （万公顷）	总产量 （万吨）	单产 （千克/公顷）	播种面积 （万公顷）	总产量 （万吨）	单产 （千克/公顷）
2007	48.1	281.0	5 839.6	61.4	1 151.0	19 234.6
2008	48.3	266.0	5 509.5	61.1	1 296.0	21 066.3
2009	48.0	306.0	6 380.3	60.7	1 340.0	19 137.4
2010	47.4	246.0	5 195.4	60.3	1 213.0	17 922.6
2011	47.1	292.0	6 199.6	62.0	1 470.0	21 295.1
2012	42.7	292.0	6 840.0	59.4	1 463.0	21 304.8
2013	42.3	337.0	7 970.7	57.1	1 469.0	20 899.1
2014	45.8	351.0	7 660.4	56.3	1 546.0	21 882.5
2015	44.0	336.0	7 639.8	56.3	1 611.0	22 572.5
2016	44.6	305.5	8 619.5	55.1	1 628.0	22 611.1
2017	46.2	268.3	5 807.4	53.5	1 660.0	31 028.0
2018	46.6	333.7	7 160.9	52.6	1 670.0	31 749.0

资料来源：《俄罗斯统计年鉴 2019》。

(二) 蔬菜生产

受自然气候的影响，俄罗斯的蔬菜生产并不占优势，与蔬菜生产大国相比

[①] 雍洪俊，唐欢，张放. 俄罗斯水果生产与贸易现状及中俄水果贸易前景展望——"一带一路"沿线主要国家水果生产与贸易统计分析（五）[J]. 中国果业信息，2016，33（10）：19-39.

差距较大，以种植反季节蔬菜为主。俄罗斯日照不足，气候寒冷，低温期长，高温期短，每年仅约 90 天时间适宜蔬菜种植，从每年的 10 月到下年的 7 月均不适宜种植蔬菜，因此需要大量的反季节蔬菜。除个别年份，俄罗斯蔬菜播种面积和总产量在 2007—2018 年总体呈上升趋势，但 2010 年自然灾害对俄罗斯蔬菜的产量造成巨大影响。俄罗斯主要蔬菜包括白菜、甘蓝、黄瓜、番茄、胡萝卜、洋葱等，根据表 2-9 统计数据显示，蔬菜的总产量除 2010 年外逐年增加，2018 年与 2007 年相比播种面积有所降低，但总产量提高 519 万吨，单产每公顷提高 12 514.4 千克。俄罗斯农业部于 2016 年表示，俄罗斯有必要增加蔬菜生产，争取在 2017—2021 年满足国内蔬菜需求量的 90%，至少新建 2 000 公顷的温室大棚，投资额约 2 亿卢布[①]。

四、饲料作物生产状况

俄罗斯的饲料作物主要包括多年生饲草、一年生饲草、饲料玉米和牧草根（包括甜菜）。由表 2-10 可以看出，自苏联解体以来，俄罗斯的饲料作物种植面积逐年下降，由 1992 年的 4 247.4 万公顷下降到 2018 年的 1 612.4 万公顷，下降了 62%。苏联解体以来，俄罗斯农业遭受了巨大的打击，畜牧业产量总体也出现了较大幅度下滑，因此饲料作物播种面积逐年下降。在饲料作物中，多年生饲草占比最大，由 1992 年的 44.4% 提升到 2018 年的 65.4%，其中一年生饲草由 1992 年的 26.4% 下降到 2018 年的 24.72%，下降幅度较小；饲料玉米从 1992 年的 22.4% 下降到 2018 年的 8%，下降幅度较大；牧草根在饲料作物中的占比最低，在 1992 年时占 1.2%，而在 2018 年时仅为 0.1%，种植面积下降幅度较大。

如表 2-11 所示，俄罗斯饲料作物的产量在 2011—2018 年呈现下降趋势，但是下降幅度不大。各类饲料作物中，饲料玉米的总产量最高，2011—2018 年产量基本在 2 500 万吨左右，天然草原草次之，产量在 1 000 万吨左右，牧草根产量最低，仅有 50 万吨左右。

---

① 农特部落.2016 年俄罗斯农业投资项目［EB/OL］.［2017-04-13］. https：//baijiahao.baidu. com/s？id=1564488305473927&wfr=spider&for=pc.

表 2-10　1992—2018 年俄罗斯饲料作物的播种面积

单位：万公顷

年份	1992	2000	2005	2010	2012	2013	2014	2015	2016	2017	2018
饲料作物	4 247.4	2 889.9	2 161.0	1 807.1	1 750.1	1 721.7	1 712.7	1 697.4	1 642.5	1 634.2	1 612.4
多年生饲草（干草）	1 881.3	1 804.6	1 455.7	1 146.3	1 103.8	1 082.5	1 080.8	1 071.3	1 071.7	1 058.9	1 055.8
一年生饲草（干草）	1 121.0	594.6	493.0	468.0	469.6	462.5	458.2	454.0	418.7	410.7	398.6
饲料玉米	953.5	366.8	157.0	150.2	140.0	140.6	138.4	138.1	124.5	136.5	130.7
牧草根	49.5	15.1	7.0	5.0	4.9	4.8	5.0	4.6	2.2	2.0	1.8

资料来源：俄罗斯联邦统计局、《俄罗斯统计年鉴 2019》。

表 2-11　2011—2018 年俄罗斯饲料作物的生产总量

单位：万吨

年份	2011—2015（平均）	2016	2017	2018
饲料玉米	2 570	2 400	2 470	2 500
牧草根（含饲料用甜菜）	80	50	50	50
多年生饲草（干草）	890	990	940	870
一年生饲草（干草）	210	270	240	220
天然草原草（干草）	1 050	980	950	920

资料来源：俄罗斯联邦统计局、《俄罗斯统计年鉴 2019》。

如表 2-12 所示，在各类饲料作物的单产中，牧草根的单产最高。2011—2015 年牧草根的平均单产达到了 13 200 千克/公顷，饲料玉米的平均产量次之，为 9 200 千克/公顷，但饲料玉米的单产在 2018 年略有上升，达到了 9 700 千克/公顷，而牧草根的产量出现了小幅下降，为 13 100 千克/公顷。多年生饲草（干草）、一年生饲草（干草）、天然草原草（干草）的单产均处于 1 000 千克/公顷左右，其中天然草原草单产最低，平均为 501 千克/公顷。

表 2-12　2011—2018 年俄罗斯饲料作物的单产

单位：千克/公顷

年份	2011—2015（平均）	2016	2017	2018
饲料玉米	9 200	9 750	9 250	9 700
牧草根（含饲料用甜菜）	13 200	12 750	12 600	13 100
多年生饲草（干草）	815	900	910	875
一年生饲草（干草）	840	1 010	980	905
天然草原草（干草）	455	505	515	535

资料来源：俄罗斯联邦统计局、《俄罗斯统计年鉴 2019》。

第三节 畜牧业生产

俄罗斯畜牧业地位十分重要，俄罗斯草原面积大是其发展畜牧业最有利的条件，产值一度超过种植业。种植业与畜牧业相结合是俄罗斯农业发展的一贯方针，农业区往往也是畜牧业生产基地。但是，俄罗斯发展畜牧业也存在一些不利因素，如牧场大多位于荒漠、半荒漠地区，草场质量较差。在农业区，粮食生产丰歉不定，饲料得不到保证，影响到畜牧业的发展。俄罗斯畜牧业部门包括养牛业、养猪业、养羊业、养禽业等。根据不同地区的畜牧业发展特点，可以将俄罗斯的畜牧业分为农区养畜业和荒漠、半荒漠及山地放牧业两大类，前者主要分布在种植业发达的西部地区和西伯利亚南部，以养牛业为主，养猪业也较发达；后者主要分布在中亚和伏尔加河流域南部地区，以养羊业为主，养牛业也有一定基础。另外，在北部苔原带和森林苔原带存在养鹿业。

一、畜禽存栏量

（一）养牛业

养牛业在俄罗斯畜牧业中占有举足轻重的地位，是俄罗斯畜牧业发展的重要支撑产业，但近年来，俄罗斯的牛存栏量逐年下降。根据表 2 - 13 统计数据显示，2007 年，俄罗斯奶牛存栏量为 932 万头，肉牛存栏量为 1 222.6 万头，到 2018 年，奶牛存栏量下降到 790 万头，肉牛存栏量下降到 1 030 万头，平均每年奶牛存栏量减少 14.2 万头，肉牛存栏量减少 19.3 万头，这极不利于俄罗斯畜牧业的发展。俄罗斯养牛业的这种消极发展态势自 20 世纪 90 年代便已显现，导致牛存栏量下降的主要原因是当地养殖者感受到经济萎缩带来的压力，于是纷纷决定减少养殖数目，将部分家畜送往屠宰场[①]。

（二）养羊业

俄罗斯的养羊业也是畜牧业发展的重要组成部分，根据表 2 - 13 统计数据显示，2007—2018 年，俄罗斯绵羊的存栏量持续增长，2007 年，绵羊的存栏

---

① 石萍. 俄罗斯活牛及生猪存栏量下降 ［J］. 农村实用技术，2009（11）：10.

量为 1 929 万只，到 2018 年达到 2 114 万只，十年间增长 18.5 万只，年均增长率为 1.8%。与绵羊发展趋势不同的是，山羊的存栏量有较大幅度的下降，2007 年山羊的存栏量为 221.3 万只，到 2010 年减少到 205.9 万只，此后年份虽有小幅度上涨，但与 2007 年相比，2018 年山羊存栏量减少 27.3 万只，年均下降率为 2%。

（三）养猪业

俄罗斯大力发展养猪业，增加猪肉生产，努力实现自给自足。60% 的养猪生产仍然是传统庭院式散养模式，但是随着经济的快速发展，传统庭院式散养模式的生产方式所占比例正逐渐下降，商业化的规模猪场的数量正以每年 20% 的速度增长[①]。根据表 2-13 统计数据显示，2007 年，俄罗斯生猪的存栏量为 1 634 万头，到 2018 年，生猪的存栏量达到 2 373 万头，十年间，俄罗斯生猪存栏量增加 639 万头，年均增长率为 3.3%，这为俄罗斯畜牧业的发展提供了强有力的支撑。

（四）养禽业

俄罗斯养禽业主要包括鸡、鸭、鹅等小型禽类的养殖。近年来，随着人民消费水平的提高，加之俄罗斯的家禽生产者联盟和其他组织不断地向政府游说，要求政府对饲料的价格实行管控，增加更多信贷补贴，加强对进口家禽产品控制，俄罗斯养禽业发展有了较大的提升[②]。根据表 2-13 统计数据显示，在 2007—2018 年，俄罗斯家禽存栏量剧增，2007 年家禽存栏量仅有 38 896.4 万只，到 2018 年达到 54 149 万只，年均增长率接近 4%，俄罗斯农业部预计家禽存栏量有望继续增长。

表 2-13　2007—2018 年俄罗斯畜牧业存栏量情况

单位：万头、万只

年份	养牛业		养羊业		养猪业	养禽业
	奶牛	肉牛	绵羊	山羊		
2007	932.0	1 222.6	1 929.0	221.3	1 634.0	38 896.4

---

① 翁善钢. 俄罗斯养猪业现状 [J]. 猪业科学，2012，29（6）：24.

② 张建华，李新，戴有理. 三十年来路坎坷　希望生长辉前程——中国蛋鸡育种访谈录 [J]. 中国禽业导刊，2009，26（11）：28-33.

（续）

| 年份 | 养牛业 | | 养羊业 | | 养猪业 | 养禽业 |
	奶牛	肉牛	绵羊	山羊		
2008	912.6	1 191.2	1 960.2	216.8	1 616.2	40 455.0
2009	902.6	1 164.6	1 985.0	213.7	1 723.1	43 370.3
2010	884.4	1 112.4	1 976.1	205.9	1 721.8	44 929.6
2011	897.6	1 113.5	2 076.7	209.1	1 725.8	47 338.8
2012	885.9	1 107.2	2 206.1	211.9	1 881.6	49 515.9
2013	866.1	1 090.3	2 224.7	209.1	1 908.1	49 495.9
2014	853.1	1 073.3	2 257.8	210.5	1 954.6	52 732.7
2015	840.8	1 058.4	2 271.3	216.8	2 150.7	54 719.5
2016	826.4	1 048.9	2 274.4	209.9	2 202.8	55 300.7
2017	800.0	1 030.0	2 235.0	206.5	2 308.0	55 583.0
2018	790.0	1 030.0	2 114.0	194.0	2 373.0	54 149.0

资料来源：《俄罗斯统计年鉴 2019》。

二、畜产品产量

（一）肉制品产量

肉制品产量与牲畜的存栏量呈正相关，牲畜存栏量的增加也会促进肉制品产量的提高。根据表 2-14 统计数据显示，在 2007—2018 年，俄罗斯肉制品总产量呈直线上升，2007 年肉制品总产量仅有 572.2 万吨，到 2018 年达到 1 055.6 万吨，年均增长率达到 6.3%。牛肉的总产量是所有肉制品中波动幅度最大的，2007 年牛肉产量为 169.9 万吨，到 2011 年下降到 162.6 万吨，2017 年更是达到近十年牛肉产量的最低点，仅有 156.9 万吨。与牛肉产量变化趋势大不相同的是，其他肉制品产量均出现大幅增长，在 2007—2018 年，猪肉产量增加 181.4 万吨，羊肉产量增加 5.6 万吨，家禽肉产量增加 305.5 万吨，年均增长率分别为 6.8%、2.9% 和 9.9%。

（二）奶类产量

由于奶牛存栏量和山羊存栏量的骤减，俄罗斯奶类的产量在 2007—2018 年波动幅度较大，并呈现出严重下滑的趋势。根据表 2-14 统计数据显示，2007 年，俄罗斯奶类产量为 3 198.8 万吨，随后的两年奶类产量稍有提高，到

2009 年达到 3 257 万吨，也是俄罗斯近十年奶类产量最高的一年，从 2009 年到 2018 年俄罗斯奶类产量急剧下降，特别是从 2012 年到 2013 年，奶类产量下降 122.7 万吨，是近十年奶类产量下降最多的年份。2007—2018 年，俄罗斯奶类产量平均每年减少 13.8 万吨，预计未来俄罗斯奶类产量会继续下降。

（三）蛋类产量

随着俄罗斯家禽存栏量的提高，俄罗斯蛋类产量有了较大幅度的提高，根据表 2-14 统计数据显示，2007 年俄罗斯蛋类产量为 382.08 亿枚，到 2018 年达到 449.01 亿枚，近十年间蛋类总产量增加 66.93 亿枚，年均增长率为 1.6%。但是，从统计数据中也可以发现，在 2012—2013 年，俄罗斯蛋类产量出现小幅度下降，2012 年俄罗斯蛋类产量为 420.33 亿枚，而 2013 年俄罗斯蛋类产量为 412.86 亿枚，减少了 7.47 亿枚。

（四）羊毛产量

羊毛是俄罗斯重要的畜产品之一。根据表 2-14 统计数据显示，在 2007—2018 年，俄罗斯羊毛产量波动幅度较大，但羊毛总产量在近十年间仍有较大幅度增长。2007 年俄罗斯羊毛产量为 5.2 万吨，到 2009 年增长到 5.5 万吨。但是在 2009—2011 年，俄罗斯羊毛产量出现下降，到 2011 年俄罗斯羊毛总产量下降到 5.3 万吨，基本与 2007 年持平。2012 年俄罗斯羊毛产量又出现了第三个增点，产量达到 5.5 万吨，随后年份羊毛产量有增有减，但总体波动幅度不明显。2017 年俄罗斯羊毛产量达到近十年最高产量，为 5.7 万吨，2018 年又下降至 5.5 万吨。

（五）蜂蜜产量

俄罗斯蜂产业发展历史悠久，蜂蜜在俄罗斯人民的日常生活中占有很重要的位置，它不仅仅作为一种饮食材料存在于俄罗斯的社会中，对它的加工使用也凝结了历代俄罗斯人民的智慧，仅蜂箱就经历了多种变化，俄罗斯人在不断探索中发现与总结，形成了现代养蜂规模和研究成果[①]。根据表 2-14 统计数据显示，2007—2018 年，俄罗斯蜂蜜产量除个别年份外整体呈现增长趋势。

---

① 刘世东，陈云. 俄罗斯蜂业发展见闻及启示 [J]. 中国蜂业，2013，64（30）：51-55.

2007 年，俄罗斯蜂蜜产量为 5.4 万吨，受金融危机的影响，2010 年俄罗斯蜂蜜产量下降到 5.2 万吨，达到近十年最低值。到 2018 年，俄罗斯蜂蜜产量达到 6.5 万吨，与 2007 年相比增加了 1.1 万吨，年均增长率为 1.9％。

表 2 - 14　2007—2018 年俄罗斯畜产品产量

单位：万吨、百万枚

年份	肉制品产量					奶类产量	蛋类产量	羊毛产量	蜂蜜产量
	肉制品总产量	牛肉	羊肉	猪肉	家禽肉				
2007	572.2	169.9	16.8	193.0	192.5	3 198.8	38 208.3	5.2	5.4
2008	620.2	176.9	17.4	204.2	221.7	3 236.3	38 057.7	5.3	5.7
2009	664.9	174.1	18.3	217.0	255.5	3 257.0	39 428.8	5.5	5.4
2010	709.0	172.7	18.5	233.1	284.7	3 184.7	40 599.2	5.4	5.2
2011	744.7	162.6	18.9	242.8	320.4	3 164.6	41 112.5	5.3	6.0
2012	801.7	164.2	19.0	256.0	362.5	3 175.6	42 032.9	5.5	6.5
2013	847.0	163.3	19.0	281.6	383.1	3 052.9	41 286.0	5.5	6.8
2014	899.3	165.4	20.4	297.4	416.1	3 079.1	41 860.0	5.6	7.5
2015	948.9	164.9	20.5	309.9	453.6	3 079.7	42 571.7	5.6	6.8
2016	982.1	161.9	21.3	336.8	462.1	3 075.9	43 558.9	5.6	7.0
2017	1 024.5	156.9	21.9	351.6	494.1	3 018.5	44 829.0	5.7	6.5
2018	1 055.6	160.8	22.4	374.4	498.0	3 061.1	44 901.0	5.5	6.5

资料来源：《俄罗斯统计年鉴 2019》。

第四节　林业生产

一、森林资源

森林资源是俄罗斯非常重要的自然资源，其在国民经济和社会生活中一直占据着重要的地位，木质林产品和非木质林产品广泛应用在国家经济发展的各个部门与产业，如建筑业、农业、印刷业、贸易、医疗保健等领域。森林资源在为国民经济建设和人们生活提供大量木质产品和非木质林产品的同时，也为广大民众提供了休闲游憩的场所。

（一）森林资源总量

俄罗斯是世界森林资源最丰富的国家，在世界上占有极其重要的地位。截至 2020 年，俄罗斯森林资源面积约 8.15 亿公顷，森林覆盖率达 49.8%。森林蓄积量 810.71 亿立方米，其中，俄罗斯远东地区和西伯利亚地区是俄罗斯也是世界森林资源最丰富的地区之一，无论是针叶林还是阔叶林，其林龄结构中成过熟林蓄积都占绝对优势（FAO，2020），其成过熟林蓄积量巨大，如不及时采伐利用，造成火灾、病虫害等严重损失的风险很大。据俄塔斯社 2021 年 1 月 14 日报道，俄罗斯已完成国家森林资源数量和质量清查工作，通过清查，专家们发现俄罗斯实际森林蓄积量大大超过了国家登记在册的森林蓄积量，共为 1 022 亿立方米。为确保林业产业原材料资源不致枯竭而允许采伐的木材数量，平均不到总蓄积量的 1%。

（二）森林资源结构

从森林分布和主要树种上看，俄罗斯森林资源分布不均衡，主要分布在西伯利亚和远东地区等人口稀少、经济不发达的边远地区。俄罗斯森林以针叶林为主，主要分布在西伯利亚和远东地区，俄罗斯针叶林的优势树种为落叶松，其面积几乎超过其他针叶树面积的总和。俄罗斯硬阔叶林面积主要分布在远东区、伏尔加河沿岸区和南方区。俄罗斯森林资源以天然林为主，人工林面积只有 1 888 万公顷，占森林总面积 2.3%。2000—2020 年，俄罗斯人工林面积年均增长量为 17.6 万公顷（FAO，2020）。

从森林类型上看，2007 年颁布新的《俄罗斯森林法典》，按照不同的经营目的，将全国森林分为防护林、用材林和储备林 3 种类型。其中，防护林约占 21.7%，主要经营目的是发挥森林的防护功能、环境功能和社会效益；用材林约占 70.7%，主要分布在多林地区，具有开发利用价值，可在不影响其防护功能的前提下满足经济发展对木材的需求；储备林约占 7.6%，是指 20 年内不进行采伐利用的森林（Российской Федерации，2010）。

从森林权属结构上看，俄罗斯的森林基本都属于国家所有。按森林所有制划分，属俄罗斯林务局管辖的森林面积约占全国森林总面积的 94%；按蓄积量计算，约占全国总蓄积量的 91%；集体农庄和国有农场拥有的森林面积占全国森林总面积的 4%；其他部门所属林地，占森林总面积的 2%。

（三）森林资源质量

截至 2020 年 12 月 1 日，全球通过 FSC 认证森林面积达 2.218 亿公顷，其中 5 640 万公顷森林在俄罗斯。俄罗斯 FSC 认证森林面积全年增长 16%。20 世纪 90 年代初期实际采伐量只有年允许采伐量的 45% 左右，20 世纪末到 21 世纪初，实际采伐量不到年允许采伐量的 30%，其中俄罗斯亚洲地区平均不到 18%，造成大量的成过熟林积压，森林资源未得到有效利用。2011 年俄罗斯成过熟林蓄积量达到 441 亿立方米（FAO，2011），按面积计算占 46%，按蓄积量计算占 57.4%。因此，俄罗斯森林资源亟待开发利用，木材供给空间很大，具有巨大的木材市场与供给潜力。据统计，俄罗斯的针叶树树种比例占绝对优势，而且集中分布在西伯利亚和远东地区，林龄结构中成过熟林占绝对优势。无论是针叶林还是阔叶林，其成过熟林蓄积量都占绝对优势，且比较集中地分布在亚洲地区，森林资源面积和蓄积平稳缓慢地增长。尽管目前俄罗斯西伯利亚与远东地区局部森林资源有过度采伐现象，但总体上该地区森林利用率不高，森林资源实际的采伐量远远没有达到许可的采伐量。

（四）森林资源动态变化

近年来，俄罗斯的森林面积基本保持不变。从 1990 年至 2020 年，俄罗斯森林面积略有增加，2010—2015 年俄罗斯森林面积每年减少 4.1 万公顷，2015—2020 年俄罗斯森林面积每年增加 7.6 万公顷（FAO，2020）。2020 年俄罗斯生物多样性保护林面积为 1 858.2 万公顷，比 2015 年的 1 800.0 万公顷增长了 3.13%；2020 年俄罗斯水土保持林面积为 14 936.4 万公顷，比 2015 年的 8 635.4 万公顷增长了 42.19%；2020 年俄罗斯生产林面积为 4.55 亿公顷，比 2015 年的 4.15 亿公顷增长了 8.8%（FAO，2020）。俄罗斯生物多样性保护林和水土保持林面积的增加，主要是因为俄罗斯制定了加强自然保护政策的结果。根据《2030 年前俄罗斯森林综合体发展战略》，2030 年俄罗斯森林覆盖率将提升 3%，为俄罗斯提供约 3 亿公顷的新增森林资源。

二、林业管理

（一）林业经营与管理

俄罗斯政府为了保护野生动植物赖以生存的特征和自然面貌，建立了林业地区野生动物及其天然栖息地，包括国家公园、自然风景名胜区和具有特殊科学意义的地区。俄政府制定了自然保护区及国家公园内生物多样性保护行动计划，该行动中林业项目的宗旨是为了保护俄罗斯的生态系统和生物多样性，确保森林的完整性与多样性；采取措施保护最宝贵的森林资源和优化自然资源，并连同阿尔泰自然保护区，建立新的生物圈保护区，已提交给联合国教科文组织人与生物圈计划。

在制定俄罗斯森林工业发展战略的计划中，俄政府始终将发展木材深加工业放在产业振兴的首位，将发展纸浆和造纸工业作为产业发展的目标。为落实俄罗斯森林工业发展战略，林业部门制定的主要措施有：激励投资和创新；创造条件，形成垂直整合的公司；制定森林工业发展的国家机制；鼓励发展国内市场；为林业创造有利的法律、税收和金融环境；刺激木材加工废物利用和非木质林产品的发展；在森林和林业法规的基础上提出森林管理计划；组织国家对森林资源进行清查；发展人工林种植和示范林网络；完善森林管理领域的法律和法规；大力发展森林认证；根据《京都议定书》实施林业项目；统计木材和纸制品的生产和消费；开展培训项目。

（二）林业管理机构

2008 年俄行政机构改革后，联邦林务局划归农业部，并根据 2007 年新的《俄联邦森林法典》，将部分森林管理权下放。2011 年联邦政府又将林务局划归俄联邦自然资源与生态部管理，并对林务局的内部机构进行了重大调整，调整后的林务局，除保留林业管理局和林场外，还有航空护林中心、种苗站、森林保护及信息管理等机构。俄罗斯森林管理主要由各地方林业管理局负责，联邦政府享有有限的森林管理权。主导林业经营的是各租赁者或与国家签订合同的林地中标者。新森林法规定，林地的租赁，首先按照各地森林管理部门制定的地区林业计划，由森林经营管理单位对各林区进行林业经营管理规划，然后地方林业局通过拍卖形式将林地租赁给个人或企业，承租者制定出开发方案和采伐区开采施工图表，林地使用者定期向联邦汇报林地使用情况、采伐区特性等。林地使用分为林地租赁（10～49 年）和短期使用（不超过 1 年）两种方式，承租者可以自由选择。

（三）自然资源管理机构

俄罗斯自然资源和生态部负责在环境保护和生态安全领域制定国家政策和实施管理，以及协调联邦其他权力执行机构工作。俄罗斯自然资源和生态部实行联邦与联邦区、州、边疆区、自治共和国等89个主体的三级垂直管理。俄罗斯自然资源和生态部下设俄联邦自然资源利用监督局，负责森林资源利用和保护的国家监督；确定森林保护区和森林公园边界与数量；确定受保护森林名录及森林保护区边界；确定可采林边界；组织协调地方行政机关湿地保护方面的行为，并提供援助；开展生物多样性保护，加强对珍稀水禽的保护等。其下设地方协调机构和地方派出协调机构。地方协调机构由俄自然资源部和其他联邦国家机构及企业等组成，管理范围分为跨地区、区域和联邦区等。

（四）林业管理体制

俄罗斯林业实行三级垂直管理体制，即联邦林务局、地方（州、边区或自治共和国）林业管理局及林场。联邦政府负责法律制度及基本政策的制定及各部门计划；地方政府以此为依据制定森林利用、保护和更新等的地方林业计划，报联邦政府审批；林管区（林场）作为基层森林管理机构，将根据地方政府的森林计划制定具体实施森林利用、保护和更新的经营方案，报地方政府审批。

俄罗斯的林业资源属于联邦财产，依据其经济、生态以及社会用途等因素进行分类管理。俄罗斯将森林资源的所有权和经营权分开，政府林业行政管理机构属职能机构，不直接经营国有林，而是由相应的企业性机构进行经营，同时接受职能机构的监督和调控。政府通过制定统一的国民经济计划、林业产业政策、林业发展计划等一系列配套政策，来调控林业的发展。《俄联邦森林法典》中明确规定了国家政权机关不得介入联邦森林资产的利用活动。《俄联邦森林法典》将联邦森林资产利用权和非联邦资产的森林利用权、转让权形成的基础、程序等用法律的方式予以规定，给行为人以法律上的依据。

（五）林业法律体系

俄罗斯一直非常重视林业立法，相继推出一系列法律法规，逐步建立起一套较为健全的保障林业发展的法律体系。俄罗斯涉及林业的法律和条例多达40多种，它们对林业的发展起到了积极的促进作用。俄罗斯林业立法经历了不同的发展阶段，林业立法历时相对较短且主要集中在近代。另外民间社团参与，特别是森林相关利益集团和非政府组织的参与推动了立法的进程。主要的林业法律有《俄联邦森林法典》《俄罗斯种子培育法》《俄罗斯联邦林业局森林卫生条例》《俄联邦林业局森林可持续经营标准和指标条例》《俄罗斯生态评价法》《俄罗斯联邦植物检疫法》《俄罗斯联邦环境法》等,其中最重要的是《俄罗斯森林法典》,其在不同时期都对林业的发展起到了积极的促进作用。

俄罗斯于 1061 年就颁布了《俄罗斯森林法典》,此法典是俄罗斯最早的自然保护方面的法律。20 世纪,俄罗斯建立了森林管理机构,1997 年俄罗斯颁布《俄罗斯森林法典》,就此形成了以法典为基本法,以森林法规和政策规章为辅助的完备的森林保护法律体系。此后,《俄罗斯森林法典》又分别于 2001 年、2002 年、2003 年和 2004 年进行了修订,2006 年 11 月 25 日俄罗斯颁布了新的《俄联邦森林法典》,2007 年 1 月 1 日正式生效。

新《俄联邦森林法典》将国内全部森林划分给森林经营单位,由各联邦主体分别制定地方林业计划,由当地林业行政部门负责经营管理。森林的开发利用则由林管区主任负责制定林场和森林公园的林业经济规划,而开发利用森林的法人和自然人负责制定森林开发方案。对森林利用、更新、保护、防火及管理等内容的规定都体现了生态价值优先的立法理念,如有关森林采伐的条文中明确规定只允许采伐成熟林和过熟林,规定了采伐可以有择伐与皆伐两种形式及具体的采伐对象要求。在保护森林生态价值的同时,俄联邦森林法典对森林经济价值的实现也做了相应的规定。新法典对公民环境权的保护也做了规定,如因需要,个人可以在森林休息、停留,可以在法律允许的范围内无偿利用森林资源等。

三、林业产业与林产品贸易

俄罗斯森林综合体包括林业与森林工业两部分。林业部分是指通过研究、记录、更新和种植林木,保护森林免受火灾、虫害和疾病侵害影响;在保护森林环境和生物调节功能的基础上,规范森林利用以满足木材和其他森林产品的经济需求。森林工业部分是指通过对木材进行化学和机械加工,生产出不同木质产品的行业。森林工业的分支包括:木材加工、纸浆和造纸工业、锯材生产、人造板、胶合板、家具、生物质燃料、木质房屋和森林化学工业。森林工业主要产品类型包括:家具、纸和纸板、建筑材料等。

俄罗斯拥有占世界约四分之一的森林资源,实际的林木采伐量远未超过年允许采伐量。全国各地,有约 6 万家大型、中型和小型企业从事森林的再生产和保护、采伐和木材加工。在林产品企业中，大约有 100 万名工人就业。依据俄罗斯颁布的俄罗斯森林综合体发展战略报告（2015—2030 年），2016 年俄罗斯森林工业企业的总收入达 1.4 万亿卢布，对全国 GDP 的贡献率为 0.5%，就业人数为 53.3 万人（占经济就业人数的 0.8%）。2018 年 9 月 20 日，俄罗斯政府颁布了《2030 年前俄罗斯联邦森林综合体发展战略》，并于 2021 年 1 月 28 日审议了新版《2030 年前俄罗斯联邦森林综合体发展战略》，该战略在综合分析俄罗斯森林工业各项数据的基础上，参照世界多数国家的森林综合体发展现状，对本国主要林产品的发展趋势进行预测，发展战略的目标是将俄罗斯森林综合体打造成能够满足国内需求、具有国际竞争力的可持续发展产业。根据战略规划，到 2030 年每年森林采伐量将从 2.19 亿立方米增加至 2.861 亿立方米，锯材年产量将从 4 470 万立方米增加至 7 000 万立方米，纸浆和纸制品以及生物质颗粒燃料年产量翻一番，分别达到 1 660 万吨和 280 万吨。森林综合体从业人员数量将从 50 万人增加至 82 万人，林业领域税收收入将从 910 亿卢布增至 1 890 亿卢布。计划将锯材的产量增加 55%，刨花板的产量增加 30%，胶合板的产量增加 40%，纸张和纸板的产量增加 30%，木制房屋套件的产量增加 60%。

（一）主要木质林产品产量

俄罗斯原木生产在本国和世界上都有极为重要的地位，俄罗斯盛产白松、红松、落叶松等针叶材，也种植桦树、柞树、椴树、楸树等寒带阔叶木。俄罗斯的原木产量大体保持平稳增长，在世界金融危机期间，俄罗斯原木产量出现下滑，除了受金融危机的影响外，还受到近年来不断提高的原木出口关税政策影响，使得原木出口量大幅减少。金融危机后，俄罗斯采取了刺激政策，原木产量保持平稳。

锯材生产是俄罗斯森林工业的一个极其重要的部门，近年来，俄罗斯的锯材需求结构没有发生太大变化，主要用于建筑、安装和包装物制造。俄罗斯的锯材产量一直处于上升趋势中，仅 2009 年受金融危机的影响出现小幅下滑，这主要是由于俄罗斯推行的鼓励深加工政策以及提高原木出口关税政策的刺激，造成了锯材产量的上升。

俄罗斯的人造板产量一直处于上升状态，2009 年出现了迅速下滑。但是，2011 年人造板产量迅速回升，已经摆脱了金融危机的影响。

纸浆造纸业是能源消耗大的产业，由于能源价格不断上涨，20世纪90年代上半期俄罗斯的纸浆造纸企业几乎都处于非赢利状态。进入21世纪以来，俄罗斯的木浆产量逐步上升。

近年来，由于受俄罗斯货币贬值的影响，俄罗斯国内市场减少了纸和纸板的进口，而扩大了国内订货量，造成俄罗斯纸和纸板产量不断提高（表2-15）。

表2-15 俄罗斯主要木质林产品产量

年份	原木（立方米）	锯材（立方米）	人造板（立方米）	纸和纸板（吨）	木浆（吨）	木片和碎料（立方米）
2010	175 499 000	28 869 947	9 828 000	5 606 000	7 376 000	7 600 000
2011	191 225 000	31 215 000	11 573 611	7 600 120	7 916 006	4 795 000
2012	192 055 000	32 230 000	12 194 415	7 670 145	7 662 000	4 557 000
2013	194 460 051	33 500 000	12 051 000	7 746 653	7 200 000	6 900 000
2014	203 000 335	34 600 000	12 496 289	8 023 000	7 532 000	6 786 790
2015	205 507 000	34 500 000	13 537 279	8 068 091	8 074 186	7 568 050
2016	213 799 199	36 794 250	14 161 050	8 546 947	8 352 000	8 467 000
2017	212 400 000	40 584 057	15 592 000	8 716 989	8 292 000	8 611 000
2018	235 999 999	42 701 000	17 334 000	9 048 000	8 579 000	9 756 000
2019	218 400 000	44 466 000	17 561 000	9 105 600	8 227 000	10 195 000

资料来源：FAO数据库。

（二）林产品贸易

俄罗斯是世界木材原料供应大国，主要是单向型的出口贸易，且进口结构以木材深加工产品为主。俄罗斯面向世界100多个国家出口木材产品，但出口市场集中，地缘优势比较明显。从洲际来看，主要集中在东北亚和北欧。此外，俄罗斯还大量地从意大利、德国、波兰、法国、瑞典等国进口家具。

从产品结构看，俄罗斯林产品进口主要集中在高质量纸品、家具、包装纸、建筑材料等木材深加工产品。出口则主要集中在原木、锯材等初级产品上。

俄罗斯对外贸易商品结构的主要特点是初级产品贸易比重大，这与世界趋势不符。林业深加工产品进口比例的不断增加会进一步加剧俄罗斯制造业盈利率低下的趋势，俄罗斯的投资会更多地流向盈利高的原材料部门，因此，为了扶持木材深加工产品的出口，俄罗斯下决心振兴林业深加工业，将木材深加工产品出口关税降为零，并分阶段提高针叶类原木的出口关税。具体情况详见表2-16、表2-17、表2-18。

表 2-16　俄罗斯木质林产品进出口总额

单位：1 000 美元

年份	进口总额	出口总额	年份	进口总额	出口总额
2000	388 111	3 797 943	2010	2 437 640	8 597 697
2001	521 279	3 875 516	2011	2 883 728	9 757 872
2002	717 235	4 316 503	2012	3 024 916	9 393 654
2003	968 735	4 981 392	2013	3 242 621	9 900 392
2004	1 135 971	6 404 669	2014	2 920 918	10 529 084
2005	1 427 770	7 688 932	2015	1 896 912	8 722 351
2006	1 697 409	8 739 661	2016	1 828 363	8 846 085
2007	2 245 502	11 231 172	2017	1 916 566	10 541 866
2008	2 656 903	10 618 807	2018	2 089 436	12 455 089
2009	2 094 974	7 696 355	2019	2 089 436	11 172 887

资料来源：FAO数据库。

表 2-17　俄罗斯主要木质林产品进口额

单位：1 000 美元

年份	原木	锯材	人造板	纸和纸板	木浆	木片和碎料
2000	13 330	3 790	77 883	253 345	36 627	忽略不计
2001	13 274	3 015	101 305	380 965	18 340	忽略不计
2002	5 800	3 837	115 953	562 773	22 148	忽略不计
2003	19 776	4 258	175 099	731 132	25 368	415
2004	26 126	5 630	217 291	862 406	14 270	578
2005	17 450	7 620	274 180	1 097 343	15 874	578
2006	15 187	6 838	353 633	1 264 031	35 543	981
2007	19 933	9 325	493 586	1 618 659	62 439	2 055
2008	16 030	13 704	556 095	1 959 690	49 161	1 938
2009	1 865	10 440	348 944	1 647 839	30 462	617
2010	73	13 404	460 753	1 844 173	54 721	2 228
2011	284	19 420	612 882	2 084 790	84 300	2 144
2012	1 680	16 495	745 561	2 073 636	103 935	2 294
2013	3 982	21 330	844 560	2 177 983	119 674	2 225

（续）

年份	原木	锯材	人造板	纸和纸板	木浆	木片和碎料
2014	1 572	16 709	768 427	1 935 689	124 026	2 222
2015	67	9 665	383 041	1 331 905	112 045	1 226
2016	29	5 144	352 001	1 307 569	109 156	1 339
2017	323	8 855	391 075	1 347 181	112 190	1 618
2018	503	11 449	412 663	1 483 142	125 056	1 877
2019	503	11 449	412 663	1 399 118	125 056	1 877

资料来源：FAO 数据库。

表 2 - 18　俄罗斯主要木质林产品出口额

单位：1 000 美元

年份	原木	锯材	人造板	纸和纸板	木浆	木片和碎料
2000	1 356 630	733 100	263 670	835 827	580 542	18 600
2001	1 411 353	697 390	287 659	924 083	524 879	18 600
2002	1 667 200	869 460	331 746	864 890	558 240	14 700
2003	1 806 958	1 177 321	363 639	957 434	633 765	20 929
2004	2 342 400	1 518 232	524 670	1 243 628	703 096	32 000
2005	2 858 830	1 936 200	681 975	1 345 144	756 073	39 500
2006	3 259 000	2 317 861	756 889	1 452 220	838 418	41 806
2007	4 142 379	3 247 997	1 068 458	1 571 222	1 037 092	58 600
2008	3 512 232	2 829 282	1 051 787	1 802 949	1 152 098	135 712
2009	1 857 635	2 607 740	758 596	1 519 471	697 599	111 373
2010	1 858 940	3 023 161	869 631	1 430 546	1 113 106	109 622
2011	2 000 159	3 384 768	1 079 962	1 610 160	1 299 662	113 275
2012	1 543 212	3 357 414	1 234 242	1 709 021	1 146 247	98 592
2013	1 648 601	3 616 739	1 353 786	1 787 033	1 049 887	112 083
2014	1 782 929	3 675 492	1 551 918	1 965 219	1 122 158	93 033
2015	1 344 168	3 073 513	1 303 917	1 566 798	1 108 750	67 603
2016	1 353 659	3 192 240	1 339 079	1 566 184	1 052 789	68 187
2017	1 470 907	3 997 493	1 657 601	1 803 152	1 166 065	76 949
2018	1 470 645	4 512 118	2 067 206	2 272 047	1 568 086	93 374
2019	1 124 255	4 518 300	1 846 628	1 996 612	1 092 574	117 553

资料来源：FAO 数据库。

四、林业科研与教育

（一）林业科研

俄罗斯拥有庞大的科研队伍，但是其科研成果转化率较低。目前，在科技投入方面，俄罗斯改变了以往平均分配给各科研单位的做法，在大型项目的科技开发中实行国家订货制。同时，改变了传统的拨款方法，实行科技经费来源多元化，逐渐建立起了国家预算拨款与银行贷款、基金会资助、社会捐助和单位自筹相结合的多元化科技投入机制。国家保障对俄罗斯科学院系统、国家科学中心和被确定为科技优先领域项目的单位、国立高校和重点院校、科技图书馆、博物馆和信息中心提供稳定的国家拨款。

目前俄罗斯下属 5 个林业研究所，归俄联邦林务局管辖。按不同地域、气候、地理条件和植被设置，分工也各有侧重。分别是全俄林业和林业机械化科学研究所、圣彼得堡林业科学研究所、远东林业科学研究所、西伯利亚林业科学研究所、森林遗传与植物育种研究所。其中，全俄林业和林业机械化科学研究所和圣彼得堡林业科学研究所是占主导地位的两个机构，工作人员超过该领域从业人数的 2/3。俄罗斯除科学院系统、高等院校以及从事林业科研的人员外，各州没有林业科研的专门机构，避免了机构的重复，人员也相对精炼。科研项目全部实现招标，凭研究实力取得科研项目。

位于莫斯科的全俄林业和林业机械化科学研究所是全俄最大的林业研究所，主要研究方向包括：与林业相关的战略规划、国家政策和法规调控、经济研究、森林栽种、森林病虫害的防护工艺和生物方法、防治森林火灾、防护林造林、森林经营与保护、人工造林、森林培育、病虫害防治、资源评价、林业机械化等。圣彼得堡林业科学研究所是俄罗斯最古老的林业研究所，主要研究方向包括森林防火、林业规划与管理、育种、林业生物技术、森林评估、林业利用、林业经济、森林水文及气象学等。俄罗斯很重视森林防火的技术研究，已有航空消防、索状炸药、视频监测、地面开设隔离带和扑火机具设备多项成果投入使用。

（二）林业教育

俄罗斯的林业教育已有 200 多年的历史。早在 1803 年沙皇就批准建立了林业实习学校，它是圣彼得堡国立林业技术学校的前身。俄罗斯林业高等教育以圣彼得堡国立林业技术学院、莫斯科国立林业大学、瓦格涅日国立林业技术学院、乌拉尔国立林业技术学院等为主要力量，培养林业人才。全俄有 37 所国立大学能够培养林业领域的专业人员。

莫斯科林业教育的代表学校是莫斯科国立林业大学，在国家林业教育中处于主导地位。至今，该大学已成为俄罗斯林业人才培养和科学研究的中心。作为国际林业研究机构成员，大学与英国、美国、德国、挪威、保加利亚以及中国的高等院校长期进行合作。学校拥有高水平的师资队伍。目前，莫斯科国立林业大学可培养 20 个专业、27 个专业方向的专业人才，共设 12 个系，1 所国际贸易管理学院，5 个研究所，60 个教研室，占地 36 286 公顷的谢尔科夫斯基森林管理研究中心，森林投资和国际贸易研究院分院，29 个设在生产基地的教研室分部以及 2 个认证中心。莫斯科国立林业大学风景园林和建筑景观专业在世界上最具知名度。

第五节　渔业生产

俄罗斯地域辽阔，具有广阔的水域和丰富的渔业种质资源。俄罗斯渔业可以追溯到中世纪，15 世纪初宫廷开设了鱼类养殖学校。随后在 19 世纪中叶俄罗斯的科学家弗拉蒂米尔·瓦列斯基发明了俄罗斯式干法鱼类人工授精技术。从此，俄罗斯开启了鲑科、鲤科、鲟等鱼类的人工繁殖。

一、渔业资源

俄罗斯境内有超过 250 万条河流，其中包括伏尔加河、奥布河、叶尼塞河、里纳河和阿穆尔河等大型河流，最终分别汇入太平洋、北冰洋、大西洋和里海，水域广阔，渔业资源极为丰富。例如：亚速海是乌克兰和俄罗斯的公海，既有天然水道连接黑海还有运河连接里海和伏尔加河，也有顿河、库班河和众多小河流汇入，带来大量营养物质，且由于海水温暖，渔业资源异常丰富，有记录的鱼类有 80 种，其中包括鲟、鲈、欧鳊、鲱、鲂、鲻、米诺鱼、欧拟鲤等。此外，沙丁鱼和鳀资源量也很大，拥有重要的渔场，还有无脊椎动物 300 种。但是，目前因污染与滥捕等行为，渔业资源种类、数量趋于减少。里海作为世界最大的咸水湖，湖水中硫酸盐和碳酸盐的含量较高，但比大洋水的标准盐度低 2/3，许多水生动植物种类和海洋生物相近。里海生物资源丰富，鲟、鲑、银汗鱼等鱼类在其中繁衍，也有海豹等海兽栖息，约有 850 种动物和 500 多种植物。长期以来，里海一直因鲟产量高著名，其产量约占世界渔获量的 4/5。但是，由于水位下降，一些产卵场干涸，导致鲟数量锐减。当前，俄罗斯政府已经采取一系列包括禁止在公海捕鲟、推行水产养殖等措施，力争改善这一状况。白令海、鄂霍次克海和日本海是远东地区渔业资源储量最丰富的海区，其中鄂霍次克海的渔业资源储量在俄罗斯所有海区中位居第一，海产品种类超过 3 000 种，其中鱼类约有 300 种（深海鱼类有 50 多种）[①]。

二、渔业经济

从年生产量来看，2004 年的捕捞量仅为 300 万吨，全球排名第 12 位。此后随着俄罗斯经济恢复，水产品消费市场日趋扩大，水产品进口量和水产品进口额均不同程度增加，2005 年进口水产品总额近 10 亿美元，与 2004 年相比增长 48%，为此，俄政府制定并实施了一系列渔业振兴计划。这使得俄罗斯水产品产量和渔业收入出现一定程度的增长，并且相关资料显示该增长将持续下去。2013 年上半年，俄罗斯滨海边疆区各企业的鱼类和鱼产品出口量与 2012 年同期相比增长了 43%，达到 36.1 万吨（占捕获量的 74.7%）；出口额同比增长 32.3%，为 5.631 亿美元。近几年，俄罗斯水产品市场需求激增，尤其是虾类、蟹类、淡菜、鱿鱼及软体动物等水产品所制成的即食产品，年增长率达 30%。渔业投资增长也呈现出好势头，堪察加边疆区，作为俄罗斯水生生物捕获量最大的地区，2016 年吸引的投资规模几乎是 2015 年的 5 倍，私人投资 15.8 亿卢布用来更新渔船、建设和改造岸上企业。俄罗斯鱼类出口结构单一是俄渔业企业始终面临的问题。截至 2018 年俄出口的 90% 都是各类冷冻鱼，获得大部分利润的不是其生产商而是外国鱼类加工商，例如日本从海胆中获得的附加值，这是俄罗斯目前面临的问题。

从捕捞业发展历程来看，苏联解体后俄罗斯渔业经济受到了灾难性创伤。渔业工业、水产品加工以及整个科学研究滞后使俄罗斯渔业国际竞争力下降，如表 2-19 所示，渔业和水产养殖组织数量在 2003 年仅有 5 300 个，渔业和水

① 徐悦，等. 俄罗斯渔业发展现状 [J]. 水产学杂志，2020，33（5）：82-92.

产养殖业的净利润和利润率在 2003 年为负值。平均年度雇员人数自 2003 年的 8.62 万人下降到 2018 年的 6.25 万人。基于俄罗斯的总渔业面积和人口数，人均仅占有 0.19 公顷渔业水面，淡水渔业水域并未得到有效利用。为改善这一状况，俄罗斯政府接连对渔业投资超过 30 亿卢布（约合 5 000 万美元）；2017 年俄罗斯境内开辟 1 300 块渔场用于水产养殖，并发布养殖业发展计划来刺激渔业经济的稳步发展，渔业和水产养殖组织的净利润逐渐增长，到 2018 年达到最高（表 2 - 19）。

表 2 - 19　渔业和水产养殖组织的主要指标

年份	2003	2005	2010	2012	2013	2014	2015	2016	2017	2018
渔业和水产养殖组织数量（千）	5.3	7.4	9.2	8.7	8.5	8.4	8.5	8.2	7.9	7.4
组织的平均年度雇员人数（千人）	86.2	98.2	69.8	61.3	59.3	55.3	54.9	56.1	60.9	62.5
净利润（百万卢布）	−7 194	29	10 344	15 034	11 823	592	62 740	85 075	76 050	96 084
盈利率（%）	−3.3	5.2	19.6	16.2	16.5	28.6	59.4	54.5	43.8	44.7

资料来源：《俄罗斯统计年鉴 2019》。

三、渔业产品

从俄罗斯渔业产品捕捞情况来看，活海鱼、新鲜或冷冻的海鱼比重较大，如表 2 - 20 所示，在 2010 年其产量为 115.1 万吨。也就是说，捕捞的活海鱼、新鲜或冷冻的海鱼是俄罗斯渔业生产量的主要部分，非冷冻甲壳类水产品在 2010 年的产量为 4 万吨，水生植物、海洋动物及其制品的产量占比极低，为 0.4 万吨。可以看到，2010—2018 年活海鱼、新鲜或冷冻的海鱼产量呈现波动下降的趋势，在 2017 年为 96.7 万吨，而非冷冻甲壳类水产品和水生植物、海洋动物及其制品的产量虽然出现了一定程度的增长，但俄罗斯渔业捕捞情况并未出现好转。

表 2 - 20　主要渔业产品的捕捞量

单位：万吨

年份	2010	2012	2013	2014	2015	2016	2017	2018
活海鱼、新鲜或冷冻的海鱼	115.1	139.9	146.1	116.7	93.0	106.9	96.7	100.1
非冷冻甲壳类水产品	4.0	4.5	5.3	5.5	4.7	3.4	4.6	5.3
水生植物、海洋动物及其制品	0.4	0.5	0.3	0.4	0.3	0.2	0.7	0.6

资料来源：《俄罗斯统计年鉴 2019》。

2010—2018 年，俄罗斯主要海域海洋生物年捕捞量呈上升趋势。如表 2-21 所示，从年平均捕捞量的占比情况来看，太平洋海域捕捞的水产品量最多，占 3 个水域平均捕捞量的 65.33%，内陆海域捕捞量仅为 5.01%，这与内陆水域所占面积明显不符。资料显示，俄罗斯内陆淡水面积包括 2 250 万公顷的湖泊，430 万公顷的水库，96 万公顷的多用途农用水体，14.29 万公顷的池塘和 52.3 万千米的河流，水域鱼类资源丰富，但淡水渔业水域并未得到有效利用。

表 2-21　俄罗斯主要海域海洋生物捕捞情况

单位：万吨

年份	2010	2016	2017	2018	平均捕捞量占比
海洋捕鱼	378.6	447.5	462.0	483.4	93.86%
大西洋	122.3	139.0	149.2	135.2	28.53%
太平洋	256.3	308.5	312.8	348.2	65.33%
内陆水域	24.1	28.6	26.9	18.8	5.01%
水产养殖	—	5.1	6.2	5.5	1.13%

资料来源：《俄罗斯统计年鉴 2019》。

从历史上看，受体制转型的影响，俄罗斯失去了海洋渔业大国的辉煌。苏联解体后俄罗斯进行的私有化改革和贸易自由化等一系列措施使俄罗斯海洋渔业体系受到影响，出现渔业行政管理弱化、资金不足等问题。官方统计，从 1992 年开始渔业当局至少重组了 5 次，1998 年金融危机造成渔业出口量大幅减少，俄罗斯从水产品出口国逐步走上进口之路。由于投资不足，机器老化、产量下降等情况时有发生，渔业劳动力市场也因此走向颓势。当前，俄罗斯渔业计划符合产业发展需求，措施得力，初步形成了引导与激励机制，渔业有了复苏的迹象。根据 FAO 官方统计，欧洲在 2004—2010 年的渔获量增长全部归功于渔获量增长了近 50% 的俄罗斯。但是，对于俄罗斯渔业经济，恢复到苏联解体之前的繁荣景象还需要一段时间。

第三章 CHAPTER 3
俄罗斯农产品市场、价格与消费 ▶▶▶

在俄罗斯农业改革以前，俄罗斯农产品供求缺口较大，俄罗斯农产品和食品市场基本上由国家垄断。随着农业改革的发展及粮食生产的稳定增长，俄罗斯农产品和食品市场发生了变化，改变了国家垄断农产品销售的局面。本章重点介绍俄罗斯农产品市场供给与需求情况、俄罗斯农产品价格波动与价格政策、俄罗斯农产品消费状况与影响因素。

第一节　农产品市场

农产品市场有助于生产主体确定产品产量、农产品种植结构，一定程度上会影响农产品生产质量和产品竞争力[①]。农产品市场包含很多形式，如农产品批发市场、种子市场等，同时包含各种关系，如合同关系、供应关系、贸易关系、政府采购干预等[②]。

一、农产品供给与需求

俄罗斯农业改革初期，在1991—1995年，粮食生产有4年遭受歉收和大幅度减产，尤其1995年粮食产量骤减至6 350万吨，比1986—1990年的年均水平1.043亿吨减少了39.2%。粮食生产连年大幅度下滑，造成粮食总供给与总需求严重失衡。1995年俄罗斯粮食总供给1.486亿吨，其中年初储备5 500万吨，

---

① 帕夫列奇克 Н.Ф..农业产品市场［J］.尼科波尔读物，2013（1）：269-272.
② 波波娃 О.В..区域零售市场中农业生产者的竞争壁垒［J］.商业法和公司法，2019，11（108）：43-51.

粮食产量9 000万吨，进口粮食360万吨，这样才能基本达到供需平衡。而1995年俄粮食产量并非9 000万吨，只有6 350万吨，相差2 650万吨。显然，如此之大的缺额进一步加剧了俄粮食总供给与总需求之间的矛盾①。

俄罗斯主要农作物，如谷物、甜菜产量自2000年开始整体呈上升态势（图3-1）。近年，俄罗斯不仅粮食实现了自给，而且农产品开始出口（表3-1）。目前，俄罗斯在世界主要食品出口国中排名第20位。2019年，农产品出口总额超过250亿美元，与2010年相比，出口增长了3倍，与2000年（13亿欧元）相比增长了18倍多②。

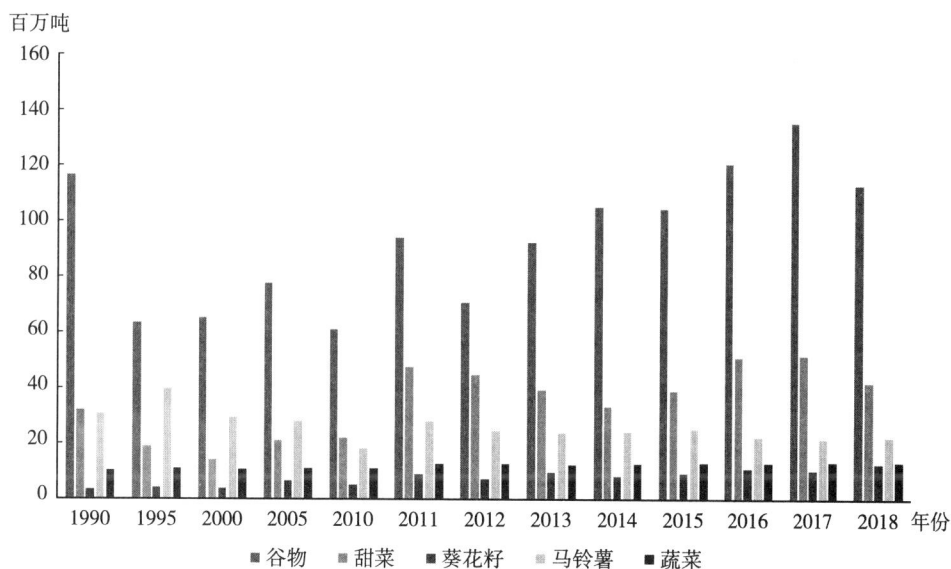

图3-1　1990—2018年主要农作物产量

资料来源：《俄罗斯统计年鉴2019》。

表3-1　俄罗斯谷物供给与需求情况

单位：百万吨

年份	2014	2015	2016	2017	2018	2019
总供给	158.8	165.8	186.5	213.4	204.4	194.1
年初储备	52.6	60.2	64.8	77.2	90.7	72.6
粮食产量	105.3	104.8	120.7	135.5	113.3	121.2
进口	0.9	0.8	1.0	0.7	0.4	0.3
总需求	98.6	101.0	109.6	122.7	131.8	117.3

① 乔木森. 俄罗斯的农产品和食品市场 [J]. 东欧中亚市场研究，1996 (2)：9-11.
② 俄罗斯出口 [EB/OL]. https://aemcx.ru/экспорт-апк/российский-экспорт.

（续）

年份	2014	2015	2016	2017	2018	2019
生产性需求	21.0	20.9	22.3	24.4	23.2	23.8
加工性需求	46.4	48.2	52.2	53.4	52.5	53.0
损耗	1.0	1.1	1.1	1.5	1.2	1.1
出口	30.1	30.7	33.9	43.3	54.8	39.3
个人消费	0.1	0.1	0.1	0.1	0.1	0.1
年末剩余	60.2	64.8	76.9	90.7	72.6	76.8

资料来源：俄罗斯主要农业指标（2015—2019 年）。

根据俄罗斯各类农产品市场供给与需求情况，尤其是主要农产品，如谷物、肉、奶等市场供给与需求、自给率（表 3-1、表 3-2）可知，近年俄罗斯谷物供给已经大于需求，出口远大于进口，且出口与进口差额在逐年增加（图 3-2）。

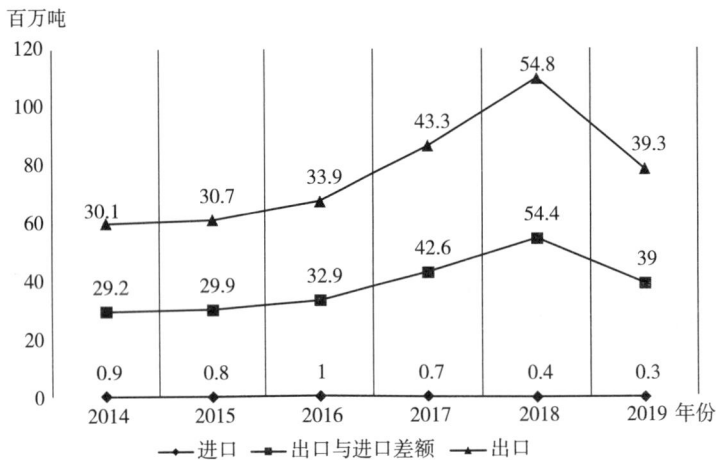

图 3-2 俄罗斯谷物进出口情况

表 3-2 俄罗斯基本食品的自给水平

单位：%

年份	2015	2016	2017	2018	2019
肉	88.7	90.6	93.5	95.7	97.4
奶	79.9	80.7	82.3	83.9	83.9
蛋	96.7	97.1	97.9	97.7	97.1
马铃薯	102.1	93.2	91.1	95.3	95.1
蔬菜	86.8	87.4	87.6	87.2	87.7
水果	32.5	36.5	33.1	38.8	40.2

资料来源：俄罗斯主要农业指标（2015—2019 年）。

通过对 2015 年以来俄罗斯基本食品自给情况予以分析，发现当前俄罗斯基本食品自给率较高，肉类、蛋、马铃薯供给率超过 90%，蔬菜自给率逐步提高达 85% 以上。自给率较低，需依赖进口的主要是水果，具体见表 3-2。

二、农产品市场流通

俄罗斯农业改革前，农产品和食品市场基本上由国家垄断。农业生产企业和单位主要通过国家采购组织按照国家规定的农产品采购计划和采购价格收购农产品。只有在完成国家采购任务的情况下，生产单位才能把自产的农产品拿到集体农庄市场上去销售。随着农业改革的发展，俄农产品和食品市场发生了很大变化。首先，国家参与农畜产品销售的程度大幅降低，基本改变了国家垄断的局面。1995 年前后，除蔬菜、肉、奶等农产品的 70% 以上仍销售给国家采购组织外，其余品种的农产品通过国家销售的比重大大降低。例如 1992 年和 1993 年，销售给国家采购组织的粮食占其销售总量的 64%，而 1994 年降为 33%，油料作物相应从 78% 和 48% 降为 36%，甜菜从 98% 降为 68%，而农业商品生产者通过其他渠道（在市场上出售、通过自有商业网点出售和售给公共饮食企业）销售的比重相应提高。销售渠道的拓宽，有助于刺激更多的农产品上市，提高农业的商品率。其次，国家采购组织必须按照合同采购农产品和食品，并按当地的市场价格支付报酬。在农产品和食品市场上的经营主体，除集体农庄和国营农场外，还有其他的农业商品生产者。它们都可以独立进入市场，这为形成农产品和食品市场体系打下了基础。同时，在食品加工业中也出现了新的经营主体，通过在农产品产地建立小型加工企业，可以最大限度地使产品接近消费者，有利于活跃流通领域[①]。随着俄罗斯政府对农业的重视，俄国内农工综合体快速发展，为农业生产领域效率的提升及农产品市场流通创造了积极条件[②]。近年来，随着俄罗斯国内居民消费升级、农业企业数字化转型及其农产品电商的发展，在农产品流通领域出现了网上流通新模式。但俄罗斯农产品电子商务的发展水平相比于中国的线上线下流通平台、模式而言，其运行效率较低，目前精准化、定制化从农田到餐桌的农产品流通服务体系在俄罗

---

① 乔木森. 俄罗斯的农产品和食品市场 [J]. 东欧中亚市场研究，1996 (2)：9-11.
② 吉巴波夫 P. O.. 完善农产品销售形式的问题 [J]. 新技术，2012 (40)：1-5.

斯还没有完全建立。俄罗斯国内农产品市场流通主要是基于传统的农副产品综合批发市场、零售类市场、农贸市场和超市等。

第二节　农产品价格

俄罗斯经历了高度集中的计划经济发展阶段，农产品价格的形成具有浓厚的国家计划调控性色彩，特别是在苏联时期，经历了多阶段的农产品交售、收购价格的调整，每一项价格体制改革后在带来微弱效果的同时，又使国家农业经济发展甚至是宏观经济陷入新的尴尬境地。

一、农产品价格基本情况

按照《俄罗斯联邦政府关于放开物价的决定》，大幅度提价，同时放开物价，规定的重点在"放"。除某些重要的生产技术性产品和保障人民基本生活必需的消费品由政府规定涨价最高限额之外，其余产品的价格完全放开，由供求决定[①]。因缺少对农业、农产品价格的预估，该项价格体系的改革使俄罗斯农业生产指标倒退了几十年。在此期间，国家预算用于农业支出的比重不断降低，1991年用于农业支出的比重占国家预算的19.8%，1993年降到7.6%，1995年降为3.7%，1998年降为1.9%，1999年降为1.5%，严重依靠国家提供资金来生存和发展的俄罗斯农业不容乐观。同时，俄罗斯农产品价格出现飞涨，居民生活水平大幅下降，特别是国内的低收入者生活陷入困境。2000年至今，俄罗斯农业才得到恢复和发展，国内农产品价格相对稳定。

（一）分部门产品价格指数比较

1992年初，俄罗斯实施了商品价格全面放开的做法，物价大幅上涨，政府不加控制的商品价格上涨幅度要远远高于政府进行价格控制的商品价格涨幅。国家控制的面包、牛奶、糖、盐、植物油等价格分别上涨2～4倍，而肉、蛋、香肠、黄油等价格完全放开的商品，平均涨价5～10倍，如猪肉每千克

---

① 王跃生. 俄罗斯放开物价与价格改革的模式问题 [J]. 世界经济, 1992 (4)：85-89.

45～55 卢布（原价 5.3 卢布），牛肉 40～45 卢布（原价 7 卢布）①。从表 3 - 3
中可以看出，俄罗斯商品价格在 1992 年、1993 年上升幅度离谱。同时，在俄
罗斯物价飞涨过程中，各种商品价格的涨幅之间存在着较大的差距，农产品价
格上涨幅度要远远低于消费品价格、工业品价格、建筑产品价格、交通运输业
价格上涨幅度，而这一局面一直持续到 1994 年。1991 年，农产品价格较上年
上涨 60%，而消费品价格较上年上涨 160%，工业品价格上涨 240%，建筑产
品价格上涨 210%，交通运输业价格上涨 110%，工业品价格上涨幅度是农产
品价格上涨幅度的 4 倍，建筑产品价格上涨幅度超过农产品价格上涨幅度的 3
倍，消费品价格上涨幅度超过农产品价格上涨幅度的 2 倍。如果按环比价格指
数连续计算，1991—1994 年，农产品价格上涨 365.5 倍，消费品价格上涨
2 041.2 倍，工业品价格上涨 3 792.3 倍，交通运输业价格上涨 4 840.7 倍②。
1995 年与 1991 年相比，农用生产资料价格涨幅更大，电力价格增长到原来的
5 400 倍以上，润滑油料涨到 5 200 倍，燃料涨到 3 150 倍。1991—1997 年，
农业企业购买的工业品价格上涨了 8 847 倍，而农产品销售价格仅上涨了 2002
倍，俄罗斯的大米高于国际市场上的价格③。从以上数据中发现，2000 年以前
俄罗斯农产品价格虽有所上升，但是同工业产品价格、消费品价格、交通运输
业价格上升速度及幅度相比还较低，农产品生产、加工、运输成本迅速提升，
农业生产效益降低，大部分农场企业出现亏损。2000—2018 年，从俄罗斯分
部门价格指数看，各部门之间价格增长幅度较为平稳。

表 3 - 3　俄罗斯分部门价格指数变化情况

单位：%

年份	消费品价格指数	工业品价格指数	农产品价格指数	建筑产品价格指数	运费运价价格指数
1991	260	340	160	310	210
1992	2 610	3 400	940	1 610	3 560
1993	940	1000	810	1160	1850
1994	320	330	300	320	350
1995	230	270	330	250	270
1996	121.8	126	143.5	137	122.1

①② 王志远. 农地私有化、市场环境与俄罗斯农业发展 [J]. 俄罗斯研究，2010 (2)：107 - 117.
③ 李翠霞. 俄罗斯农业的困境与发展走势 [J]. 东欧中亚市场研究，2001 (9)：18 - 19，36.

（续）

年份	消费品价格指数	工业品价格指数	农产品价格指数	建筑产品价格指数	运费运价价格指数
1997	111	108	109.1	105	100.9
1998	184.4	123	141.9	112	116.7
1999	136.5	167	191.4	146	118.2
2000	120.2	132	122.2	136	151.5
2001	118.6	108.3	117.5	114.4	138.6
2002	115.1	117.7	98.1	112.6	118.3
2003	112	112.5	124.7	110.3	123.5
2004	111.7	128.8	117.7	114.9	109.3
2005	110.9	113.4	103	112.1	116.6
2006	109	110.4	110.4	112.4	115.8
2007	111.9	125.1	130.2	117.4	106.8
2008	113.3	93	102.5	116.9	132.3
2009	108.8	113.9	98.2	100.1	97.5
2010	108.8	116.7	123.6	109.1	133.1
2011	106.1	112	94.9	108	107.7
2012	106.6	105.1	110.8	106.9	107.5
2013	106.5	103.7	102.7	104.9	108.0
2014	111.4	105.9	114.1	107.2	100.9
2015	112.9	112.1	108.5	110.3	111.5
2016	105.4	107.5	101.8	103.2	105.6
2017	102.5	108.4	92.2	103.1	109.0
2018	104.3	111.7	112.9	107.3	101.4

数据来源：俄罗斯统计年鉴（2001—2019年）。

注：表中数据为当年12月与前一年12月比值。

（二）农产品价格变动情况

农产品价格波动不仅直接影响人们的基本生活水平，而且直接影响社会价格总水平[①]。随着农产品贸易自由化的发展，农产品价格波动的影响因素日益复杂，价格调控也更加困难。

① 何启志.国际农产品价格波动风险研究［J］.财贸研究，2010，21（5）：63-69.

1. 1991—2000 年农产品价格变动

苏联解体后，俄罗斯农业、轻工业、重工业投入比例严重失调，加之 1991 年俄罗斯对传统的集体农庄和国营农场进行了私有化改造，政府对农业的投入进一步减少，使得大量国营农场、集体农庄的管理人员及科技人员弃农经商，全俄罗斯在此时期约有 1/3 的耕地废弃，1999 年的农业总产值比 1990 年下降了 42.7%。农业生产手段落后，农作物品种退化，没有除草剂和杀虫剂，大面积的农作物遭受草荒，农业生产连年亏损[①]。俄罗斯农业 1991—2000 年农产品产量一直处于较低水平，商品率下跌，农产品、食品市场供需矛盾尖锐。为了满足国内市场需求，俄罗斯不得不每年从国外进口大量农产品和食品，而且形成了依赖性。加之 1991—2000 年俄罗斯自然灾害频发，导致俄罗斯粮食及农产品出现连年歉收和大幅减产，尤其是 1995 年、1996 年俄罗斯粮食产量出现了 30 多年来的最低水平。自然灾害导致的粮食及农产品歉收加剧了俄罗斯国内粮食及农产品总供给与总需求之间的矛盾。供需之间的不均衡是影响商品价格的主要因素。

1992—2000 年俄罗斯国内农产品价格变动较大，尤其是 1993—1997 年的 5 年间俄罗斯国内农产品价格出现了飞涨，居民生活水平大幅下降，特别是国内的低收入者生活陷入困境。具体价格变动情况详见表 3 - 4。1998—2000 年俄罗斯农产品及食品消费价格逐年提高，但增速平稳，逐步趋于正常价格水平。

表 3 - 4　1992—2000 年俄罗斯农产品及食品年末平均消费价格

单位：卢布/千克

年份	1992	1993	1994	1995	1996	1997	1998	1999	2000
牛肉	222	2 201	5 186	12 547	14 137	15 787	30.04	42.01	52.72
猪肉	260	2 673	6 579	15 053	16 810	19 055	33.99	43.37	58.45
禽肉	195	2 239	5 677	11 587	13 815	16 061	30.74	39.28	48.8
香肠	271	3 351	8 984	20 016	22 859	26 767	43.81	61.56	77.97
罐头[①]	164	1 165	2 991	6 692	7 375	7 811	15.5	18.16	19.52
冻鱼	130	1 089	3 675	8 325	9 398	9 912	18.93	23.83	29.54
加工鱼[②]	273	2 599	7 496	17 488	19 912	21 402	32.13	47.89	61.22
鱼罐头[③]	120	1 041	3 211	8 050	8 540	8 468	13.85	19.96	21.15

---

① 林燕腾. 开拓潜力巨大的俄罗斯农产品市场 [J]. 世界农业，2003 (1)：35 - 39.

（续）

年份	1992	1993	1994	1995	1996	1997	1998	1999	2000
黄油	413	2 913	12 985	20 075	22 968	23 238	64.44	66.83	69.12
葵花籽油	190	1 365	5 307	10 460	8 412	9 589	23.43	25.74	23.2
奶	22	315	1 222	2 812	3 187	3 627	5.82	8	9.7
奶酪	415	2 757	8 583	22 514	24 828	27 025	56.33	74.32	85.17
鸡蛋	87	827	2 657	5 345	5 879	5 687	14.94	14.94	16.57
砂糖	136	755	2 241	4 486	3 681	4 326	12.69	9.2	15.62
红茶	1 137	4 865	12 742	25 747	28 443	33 527	122	140.45	144.19
面粉	46	296	973	3 115	3 325	3 209	3.73	8.04	8.08
面包④	43	466	1 674	4 811	5 648	5 686	6.42	10.96	12.19
大米	86	284	1 567	4 592	5 087	4 785	12.3	17.61	13.03
通心粉⑤	75	565	2 403	6 511	7 135	7 073	12.17	16.3	17.52
马铃薯	35	241	918	1 882	1 778	1 871	3.52	5.6	5.19
卷心菜	27	363	1 088	2 094	2 344	1 917	4.81	3.97	4.75
洋葱	34	562	1 585	2 340	2 395	2 832	7.56	6.72	6.11
苹果	106	941	3 122	6 038	6 601	6 985	16.61	23.28	22.02
伏特加⑥	500	4 278	8 467	20 230	35 365	38 113	46.97	64.84	84.05
白兰地⑥	1 426	7 912	15 687	37 590	58 029	82 868	160.34	248.33	308.51
葡萄酒⑥	1 155	5 802	11 786	22 937	29 628	32 014	60.39	84.52	93.38
啤酒⑥	63	600	1 887	5 154	6 972	7 963	10.56	16.01	20.06

数据来源：俄罗斯统计年鉴（2001—2015 年）。

注：①350 克牛肉、猪肉罐头；②咸的、醋渍的、熏制的鱼；③350 克鱼罐头；④面包及面包类产品；⑤通心粉及其制品；⑥伏特加、白兰地、葡萄酒、啤酒价格单位为卢布/升。

2. 2000—2018 年农产品价格变动

21 世纪以来，国际农产品价格总体呈上升态势。根据相关统计数据分析，以国际农产品价格走势判断，国际主要农产品价格在 2003—2014 年经历了两次较大波动。第一次是 2007—2008 年，其价格经历了第一个波峰，联合国粮农组织（FAO）食品名义价格指数由 94.6 上升到 201.4，上升了 112.8%①。第二次是 2010—2012 年，其价格经历了第二个波峰。2008 年下半年世界金融危机爆发导致国际主要农产品价格进入短暂调整周期，经历了两年的调整恢复后，2010 年下半年国际主要农产品价格又呈迅速上涨态势，食品名义价格指

---

① 赵军华，等.2014 年国际农产品价格走势分析［J］. 世界农业，2014（5）：104.

数在 2011 年达到 229.9 的最高点①。

2000—2018 年俄国内农产品价格仍处于较高水平，其变动受国际农产品价格变动的影响增强。2000—2010 年俄罗斯政府以粮食市场价格干预政策实现对农产品流通市场的调控，通过限定最低和最高价格并采取"国家采购干预"和"国家商品干预"的方式来调节和稳定国内农产品价格②。在国家价格政策的干预下俄罗斯农产品价格保持平稳增长态势（表 3-5），但部分年份农产品价格波动仍较大，例如 2007 年 12 月，俄罗斯最低食品消费额为每月 1 802 卢布，与 11 月相比，上涨 2.7%，比年初上涨 22.3%。俄国家统计局数据还显示，2007 年 12 月俄罗斯水果、蔬菜和奶制品的价格上涨最快，果蔬产品价格提高了 5.6%，涨幅最大。其中，葡萄上涨 16.3%，鲜卷心菜上涨 12.2%，马铃薯上涨 7.2%。液态奶、炼乳及脱脂奶渣价格提高了 3.9%～4.1%。与 2007 年 11 月相比，12 月大部分粮食产品价格增速放慢，但其余监测产品如鸡蛋、青豆、菜豆、人造奶油、番茄罐头、麦糁、小米、融化干酪、国产奶酪、羊奶干酪、通心粉制品、蛋糕、色拉酱等价格均上涨了 2.0%～3.5%。一份调查显示：32% 的俄罗斯人把 25%～49% 的收入用在了食品上，41% 的俄罗斯人在食品上的费用为其收入的 50%～74%，16% 的俄罗斯人的食品消费更是高达收入的 75%③。

2008 年，俄罗斯食品价格继续上涨。2008 年国际粮食价格继续上涨波及到俄罗斯，2008 年的粮食价格上涨 10%～12%（2007 年为 16%）④。据俄联邦统计署数据显示，由于通货膨胀，2008 年前 11 个月国内销售食品价格平均上涨 16.5%，而欧盟只有 3.9%。在粮食从春季起价格下降的前提下，面包价格却上涨了 1/4，而欧盟面包价格涨幅只有 6.2%，更何况 2007 年秋季俄罗斯粮食产量超过了需求量。紧跟面包之后的是肉价，当时欧盟肉价上涨只有 5%，而俄罗斯却达到了 21.5%⑤。2009 年初俄大部分地区粮食和饲料价格上涨，由于俄有充足的粮食储备（约 2 000 万吨），不会出现粮食和面包短缺，粮价

① 陈爱雪. 国际农产品价格波动对我国的影响及对策 [J]. 经济纵横，2016 (2)：102-107.
② 刘瑞涵，张怀波. 俄罗斯农业支持及改革政策分析 [J]. 农业经济问题，2010 (12)：105-109.
③ 俄罗斯为何牵动世界粮食市场 [EB/OL]. http：//news. aweb. com. cn/2011/6/16/117201106161457210. html.
④ 俄罗斯国家统计局. 俄罗斯最低食品消费额每月 1802 卢布 [N]. 中华工商时报，2008-01-14.
⑤ 2009 年俄罗斯哪些食品会涨价 [EB/OL]. 2009-01-06/2009-01-07. http：//www. boyar. cn/article/2009/01/07/201053. shtml.

表3-5 2001—2018年俄罗斯农产品及食品年末平均消费价格

单位：卢布/千克

年份	2001	2002	2003	2004	2005	2006	2007	2008	2009	2010	2011	2012	2013	2014	2015	2016	2017	2018
牛肉	70.33	72.56	73.9	93.41	115.77	131.67	139.49	174.86	185.6	197.64	234.49	248.47	244.55	272.28	314.94	315.02	320.34	330.58
猪肉	79.22	80.98	82.42	110.47	131.64	142	149.02	189.42	193.66	198.35	210.89	220.09	214.18	272.36	271.08	264.32	255.87	275.26
禽肉	56.92	58.38	69.32	69.94	81.35	78.37	88.2	99.94	103.01	105.14	103.57	117.26	107.03	136.14	133.73	138.49	126.29	151.27
香肠	96.01	101.57	106.66	129.94	142.85	153.94	166.96	207.81	223.64	235.96	270.28	288.23	302.94	310.54	344.81	351.27	350.88	382.98
罐头①	24.07	26.55	28.18	32.04	37.01	40.1	43.13	54.03	60.29	63.79	70.35	75.22	79.33	94.42	117.04	121.37	125.21	130.13
冻鱼	36.57	40.39	42.99	48.68	55.76	58.69	62.82	71.88	78.66	79.22	86.79	85.67	90.79	110.65	138.16	147.68	153.03	152.14
加工鱼②	75.98	87.99	93.15	107.99	130.65	144.92	154.98	181.35	203.35	215.55	247.73	247.61	252.52	292.21	352.58	382.54	588.83	398.24
鱼罐头③	25.08	25.11	25.67	27.61	30.79	32.28	35.2	41.29	48.15	51.46	53.95	57.76	60.5	70.12	91.94	103.94	109.09	113.71
黄油	71.73	80.08	87.96	93.96	102.42	109.71	155.1	175.54	191.68	239.55	256.48	260.84	308.92	357.54	397.75	477.13	528.83	553.02
葵花籽油	33.07	35.76	38.16	39.1	40.06	39.41	60.26	74.32	58.06	72.6	76.79	78.51	75.47	78.09	107.62	110.1	100.16	101.51
奶	11.37	11.96	13.48	15.52	17.35	18.76	25.39	28.09	26.75	31.99	32.52	33.88	38.64	43.81	47.61	51.44	53.45	54.04
奶酪	103.06	102.67	111.95	122.3	138.72	144.26	233.93	212.92	213.11	263.2	273.43	272.57	326.89	388.81	418.61	461.71	478.88	502.55
鸡蛋	18.84	20.06	22.08	28.44	24.5	27.06	34.89	40.02	34.16	38.56	41.25	43.34	56.01	58.76	65.02	64.17	54.63	68.97
砂糖	14.88	19.47	18.34	19.69	19.69	22.71	21.63	23.07	33.02	40.62	30.22	31.58	32.32	44.97	52.14	48.78	36.75	46.23
红茶	155.92	167.83	173.18	183.01	193.61	204.25	224.65	269.53	339.81	348.21	367.68	391.06	422.62	496.4	6685.73	759.21	765.93	780.19
面粉	8.48	8.04	11.4	13.06	11.91	12.83	17.35	21.45	19.49	21.45	19.76	25.19	26.83	29.46	32.78	33.27	32.11	33.47

（续）

年份	2001	2002	2003	2004	2005	2006	2007	2008	2009	2010	2011	2012	2013	2014	2015	2016	2017	2018
面包④	13.69	14.35	18.69	21.61	22.24	24.92	30.68	39.32	39.65	42.6	45.36	50.51	55.11	58.75	64.8	37.61	68.92	72.98
水稻	13.55	15.69	16.3	21.04	21.36	23.45	31.54	44.28	44.09	42.14	40.65	39.8	43.51	53.03	67.87	63.98	62.83	64.90
通心粉⑤	19.43	20.83	21.68	24.91	25.68	26.95	33.48	45.57	46.11	47.77	46.18	48.87	50.67	55.18	66.01	68.41	67.61	68.07
马铃薯	6.33	9.51	7.89	8.12	9.72	10.94	14.3	16.67	14.03	28.94	14.26	16.07	23.18	26.66	19.91	20.25	22.25	23.84
卷心菜	5.99	9.75	7.02	7.84	10.21	9.48	16.32	11.92	13.27	28.22	10.61	15.65	17.3	25.55	22.68	17.96	16.14	28.07
洋葱	8.34	11.99	12.52	11.2	12.77	16.13	17.88	16.5	17.86	27.41	16.03	16.7	21.36	26.47	24.64	21.28	21.22	26.41
苹果	27.59	31.48	31.72	34.09	36.87	44.09	48.62	56.33	53.51	62.37	63.59	62.54	63.26	76.7	87.43	81.92	88.57	85.66
伏特加⑥	94.76	102.54	116.45	134.94	148.89	166.04	181.66	203.02	213.84	230.22	256.21	315.45	406.51	547.02	559.21	583	600.59	604.26
白兰地⑥	368.08	427.68	471.65	512.78	557.9	647.21	700.06	761.58	803.14	817.02	868.8	920.54	1012.29	1139.95	1261.25	1321.94	1303.04	1278.75
葡萄酒⑥	105.28	109.49	113.13	118.16	124.39	135.76	145.98	160.87	173.29	183.93	201.74	221.88	235.28	253.64	283.72	306.22	320.63	333.28
啤酒⑥	22.91	25.5	27.05	28.79	31	33.12	36.26	42.25	47.14	56.14	62.13	69	77.18	87.37	98.36	105.68	110.22	112.60

数据来源：俄罗斯统计年鉴（2001—2019年）。

注：①350克牛肉、猪肉罐头；②咸的、醋渍的、熏制的鱼；③350克鱼罐头；④面包及面包类产品；⑤通心粉及其制品；⑥伏特加、白兰地、葡萄酒、啤酒价格为卢布/升。

上涨也不会影响面包价格。下半年食品价格上涨，成为通货膨胀的主要驱动因素，其中8—10月最为复杂。通货膨胀还与畜产品价格上涨有关，俄罗斯居民消费中畜产品比面包的比重高出许多，因此畜产品价格上涨带动通货膨胀率上升1.5~2个百分点[①]。2010年俄罗斯受极端恶劣天气的影响，农作物减产严重。据俄罗斯联邦统计局表示，截止到2010年9月1日，俄罗斯谷物产量已达4 410万吨，比上年同期减少了31%。2010年8月5日，俄罗斯政府决定暂时禁止粮食及粮食产品出口，从2010年8月15日开始将禁止小麦、混合麦、大麦、黑麦、玉米、小麦面粉、小麦和黑麦混合制面粉等农产品出口。随着农产品产量的减少，俄罗斯国内农产品价格迅速上涨，2010年夏季俄罗斯的面粉价格已经上涨了一倍。据俄联邦国家统计局公布的数据，7—9月，俄罗斯全国谷物及豆类价格上涨30%以上，其中荞麦米价格全国平均上涨了85%。2010年初至10月，俄罗斯果蔬类商品价格上涨了31%，上涨最明显的是马铃薯，其价格上涨了65.7%[②]。2011年俄政府机关报《俄罗斯报》刊文称食品价格已到了百姓承受极限，用《辣椒比钱包贵》的标题报道了近期食品上涨的情景。俄罗斯社科院农产品市场工作组从2010年5月开始跟踪国内各联邦主体行政中心所在城市面包、糖、蛋、牛奶、奶酪、油、牛肉、猪肉、鸡肉、鱼、马铃薯等百姓必需食品价格的波动情况。跟踪数据显示，在过去的一年时间里，上述食品的价格平均上涨了30%，其中马铃薯价格上涨了55%、葵花籽油涨价55%、糖涨价25%、切片面包涨价22%、牛奶涨价19%。该工作组称，俄罗斯食品价格的上涨程度比美国、中国、葡萄牙和西班牙要高出13%。俄国家统计局的最新统计数据显示，俄罗斯家庭每月支出的30%用于购买食品。在各类食品支出中，面包占11%、肉类占13.1%、奶制品占7.5%。而这些生活必需食品价格的上涨，很可能迫使俄百姓调整食谱，并改变多年来的饮食习惯[③]。

2012年俄罗斯结束长达18年的入世谈判，正式加入WTO。除去关税影响，2012年俄罗斯遭受高温干旱天气，农业生产受到较大影响。据俄罗斯农业部发表的数据显示，与2011年同期相比，2012年俄罗斯农业总产量下降

① 阿尔卡季兹洛切夫斯基. 俄旱灾将使2010年通膨率上升2%[N]. 俄罗斯商报，2010-07-20.
② 王毅. 农产品遭遇全球涨价潮[J]. 农产品加工（创新版），2010（11）：14.
③ 中国青年报. 俄政府机关报刊文称食品价格已到百姓承受极限. http://news.eastday.com/w/20110705/u1a5978437.html.

5.35%；其中，蔬菜类作物产量降低 15%；小麦产量为 3 770 万吨，与上年同期相比减少 32.9%；肉类食品产量则增长 4.3%；禽类产量增长 6.8%，达到 117 万吨；家禽总数在 2013 年 1 月达到 2 010 万头。据俄罗斯报摘网报道，2012 年农业歉收使俄罗斯的国内生产总值增长放缓了 0.3 个百分点，其中小麦产量为 3 800 万吨，是 10 年来的最低收成①。2012 年俄农产品价格指数为 110.8，高于 2010 年 94.9 的水平，说明 2012 年俄罗斯农产品整体价格仍处于较高水平。2013 年 12 月 17 日俄罗斯独立报报道，2013 年俄农业发展喜忧参半，主要表现在以下 3 个方面：①粮食喜获丰收。俄粮食收成将达 9 000 万吨，较上年增长 28.5%。②农产品价格持续飙升。俄国家统计局统计数据显示，受饲料价格上涨影响，2013 年俄乳制品价格上涨 10%，马铃薯价格上涨 38%，鸡蛋上涨 30%。③进口农产品比重不断增长。据俄经济发展部统计，2013 年 1—9 月，俄食品和农产品原料出口同比下降 10.5%，为 109 亿美元；据俄国家统计局统计，同期俄食品和农产品进口同比增长 4.4%，为 298.5 亿美元②。2014 年受乌克兰危机影响，为回应美欧对俄进行的经济制裁，俄政府 2014 年 8 月 7 日公布食品进口禁令清单，对原产于美国、欧盟、加拿大、澳大利亚和挪威的肉类、奶制品、果蔬等暂时停止进口，俄罗斯出现食品价格暴涨的局面。英国 BBC 援引俄罗斯《生意人报》消息称，自从 2014 年 8 月 7 日颁布食品进口禁令以来，俄罗斯进口猪肉价格上涨了 6%。包括滨海边疆区和库页岛在内的俄罗斯远东地区食品价格涨幅要高于西部地区的大城市。地方农业部门官员指出，库页岛奶酪价格涨了 10%，肉类涨了 15%，鸡腿价格涨幅更为惊人，高达 60%。由于进口货源收窄，俄罗斯境内食品供应量缩减，来自其他国家和地区的食物价格也在上涨。滨海边疆区从中国进口的苹果价格涨了 30%，肉类涨了 26%，鱼类涨了 40%。而俄罗斯第二大城市圣彼得堡的食物价格则大幅上涨了 10%，猪肉价格暴涨 23.5%，鸡肉价格暴涨 25.8%③。

2014 年至今，西方国家对俄罗斯的经济制裁一直持续。俄罗斯长期以来对能源出口高度依赖的经济结构，在国际能源价格下跌、巨额资金外流和卢布

① 李光.黑龙江省农产品对俄出口的策略研究——以俄罗斯入世为背景 [D].长春：吉林大学，2013.
② 中华人民共和国商务部.2013 年俄农业发展喜忧参半 [EB/OL].http：//www.mofcom.gov.cn/article/i/jyjl/m/201312/20131200429335.shtml.
③ 俄罗斯取消部分对欧盟农产品出口禁令制裁已导致鸡蛋价格上涨 60% [EB/OL].http：//www.guancha.cn/europe/2014＿08＿21＿258730.shtml.

加速贬值的影响下，危机频现。当人们还在争论"俄罗斯经济何时崩溃"、国际能源大宗商品价格何时触底时，2015年俄罗斯的农业却呈逆势增长态势，成为俄罗斯经济中为数不多的增长领域。2016年，俄粮食产量达到38年来最高水平，农产品出口甚至超过武器出口收入。其中，甜菜产量为4 800多万吨，已超过法国、美国和德国，成为世界最大的甜菜糖生产国。2017年，俄罗斯粮食产量再创40年来新高，达1.34亿吨。2018年尽管存在多种不良气候条件，谷物收成净重仍然比过去5年的平均值高出了11%。在西方制裁之下，俄罗斯不仅解决了粮食自给自足的问题，保障了国家粮食安全，还夺回了世界小麦出口霸主之位。俄罗斯领导人寄希望于农业领域取得更大成就，成为"俄罗斯经济发展的火车头"，更有一些专家把农业视为"俄罗斯经济的未来"[1]。多年来俄罗斯为平抑国内农产品价格，政府采取了多种手段，但是由于历史欠账过多，加之国际因素的影响，其国内农产品价格一直处于较高水平。其原因可总结为：第一，俄罗斯国内农业产量的不足导致食品进口增加（2000—2007年俄罗斯国内生产食品的比重只增长了16%，而国外进口食品的比重增长了整整3倍，每年进口270亿～300亿美元的食品），其国内的肉、奶食品生产商也要求对国内厂商更多的保护，结果导致消费者承受较高的食品价格。第二，随着国际能源价格的上涨，燃料、饲料、化肥等价格上涨的速度比农产品销售价格增长得快，这也推高了俄罗斯农产品的价格。第三，缺乏技术熟练的农民以及落后的农业设备和技术限制了俄罗斯农业产量的增加，技术熟练的农民和专业人才都流失到其他行业。农业从业人员获得教育培训的机会很少。俄罗斯的农业技术比发达国家落后许多，导致俄罗斯农业生产效率低下，成本较高。此外，俄罗斯食品市场缺乏竞争也是导致俄罗斯农产品价格较高的原因[2]。

二、农产品价格政策及演变

（一）农产品价格政策

苏联农产品价格政策的形成具有计划经济体制的特点，价格应最大限度地

---

① 俄罗斯农业"逆袭"［EB/OL］. https://baijiahao.baidu.com/s? id=16236412124156525798&wfr=spider&for=pc.

② 俄罗斯为何牵动世界粮食市场［EB/OL］. http://news.aweb.com.cn/2011/6/16/117201106161457210.html.

反映社会必要劳动耗费，价格与价值的偏离基本上是通过计划实现的。概括地说，在当时为社会主义制度下的苏联，计划不仅决定价格，而且决定供求关系本身。苏联时期历任领导人均采取相应办法提高及稳定农产品价格，一定阶段内取得了相应的效果，但整体农产品价格政策的改革是失败的，苏联农产品价格体制的弊端仍未得到很好的解决。

违背价值规律的价格体制在俄罗斯时期已不能适应农业经济发展的需要。为此，俄罗斯政府对农产品价格和农业生产资料价格作了明确规定："迅速全面敞开商品价格"。在经济上采取"休克疗法"，商品价格迅猛上扬，到1994年农产品价格提高89倍，农业生产资料价格提高519倍。俄罗斯政府为更好地维护农业生产者积极性，不断建立、培养及完善农产品商品市场。在农产品采购上，放开农产品价格，允许农产品自由买卖，开放农产品商品市场。随着政治局面的稳定，经济的恢复发展，俄罗斯政府开始关注农业发展，在农业教育、科技、投资、立法、税收等方面均给予极大关注，使俄罗斯重新确立了国家在农业发展方向上的指导地位，彻底抛弃自独立以来对农业发展所采取的放任自流的做法，俄农业生产发展取得了可喜的成绩。

2005年，俄罗斯正式提出名为"国民四大优先项目"的社会经济发展规划。2007年1月颁布实施的《农业发展法》是俄罗斯农业政策的基础性文件。该法确定了农业政策的基本方向，提出"提高俄罗斯农产品和俄罗斯农业商品生产者的竞争力，保证俄罗斯食品的质量；形成有效运行的农产品、原料和食品市场，保证农业商品生产者收入的提高；监督农业商品生产者使用的农产品、原料的价格指数（费率）以及工业产品（服务）价格指数（费率），维持价格指数（费率）的均衡"。国家农业政策的基础是实现统一的农产品、原料和食品市场，及保证在这一市场上的平等的竞争环境。国家农业政策的主要方向是保持居民的食品供给稳定；建立和调节农产品、原料和食品市场，发展农业基础设施；保护俄罗斯农业商品生产者在国内外市场的经济利益。俄罗斯政府重视农工综合体的发展，对其给予大量资金和技术支持，注重俄罗斯农业科研教育等专门人才的培养和培训，积极同国外开展农业领域的合作。随着粮食危机的发生，俄政府为使粮食问题不受制于他国，于2009年3月宣布成立一个联邦粮食公司，即"联合粮食公司"，该公司的主要使命，是加强在国内市场上的购销能力，增加粮食出口，改造和修建粮食仓库和港口设施，体现出对待粮食问题的战略眼光。

（二）农产品价格政策的演变

农产品价格政策的演变是对农产品价格政策的客观总结。苏联解体以后，对俄罗斯农产品价格及农业生产产生较大影响的就是 1991 年 1 月为刺激生产、繁荣市场开始实施的"休克疗法"，放开包括农产品在内的全部物价。此时，俄罗斯国内大部分农产品价格的确定依靠市场供求关系，农产品价格迅速上涨，但同时供应农产品生产的农用生产资料价格、农产品流通过程中的交通运输价格上涨的幅度是农产品价格上涨的十几倍甚至是百倍、千倍，而与此同时国家减少农业生产的补贴、取消农产品收购价格的补贴，农业生产经营处于严重亏损的状态，俄罗斯农业的发展出现倒退的局面。2000 年以后，随着政治局面的稳定，经济的恢复发展，俄政府开始关注农业的发展，重新确立了国家在农业发展方向上的指导地位，抛弃自独立以来对农业发展所采取的放任自流的做法，不断加大国家财政对于农业生产的投入；实行农产品、原料和食品市场的采购干预和商品干预，以及抵押业务，保证国内农产品的有效供给及农产品价格的稳定；实行贸易自由化的策略，通过国外农产品的进口，来调节国内农产品价格，不断刺激和培育国内的农产品市场。

第三节　农产品消费

农业是俄罗斯经济发展的薄弱环节。进入 21 世纪以来，为加速本国农业发展，俄罗斯政府积极调整农业政策，加大对农业的扶持力度，农产品生产在数量上逐步提升，在消费水平、消费结构上逐渐改善，农业出现了恢复性发展的态势。但是，俄罗斯农业先天不足，国内农产品生产与需求之间仍存在缺口，部分农产品消费依赖于进口，且受国际市场影响较大。

一、农产品消费状况及变化

受特殊历史因素及自然条件影响，苏联时期为保证国内居民农产品消费需求，大量从国外进口农产品。进入俄罗斯时期，随着联邦经济的稳定发展，国内居民可支配收入提高，对农产品的消费需求逐步加大且走向多样化。为保障和提高国内居民农产品消费数量、消费质量，俄联邦政府不断加大对农业的直接及间接投入，在贸易上积极改善粮食及其他农产品贸易条件，同时出台多项法律政策从制度层面加强对农业的立法支持。

随着苏联的解体，俄罗斯经济受到严重打击。在国家预算中用于农业支出的比重不断降低，1991 年用于农业支出的比重占国家预算的 19.8%，到 1993 年降到 7.6%，1995 年降为 3.7%，1998 年降为 1.9%，1999 年降为 1.5%，依靠国家提供资金生存和发展的俄罗斯农业不容乐观。俄罗斯政府颠覆了苏联时代的土地国有政策，实施《俄罗斯土地法典》和《关于俄罗斯实施土地改革的紧急措施》，开始全面推行土地私有化，对农业实行休克疗法，严重打击了本来就已经处于危机状态的农业，许多经济指标倒退几十年。

进入 21 世纪之后，俄罗斯政治、经济和社会形势逐渐稳定下来，政府开始关注农业的发展，在农业教育、科技、投资、税收等方面给予极大的关注，重新确立了国家在农业发展方向上的指导地位，农业生产发展取得了可喜的成绩，彻底抛弃自独立以来对农业发展所采取的放任自流的做法。

2012 年 1 月 27 日，俄罗斯比较有影响力的报纸《独立报》头版发表题为《俄罗斯耕地寻找亚洲投资者》的文章，文章报道"将来俄罗斯远东地区将有数百万公顷的土地长期租给外国人，租金只是象征性地收取，大致为每公顷 50 卢布，约合人民币的 10 元钱左右。"[1] 俄罗斯对外出租耕地，目的是改变耕地大量闲置的状态，增强国内粮食及农产品的供给。

2012 年 5 月，俄罗斯正式成为世界贸易组织第 156 个成员，经济、社会发展迎来了新机遇，同时也面临新挑战。在此时段中，乌克兰有关的经济制裁、暴跌的油价、卢布危机跨境蔓延都使得俄罗斯经济遭受了重创，对俄罗斯农业发展产生一定影响。但是，2014 年，俄罗斯农产品出口总额近 200 亿美元，高于武器销售收入的四分之一、高于出口天然气收入的三分之一[2]。俄罗斯已在农业领域取得突破性进展，至 2020 年俄罗斯完全实现自给自足。中国商务部信息数据显示，2017 年俄农产品出口近 210 亿美元，2018 年俄农产品

---

① 俄罗斯或对外出租远东百万公顷农田 [EB/OL]. http：//news. 163. com/12/0130/04/7P0630U000014 AED. html.

② 华迪. 俄罗斯已在农业领域取得突破性进展至 2020 年应完全实现自给自足 [EB/OL]. http：// world. people. com. cn/n/2015/1203/c1002 - 27887144. html.

出口增加了 20%，出口额近 250 亿美元，创历史纪录①。根据俄罗斯农业部数据显示，2020 年初以来，俄农产品出口总额接近 220 亿美元，同比增长 14%，俄农工综合体生产保持稳定②。

（一）1991—2000 年的俄罗斯农产品消费

1991—1996 年，俄罗斯农业因遭受自然灾害一直处于严重危机状态。在粮食生产方面，俄罗斯农业生产有 4 年遭受歉收和大幅度减产，尤其 1995 年粮食产量减至 6 350 万吨，比 1986—1990 年平均水平 1.043 亿吨减少了 39.1%，是 1963 年以来粮食产量最低的一年。粮食生产连年大幅度下滑，粮食总供给与总需求严重失衡，主要农畜产品产量不断减少，农业商品率大幅度下跌，导致农产品和食品市场供需矛盾加剧，农业总产值连年下降。相关资料显示，1995 年，俄罗斯粮食总供给 1.486 亿吨，其中年初储备 5 500 万吨，粮食产量 9 000 万吨，进口粮食 360 万吨，基本达到供需平衡。但是，1995 年俄罗斯粮食实际产量并非 9 000 万吨，而只有 6 350 万吨，相差 2 650 万吨。由于粮食产量大幅度减少，用于牲畜饲料的粮食，亦从 1991 年的 6 960 万吨减少到 1995 年的 4 260 万吨，这使整个畜产品生产处于严重的衰退状态。1996年全俄牲畜存栏头数大幅度减少，与 1990 年相比，牛的存栏数减少了 33.4%，其中奶牛减少了 16.4%；猪存栏数减少了 43.5%；羊存栏数减少了 53.7%。牛、奶牛和猪的存栏头数减到了 20 世纪 60 年代初的水平，而羊的存栏数则减到了 20 世纪 30 年代中期的水平。牲畜头数的减少必然影响畜产品的产量。1994 年，肉类产量（活重）比 1990 年减少了 1/3，奶的产量减少了 23%，蛋的产量减少了 21%。1995 年肉、奶、蛋的产量继续减少，分别比上年减产13%、7% 和 10%。随着主要农畜产品产量的大幅度下降，上市的农畜产品大量减少，农业商品率相应降低。如粮食商品率由 1991 年的 38.8% 降到 1994 年的 32.5%，蔬菜由 49% 降到 23.9%，甜菜由 76.9% 降到 9.4%，牲畜和家禽由 68.3% 降到 55.5%，奶类由 66.7% 降到 46%，蛋类由 68.6% 降到 63.9%。与此同时，以农畜产品为原料的食品加工业也不断下降。如肉奶加工业 1994年比 1993 年下降 18%，1995 年又比 1994 年下降 22%；营养食品加工业在

① 中华人民共和国商务部.2018 年俄罗斯农产品出口增长 20% [EB/OL].[2019-01-22]. http://www.mofcom.gov.cn/article/i/jyjl/e/201901/20190102829124.shtml.

② https://mcx.gov.ru/.

1994 年和 1995 年分别比上年下降 24％和 6％，面粉碾米业下降 21％和 12％。

　　主要农畜产品产量骤减，农业商品率陡降，对俄罗斯农产品和食品市场产生了消极影响，加之 1991—1996 年俄罗斯经济下滑，大多数人赖以生存的工资和养老金不能按时发放，拖欠现象十分严重，居民的实际货币收入大幅减少，购买力减弱，使得俄罗斯居民的食品消费水平大幅降低（表 3－6）。1991—1996 年，俄罗斯居民的人均肉类消费量下降了 42％，黄油下降 52％，蔬菜下降 51％，水果下降 42％。俄罗斯议会上院农业政策委员会负责人曾指出，1994 年俄罗斯人均每天消费的食品的热量为 2 520 千卡，比 1986—1990 年的年均水平 3 300 千卡下降了 23.6％。从具体食品品种来看，人均消费的肉和肉制品比 1990 年下降了 28％，奶和奶制品下降了 29％，糖和糖制品下降了 53％，蔬菜、鱼和鱼产品下降了 60％。因此，俄罗斯居民消费水平在世界上占有的地位也相应由第 6 位降到了第 37 位。

表 3－6　俄罗斯居民人均食品消费量

单位：千克/年

年份	1990	1995	1996
粮食和粮食制品	119	121	120
马铃薯	106	124	126
蔬菜和食用瓜类	89	76	76
水果	—	29	29
食糖	47	32	32
植物油	10.4	7.4	7.5
肉和肉制品	75	55	54
奶和奶制品	386	253	250
蛋和蛋产品（个）	297	214	214

资料来源：乔木森．普通俄罗斯人怎样生活？［J］．东欧中亚市场研究，1998（5）：35－37.

（二）2000—2019 年的俄罗斯农产品消费

　　2000—2015 年，俄罗斯国民经济、居民收入处于稳定增长阶段，俄罗斯农业逐步走出低谷，粮食及主要农产品产量连年增长，农业发展态势良好。在农产品消费方面，俄罗斯统计年鉴数据显示，2000—2018 年，俄罗斯国内居民粮食及粮食制品的消费数量非常平稳，2000 年人均消费量为 118 千克，2002 年为 122 千克，其余年份都保持在 120 千克。同粮食及其制品消费处于

同样态势的还有纯动物油、糖类、植物油，其中纯动物油年人均消费数量
2000 年为 3.2 千克，之后逐年上升，2005—2006 年达到最高水平 4.2 千克，
而后又有所下滑；2000 年人均糖类消费量为 35 千克，之后略有上升，到 2008
年之后基本处于 40 千克的水平。有所不同的是，近 10 年来，俄罗斯居民对于
肉类及肉类制品、牛奶及奶制品、蛋类、新鲜果蔬的消费量有较大提升。如肉
类及肉类制品的消费，2000 年人均消费数量为 41 千克，2005 年达到 50 千克，
2008 年突破 60 千克，2013—2014 年接近 70 千克，2017—2019 年接近 80 千
克，即平均 3~5 年俄罗斯居民在肉类及肉制品的消费量就提升一个梯度，年
人均肉类制品消费增长率达到 4.09%。同时，牛奶及奶制品的消费量在 2000—
2007 年消费增速较快，2007 年之后人均年消费量处于较平稳水平；蛋类消费
量从 2000 年人均消费 229 个，逐步增长到 2019 年 285 个；新鲜蔬菜及瓜果的
人年均消费量由 2000 年的 86 千克，上升到 2014—2015 年的 111 千克。在近
10 年当中，年均消费增长率最快的是水果及坚果，由 2000 年人均消费 34 千
克上升到 2013 年的 64 千克，其年均增长率达到 4.99%，是人均消费量增长最
快的食物之一（表 3-7）。

表 3-7 2000—2019 年俄罗斯人年均食物消费量

单位：千克

年份	肉及肉制品	牛奶及奶制品	蛋（个）	糖	植物油	马铃薯	新鲜蔬菜瓜果	水果及坚果	粮食及其制品
2000	41	216	229	35	10.0	118	86	34	118
2001	43	221	236	36	10.5	122	89	37	120
2002	46	229	245	36	10.6	122	91	40	122
2003	48	231	245	36	11	125	94	41	120
2004	49	233	242	37	11.6	128	99	45	119
2005	50	235	250	38	12.2	133	103	48	121
2006	53	239	256	39	12.6	132	106	51	121
2007	56	242	254	39	12.8	132	110	54	121
2008	61	243	254	40	12.7	111	100	53	120
2009	61	246	262	37	13.1	113	103	56	119
2010	63	247	269	39	13.4	104	101	58	119
2011	65	246	271	40	13.5	110	106	60	119
2012	68	249	276	40	13.7	111	109	61	119
2013	69	248	269	40	13.7	111	109	64	118

（续）

年份	肉及肉制品	牛奶及奶制品	蛋（个）	糖	植物油	马铃薯	新鲜蔬菜瓜果	水果及坚果	粮食及其制品
2014	69	244	269	40	13.8	111	111	64	118
2015	73	239	269	39	13.6	112	111	61	118
2016	74	231	277	39	13.7	90	102	60	117
2017	75	230	282	39	13.9	90	104	59	117
2018	75	229	284	39	14.0	89	107	61	116
2019	76	234	285	39	14.0	89	108	62	116

数据来源：俄罗斯统计年鉴（2001—2019年）；俄罗斯统计年鉴（2015—2019年）。

二、农产品消费结构的变化

随着人均可支配收入的增多，国内居民购买力增强，家庭食物消费支出结构的变化是农产品消费结构变化的最好体现，表3-8是1990—2018年俄罗斯家庭食品消费支出构成。俄联邦国内居民消费水平及能力逐步提升。为最大程度满足国内居民对农产品消费需求，俄联邦除加大对农业投入保证粮食及农产品供给的同时，不断增加部分农产品进口数量。

从表3-8中数据看出：

第一，居民生活水平提高。根据表3-8中数据，1991—2018年俄罗斯国内居民的家庭食品消费支出占总消费支出的比重（恩格尔系数），2000年前（除1991年）均处于40%～52%之间，说明1992—2000年居民近一半的收入要用于购买食品，而用于衣帽、家居用品、教育、医疗、休闲娱乐及其他方面需求的支出较低。但1999—2018年居民家庭支出中用于食品支出的比重大幅降低，尤其是2010年后均在30%以内，具体变动趋势见图3-3。从图3-3可看出，俄罗斯在1990—1999年恩格尔系数变动的大体趋势为增长，出现此情况的主要原因是苏联解体，俄罗斯经济受到沉重打击，同时由于1992年初，俄罗斯采取价格放开政策，导致国内物价暴涨，有限收入水平下购买食品是其第一选择，居民生活水平下降成为一种必然。而2000年开始直到2018年俄罗斯国内居民恩格尔系数呈降低趋势，但2008—2011年恩格尔系数又出现小幅波动，这与国际金融危机导致大量人口失业，居民可支配收入减少、2008年开始的粮价上涨、新一轮世界性粮食安全问题的出现都有必然的联系。

表3-8 俄罗斯 (1990—2018年) 家庭食物消费支出构成

单位:%

年份	1990	1995	1996	1997	1998	1999	2000	2001	2002	2003	2004	2005	2006	2007	2008	2009	2010	2011	2012	2013	2014	2015	2016	2017	2018
家庭消费总支出	100	100	100	100	100	100	100	100	100	100	100	100	100	100	100	100	100	100	100	100	100	100	100	100	100
食品支出	31.5	49	47.2	43	51.3	52	47.6	45.9	41.7	37.7	36	33.2	31.6	28.4	29.1	30.5	29.6	29.5	28.1	27.7	28.5	32.1	32.3	31.2	30.2
粮食及谷物	3.1	8.2	9.5	7.6	8.2	8.6	8.1	8.5	7.1	6.5	6.5	5.6	5.1	4.5	4.8	4.8	4.5	4.5	4.2	4.2	4.3	4.9	—	—	—
蔬菜	3.8	3.9	3.6	3.1	3.8	4.2	3.4	3.2	3.2	3.1	2.7	2.5	2.4	2.3	2.4	2.5	2.5	2.5	2.1	2.2	2.4	2.6	—	—	—
水果	3.4	2.8	2.7	2.4	2.5	2.3	2.4	2.3	2.3	2.2	2.2	2.2	2.1	2.0	2.1	2.2	2.2	2.1	2.1	2.0	2.1	2.4	—	—	—
肉	8.6	13.2	12.2	12	14.2	13.6	13.1	13.3	12.5	10.9	10.5	10.2	9.7	8.6	8.6	9.1	8.8	8.6	8.5	8.2	8.5	9.3	—	—	—
鱼及海鲜	1.3	2.2	2.2	2.4	2.9	2.7	2.5	2.6	2.4	2.1	2.1	2.0	1.9	1.8	1.8	2.0	1.8	1.8	1.8	1.8	1.9	2.0	—	—	—
奶、蛋	4	7.4	6.8	6.1	7.3	7	6.4	6	5.6	5.1	4.9	4.4	4.1	3.9	4.1	4.2	4.1	4.2	4.0	4.0	4.3	4.8	—	—	—
糖、果酱、蜂蜜	3.8	6	5.1	4.9	6	6.6	5.9	4.4	3.5	3.1	2.7	2.5	2.4	2.0	1.9	2.2	2.3	2.3	2.1	2.0	2.0	2.4	—	—	—
动物油、植物油	1.7	3	2.7	2	3.2	3.7	2.7	2.4	2.2	1.8	1.7	1.4	1.2	1.1	1.2	1.1	1.1	1.1	1.0	1.0	1.1	1.1	—	—	—
烟、酒水、饮料	1.8	2.3	2.4	2.5	3.2	3.3	3.1	3.2	2.9	2.9	2.7	2.7	2.9	2.4	2.4	2.7	2.4	2.5	2.5	2.6	2.8	3.0	3.0	2.9	3.0

数据来源: 俄罗斯统计年鉴 (1990—2019年)。

注: 表中"—"表示数据缺失。食品支出包括非酒精饮料; 肉包括鲜肉及肉类制品; 鱼包括鲜鱼及鱼类制品; 奶包括鲜奶及奶制品; 糖包括糖及糖果产品, 巧克力等; 饮料包括茶、咖啡等饮品。

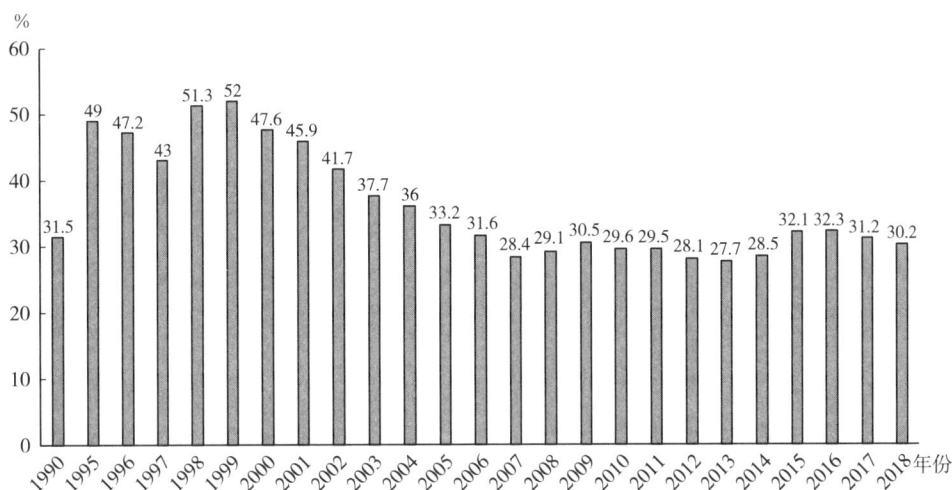

图 3-3　食品支出占家庭消费总支出的比重

数据来源：俄罗斯统计年鉴（2000—2019 年）。

第二，居民消费水平提升。居民消费水平的提升主要体现在居民用于食品支出的内部消费结构上，即各类不同食品支出在食品总支出中的比重。表 3-8 显示，1990—2018 年俄罗斯居民食品消费中所占比重最大的是肉类及其肉类制品，其中 1995—2002 年的 8 年中处于最高值，其后比重逐年降低；粮食及谷物在居民食品支出中所占比重居第二位，同肉类相同，在1995—2002 年比重较高，随后其比重逐步降低；奶及奶制品、糖及其糖果制品在家庭食品消费支出中所占比重为三、四位，其变动趋势同肉、粮食及谷物变动趋势大体相同；蔬菜、水果、鱼及其制品、饮料的消费变动不大，较为平稳。

第四节　影响农产品消费的政策及演变

社会经济发展基础不同，经济制度及其发展战略就会不同，继而影响农产品的消费政策制定。发展中要充分运用价格杠杆来刺激本国农业生产，不断提高本国农产品自给率；制定相关农业法规和政策保证本国农产品消费及农产品价格的平稳。俄罗斯农产品消费由于受特殊历史环境的影响，政府的行政干预较大。为此，本节将主要介绍影响俄罗斯农产品消费的政策及演变。

一、20 世纪 90 年代影响农产品消费的政策

1991—1999 年俄罗斯农业政策一个最大的亮点是颠覆了苏联时代的土地国有政策。随着《俄罗斯联邦土地法典》和《关于俄罗斯实施土地改革的紧急措施》总统令的实施，俄罗斯土地私有化开始并全面推行。俄政府先后颁布了 6 个关于土地私有化的决议和文件，这当中包含一些激进的农业改革与措施，如农业休克疗法，严重打击了本来就已经处于危机状态的农业部门，许多经济指标一下子倒退了几十年。据统计，1991—1996 年，农用生产资料价格上涨 500 倍，而农产品价格仅上涨 90 倍，从而使整个农业处于亏损境地，严重打击了农民的生产积极性[①]。

1992 年 1 月俄罗斯颁布了《俄罗斯政府关于放开物价的决定》，除某些重要产品（如煤、石油、天然气、贵金属等）和居民基本必需消费品（如面包、牛奶、糖、盐、植物油等）由政府规定了涨价的最高限额之外，其他 80%～90% 的商品价格一次性完全放开。此时，俄罗斯农产品生产、流通及农产品价格瞬时间由高度国家控制转向市场主导，在商品极度短缺的情况下，立即引发了全国物价总水平的飞涨，爆发了全国性的恶性通货膨胀，造成了严重的经济混乱，不仅将公民多年的积蓄化为乌有，"1992 年受价格自由化和休克疗法影响，居民收入（包括当期收入和储蓄）贬值 50% 以上"，极大地削弱了居民的购买能力[②]，导致居民生活水平直线下降，而且大大打击了企业的生产和再生产能力。这种状况在 1995 年之后相对有所缓解，但 1998 年亚洲金融危机的发生，导致俄罗斯国内农产品消费价格受到了影响，国内农产品价格再次出现大幅度上涨，居民消费水平再次降低。

二、21 世纪以来影响农产品消费及价格的政策

进入 21 世纪以来，随着国家经济实力的增强，俄罗斯正式将农业列为未来经济发展的重点领域之一，并且制定出一系列农业法规，明确农业发展方

---

① 罗国柱. 印度俄罗斯的农产品价格管理政策对我国的启示 [J]. 金融经济，2011 (5)：46 - 48.
② 马蔚云. 俄罗斯居民的收入与消费问题 [J]. 国外理论动态，2004 (1)：33 - 34.

向，加大农业支持力度①。2001 年俄罗斯政府通过了农业土地改革法，这部法律的颁布为俄罗斯农业土地市场的规划与完善提供了条件，同时为俄罗斯土地的购买、出售、出租、转让及所有权的转移提供了法律基础。在此基础上俄罗斯为促进农业发展，降低了与农业生产、发展相关的税率，俄罗斯国内生产者的积极性得到增强，为平抑国内农产品价格的大幅波动起到了一定作用。

2005 年，俄罗斯政府提出名为"国民四大优先项目"的社会经济发展规划。2007 年 1 月颁布实施的《农业发展法》是俄罗斯农业政策的基础性文件。该法确定了国家农业政策的基本方向，其中包括发展农工综合体的科技和创新活动，实现农业地区的可持续发展，完善农业专门人才的教育、培训和再培训体系。该法律还规定，政府必须每 5 年制定一个农业发展和市场调节规划以确定具体的配套措施和预算。俄政府主要强调要发展大农业，具体说要发展大型农业综合体，要使俄罗斯在农业方面成为"大的商品生产者"。这一法律的颁布及实施首次确定了国家扶持农业发展的财政、税收、金融及关税政策，明确了国家与农业生产者之间的关系，以及联邦中央与地方政府及农业企业之间的风险分担机制，将为农业政策长期稳定以及农业长远发展创造条件②。

为进一步稳定粮食市场价格、增加生产者收入和促进粮食出口，要通过平衡生产与消费、提供农产品干预信息和支持粮食出口来实现粮食供求平衡。为帮助农业生产者提高生产效率，政府创建"国家农业信息发布系统"。2009 年以后对进口肉类实施税率配额制度，废除税率配额制度中的国家分配，提高超配额税率。同时，俄罗斯为提高农产品和食品保障水平，新制定"国家食品安全规则"，主要任务是将本国农产品和食品保障水平提高到总消费量的 80%③。同时，俄罗斯政府于 2010 年 2 月 1 日开始实施《贸易调控法》，其主要目的是降低俄罗斯国内食品价格，调节食品市场，稳定国内农产品价格，提高居民农产品消费水平。

---

① 朱行. 俄罗斯农业政策最新变化及分析 [J]. 世界农业，2007 (12)：46 - 47.
② 郑羽，蒋明君. 普京八年：俄罗斯复兴之路（2000—2008）[M]. 北京：经济管理出版社，2008：233.
③ 安载学，滕占伟，刘志全. 俄罗斯农产品走势及合作展望 [J]. 企业研究，2011 (8)：4.

第四章 CHAPTER 4
俄罗斯农产品贸易 ▶▶▶

俄罗斯农业资源丰富，为发展农产品贸易提供了条件。近些年来，俄罗斯农产品贸易规模一直呈现不断增长的趋势，大宗农产品、水海产品等是俄罗斯出口的主要产品，肉制品、水果与蔬菜是重要的进口农产品。中国与俄罗斯之间农产品贸易有非常强的互补性，双边贸易发展潜力巨大，两国贸易关系不断加强，农产品贸易规模不断扩大，农产品贸易品种不断增多，俄罗斯的贸易政策对中俄农产品贸易的发展有重要的影响。本章主要介绍俄罗斯农产品贸易的概况、俄罗斯农产品贸易结构、俄罗斯与中国的农产品贸易状况、俄罗斯农业贸易政策及演变等。

第一节　农产品贸易概况

一、农产品贸易规模

（一）农产品出口贸易规模及增长速度

1992 年以来，俄罗斯农产品出口规模呈现波动性增长趋势。1992—2001年，俄罗斯农产品出口规模较小，且波动幅度较大。1992 年苏联刚刚解体，俄罗斯全部农产品出口只有 9.58 亿美元，1993 年与 1992 年相比出口又减少了 20.96%，降低到 7.57 亿美元。1999 年受亚洲金融危机的影响，俄罗斯农产品出口更是降低到苏联解体以来的最低值 6.11 亿美元。2000 年和 2001 年出口规模有所扩大，但规模仍在 12 亿美元以下。从 2002 年至 2008 年，俄罗斯农产品出口保持一个稳定的增长态势。2002 年俄罗斯农产品出口额为 18.40亿美元，是 1992 年出口额的 1.92 倍；2008 年俄罗斯农产品出口额增长至

79.01 亿美元，是 2002 年的 4.29 倍。2008—2009 年受金融危机的影响，出口逐渐下降。2010 年出口又缩减到 58.32 亿美元，此后出口虽然存在波动，但一直保持在比较高的水平。2012 年出口突破了 140 亿美元，2018 年出口达到了历史最高水平 203.95 亿美元，2019 年虽有所下降，但仍保持 199.54 亿美元，是 1992 年的近 21 倍（图 4-1）。

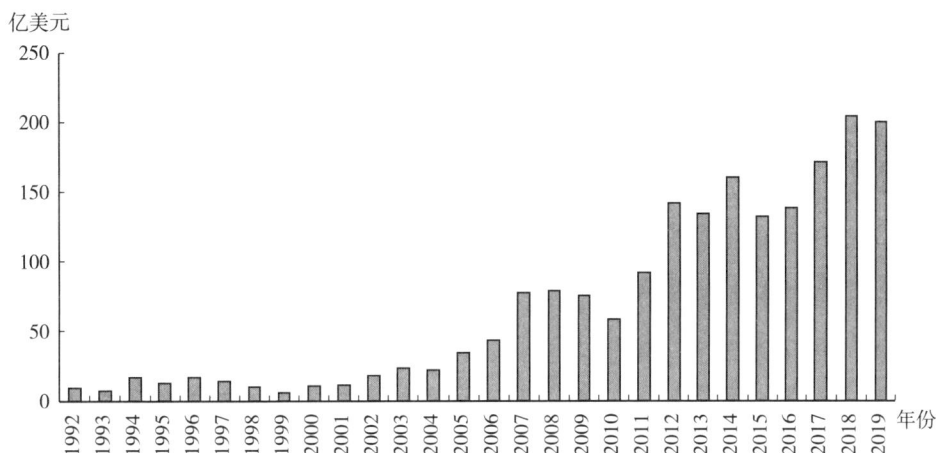

图 4-1　俄罗斯农产品出口额

资料来源：FAO 数据库。

1992—2019 年俄罗斯农产品出口的平均增长速度为 17.69%，不同年份的增长幅度波动较大。1993、1995、1997、1998、1999、2004、2009、2010、2013、2015、2019 年俄罗斯农产品出口与前一年相比都出现了下降。其中下降幅度最大的是 1999 年，与 1998 年相比农产品出口减少了 40.42%。1994 年与 1993 年相比出口增幅为 118.78%，为历史最高的增幅水平。2000 年以后出口增长幅度不断提高，2007 年的增长幅度为 77.10%，金融危机爆发后的 2011 年和 2012 年出口增长幅度又达到比较高的水平，但 2013 年开始俄罗斯农产品出口增长乏力（图 4-2）。

（二）农产品进口规模及增长速度

1992—2019 年俄罗斯农产品进口呈波动式变化。1992—2001 年俄罗斯农产品进口连续小幅下降，1992 年农产品进口总额为 141.21 亿美元，此后开始逐渐减少，2000 年进口总额降低至 72.34 亿美元。从 2001 年开始，俄罗斯农产品进口开始快速增加。2001 年农产品进口额为 87.09 亿美元，到爆发金融

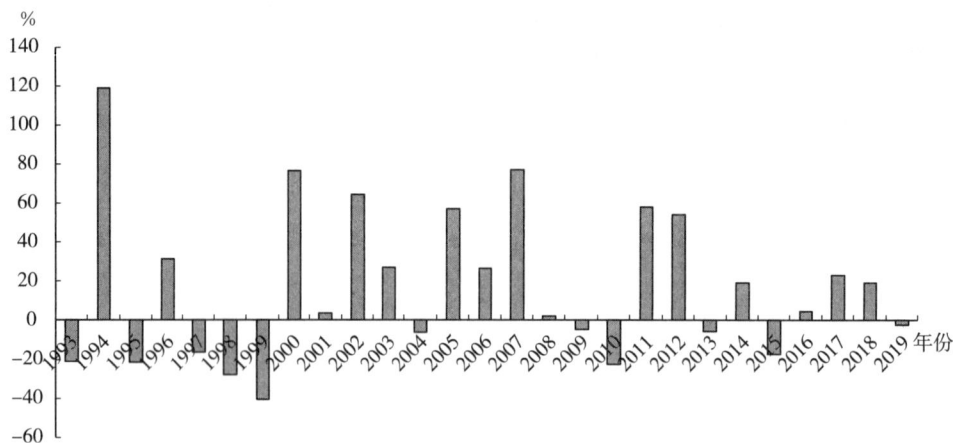

图 4-2 俄罗斯农产品出口增长速度

资料来源：作者根据 FAO 数据库计算整理。

危机的 2008 年进口已经增长至 318.18 亿美元，是 2001 年的 3.65 倍。2009 年由于受金融危机的影响，俄罗斯农产品进口出现了减少，降到 270.75 亿美元。危机过后，农产品进口又开始增长，2013 年俄罗斯农产品进口额达到历史最高水平 402.71 亿美元。2014 年开始，由于西方国家的制裁，俄罗斯农产品进口出现下滑，2016 年进口额减少到 233.54 亿美元，只有 2013 年的 58%。2016 年之后开始逐步回升，到 2019 年进口额增加到 277.97 亿美元（图 4-3）。

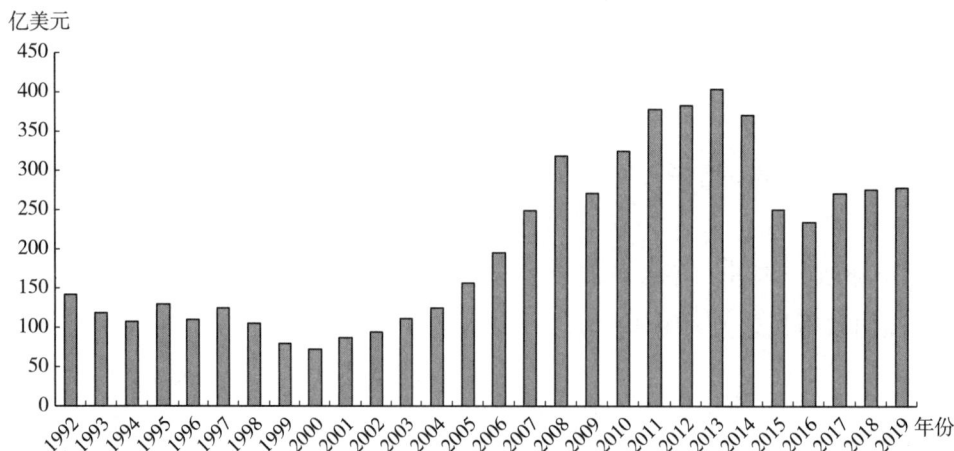

图 4-3 俄罗斯农产品进口额

资料来源：FAO 数据库。

1992—2019 年俄罗斯农产品进口的年均增长幅度较小，只有 4.00%，

且不同阶段呈现出不同的特点。1993—2000 年绝大多数年份进口增长速度
为负值，其中 1999 年与 1998 年相比进口减少了 24.61%。2001—2008 年进
口增长幅度不断扩大，2008 年达到最高增长幅度 28.03%。2009 年受金融
危机影响，进口减少了 14.91%。经历了 2010 年和 2011 年连续大幅度增长
以后，2012 年和 2014 年与上年相比增长幅度均出现了下降，2013 年与
2012 年相比进口只增加了 5.33%，此后进口开始大幅度下降，与 2014 年相
比，2015 年进口下降了 32.67%。2017 年与 2016 年相比进口又提升了
15.63%。2018 年和 2019 年俄罗斯农产品的进口增幅较小，分别只有
1.82% 和 1.07%（图 4-4）。

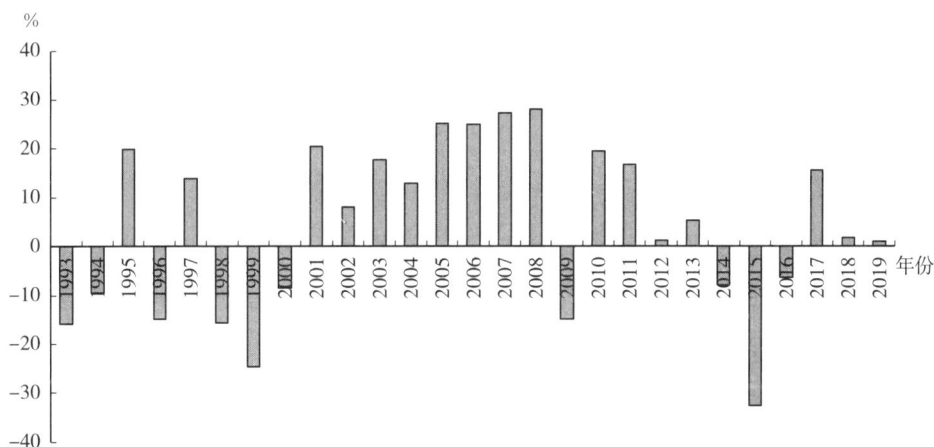

图 4-4　俄罗斯农产品进口增长速度

资料来源：作者根据 FAO 数据库计算整理。

（三）农产品贸易差额变化趋势

1992—2019 年，俄罗斯农产品贸易一直保持逆差状态，并且总体上呈现
先减少、后增加、然后又大幅度降低的变化态势。1992—2000 年，俄罗斯农
产品贸易差额呈现整体不断减少、个别年份存在波动态势。1992 年农产品贸
易存在 131.63 亿美元的逆差，2000 年逆差减少到 61.57 亿美元，是 1992 年的
46.78%。从 2001 年开始，俄罗斯农产品贸易差额开始不断增大，虽然个别年
份有所减少，但整体上是不断增加的。2011 年农产品贸易逆差达到历史最高
水平 285.85 亿美元，2013—2019 年贸易逆差不断缩小，2019 年已经减少到
78.43 亿美元（图 4-5）。

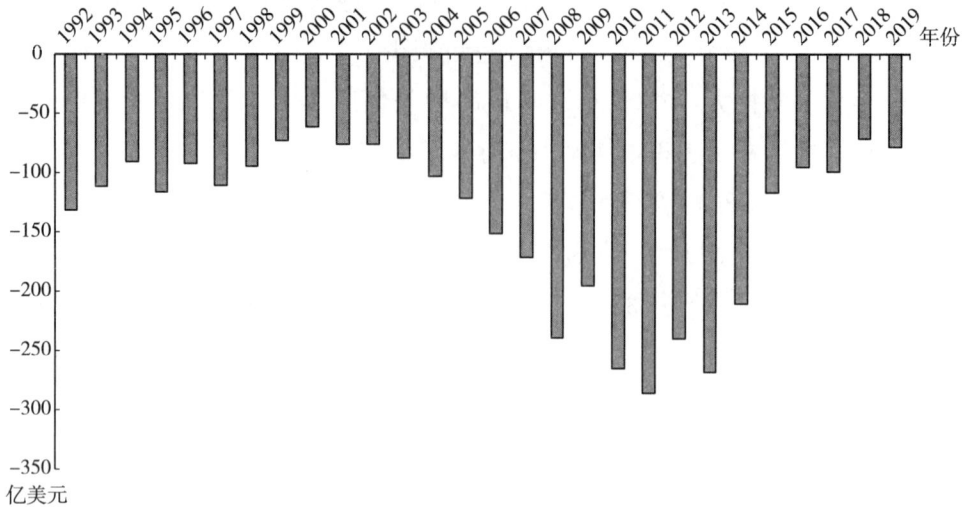

图 4-5　俄罗斯农产品贸易差额变化趋势

资料来源：作者根据 FAO 数据库计算整理。

二、农产品贸易在俄罗斯全部贸易中的地位

（一）农产品出口在全部出口中的地位

农产品出口占俄罗斯全部出口的比重总体来说并不高。1996—2019 年，农产品出口占俄罗斯全部出口的比重一直低于 5%。1996—2006 年，农产品出口在俄罗斯全部出口中的比重一直是低于 2% 的，特别是 1999 年，农产品出口在全部出口中的比重更是降到了历史最低值，只有 0.84%。2007 年以来，尽管个别年份存在着波动，但总体上来看俄罗斯农产品出口在全部出口中的比重开始逐步增加，2009 年农产品出口占全部出口的份额提高到 2.50%，2012 年又提升至 2.71%，2019 年达到历史最高水平 4.68%。总之，尽管农产品出口份额得到了提高，但总体来说农产品出口在俄罗斯全部出口中的比重是比较低的（图 4-6）。

（二）农产品进口在全部进口中的地位

尽管近些年来出现了不同程度下降的趋势，俄罗斯农产品进口在全部进口中的比重一直保持在比较高的位置。1996—1999 年农产品进口额在俄罗斯全部进口中的比重一直在提升，1996 年农产品进口额在俄全部进口额的

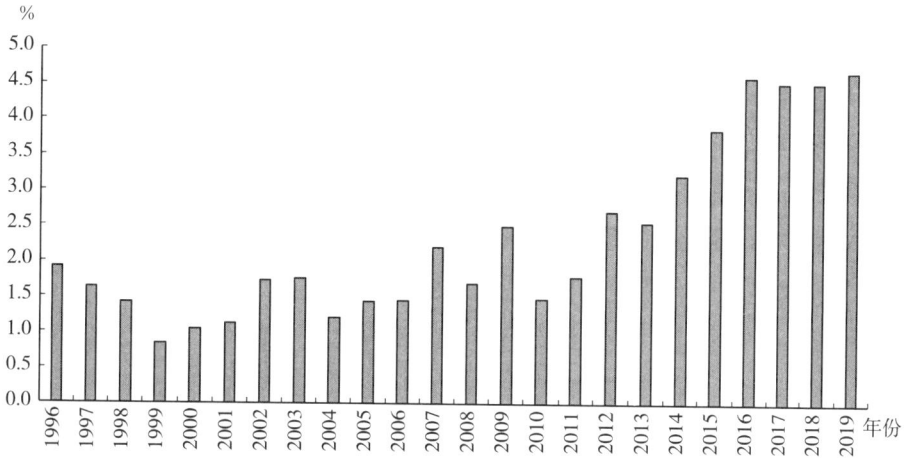

图 4-6　农产品出口在全部出口中的比重

资料来源：作者根据 UNCOMTRADE 数据库数据计算整理。

份额为 17.88%，到 1999 年达到了 26.12% 的历史最高水平，这表明农产品进口已经占据了俄罗斯全部进口的四分之一。从 2000 年开始农产品进口比重开始下降，到 2008 年进口份额占比降低到 11.91%，此后又开始逐步上升，但幅度并不大。2010—2019 年农产品进口在全部进口中的比重一直保持在 10%～15% 之间，2019 年农产品进口在全部进口中的比重比 2018 年有所下降，占全部进口的 11.25%。总之，农产品是俄罗斯非常重要的进口产品（图 4-7）。

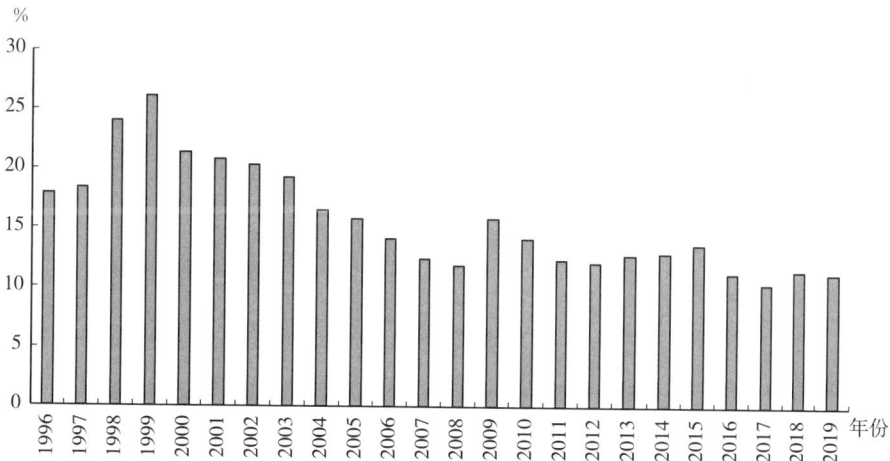

图 4-7　农产品进口在全部进口中的比重

资料来源：作者根据 UNCOMTRADE 数据库数据计算整理。

第二节　农产品贸易结构

一、农产品贸易的产品结构

（一）农产品的出口结构

总体看，俄罗斯农产品的出口产品比较集中。出口产品中占据最大份额的是谷物产品。谷物产品从 2000 年开始出口份额不断提高，2002 年谷物出口占俄罗斯全部农产品出口的 54.18%，此后谷物出口份额开始下降，2006 年出口份额下降至 35.51%，但此后又开始提升，2007 年份额再次超过了 50%。近几年来谷物出口的份额虽然有所下降，但也一直保持在全部出口的 35% 以上，2019 年谷物出口占全部农产品出口的 39.73%。水产品是俄罗斯的第二大出口产品。1996—2016 年水产品的出口份额存在着较大波动，1996—2000 年水产品为俄罗斯第一大出口农产品，1999 年出口份额占全部农产品的 42.16%。但是，此后几年俄罗斯水产品出口的份额开始减少，2008 年水产品出口只占俄罗斯全部农产品出口的 5.97%，随后两年又开始增加，2010 年在出口中的比重提高到 36.97%，此后又开始减少，2012—2016 年市场份额一直保持在 20% 左右，2019 年为 20.56%。动植物油脂产品是俄罗斯第三大出口农产品。1996—2007 年动物油脂出口额在全部农产品出口额中的比重一直低于 10%，从 2008 年起动物油脂产品的出口份额出现了小幅度提升，并且一直保持稳定。2012—2019 年动物油脂产品的出口份额保持在 15% 左右。2010 年以上三大类产品的出口总额占俄罗斯全部农产品出口额的 89.80%，近几年来虽然有所下降，但 2011—2019 年这三类农产品出口合计仍占俄罗斯全部农产品出口的 70% 以上（图 4-8）。

图 4-9 反映了俄罗斯三大出口产品的贸易增长趋势。1996—2004 年三大出口产品的整体规模相对较小，三种产品的出口总额一直是低于 20 亿美元的。从 2005 年开始，谷物出口额开始快速增加，2005—2007 年俄罗斯谷物出口额从 13.50 亿美元增长至 40.84 亿美元，此后由于金融危机的爆发，出口额出现了下降，到 2010 年降至最低点 23.96 亿美元，而后又开始快速增加，2014—2019 年谷物出口保持在 50 亿美元以上。1996—2008 年俄罗斯水产品出口规模比较稳定，出口规模较小，出口额一直保持在 10 亿美元以下。从 2009 年开

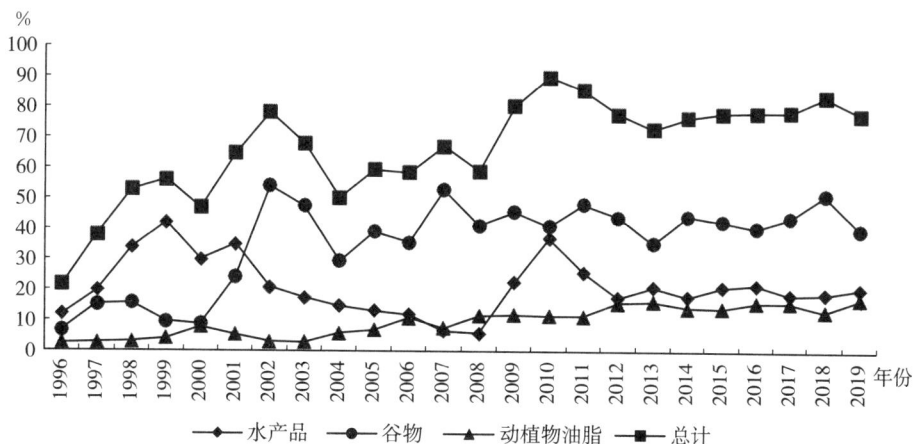

图 4-8　俄罗斯主要农产品的出口份额

资料来源：作者根据 UNCOMTRADE 数据库数据计算整理。

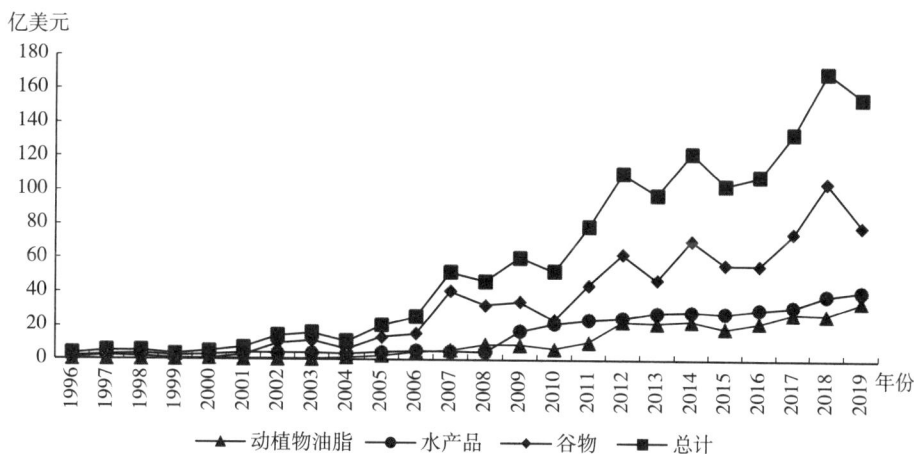

图 4-9　俄罗斯出口主要农产品的出口金额

资料来源：作者根据 UNCOMTRADE 数据库数据计算整理。

始，俄罗斯水产品出口开始稳步提升，2010 年出口额突破 20 亿美元，为 21.57 亿美元，经过了几年的增长，2019 年俄罗斯水产品出口突破了 40 亿美元的关口，达到 41.02 亿美元。1996—2010 年，俄罗斯动植物油脂产品的出口额相对比较低，1996 年动植物油脂出口只有 0.46 亿美元，此后出口的增长幅度也比较缓慢，到 2007 年出口额只有 5.9 亿美元。金融危机爆发以后，2011 年俄罗斯动植物油脂出口额突破了 10 亿美元，达到 10.69 亿美元，2012 年动植物油脂出口额又突破了 20 亿美元的大关，增加至 22.70 亿美元，

2012—2019 年大部分年份动植物油脂出口额都保持在 20 亿美元以上。

（二）农产品的进口结构

　　俄罗斯农产品进口主要集中于肉制品，乳制品、蜂蜜和蛋，蔬菜、水果和饮料等产品。2013 年，这几类产品合计进口额占俄罗斯全部农产品进口份额比重达到了 59.22% 的历史最高水平，所占份额最低年份也超过了 30%。近几年来这五类产品合计进口额的比重虽然有所下降，但也超过了全部农产品进口的 40%。1996—2014 年，肉制品一直是俄罗斯最重要的进口农产品，除了 2000 年和 2014 年以外，其他年份肉制品在俄罗斯全部农产品进口中的比重一直保持在 15% 以上，2002 年肉制品进口占全部农产品进口的 24.57%，为历史最高水平。此后所占份额有所下降，但也一直高于其他农产品。从 2015 年起，水果进口在俄罗斯全部农产品进口中所占的份额开始超过了肉类产品，2015 年水果进口在俄罗斯全部进口中的比重为 15.81%，超过了肉类的 12.45%，成为俄罗斯农产品进口的第一大类产品。2019 年，水果产品的进口份额又进一步增加至 18.40%。饮料产品在农产品进口中的地位比较稳定，尽管 1996—2016 年存在着波动，但整体变化幅度不大。2019 年饮料产品进口在全部农产品进口中的比重为 10.92%，排在第二位。1996—2011 年，俄罗斯乳制品、蜂蜜和蛋类产品进口在农产品总进口中的比重比较小，份额最高值为 2010 年的 6.4%，份额最低值只有 3.28%。从 2012 年开始，此类产品在进口中的份额开始大幅度提升，2013 年在进口中所占份额提升到 10.95%，之后虽有所下降，但 2019 年也提高到 10.85%，排在第三位。蔬菜是俄罗斯重要的进口农产品，蔬菜在全部进口农产品中的比重一直呈现出稳步增加的态势，1996 年蔬菜进口份额为 3.08%，此后一直小幅度增加，2011 年蔬菜的进口份额提高到 8.04%，但此后的几年蔬菜进口在进口农产品中的比重又出现了下降，到 2019 年只有 6.62%（图 4-10）。

　　俄罗斯进口肉制品，乳制品、蜂蜜和蛋，蔬菜、水果和饮料的贸易金额变化情况如图 4-11 所示。这五类农产品进口规模从 1999 年开始逐步扩大，2008 年这五类农产品进口额合计 175.89 亿美元，虽然 2009 年受金融危机的影响进口额出现了减少，但 2010 年进口额又开始增加，2013 年五类农产品的进口额达到了历史最高水平 238.47 亿美元，但从 2014 年开始农产品整体进口额开始出现了下滑，2016 年五类农产品进口总额减少到 115.65 亿美元。

%

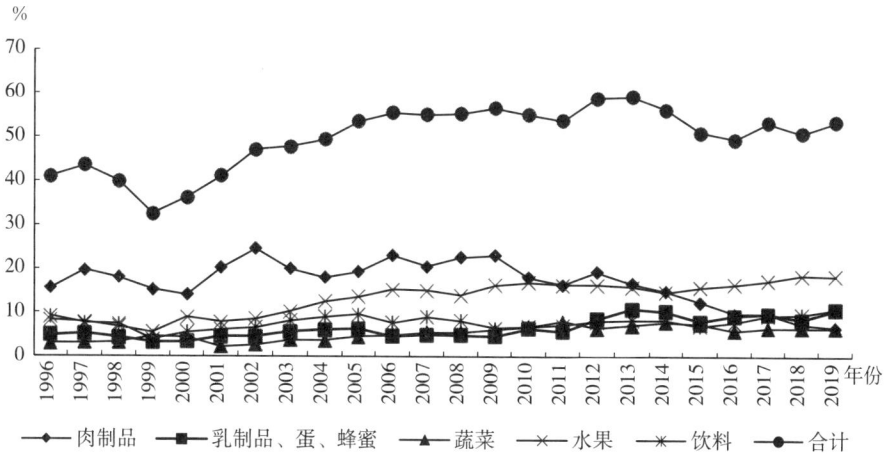

图 4 - 10　俄罗斯主要进口农产品所占份额

资料来源：作者根据 UNCOMTRADE 数据库数据计算整理。

亿美元

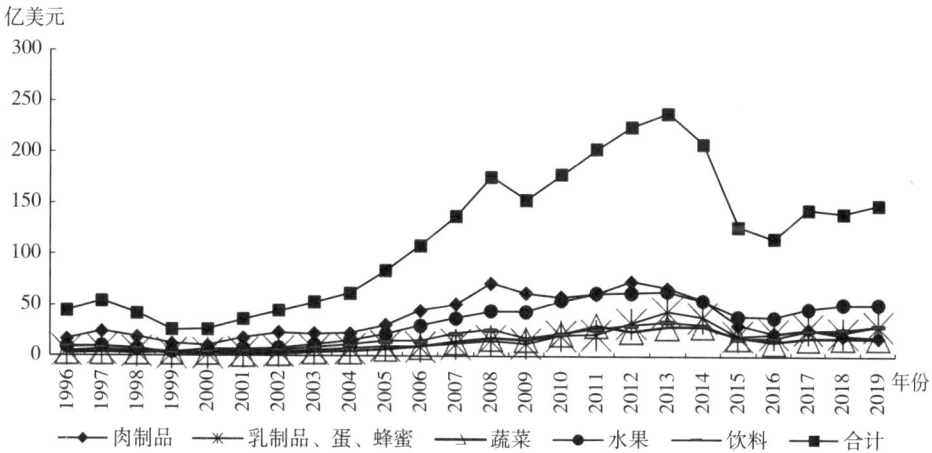

图 4 - 11　俄罗斯主要进口农产品进口金额

资料来源：作者根据 UNCOMTRADE 数据库数据计算整理。

2017—2019 年农产品进口金额又恢复到 140 亿美元以上的水平。肉制品的进口额在 1999—2008 年一直是增加的，进口额从 10.15 亿美元增加至 2008 年的71.95 亿美元，但进口额在 2012 年达到历史最高值 73.85 亿美元以后，开始逐年减少，2019 年进口额只有 18.89 亿美元。水果进口额的增长幅度在 2006年开始快速增加，即使在金融危机爆发期间，俄罗斯水果的进口额也是增加的。但水果进口额也是在 2013 年达到历史最高水平 64.02 亿美元以后出现了大幅度下降，2016 年减少到 38.29 亿美元，之后 2019 年又增加至 51.13 亿美元。乳制品蜂蜜蛋类产品、蔬菜和饮料这三类进口额也都存在相同的变化趋势，1999—2008 年进口规模都出现了扩大，2008 年进口额分别为 15.63、17.59 和 26.10 亿美元，但金融危机使得 2009 年进口额都出现了减少。但 2010—2013 年进口额都出现了增加，2013 年这三类产品进口额都达到了历史最高水平，此后进口额在波动中上升，2019 年三类产品进口额分别增至 30.15 亿美元、18.40 亿美元和 30.35 亿美元。

二、农产品贸易的市场结构

（一）主要农产品的出口市场

1. 谷物出口市场

谷物为俄罗斯出口规模最大的农产品。图 4-12 列出了 2019 年俄罗斯市场份额超过 2% 的 9 个重要谷物出口市场。从中我们看到，土耳其是俄罗斯谷物出口的第一大市场，2019 年谷物出口额为 15.38 亿美元，对土耳其谷物出口额占全部俄罗斯谷物出口额的 19.40%。埃及是俄罗斯第二大谷物出口市场，2019 年出口额为 12.75 亿美元，占俄罗斯全部谷物出口额的 16.90%。伊朗为第三大出口市场，但出口额与前两位的国家相比，数额明显下降，2019 年俄罗斯对伊朗谷物出口额为 6.26 亿美元，占全部出口额的 7.90%。孟加拉国为第四大谷物出口市场，所占出口份额也超过了 6%，2019 年占全部出口额的 6.62%。阿塞拜疆、沙特阿拉伯、苏丹、也门和尼日利亚市场份额均在 2%~4% 之间。阿拉伯联合酋长国、拉脱维亚、白俄罗斯和越南等后 14 位贸易伙伴的出口份额较小，在全部出口额中的比重都低于 2%。谷物出口市场相

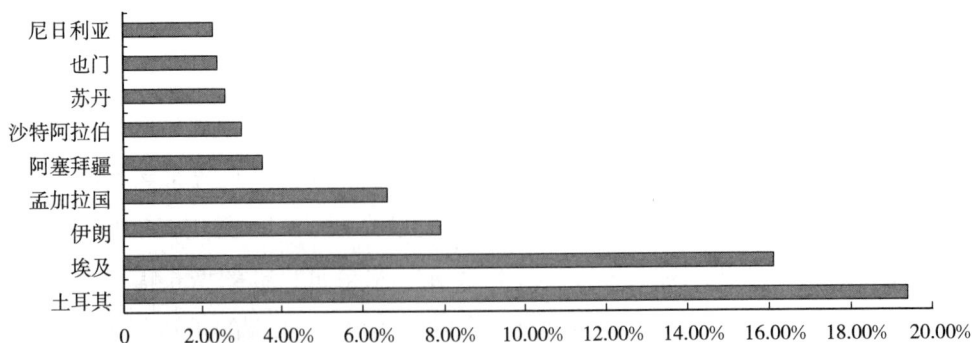

图 4-12　俄罗斯谷物出口主要市场所占份额

资料来源：作者根据 UNCOMTRADE 数据库数据计算整理。

对较多元化，每个出口目的地在出口中的比重不是很大，但总体上来说中东国家在俄罗斯谷物出口市场中占有重要的地位。

2. 水产品出口市场

俄罗斯水产品出口市场非常集中，2019 年俄罗斯水产品出口占全部水产品出口 0.5％以上的出口目的地一共有 11 个，俄罗斯对这 11 个市场的出口额占俄罗斯全部水产品出口额的 97.40％。中国为俄罗斯水产品出口的第一大市场，出口额为 16.88 亿美元，占俄罗斯全部水产品出口额的 36.18％。第二大出口市场为韩国，2019 年俄罗斯对韩国水产品出口额为 14.85 亿美元，占全部水产品出口额的 31.83％。荷兰为第三大出口市场，俄罗斯对其水产品出口额达到 8.00 亿美元，占全部出口额的 17.16％。第四大出口市场是日本，出口额 2.87 亿美元，占全部出口额的 6.16％。前四大出口市场的出口额占全部出口额的比重为 91.33％，排在第五位的是白俄罗斯，出口额只有 0.65 亿美元，只占俄罗斯全部水产品出口额的 1.40％。可见，俄罗斯水产品出口的市场集中在中国、韩国、荷兰和日本这四个国家（图 4-13）。

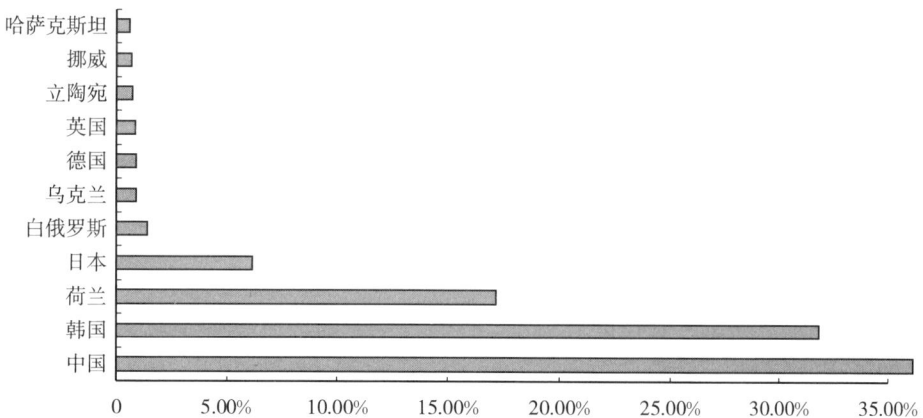

图 4-13　俄罗斯水产品出口主要市场

资料来源：作者根据 UNCOMTRADE 数据库数据计算整理。

3. 动植物油脂产品出口市场

俄罗斯动植物油脂产品出口市场份额超过 1％的目的地国一共有 24 个，这 24 个市场的出口额占俄罗斯全部动植物油脂产品出口额的 92.66％。中国为俄罗斯油脂产品出口最大的市场，2019 年俄罗斯对其出口金额为 6.02 亿美元，占俄罗斯全部出口额的 17.49％。伊朗为第二大出口市场，出口额与第一大市场中国相比规模明显降低。2019 年俄罗斯对伊朗油脂产品出口额为 5.03

亿美元，占全部出口额的 14.61％，出口规模达到中国的一半以上。土耳其为俄罗斯油脂的第三大出口国，占全部出口额的份额为 9.87％，2019 年出口额 3.40 亿美元。挪威、乌兹别克斯坦和埃及也是俄罗斯油脂重要出口国，所占份额均超过了 5％，分别为 5.22％、5.14％和 5.14％。印度和哈萨克斯坦成为第七和第八大出口目的地，在俄罗斯全部油脂产品的出口中占有 4.75％和 4.49％的份额。俄罗斯对阿尔及利亚、白俄罗斯的出口额占全部出口额的 3％以上（图 4 - 14）。

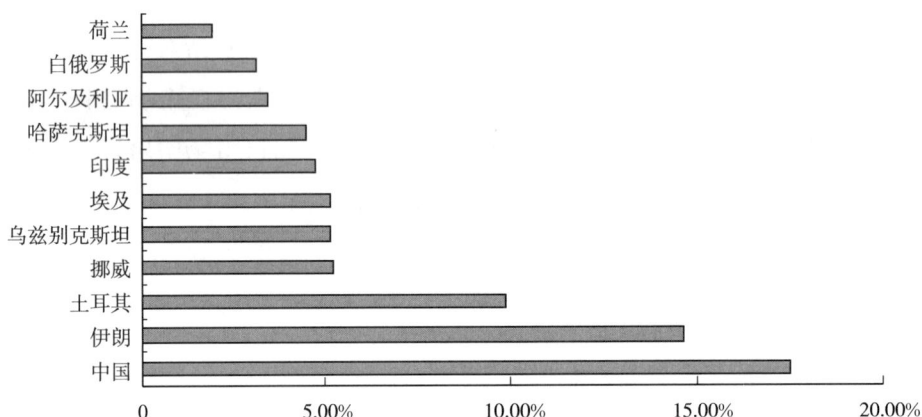

图 4 - 14　俄罗斯动植物油脂出口主要市场

资料来源：作者根据 UNCOMTRADE 数据库数据计算整理。

（二）主要农产品的进口来源地

1. 肉类制品进口来源地

图 4 - 15 列出了俄罗斯肉类产品的六大进口来源地，这六个进口市场的进口总额占全部肉类产品进口额的 94.05％。白俄罗斯是俄罗斯肉类产品的第一大进口来源地，2019 年俄罗斯从白俄罗斯进口的肉类产品总额为 6.06 亿美元，占俄罗斯当年全部肉类进口额的 32.07％，俄罗斯肉类进口几乎三分之一都来自于白俄罗斯。俄罗斯的第二大肉类产品进口市场是巴西，2019 年俄罗斯从巴西进口肉类产品总额为 4.91 亿美元，占全部进口额的 26.01％，两大进口来源地的进口规模占俄罗斯全部肉类产品进口额的 58.08％。第三大进口来源地巴拉圭的进口规模也达到了 3.35 亿美元，占全部进口额的 17.71％。阿根廷为第四大进口来源地，进口额也超过了 2 亿美元，在全部进口额中的比

重为 11.73%。智利和印度的进口规模相对较小，低于 1 亿美元，所占份额低于 4%。可见，俄罗斯肉类产品的进口来源地比较集中，主要来源地为拉美国家。

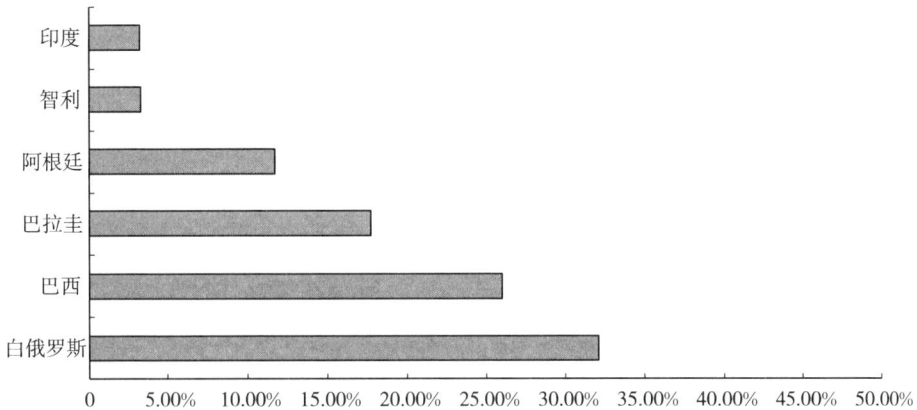

图 4-15　俄罗斯肉类产品主要进口市场

资料来源：作者根据 UNCOMTRADE 数据库数据计算整理。

2. 乳制品进口来源地

俄罗斯乳制品进口来源地相对比较集中，市场份额占 1% 以上的来源地一共有 12 个，这 12 个国家所占份额加在一起占俄罗斯全部乳制品进口的 93.41%。白俄罗斯是俄罗斯乳制品的第一大进口来源地，2019 年进口额达到 20.07 亿美元，占全部俄罗斯乳制品进口额的 69.88%，可见俄罗斯乳制品进口基本依赖于白俄罗斯的供应。其他贸易伙伴的进口额都低于 2 亿美元。阿根廷为俄罗斯乳制品的第二大进口来源地，但进口规模与白俄罗斯相比非常小，俄罗斯 2019 年从阿根廷进口乳制品金额为 1.31 亿美元，所占份额为 4.33%。乌拉圭为第三大进口来源地，进口额只有 1.20 亿美元，占俄罗斯全部进口额的 3.96%。从新西兰、荷兰和哈萨克斯坦进口的乳制品达到了全部乳制品进口的 2% 以上。伊朗、瑞士、塞尔维亚、德国、吉尔吉斯斯坦和法国乳制品在全部乳制品中进口的比重超过了 1%（图 4-16）。

3. 蔬菜进口来源地

俄罗斯主要蔬菜进口来源地及所占份额如图 4-17 所示。市场份额超过 1% 的来源地一共 14 个，这 14 个来源地共占俄罗斯全部蔬菜进口额的 94.15%。中国是俄罗斯蔬菜的第一大进口来源地，2019 年俄罗斯从中国进口的蔬菜额为 4.10 亿美元，占俄罗斯全部蔬菜进口额的 22.31%。阿塞拜疆为

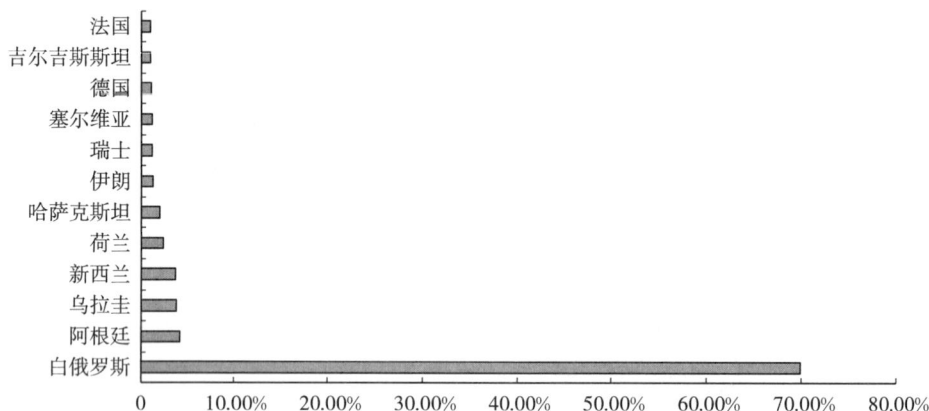

图 4 - 16　俄罗斯乳制品产品主要进口市场

资料来源：作者根据 UNCOMTRADE 数据库数据计算整理。

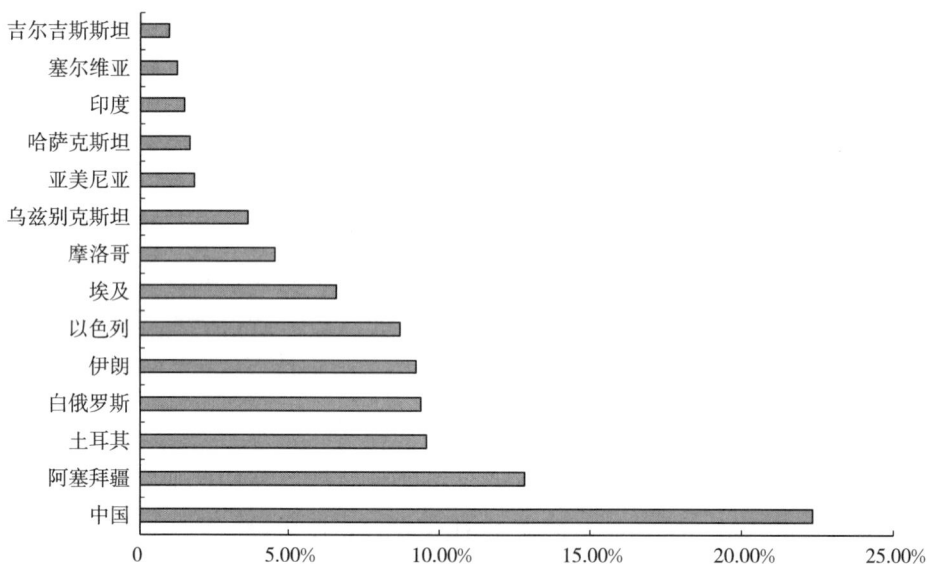

图 4 - 17　俄罗斯蔬菜产品主要进口市场

资料来源：作者根据 UNCOMTRADE 数据库数据计算整理。

第二大进口来源地，进口额为 2.36 亿美元，占全部进口额的 12.81%。土耳其和白俄罗斯是俄罗斯蔬菜的第三和第四大进口来源地，进口额分别为 1.76 亿和 1.72 亿美元，所占份额分别为 9.56% 和 9.36%。伊朗、以色列和埃及对俄罗斯蔬菜出口额也超过了 1 亿美元，排在进口来源地的第五、第六和第七位，分别占全部蔬菜进口额的 9.23%、8.69% 和 6.59%。摩洛哥对俄罗斯蔬菜出口的规模也比较大，出口额为 0.84 亿美元，占俄罗斯全部蔬菜进口额的

4.57％。其他几个进口来源地的进口规模相对较小（图4-17）。

4. 水果进口来源地

2019年共有88个国家向俄罗斯出口水果，但市场份额超过1％的进口来源地一共有20个，这20个国家的进口额合计占俄罗斯当年水果进口总额的93.22％。南美洲的厄瓜多尔是俄罗斯水果的第一大进口来源地，2019年俄罗斯从厄瓜多尔进口水果总额为10.85亿美元，占全部俄罗斯水果进口额的21.22％，近四分之一的进口水果来自厄瓜多尔。土耳其是俄罗斯第二大水果进口来源地，水果进口总额为8.20亿美元，占俄罗斯全部水果进口额的16.04％。中国为俄罗斯的第三大水果进口来源地，2019年俄罗斯的中国水果进口额为3.27亿美元，占全部进口额的6.39％。阿塞拜疆和埃及为第四和第五大进口来源地，俄罗斯从阿塞拜疆水果进口额为2.81亿美元，从埃及进口水果金额为2.44亿美元，分别占俄罗斯水果进口总额的6.39％和5.49％。进口额超过1亿美元的来源地，还包括伊朗、南非、摩洛哥、摩尔多瓦、塞尔维亚、阿根廷、智利和乌兹别克斯坦，以上几个国家对俄罗斯水果出口额均占俄罗斯全部进口额的2.0％以上。秘鲁、白俄罗斯、巴基斯坦、越南、以色列、哥斯达黎加和印度对俄罗斯水果出口额也都超过了5 000万美元，在俄罗斯全部水果进口额中的比重都超过了1％（图4-18）。

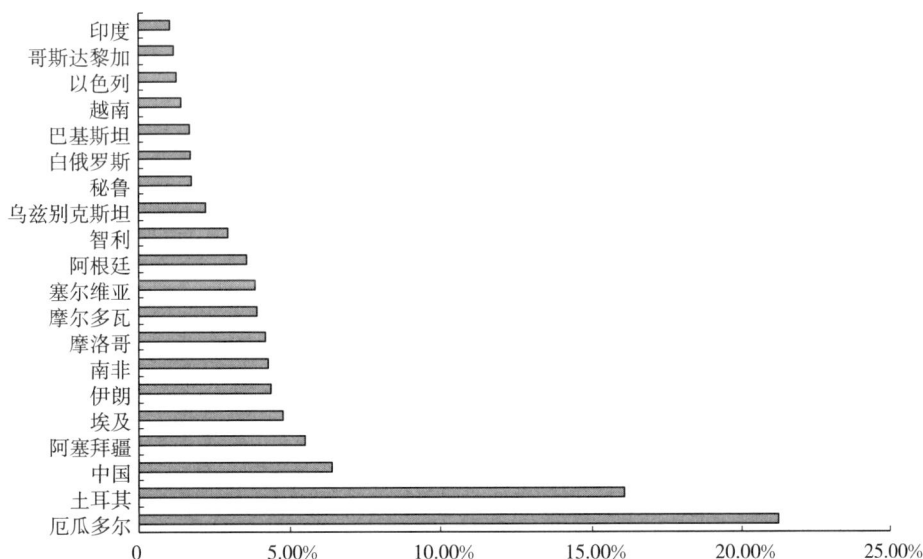

图4-18 俄罗斯水果产品主要进口市场

资料来源：作者根据UNCOMTRADE数据库数据计算整理。

5. 饮料进口来源地

俄罗斯饮料产品进口来源地相对比较广泛，2019年共有99个国家向俄罗斯出口饮料产品。其中，市场份额超过1％的进口来源地一共有18个，占全部俄罗斯饮料进口额的88.62％。这18个国家中有14个欧洲国家。意大利为第一大进口来源地，2019年俄罗斯从意大利进口饮料金额为4.39亿美元，占全部饮料进口额的14.45％。第二大饮料进口来源地为法国，以3.78亿美元占全部进口额的12.45％。从英国进口饮料的金额占全部饮料进口额的9.99％，为3.03亿美元。俄罗斯从格鲁吉亚、亚美尼亚、西班牙和德国进口的饮料额都超过了1亿美元，分别占俄罗斯全部饮料进口额的8.25％、8.18％、7.33％和6.30％，从美国、爱尔兰和白俄罗斯的进口额均超过了0.5亿美元，从墨西哥、立陶宛和比利时水果进口的份额均超过了俄罗斯全部进口额的1.5％，其余国家的进口份额则处于1％～1.5％之间（图4-19）。

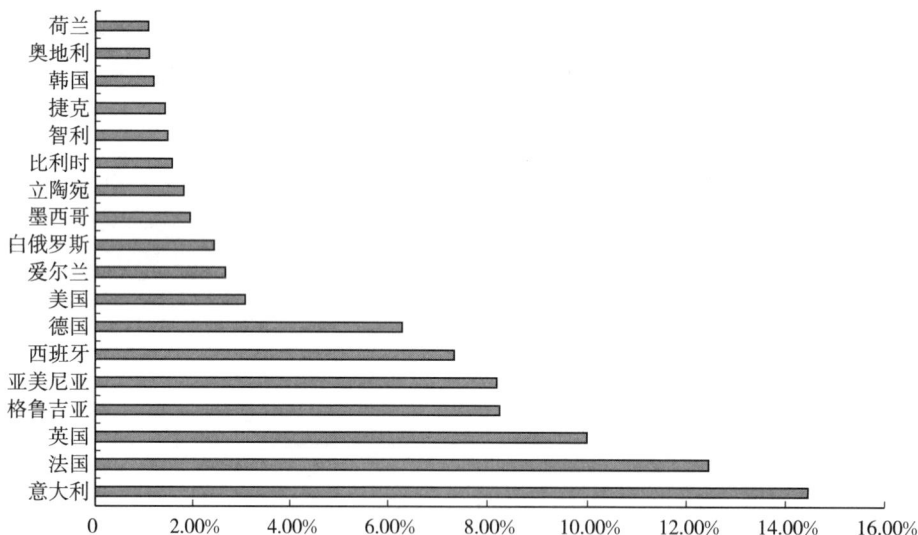

图4-19 俄罗斯饮料产品主要进口市场

资料来源：作者根据UNCOMTRADE数据库数据计算整理。

第三节 俄罗斯与中国的农产品贸易状况

一、中俄贸易概况

1992—2008年，中俄双边贸易总额呈持续上升趋势。其中，1992—2002

年，俄罗斯对中国贸易始终保持较低水平，2001 年首次突破 100 亿美元，2003 年起中俄贸易额开始迅速增长。2007 年之前俄罗斯对中国的出口总额始终大于俄罗斯从中国的进口总额，长期处于贸易顺差状态。2008 年受世界金融危机影响，俄罗斯对中国贸易开始减少。2009 年贸易总额虽有下降，仅为 400 亿美元，但之后俄罗斯对中国贸易基本处于贸易逆差状态，且贸易总额呈上升趋势。2013 年习近平总书记提出了建设"丝绸之路经济带"和"21 世纪海上丝绸之路"倡议，为中国加强与沿线各国的全面合作与发展提供了新前景，创造了互利共赢的新机遇。俄罗斯作为"一带一路"倡议中的重要国家，与中国有着先天的地缘优势与友好的政治关系，在中国发展国际经贸合作过程中具有十分重要的地位，俄罗斯对中国的贸易额显著增长。2014 年中俄贸易额曾达到 900 多亿美元，但之后能源危机、卢布贬值等让俄罗斯经济陷入困境。受此影响，中俄贸易额大幅下滑，2015 年中俄双边贸易额下降约 1/3。不过，这一局面在 2017 年得到扭转，中俄双边贸易无论是数量还是质量都得到较大提升。2017 年双边贸易额超过 840 亿美元，比上年增长 20.8%。其中，俄罗斯从中国进口的总额为 428.76 亿美元，同比增长 14.8%；俄罗斯对中国出口总额为 411.95 亿美元，同比增长 27.7%（图 4 - 20）。

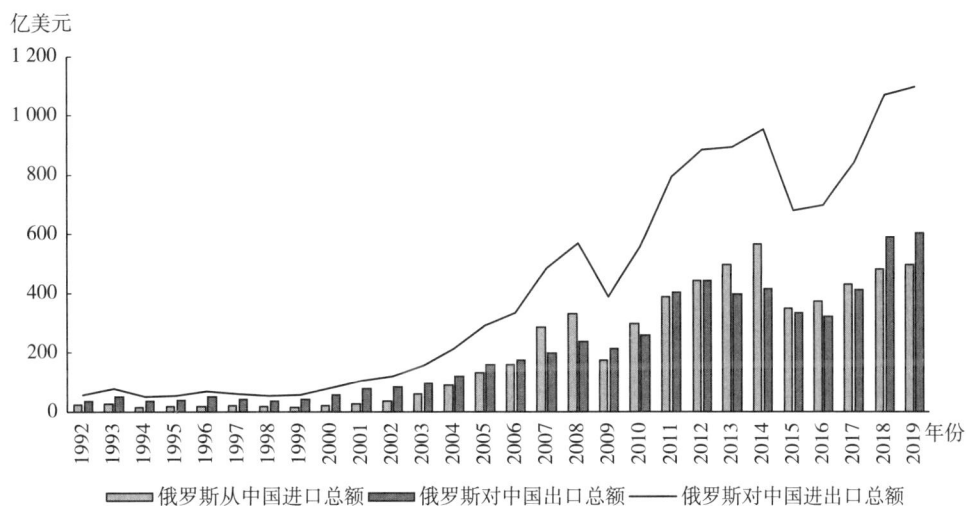

图 4 - 20　1992—2019 年俄罗斯对中国进出口贸易额

数据来源：根据联合国商品贸易统计数据库（UN Comtrade 数据库）计算。

近 20 多年来，中俄农业合作稳步发展，成为双边贸易新的增长点。两国农产品相互准入清单不断增加，2017 年俄罗斯对中国出口的农产品贸易额已超过 30 亿美元,中国成为俄罗斯第一大食品出口国①。此外,两国企业还积极参与对方地区的农业开发,开展种养加一体化农业合作项目,取得了良好的社会经济效益。

二、中俄农产品贸易格局

(一) 中俄农产品贸易背景

中俄两国作为邻国,相接壤的边境线长为 4 374 千米,分为东西两部分。俄罗斯与中国西部的新疆接壤,边界线长不到 70 千米;而中国东部的内蒙古、黑龙江和吉林省与俄罗斯接壤的边界线超过了 4 300 千米。其中,黑龙江省与俄罗斯的边境接壤线在中俄边境接壤线中占主要地位。内蒙古自治区更是有着广阔的草原,畜牧业较为发达,乳制品及其他相关动物产品产量丰富;黑龙江省和吉林省作为中国农业大省,蔬菜、粮食和土特产品等农产品产量较大,是中国主要粮食、蔬菜等农产品的生产供应基地。俄罗斯是世界上领土面积最大的国家,总面积近 1 709.82 万平方千米,地理面积辽阔,其国土横跨亚欧两个大陆。由于在亚洲的领土纬度较高、气候寒冷、生存条件恶劣,俄罗斯人主要居住在欧洲大陆,因此亚洲范围内呈现地广人稀的特征。由于中俄两国绵长的交界线,边境间的贸易往来非常便利。农产品作为保存时间短、易变质、易腐烂、运输难度较高的商品,对运输时间及距离有较高的要求,而中俄两国正因为地理上得天独厚的距离优势,在农产品的贸易往来上减少了不必要的损失。并且凭借两国各自的地理资源优势,农产品贸易实现互补,更加深了农产品贸易合作②。

1992—1993 年,俄罗斯积极寻求对外发展,中俄经贸关系进入到新阶段。此后中俄经贸发展速度虽偶有下降,但总体呈上升趋势。在中国政府"一带一路"倡议提出之后,沿线经济带的国家纷纷与中国制定相关的开发战略,促进双边经济繁荣。2014 年、2015 年,为促进该倡议更好地落实,中蒙俄三国联合发表声明,提出并逐渐落实"中蒙俄经济走廊"的建设。俄罗斯与中国作为地理上的邻国,边界线为"吉林—黑龙江—内蒙古—新疆",双方在政治、经济、文化和旅游等方面不断扩大合作以促进贸易往来。"中蒙俄经济走廊"是继

① 张翀.2018 年中俄贸易发展前瞻 [N].中国社会科学报,2018 - 01 - 11 (3).
② 李青霞."一带一路"背景下中俄新经贸关系的发展现状及对策 [J].山西农经,2018 (6):102.

"一带一路"倡议后提出的六大经济走廊之一的特色部署，是中国的"一带一路"倡议、俄罗斯的联通欧亚大陆经济联盟战略和蒙古国的"草原之路"战略的具体化方针。而《建设中蒙俄经济走廊规划纲要》明确了三方合作的具体内容、资金来源和实施机制，商定了一批重点合作项目，涵盖了基础设施互联互通、产业合作、口岸现代化改造、能源合作、科技和教育合作、人文合作、农业合作以及医疗卫生合作等 10 大重点领域。农业合作作为十大重点领域之一，将成为未来"中蒙俄经济走廊"部署中重点发展的合作项目。近年来，随着中俄两国农产品贸易的扩大，许多负面问题逐渐显现并阻碍两国的进一步合作。而"中蒙俄经济走廊"倡议的提出为中俄两国处于停滞不前的农产品贸易合作提供了新的机遇。俄罗斯东部大通道建设的提出正与"中蒙俄经济走廊"倡议相契合，东部大通道的建设将解决俄罗斯东部地区运输设施老旧的问题，改善中俄两国农产品边境贸易的状态。而为响应俄方东部大通道的建设，中国东北部地区主要以黑龙江省为中心进行中国东北地区的通道建设，形成中俄两国东部大通道的对接，为中俄两国农产品贸易合作提供便利条件，并且运用对接通道进行各行业贸易运输，可以最大化地利用资源，契合"中蒙俄经济走廊"的倡议。

1992—2008 年，世界经济稳步发展，经济全球化趋势日趋明显。2008 年美国次贷危机迅速蔓延，使得全球经济陷入恐慌。美元汇率的持续下跌导致美元持续贬值，而美元贬值使得世界上以美元为计价货币的商品价格上涨，导致世界各国消费者的消费价格上涨，其中一部分农产品的价格也受到影响。2008 年金融危机过后，由于欧洲部分国家所背负债务远远超过自身的承受能力，引起了违约风险，进而引发欧债危机逐渐蔓延，导致受到影响的国家经济崩盘。欧债危机的爆发使欧洲各国国内消费需求减少、经济萧条，难以拉动国内市场消费。因此，欧盟作为中国及俄罗斯的主要贸易伙伴之一，减少了来自中国及俄罗斯方面的农产品进口。2009 年中俄两国农产品互相进出口的总额下降明显，虽然 2010 年至今总体呈上升趋势，但仍波动明显。随着 2014 年 9 月美欧对俄罗斯的经济制裁，限制俄罗斯部分农产品的进口，俄罗斯对欧盟及美国的农产品进出口大幅减少，逐渐将贸易重心转移至亚洲地区。中国作为邻近俄罗斯的亚洲最大国家，与俄罗斯的农产品贸易往来在相关的国际背景之下逐渐密切[①]。

---

① 崔欣. 中俄农产品贸易合作影响因素研究［D］. 哈尔滨：东北农业大学，2017.

（二）中俄农产品贸易额

近 20 多年来，作为农业大国的中国和俄罗斯在农产品贸易方面往来逐渐加深，双边农产品贸易总额呈波动上升趋势。1992—2007 年，俄罗斯与中国农产品贸易进出口总额虽有短暂下降，但总体上呈稳步上升趋势。2007—2016年，俄罗斯与中国农产品贸易总额波动幅度较大，但整体上增长较大，2016年贸易总额达到 40 亿美元，占俄罗斯对中国进出口贸易总额的 5.7%。其中，2005 年俄罗斯从中国进口农产品总额和俄罗斯对中国出口农产品总额分别为6.6 亿美元和 11.5 亿美元，到 2013 年俄罗斯从中国进口的农产品总额上升到22.2 亿美元，而俄罗斯对中国的农产品出口总额上升到 15.7 亿美元。在受到欧洲严厉的经济制裁后，俄罗斯农产品出口受到严重打击，逐渐将贸易对象转向亚洲。在 2015 年提出"中蒙俄经济走廊"倡议背景下，迅速推动与中国农产品的贸易合作，使两国农产品贸易额持续增长。虽然 2014 年、2015 年中国对俄罗斯农产品出口总额小幅下降，但是 1992—2016 年中国对俄罗斯农产品出口贸易额总体还是呈增长状态。而 2014 年俄罗斯对中国的农产品贸易出口也出现小幅度下降态势，但是 2017 年又大幅度增长，说明中国逐渐成为俄罗斯农产品贸易出口大国，两国农产品贸易额增长迅速，逐渐成为对方重要农产品贸易的合作伙伴（图 4-21）[1]。

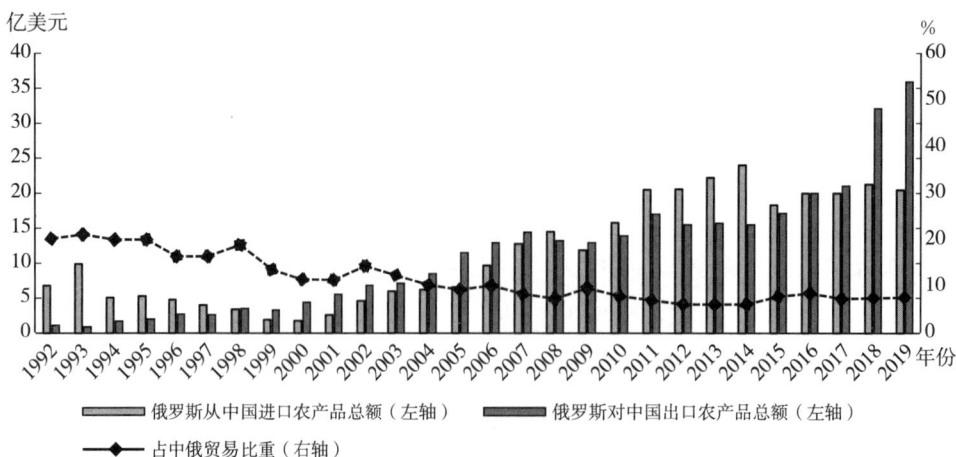

图 4-21 1992—2019 年俄罗斯对中国农产品贸易情况

数据来源：根据联合国商品贸易统计数据库（UN Comtrade 数据库）计算。

① 崔欣. 中俄农产品贸易合作影响因素研究 [D]. 哈尔滨：东北农业大学，2017.

随着中俄两国经贸关系的进一步发展，中国对俄罗斯农产品贸易额占中俄双边总贸易额的比重在逐步下降。1993 年中俄双边农产品贸易额占比高达 14%，至 2017 年中俄双边农产品贸易额占比已经下降至 4.9%。这说明中俄两国双边贸易形式与结构不断深化，农产品贸易比重虽然下降，但是基于双边进出口贸易的不断扩大，农产品贸易仍然具有十分重要的地位。

根据图 4-21 与表 4-1 所示，近 20 多年来，俄罗斯对中国进出口农产品的总额呈现增长态势，从 1992 年的 7.9 亿美元，上升至 2017 年的 41.5 亿美元。1992 年俄罗斯对中国出口的农产品总额为 1.1 亿美元，到 2017 年，俄罗斯对中国出口的农产品总额为 21 亿美元，贸易额年均增长 12.52%。而且，近 20 多年来俄罗斯从中国进口的农产品贸易额也在持续增长，从 1992 年的 6.8 亿美元增长到 2017 年的 20.5 亿美元，贸易额增长近 2 倍。

表 4-1　1992—2019 年俄罗斯对中国农产品贸易额及增长率

年份	进口额 （亿美元）	出口额 （亿美元）	进口增长率 （%）	出口增长率 （%）
1992	6.8	1.1		
1993	9.9	0.9	46	−18
1994	5.1	1.7	−48	89
1995	5.3	2	4	43
1996	4.8	2.7	−9	35
1997	4	2.6	−17	4
1998	3.4	3.5	−15	35
1999	1.9	3.3	−44	−6
2000	1.8	4.4	−5	33
2001	2.6	5.5	44	25
2002	4.6	6.8	77	24
2003	6	7.1	30	4
2004	6.2	8.5	3	20
2005	6.6	11.5	6	35
2006	9.7	12.9	47	12
2007	12.8	14.4	32	12
2008	14.5	13.2	13	−8
2009	11.9	12.9	−18	−2
2010	15.8	13.9	33	8
2011	20.5	17	30	22

（续）

年份	进口额 （亿美元）	出口额 （亿美元）	进口增长率 （%）	出口增长率 （%）
2012	20.6	15.5	0	−9
2013	22.2	15.7	8	1
2014	24	15.5	8	−1
2015	18.3	17.1	−24	10
2016	20	20	9	17
2017	20.5	21	2.5	5
2018	21.3	32.1	4	5
2019	20.4	35.9	−4	12

数据来源：根据联合国商品贸易统计数据库（UN Comtrade 数据库）计算。

虽然由于 2008 年的全球经济危机，中俄两国的相互农产品贸易进口总额受到影响，2009 年贸易总额大幅度下降，但是 2010 年两国摆脱经济危机后，双方的农产品贸易进口总额持续上涨。可见，中俄两国在农产品贸易合作方面有广阔的空间。2001 年以前俄罗斯从中国进口农产品额增速基本为负，2001 年以后俄罗斯从中国进口农产品额增速绝大部分为正，说明俄罗斯对中国农产品进口贸易额呈上升趋势。俄罗斯对中国出口农产品贸易额在前半段时间内增速较高，但自 2008 年开始，贸易额增速放缓，甚至多年为负值，至 2015 年才有所提升。说明 2008 年世界性金融危机后，俄罗斯对中国的农产品出口贸易进行限制，2015 年"中蒙俄经济走廊"等相关性贸易政策及经济环境好转等条件，促进了中国与俄罗斯双边农产品贸易[①]。

2010 年开始俄罗斯对中国农产品进口增长要快于出口增长，俄罗斯对中国农产品进口额的年均增长率为 10.67%，但是出口额的年平均增长率为 8%。2002—2009 年中俄农产品贸易顺差国一直为俄罗斯，2005 年中方逆差额甚至高达 4.9 亿美元。但是，从 2010 年开始，这种情况发生逆转，中国成为顺差国，且顺差数额逐年增长，至 2013 年顺差数额达到 6.5 亿美元。2015—2017 年中国对俄罗斯农产品贸易顺差额逐渐缩小，2017 年已基本持平。1992—2017 年，中俄双边贸易额年均增长率达 11.24%，而中俄双边农产品贸易额年均增长率仅为 6.8%。正是由于这种增速差距，相较于其他产品贸易，中俄双边农产品贸易发展相对缓慢，因此还有很大发展潜力及合作空间。

---

① 吴焰. 中俄贸易在结构优化中回暖走强［N］. 人民日报，2018-01-23（3）.

（三）中俄跨境物流体系及口岸

中俄两国农产品贸易合作的加深离不开物流体系的建立。中俄两国边境口岸运输的便利大大影响了两国农产品贸易。由于中俄两国的经贸合作历史深远，两国的边境口岸物流体系建立较早。其中最早建立的边境运输口岸是下列宁阔耶—同江公路、水路两用口岸，建于1958年，其他边境运输口岸大多建于20世纪90年代。由于两国经贸往来的逐渐加深、运输量增加，许多边境口岸处于"一岸多用"的状态，以此来减轻中俄边境物流运输的压力。其中，波格拉尼奇内—绥芬河、后贝加尔斯克—满洲里和加林达—室韦都是公路与铁路共用的边境口岸；乌沙科沃—呼玛、康斯坦丁诺夫卡—孙吴、波亚尔科沃—逊克、帕什科沃—嘉荫、阿穆尔译特—萝北和下列宁阔耶—同江都是丰水期作为河流口岸运输使用，到了冰封期或者是枯水期作为公路口岸使用。较早的中俄边境物流体系的建立促进了中俄两国关于未来农产品贸易合作进一步的发展[①]（表4-2）。

表4-2 中俄两国边境口岸农产品运输情况

运输方式	俄罗斯—中国口岸	设立年份	主要运输农产品
公路铁路两用	波格拉尼奇内—绥芬河	1999	农副产品
	后贝加尔斯克—满洲里	1998	食品、蔬菜、水果
	加林达—室韦	1991	农副产品
公路	马尔科沃—虎林	1989	水果、蔬菜、稻米
	图里罗格—密山	1992	油籽、稻米
	波尔塔夫卡—东宁	1990	农副产品
	克拉斯基诺—珲春	1996	鱼、冻鱼等水产品
	布拉戈维申斯克—黑河	1992	粮食
	奥洛契—室韦	1991	农副产品
	二卡—阿巴该图	1994	农副产品
	阿巴该图—黑山头	1990	农副产品
水运公路两用	帕什科沃—嘉荫	1992	大豆、水果、蔬菜
	阿穆尔泽特—萝北	1992	农副产品
	下列宁阔耶—同江	1958	食品
	波亚尔科沃—逊克	1990	粮食

① 崔欣.中俄农产品贸易合作影响因素研究［D］.哈尔滨：东北农业大学，2017.

（续）

运输方式	俄罗斯—中国口岸	设立年份	主要运输农产品
水运	康斯坦丁诺夫卡—孙吴	1994	粮食、食品
	乌沙科沃—呼玛	1994	农副产品
	哈巴罗夫斯克—抚远	1993	水果、蔬菜、粮食
	波克罗夫卡—饶河	1993	食品

数据来源：http://blog.globalimporter.net/article_603-8170.htm；《中国公路年鉴》，整理得出。

三、俄罗斯对中国农产品出口

为保证中俄两国农产品数据统计的一致性和准确性，本节内容遵从 HS 编码项下对农产品的分类，其中表 4-3、表 4-4 及表 4-5、表 4-6 中 HS 编码下的章节代表不同种类农产品。

中俄在农产品贸易合作中，两国进行贸易的农产品大多为劳动密集型和土地密集型产品。俄罗斯出口到中国的农产品主要以资源密集型农产品为主[①]，农产品种类主要集中在动物产品的大类中，比如 01 章（活动物）、03 章（鱼及其他水生类无脊椎动物）、05 章（其他动物产品）及 15 章（动植物油脂、蜡，精致实用油脂）等，占俄罗斯对中国出口农产品贸易总额比重高达 90% 以上。详见表 4-3、表 4-4。

表 4-3 俄罗斯对中国主要农产品出口总额

单位：万美元

HS 编码 \ 年份	1992	1998	2004	2010	2016	2019
01	0	0	60	400	3 700	260
03	8 600	27 700	77 900	126 200	136 000	218 560
05	100	100	200	400	1 600	2 860
12	100	1 200	500	100	16 800	41 170
15	10	0	0	0	19 500	49 430
23	500	4 600	2 600	9 400	10 200	9 750
51	0	200	100	600	0	220

数据来源：根据联合国商品贸易统计数据库（UN Comtrade 数据库）计算。

---

① 佟光霁，石磊．中俄农产品贸易及其比较优势、互补性演变趋势［J］．华南农业大学学报（社会科学版），2016，15（5）：110-122.

表4-4　俄罗斯对中国主要农产品出口占比

单位:%

HS 编码 \ 年份	1992	1998	2004	2010	2016	2019
01	0	0	0.1	0.3	1.9	0.1
03	77.5	80.1	91.5	91	68.3	60.9
05	0.9	0.3	0.2	0.3	0.8	0.8
12	0.9	3.5	0.6	0.1	8.4	11.5
15	0.1	0	0	0	9.8	13.8
23	4.5	13.3	3.1	6.8	5.1	2.7
51	0	0.6	0.1	0.4	0	0.1

数据来源：根据联合国商品贸易统计数据库（UN Comtrade 数据库）计算。

其中第01章的活动物类农产品，虽然占俄罗斯对中国出口额的比重较低，但从整体上看，俄罗斯对中国活动物类农产品的出口贸易额呈上升趋势，从1992年的73 764美元开始，于2013年突破千万美元，并于2016年上升到3 700万美元，年均增长率为29.57%。而且俄罗斯对中国出口活动物类农产品贸易额占农产品总出口贸易额的比重不断上升，1992年几乎为0，2014年上升至3.1%，2016年下降至1.9%。

其中第03章的鱼、甲壳动物、软体动物及其他水生无脊椎动物在俄罗斯对中国的农产品出口中占有绝对优势，由1992年的8 600万美元增长至2016年的13.59亿美元，年均增长率达到12.19%，自2005年起突破了10亿美元大关。据统计，虽然2016年俄罗斯对中国出口的水产品在所有农产品的总额中占据68.3%，具有绝对的优势，但相比于2010年的91%，下降了20多个百分点。表明俄罗斯在与中国的农产品贸易往来中也逐渐扩大出口种类，使出口结构更加合理。

俄罗斯对中国出口的第05章其他动物产品，从贸易额上看，从1992年约100万美元上升至2010年的约400万美元，增长变化幅度较小，但在2011年贸易额升至1 400万美元后，贸易额均在千万美元水平之上，2016年达到1 600万美元，年均增长率为12.25%。从第05章其他动物产品出口贸易额占比情况来看，比重呈先下降后上升的趋势，1992年与2016年的比重基本相同，变化幅度较小，贸易发展相对稳定，具有较大的市场空间。

第 12 章油子仁及果实、杂项子仁及果实、工业用或药用植物、稻草、秸秆及饲料类农产品中，俄罗斯对中国出口贸易额变化幅度较大。1992 年俄罗斯对中国出口的籽仁及果实类农产品贸易额约为 100 万美元，1995—1998 年贸易额突破千万美元后，贸易额持续走低，直至 2012 年达到 36 000 万美元，贸易额才逐渐恢复到高水平，2015 年更是突破 1 亿美元，2016 年贸易额达到 1.7 亿美元，年均增长 23.86%。俄罗斯对中国出口该章农产品贸易额占农产品总出口贸易额的比重也明显提升。1992—1998 年比重迅速提升，短期内达到最高值 3.5%，此后比重开始下降，2015 年达到历史最高值 9.2%，2016 年下降约 0.8 个百分点，降至 8.4%。

第 15 章动、植物油脂及其分解产品，精制的食用油脂，动、植物蜡等农产品中，近 20 多年来，俄罗斯对中国出口贸易额发生了巨大的增长。1992—2010 年，俄罗斯对中国出口动、植物油脂等农产品贸易额几乎均低于 1 000 万美元，某些年份贸易额甚至为 0，直至 2015 年激增至 7 500 万美元，2016 年贸易额更是增长到接近 2 亿美元。第 15 章农产品出口贸易额占俄罗斯对中国总出口农产品贸易额的比重变化也呈现出相同的趋势。2015 年之前比重几乎为 0，2016 年剧增到 9.8%，说明俄方在当前经济环境背景下，增强了对此类农产品的贸易投入与推进力度。

俄罗斯对中国出口的第 23 章食品工业残渣废料、动物饲料农产品贸易额在 2003—2005 年存在短暂下降，但长期内呈现上升趋势。1992 年贸易额为 500 万美元，1996 年起超过 1 000 万美元，2015 年更是达到 1.1 亿美元，2016 年有所下降，但仍保持在亿美元水平。从贸易比重来看，俄罗斯对中国出口的第 23 章农产品贸易额占总出口农产品贸易额的比重波动较小，1998 年达到峰值 13.3% 后，比重开始下降，1992 年与 2016 年基本持平。

在第 51 章羊毛、动物细毛或粗毛、马毛纱线及其机织物上，俄罗斯对中国出口贸易额与贸易比重均十分微弱，变化幅度不大。在该类农产品贸易发展上，仍有巨大的增长空间。因此俄罗斯在与中国的农产品贸易往来中应逐渐扩大出口种类，使出口结构更加合理[①]。

根据以上的分析可以看出，第 3 章的鱼、甲壳动物、软体动物及其他水生无脊椎动物在俄罗斯对中国出口的农产品中占绝对优势。

---

① 杨天红. 中俄农业经贸合作问题研究 [D]. 长春: 吉林财经大学, 2017.

四、俄罗斯从中国进口的农产品

在表 4-5 中，中国出口到俄罗斯的农产品中，排在前七位的主要为劳动力密集型产品和土地密集型产品，例如：07（食用蔬菜、根及块茎）、08（食用水果及坚果、甜瓜等水果的果皮）、20（蔬菜、水果或植物其他部分的制品）和 52（棉花）都是劳动力密集型和土地密集型农产品，且这些农产品占中国对俄罗斯出口农产品总贸易额比重高达 85% 以上。详见表 4-5、表 4-6。

表 4-5　中国对俄罗斯主要农产品出口总额

单位：万美元

年份\HS 编码	1992	1998	2004	2010	2016	2019
03	100	2 400	1 300	17 200	21 100	23 200
07	2 000	2 000	6 800	25 000	36 800	37 600
08	2 200	3 600	6 600	25 100	40 200	32 400
16	8 000	1 700	6 000	20 300	21 000	17 700
20	200	300	9 900	30 400	33 700	33 300
21	1 100	500	1 300	4 200	7 100	6 600
52	1 000	100	2 900	11 300	12 200	14 300

数据来源：根据联合国商品贸易统计数据库（UN Comtrade 数据库）计算。

表 4-6　中国对俄罗斯主要农产品出口占比

单位：%

年份\HS 编码	1992	1998	2004	2010	2016	2019
03	0.2	6.9	2.1	10.9	10.5	11.3
07	1.5	5.7	10.9	15.8	18.4	18.4
08	3.2	10.5	10.6	15.9	20.1	15.9
16	11.8	4.9	9.7	12.8	10.5	8.7
20	0.4	0.8	15.8	19.2	16.8	16.3
21	1.7	1.4	2	2.6	3.5	3.2
52	1.5	0.3	4.7	7.1	6.1	7.0

数据来源：根据联合国商品贸易统计数据库（UN Comtrade 数据库）计算。

从第 03 章的鱼、甲壳动物、软体动物及其他水生无脊椎动物上来看，中

国对俄罗斯出口贸易额在近 20 多年间出现较大的增长。1992 年贸易额为 120
万美元，不足千万美元，1995—1998 年增长到千万美元后，贸易额又有所下
降，直至 2004 年才恢复到千万美元水平，2009 年贸易额为 1.4 亿美元，首次
突破亿美元大关，至 2016 年持续增长，达到 2.1 亿美元，年均增长 24.01%。
从贸易额所占比重来看，1992—1998 年，第 03 章农产品贸易比重从 0.2% 上
升到 6.9%，此后至 2004 年有短暂下降，至 2019 年上升至 11.3%，贸易地位
相对稳定。

第 07 章食用蔬菜、根及块茎中，中国对俄罗斯的出口贸易总额总体上呈
增长态势，由 1992 年的 2 000 万美元上升至 2019 年的 37 600 万美元，其间于
2006 年突破 1 亿美元大关，并在 2011 年达到 3 亿美元后贸易额有所下降，
2014 年开始恢复增长。中国对俄罗斯出口的第 07 章农产品贸易额占对中国农
产品出口贸易总额的比重呈逐年上升趋势，由 1992 年的 1.5% 上升到 2019 年
的 18.4%，该类农产品在中国对俄罗斯农产品出口贸易中的地位越来越高。

从长期来看，中国对俄罗斯出口的第 08 章食用水果及坚果、甜瓜或柑橘
属水果的果皮贸易额呈逐年上涨趋势。1992 年出口贸易额为 2 200 万美元，
2016 年增长到 4 亿美元，年均增长率为 74%，并于 2006 年突破 1 亿美元。贸
易额在 1992—2004 年增长相对较缓，2004 年起增速加快，到 2010 年的 6 年间
贸易额涨了 4 倍多，2010—2016 年的贸易额涨了 1 倍多。从贸易占比上看，
中国对俄罗斯出口的第 08 章农产品贸易额占总出口农产品贸易额的比重逐年
增加，至 2019 年高达 15.9%，相较于 1992 年上升了 12.7 个百分点，是中国
对俄罗斯出口农产品中所占比重最大的类别。

第 16 章肉、鱼、甲壳动物、软体动物及其他水生无脊椎动物的制品中，
中国对俄罗斯的出口贸易额在 1992 年相对于其他类别的农产品来说具有较高
的水平，达到 8 000 万美元，1993—1995 年更是超过 1 亿美元，其中 1993 年
高达 1.9 亿美元。此后，中国对俄罗斯该类农产品的出口贸易额开始下降，
2006 年才重新上升到 1 亿美元水平。2012 年达到最高值 3.7 亿美元后有所下
降，2019 年为 1.77 亿美元。中国对俄罗斯第 16 章农产品出口贸易额占中国
对俄罗斯出口农产品总贸易额的比重也呈现出先下降后上升的趋势，2019 年
的比重为 8.7%，比 1992 年下降了 3.1 个百分点。

中国对俄罗斯出口的第 20 章蔬菜、水果、坚果或植物其他部分的制品贸
易额呈上升趋势。1992 年、1998 年的贸易额均不足千万美元，至 2004 年贸易

额极大提升，并于 2005 年超过 1.5 亿美元，2019 年达到 3.33 亿美元。其间 2011、2012、2014 年的出口贸易额均在 4 亿美元以上。从贸易占比上看，1998 年前不足 1%，2004 年高速增长到 15.8%，但 2019 年的贸易比重比 2010 年下降了 2.9 个百分点，该类农产品的出口贸易地位基本稳定。

相对于其他六类出口贸易额排名靠前的农产品，中国对俄罗斯出口的第 21 章混杂的可食用原料出口贸易额增长幅度明显较小，但从长期看仍然呈上升趋势，1992 年贸易额为 1 100 万美元，至 2016 年增长到 7 100 万美元。近 20 多年中，只有 2014 年的贸易额达到了亿美元水平，具体为 1.05 亿美元。显而易见，中国对俄罗斯出口的第 21 章农产品贸易额占总出口农产品贸易额的比重虽然呈上升趋势，但相对于其他类别农产品来说也是最少的，从 1992 年的 1.7% 增长到 2019 年的 3.2%，仅上升了 1.5 个百分点。中国在对俄罗斯第 21 章农产品的出口贸易上仍有较大的发展空间。

第 52 章棉花类农产品中，中国对俄罗斯的出口贸易总额呈上升趋势，从 1992 年的 1 000 万美元，上升到 2019 年的 14 300 万美元。1998 年贸易额仅为 100 万美元，2004 年后贸易额开始迅速增长。中国对俄罗斯出口第 52 章农产品贸易额占中国对俄罗斯出口农产品总贸易额的比重与贸易额的变化趋势基本相同，从 1992 年的 1.5% 上升到 2019 年的 7.0%。可见中国对俄罗斯农产品出口的种类逐渐增多，使得结构更加合理[①]。

由以上数据推断，中俄两国在农产品出口结构上存在着较大的差异，所以两国农产品贸易结构存在互补性，中俄两国未来关于农产品贸易合作方面蕴藏着巨大潜力。

第四节　农业贸易政策及演变

苏联解体以后，俄罗斯加快推进私有化改革，并在对外经济关系中彻底废除国家垄断，规定任何企业都可以自由从事对外经济贸易活动，对外贸易政策的改革也全面铺开。受苏联轻视农业和农业改革失败的影响，俄罗斯农业遭受重创；再加上经济互助委员会（简称"经互会"，是由苏联组织建立的一个由社会主义国家组成的政治经济合作组织，经互会的主要目的是在"国际分工"

---

① 王慧敏，翟雪玲. 中俄农业投资合作现状及发展方向［J］. 国际经济合作，2017（4）：80-85.

的原则基础上发展"全面的经济合作")的解散和俄罗斯进行的贸易政策改革，俄罗斯的农业发展和对外贸易面临非常严峻的形势，农业贸易政策也在不断进行调整。2000年普京就任总统以后，俄罗斯国内经济逐步好转，农业生产力提升迅速，由原来的粮食进口国成为世界主要的粮食出口国。随着2012年8月俄罗斯正式加入世界贸易组织，其国内农业和贸易政策将逐步与世界接轨，但乌克兰危机引发的制裁与反制裁又促使俄罗斯加速对农业贸易政策进行调整。

一、农业贸易政策演变

（一）由计划经济向市场经济转型阶段 （1991—1994 年）

20 世纪 90 年代初兴起的农村土地私有化改革给俄罗斯带来一系列农业发展问题，严重影响了俄罗斯的农业发展。在计划经济崩溃并向市场经济转型过程中，俄罗斯几乎停止了农业各个领域一切形式的政府支持，主要依赖政府的贸易政策，限制农产品出口并保障粮食进口。

1991 年 11 月，俄罗斯发布了《关于俄罗斯境内对外经济活动自由化》的第 213 号总统令，宣布彻底废除对外经济关系的国家垄断制，任何企业都可以自由从事对外经济贸易活动。再加上经济互助委员会的解散，俄罗斯的对外贸易环境发生了巨大变化，促使俄罗斯在对外贸易政策方面进行了一系列重大调整和改革，大体可分为两个阶段[①]。

第一阶段：进口自由化和出口管制。1992 年初，俄罗斯取消了大部分商品的进口许可证和进口数量限制，进口政策实现了较大程度的自由化。但是对于部分商品的进口仍由国家控制，这些商品主要包括：消费品（主要是食品和药品）、投资商品和工业原材料，约占俄罗斯总进口额的 47%。国家统一进口这些商品，然后经过价格补贴后转卖给国内消费者。在进口自由化的同时，对出口仍实行较为严格的控制。1992 年 1 月，俄罗斯仍对 60 多个大类的商品征收出口关税，主要意图是缩小这些商品国内价格同世界市场价格的差异，而且许多出口商品还受到数量限制，目的是为了优先保证这些商品的国内市场供给。

---

① 胡国松，董建荣. 俄罗斯对外贸易政策的变化及其影响 [J]. 外国问题研究，1997（2）：56 - 60.

第二阶段：放松出口管制与加强进口保护。1993—1994年，由于国内价格已接近世界市场价格，出口政策明显自由化。自1993年1月起，调低某些商品的出口关税，与1992年下半年相比，出口应税商品有所减少，多数商品出口税率降低，但易货合同项下的商品出口关税有所提高。在出口管制放松的同时，进口管理却趋向保护主义。1993年4月起，俄罗斯实行新的进口关税，实际上就是实行差别税率，即从不同国家进口商品税率各不相同。例如，从与俄罗斯订有最惠国待遇协定的国家进口商品，使用基础税率5%～15%；从未与俄罗斯订有最惠国待遇协定的国家进口商品加倍征收；从发展中国家进口减半计征；从最不发达国家进口免征。1994年7月，在国内生产企业的迫切要求下，进口关税又提高了60%以上，而且应征税商品范围也扩大了。例如，食品以前是免税的，在此期间也被征收15%～20%的进口关税。

（二）申请及加入世界贸易组织的政策调整阶段（1995—2013年）

俄罗斯是1993年向世界贸易组织（WTO）的前身关税及贸易总协定（GATT）递交"入关"申请的，但却在1995年才正式开始加入世界贸易组织的谈判（世界贸易组织成立于1995年1月1日）。最初，是在多边框架内针对俄罗斯贸易政策与世贸规则接轨的问题进行谈判。1998年起，俄罗斯开始就商品准入和农业扶持水平问题展开双边谈判。1999年，世界贸易组织成员收到俄罗斯提供的关于服务市场准入的清单。2000年，俄罗斯与世贸成员的谈判开始全方位进行。谈判主要围绕四个问题：总关税问题；农业问题，主要是国家对农业的补贴；服务市场准入问题；体制问题，即国家有关贸易立法与世贸规则的接轨。2011年12月16日，在WTO的第八次部长级会议上批准俄罗斯加入世界贸易组织，直到俄罗斯国内所有法律程序履行完毕后，2012年8月22日俄罗斯的"入世"历程才圆满结束。

为了谋求加入世界贸易组织，俄罗斯在农业方面做出了一定的让步，包括降低关税、改进配额管理手段和规范国内支持政策等。在此期间，俄罗斯农业贸易政策的主要方向是通过国家调节保证进出口市场的稳定性和可预见性，提高俄罗斯商品的竞争力并扶持其走向国际市场，有效保护国内市场和国内生产者，推动入世进程，扩大与其他国际组织的合作①。鉴于农业在国民经济中的

---

① 李建民. 俄罗斯对外贸易运行与贸易政策［J］. 俄罗斯中亚东欧市场，2008（5）：1-5.

战略性地位，俄罗斯政府持续加大对农业的保护和扶持力度。农业支持政策以农业生产者支持为主，而生产者支持又以价格支持为主，2003—2005 年，俄罗斯生产者支持的 74％是价格支持，主要集中于糖和畜禽产品，而小麦、玉米等粮食类产品却呈现负支持[①]；国家增加更多的预算用于支持农业的发展，对农业的资金支持多以低利率信贷实现，信贷优惠形式是银行贷款利率补贴，补贴范围从短期贷款扩大到中长期贷款，受益者涵盖农村住户和生产合作社等所有生产者。2003 年，俄罗斯引入农业统一税（SAT），采用农业统一税的农业企业可免交所得税、财产税和增值税等[②]。

俄罗斯在扶持商品和服务出口方面，采取了包括提供财政支持和国家担保在内的措施，提高俄罗斯出口潜力和扩大高技术产品在出口构成中的比重；在关税调节领域，主要政策目标是保护国内市场，扶持国内商品生产者，吸引投资和提高俄罗斯商品在国际市场的竞争力。如 2007 年共出台了 65 个相关政府令，修改商品名录和进出口关税，还多次调整了奶、肉、粮、油等与民生直接相关农产品的进出口关税，实行临时降低进口税和提高出口税等措施，对保障国内市场商品和农产品供应、克服临时短缺、抑制通货膨胀起到了一定作用。随着俄罗斯经济的发展，消费者对于高质量、高价值动物产品的需求逐步增加，而国内畜产品的产量无法满足需求，不得不大量进口，为了保护和刺激本国畜产品的生产，俄罗斯通过实行边境高保护措施，对于肉类产品多采用进口配额和实行苛刻的动植物检验检疫制度。

2012 年 8 月，俄罗斯加入世界贸易组织以后，开始逐步履行入世承诺，其农业贸易政策进一步调整。根据世界贸易组织和俄罗斯经济发展部公布的文件显示，俄罗斯的总体关税水平将下降 2.2％，其中农产品关税水平将从 13.2％降至 10.8％。从短期来看，国际市场对俄罗斯农业以及农产品贸易的冲击力不会太大，因为俄罗斯政府将农业视为敏感产业，在谈判过程中为农业发展争取了非常有利的条件。俄罗斯承诺的农产品关税降幅只为 2.4％，而中国入世时降幅为 8％。此外，多数受约束产品的实施期在 2014 年以后，因此降税效应短期内不会很明显。俄罗斯仍有 36.7％的受约束税目使用非从价税，而且还对敏感产品实施关税配额管理。至于农业的国内支持，俄罗斯副总理舒

---

① 高道明，王桦，田志宏. 俄罗斯加入 WTO 的农业承诺及其影响 [J]. 欧亚经济，2014 (2)：71-80.
② 张怀波，刘瑞涵. 俄罗斯农业补贴政策之解析 [J]. 世界农业，2010 (11)：53-55.

瓦洛夫认为，这是与世界贸易组织达成了历史上"前所未有的优惠条件"，俄罗斯政府在承诺期内争取的农业综合支持量上限要高于现有的支持水平。

（三）乌克兰危机引发的制裁与反制裁阶段（2014年至今）

2014年，西方国家因乌克兰危机对俄罗斯开展多轮经济制裁，加之石油价格始终在低位徘徊，导致卢布贬值、俄罗斯经济陷入困境。世界银行在2015年4月1日对外公布的报告中指出，俄罗斯经济在2015年将下滑3.8%，2016年将会进一步下滑，俄罗斯经济增长前景暗淡。2015年6月下旬，欧盟和俄罗斯同时延长了制裁与反制裁期限。面对西方国家多轮的经济制裁，俄罗斯实施一系列的反制裁措施，其中就包括俄罗斯农业贸易政策的调整[①]。

为了反击西方国家对俄罗斯的制裁，2014年俄罗斯开始限制西方国家一些农产品及食品的进口，宣布禁止从因东乌克兰危机对俄罗斯实施商业制裁的国家进口部分农产品、原材料及食品的总统令，这项命令禁止从欧盟、美国、加拿大、澳大利亚和挪威进口相关的食品。受到影响的食品包括牛肉、猪肉、加工肉、家禽、鱼和其他海鲜产品、牛奶和奶制品、蔬菜、水果和坚果。此次禁令涉及俄罗斯的主要农产品进口国，关键农产品的供应会受到很大的影响。

同时，为了应对因限制进口政策引起的国内农产品和食品供应不足，俄罗斯政府一方面实施了一系列强有力的农业领域进口替代计划，计划拨款近5 700亿卢布（约合98亿美元），投入补贴刺激国内的禽畜肉、牛奶和蔬菜生产，弥补和替代进口不足。一些本来因为入世而计划取消的补贴将会扩大，例如家禽补贴原本会在2014年逐步取消，猪肉补贴也将会在2016年前逐步取消，但如今却要加大相应的补贴力度。另一方面，俄罗斯政府在加强与已有的贸易伙伴联系的基础上，积极发展新的贸易伙伴，加强了与部分国家的双边对话，主动推动农产品和食品潜在供应者的多元化，一些曾经因为卫生问题被拒绝进入俄罗斯的公司，现在也获得市场准入资格。在积极推动食品进口市场多元化的同时，俄罗斯也在增强进口管制，禁止受限制国家通过其他国家（特别是通过俄白哈关税同盟）进入俄罗斯市场。

俄罗斯还采取了限制农产品出口的政策，缓解因反制裁而导致的国内主要

---

① 吕新业，蔡海龙.经济制裁背景下俄罗斯农业贸易政策的调整、影响及启示［J］.农业经济问题，2016，37（4）：98-102.

农产品供应不足。2014 年 12 月，俄罗斯政府提高了国家干预基金购买小麦的价格。2014 年 12 月 25 日俄罗斯政府批准一项增加小麦出口关税的决议，从 2015 年 2 月 1 日起，政府将对出口的小麦征收 15% 的从价税，另外加收 7.5 欧元/吨的从量税，且要保证每吨出口小麦所征收的总税负不少于 35 欧元。2014 年 12 月，俄罗斯动植物防疫检疫局、俄罗斯运输和铁道部开始使用行政措施遏制出口，这些行政措施大多数不违反俄罗斯法律，但增加了交易对象及出口商的风险、物流费和处罚费。具体包括俄罗斯动植物防疫检疫局在不违反相关规定的限度内，将质量检疫证书发行时间从正常的 1～2 天增加到 6 天；交通运输部门采取减缓粮食出口铁路车辆维修服务、严禁"超载"的卡车靠近港口或出口点等措施延长出口时间。

二、主要农业贸易政策

（一）关税政策

俄罗斯曾多次通过实行临时降低进口税和提高出口税等措施，调整肉、奶、粮、油等与民生直接相关产品的进出口关税，如：2007 年 10 月 15 日第 674 号政府令、2007 年 10 月 27 日第 714 号政府令和 2007 年 12 月 15 日第 877 号政府令。需要特别强调的是，随着 2015 年 1 月 1 日欧亚经济联盟（Евразийский экономический союз）正式成立，俄罗斯作为主要创始国之一，与其他成员国一直致力于成立关税同盟，不断完善共同关税制度，并将建立一个类似于欧盟的经济联盟作为终极目标。欧亚经济联盟的进口关税由联盟的超国家机构——欧亚经济委员会理事会统一批准设定税率，这是一套适用于从第三国进口货物到关税同盟领土内的进口关税税率；而出口关税税率则由欧亚经济联盟的各国政府自行批准设定。俄罗斯的出口关税税率是根据 2013 年 8 月 30 日联邦政府第 754 号决议中批准的费率确定。

1. 进口关税

（1）基本税种及关税水平。在农业领域，进口关税政策的主要目标是：在保护国内农业生产者利益的同时维护国内农产品市场供给的稳定。俄罗斯的关税计算比较复杂，进口关税主要分为从价税、从量税和复合税。从价税的税率主要划为 5 档，即 0、5%、10%、15% 和 20%（高关税商品和特殊关税商品除外），从价税的加权平均税率大约为 9.5%，其中农产品的加权平均税率为

8.8%，制成品的加权平均税率为 9.6%；被征收从量税或复合税的进口商品比例大致为 13.1% 以上。2006 年俄罗斯进口商品的平均关税略有下降，但是仍然有 10% 以上的商品被征收 25% 以上的高关税，其中的农产品主要包括白糖、烟草、酒精等，此类高关税商品的平均进口税率高达 30%。

（2）进口环节税。除了按照不同的税率征收进口关税外，在货物进口通关时，还要征收一定比率的进口环节增值税［增值税＝（报关货值＋关税）×增值税率］。根据《俄罗斯税法》第 164 条规定，进口商品通常征收 18% 的增值税，但进口食品（农产品）、儿童用品、书籍和医疗产品征收 10% 的增值税，独联体成员国相互免征进口环节增值税。此外，俄罗斯自 1993 年 2 月 1 日开始对进口商品征收消费税，之后多次对征税商品种类和税率进行调整，现行《俄罗斯税法》第 193 条规定，对由食品或非食品原料制成的乙醇、酒精饮料、烟草制品、汽油和柴油等 17 类商品征收从量消费税。除上述税种外，俄罗斯与世界大多数国家一样，在进口货物报关入境时，还收取少量的报关手续费和清关费等，海关手续费为商品发票总价值的 0.15%。

（3）季节性关税。俄罗斯还对某些进口商品征收季节性关税，这是一种适用于农产品和其他季节性商品的关税。俄罗斯《海关法》第 6 条中专门规定了季节性关税，主要是为了规范某些类型商品在特定时间内的进口，期限通常不得超过自这种限制措施确定之日起 6 个月，货物清单和关税税率由俄罗斯政府批准，不受欧亚经济联盟共同关税的制约。例如，每年 7—8 月对进口草莓征收 20% 的关税，而其他月份的草莓进口关税为 10%。

（4）关税优惠。在欧亚经济联盟框架下，俄罗斯根据《共同关税议定书》第 36 条，对于来自最不发达国家的进口货物，适用欧亚经济联盟共同关税的零关税税率；而对于源自发展中国家的进口货物，税率为欧亚经济联盟共同关税进口税率的 75%。同时，欧亚经济联盟还确定了享有关税优惠的最不发达国家和发展中国家名单，以及优惠关税货物清单，这些关税优惠政策适用于关税同盟下的所有成员国。

2. 出口关税

为了提高本国商品在国际市场上的竞争力，俄罗斯与大多数国家一样，实行鼓励出口的政策。但是，为了确保某些商品的国内供给充足或者限制个别重要战略物资的出口，不仅需要征收出口关税，还要实行配额、许可证管理。出口关税的税率也会根据实际情况进行相应的调整。

俄罗斯自 1992 年开始征收出口关税，1996 年 7 月 1 日起，俄罗斯取消所有商品的出口关税，但 1999 年又恢复了对某些商品征收临时出口关税，如石油、天然气、木材、部分有色金属等战略性资源，以及动植物皮革等农产品。2006 年，俄罗斯征收出口关税的产品达 476 类，主要涉及碳氢化合物类原料、未加工木材、宝石及贵重装饰物、部分金属及化工产品等。2007 年 1 月 1 日起，俄罗斯政府将原木出口关税提高 3.5%，到 2010 年进一步提高到 20%，不低于每立方米 24 欧元的水平[①]。

2007 年，俄罗斯为保障国内市场农产品供应，尤其是肉、奶、粮、油等与民生直接相关农产品的供给，实行了临时降低进口税和提高出口税的措施，克服了农产品临时短缺，抑制了通货膨胀。2014 年乌克兰危机发生后，俄罗斯为了应对西方国家经济制裁导致的国内农产品供应不足，采取了增加小麦出口关税的措施，从 2015 年 2 月 1 日起对出口小麦征收 15% 的从价税，另外加收 7.5 欧元/吨的从量税，且要保证每吨出口小麦所征收的总税负不少于 35 欧元。但随着俄罗斯谷物产量的提高，先前的出口关税水平阻碍了粮食长期出口合同的签订，而国内粮食库存的增加又导致了粮食市场价格的进一步下降。因此，为了维持俄罗斯粮食出口潜力、确保粮食市场供求平衡、提高粮食生产者的市场收益，俄罗斯在 2016 年 9 月 26 日将小麦出口关税降为零，期限到 2018 年 7 月 1 日止，而 2018 年 6 月 27 日又将该期限进一步延长至 2019 年 7 月 1 日。

（二）非关税政策

非关税措施是指除关税措施之外一切限制进出口的措施，但往往以限制进口的措施为主。主要非关税措施有进出口配额（绝对配额和关税配额）、进出口许可证、技术性贸易壁垒、禁止进出口和外汇管制等形式。在俄罗斯的非关税政策中，进出口配额、进出口许可证和技术性贸易壁垒是其中最主要的形式。尽管目前进出口配额和许可证都是世界贸易组织所限制的非关税壁垒措施，但包括世界贸易组织成员在内的世界大多数国家，为了本国的利益和安全，都会或多或少对关系国计民生和国家安全的少数重要商品实行配额和许可证措施来保护国内市场。另外，由于俄罗斯加入了关税同盟，后来关税同盟又升级为欧亚经济联盟，俄罗斯贸易政策不能脱离欧亚经济联盟的政策框架，俄

---

① 段秀芳. 俄罗斯外贸政策和措施的分析与评价 [J]. 东北亚论坛，2010，19（2）：96 - 102.

罗斯的许多非关税政策也都与联盟保持一致。

1. 进出口配额

（1）进口配额。在 2003 年以前，俄罗斯只对食用酒精、伏特加酒、炸药、爆炸品、爆炸器材、烟火制品等商品实行进口配额管理。2003 年 1 月开始，俄罗斯对重要农产品的进口施行配额管理，主要是对牛肉、猪肉和家禽肉等肉类产品的进口实施国别关税配额管理，关税配额的目标是逐步用俄罗斯产品取代这些进口产品。俄罗斯经贸部公布的 2008 年肉类产品进口配额数量分配如下：鲜、冷藏牛肉为 2.89 万吨，其中欧盟为 2.84 万吨、其他国家 0.05 万吨；冻牛肉为 44.5 万吨，其中欧盟为 35.16 万吨、美国 1.83 万吨、巴拉圭 0.3 万吨、其他国家 7.21 万吨；猪肉为 49.35 万吨，其中欧盟为 24.93 万吨、美国为 4.98 万吨、巴拉圭 0.1 万吨、其他国家 19.34 万吨；家禽肉为 121.16 万吨，其中欧盟为 23.64 万吨、美国 90.14 万吨、巴拉圭 0.5 万吨、其他国家 6.88 万吨。俄罗斯的这种国别关税配额管理措施，对中国出口潜力较大的肉类产品出口构成了实质性障碍。

关税同盟建立以后，自 2010 年起这些肉类进口商品的关税配额依然存在于关税同盟的框架内，但这些商品的货物清单和进口配额是由超国家关税监管机构——关税同盟委员会（后来的欧亚经济委员会）最终确定，俄罗斯必须在关税同盟框架下履行配额限制。如从 2010 年 1 月 1 日起，关税同盟针对进口的猪肉产品设定的关税配额为：俄罗斯 47.2 万吨、哈萨克斯坦 7.4 万吨、白俄罗斯 3 万吨，配额内适用 15% 的税率，超出配额则征收 75% 的进口关税。

2013 年，关税同盟在延续了以往重要农产品的进口配额措施的基础上，同时还增加了一种新的关税配额对象——乳清。欧亚经济联盟成立后，对相关农产品进口的配额货物清单和各成员国的配额数量结构几乎没有变化，尤其是俄罗斯的进口配额一直保持稳定。以 2018 年为例，欧亚经济委员会确定的俄罗斯相关农产品进口配额为：鲜、冷藏牛肉 4 万吨，冻牛肉 53 万吨，合计占欧亚经济联盟牛肉进口总配额的 96%；猪肉 43 万吨，占进口总配额的 95%；家禽肉 36.4 万吨，占进口总配额的 64%；乳清 1.5 万吨，占进口总配额的 100%。

（2）出口配额。俄罗斯曾为了确保国内与民生相关的重要农产品供应，采取了提高商品出口关税的措施，而对相关农产品进行出口配额管理也可以达到同样的效果。欧亚经济联盟成立后，也专门针对成员国国内市场的重要农产品出口采取了限制措施，比如欧亚经济委员会理事会 2016 年 7 月 26 日第 83 号决议中，确定了在特殊情况下联盟关于境内可采取临时禁止或定量出口限制的重要商品清单，主要涉及的农产品有：猪牛羊肉、牛奶及奶油、谷物及谷物粉、大豆等含油籽粒及油脂、动物皮革等。

2. 进出口许可证

随着保护国内市场任务的加重，俄罗斯受进口许可证管制的商品种类逐步增加。1996 年 8 月开始对易货贸易实行许可证管理；1997 年对食用酒精和伏特加酒实行许可证管理；1999 年又对烟草及其工业代用品、部分药品（包括部分兽用药品）及制药用品采取许可证管理；而 2005 年 6 月则要求对多种商品的进口实施许可证管理。

俄罗斯加入欧亚经济联盟以后，在欧亚经济委员会理事会 2015 年 4 月 21 日第 30 号决议附件 2 中，对进出口产品的许可证使用情况进行了具体规定，共涉及 23 类产品的进口和（或）出口，其中针对农产品专门列明了已实施关税配额、并需要颁发许可证的产品清单，如牛肉、猪肉、家禽肉、乳清和长宽比大于等于 3 的长粒米；同时还规定了进行许可证管理的几种情形：设定了数量限制的进口和（或）出口、建立了许可程序的进口和（或）出口、专有权货物的进口和（或）出口、关税同盟成员国加入世界贸易组织时所作承诺限制的货物、关税同盟成员国确立进口配额并许可进口的货物。

3. 技术性贸易措施

根据俄罗斯《消费者权益保护法》，自 1993 年 1 月 1 日起开始对大部分进口商品实行质量安全认证制度。1995 年俄罗斯法律《产品及认证服务法》颁布之后，俄罗斯开始实行产品强制认证制度，不论是在俄罗斯生产的、还是进口的产品，都应依据现行的安全规定通过认证并领取俄罗斯国家标准合格证（GOST），没有 GOST 证书的产品不准上市销售。强制认证范围主要包括：食品、家用电器、电子产品、轻工业品、化妆品、家具、玩具和陶瓷等。为加强对进口商品的质量和安全监督，1997 年 5 月和 1998 年 7 月俄罗斯政府先后颁布法令，规定进口食品和非食品类商品必须附有俄文说明书，否则禁止进口。1998 年 12 月，俄罗斯颁布《关于对在俄联邦境内销售的商品和产品粘贴防伪标志和统计信息条以及对其流通情况进行统计的程序条例》，规定从 1999 年 7 月 1 日起，禁止在俄罗斯境内销售条例所附清单中列出的无防伪标志及统计信息条的商品。该条例所附第一批商品清单主要包括酒类制品、音像制品和电脑设备等。2003 年 7 月 1 日《技术调控法》实施以后，俄罗斯的技术标准及认证体系逐步改善，但当时实施的 22 000 项标准中仍有约 70% 的标准与国际标准不一致，且坚持对已通过国际通行标准认证的产品进行重复测试。俄罗斯在制定和修订标准的过程中仍然缺乏透明度，而且技术标准和认证管理复杂，许多部门都参与相关技术标准和认证的管理，使得某些产品必须进行重复认证，从而增加了国外企业对俄罗斯出口的成本。而且，俄罗斯当时的卫生和植物检疫措施程序繁琐，缺乏充分的科学依据，造成许多农产品和食品难以进入俄罗斯市场①。

　　由于加入关税同盟（后来升级为欧亚经济联盟）和 WTO 的客观要求，俄罗斯在关税同盟和欧亚经济联盟框架内，与各成员国共同制定和修订了一系列技术法规和标准，提高了透明度。2011 年 1 月 28 日，关税同盟委员会批准了《在关税同盟框架内建立强制性要求的统一产品清单》，对 66 类产品进行强制认证，其中包括的农产品主要有粮食、烟草制品和酒精产品等。2014 年 10 月 1 日，欧亚经济委员会批准了《制定欧亚经济联盟技术法规和修订关税同盟技术法规的计划》，之后又不断修订该计划，先后制定了 24 项欧亚经济联盟技术法规，修订了 35 项关税同盟技术法规。在现已生效的技术法规中，涉及农产品的技术法规主要有：《关于粮食安全》《关于食品安全》《水果和蔬菜汁产品的技术法规》《关于牛奶和乳制品的安全性》《油脂产品技术法规》《关于肉类和肉类产品的安全性》《烟草制品技术法规》《关于鱼和鱼产品的安全性》等。

（三）农业支持政策

　　俄罗斯政府对农业的扶持力度持续加大，这从某种程度上来说体现了政府力求弥补在国家政策中对这一经济领域未充分重视的失误。这主要是由于在苏联时期，受政府操控占优势地位的农业结构的瓦解，以及政府没有能力解决市场经济改革早期阶段的转型任务而造成的。苏联解体后的 1992—1994 年，由于俄罗斯开始实施以产权改革为中心的激进式农业体制改革，导致对农业的生产者支持（PSE）降为负值。此后，除 1999 年对农业生产者支持为负值以外，其余年份均为正值。俄罗斯不断通过调整农业支持政策，来实现对本国农业的有效扶持与保护，以应对农业改革和加入 WTO 对本国农业和农产品市场带来的竞争压力和考验。2000 年，俄罗斯的农业支持水平尚处于低谷，随后几年

---

①　段秀芳. 俄罗斯外贸政策和措施的分析与评价 [J]. 东北亚论坛，2010，19（2）：96 - 102.

的农业支持力度开始大幅提升，特别是 2007 年俄罗斯实施《联邦农业发展法》（也称新农业法）以后，2008 年的农业总支持（TSE）达到至今为止的最高值173.57 亿美元。

2000 年以来，在农业支持的结构上，俄罗斯倾向于对农业生产者的支持（PSE），大致占到总支持水平的 80% 以上，其余为一般服务支持（GSSE）和消费者支持（CSE）。主要的农业支持政策工具包括价格支持、信贷优惠、基于每吨牛奶的支付、基于作物生产的支付、农民教育（包括农业高等院校和农民再教育）等。在反映农民直接获得政策支持程度的"农业生产者支持政策"中，市场价格支持和投入支持是最主要的政策手段，其中农产品投入支持政策更倾向于利用信贷工具，对农业固定资本投入实施贷款支持。对于间接影响农民收入的"农业一般服务支持政策"，在俄罗斯农业总支持中所占的比重不大，但一直以来增长稳定，支持结构也不断发生变化，支持重心由对"基础设施的发展和维护"转向对"农业知识和创新体系"的支持，农业科技研发、农业技术推广、农业高等院校和农民再教育等项目成为政策支持的重点[1]。而"消费者支持政策"中，消费者对生产者的转移支付占了很大比重，俄罗斯是通过国内消费者以高于国际价格购买农产品而实现转移支付的，说明消费者没有得到相应的补贴，反而被隐形征税[2]。根据 OECD《2020 年农业政策监测和评估报告》对俄罗斯农业支持政策的分析，2017—2019 年俄罗斯农业总支持（TSE）的约 78% 属于生产者支持（PSE），20% 用于一般服务支持（GSSE），只有2% 为消费者支持（CSE）。其中生产者支持中的 73% 来自于造成农产品市场扭曲的支持形式，例如市场价格支持和基于产出和可变投入使用的补贴。

三、俄罗斯加入 WTO 的农业承诺

2000 年以来，俄罗斯不断加强对农业的扶持，并将农业与教育、住房和医疗列为今后四大重点发展领域。在俄罗斯加入 WTO 的进程中，农业问题是其谈判过程中最具争议的内容之一，因为俄罗斯农业的崛起和粮食出口的迅速增加，对其他粮食出口大国形成了竞争压力，这让 WTO 的相关成员都十分谨

① 孙玉竹，闫琰，杨念，王旋."一带一路"倡议下俄罗斯农业支持水平及政策分析——基于 OECD 农业政策框架 [J]. 世界农业，2017 (11)：104 - 111，264.
② 刘瑞涵. 俄罗斯农业支持及改革政策分析 [J]. 农业经济问题，2010，31 (12)：105 - 109.

慎地对待这个问题，致使俄罗斯入世的农业谈判变得更加艰难。为了加入WTO，俄罗斯在农业谈判方面做出了一定让步，经过18年的艰苦谈判，俄罗斯终于在2012年8月22日加入WTO。俄罗斯有关农业方面的入世承诺主要包括农产品市场准入（关税削减、改进配额管理）和规范农业国内支持政策等。

（一）农产品市场准入

1. 关税削减

俄罗斯承诺在加入WTO以后，农产品关税水平从13.2%降至10.8%，在2 438个HS编码10位税目中，有26个税目是零税率；受约束的有1 548个税目，占全部税目的63.49%。俄罗斯税制比较复杂，包括从价税和非从价税。在参与减税的税目中，除从价税以外还有595个税目采用了从量税或选择税等非从价税，因此无法在HS编码10位税目层次上实现从价税和非从价税的等值转换，不能对俄罗斯的关税水平进行整体分析和减税幅度的统一比较，只能针对从价税产品和非从价税产品的降税情况分别进行说明。

俄罗斯参与减税产品的平均降税幅度为37.6%左右，其中从价税产品和非从价税产品平均降税幅度分别为42.33%和29.23%。关税保护程度较高（关税水平在50%以上）的从价税产品主要是畜产品，不过其降税幅度也比较明显，降税幅度达到50%～63%；关税水平在20%～40%的主要农产品为乳及奶油、禽蛋和稻米产品，降税幅度为25%～70%。多数非从价税产品的关税集中在15%～35%，降税幅度超过70%的税目并不多，主要有啤酒、鲜苹果、其他无酒精饮料；降税幅度在50%～70%的农产品有鲜插花及花蕾、鲜植物枝叶、巧克力及含可可的食品、果汁、柑橘等（表4-7）。

表4-7 俄罗斯从价税和非从价税降税情况

关税水平（%）	从价税产品		非从价税产品	
	降税幅度（%）	税目数量（个）	降税幅度（%）	税目数量（个）
[50，70)	50～63	142	≥70	9
[20，50)	25～70	56	[50，70)	56
[5，20)	10～70	788	[30，50)	187

数据来源：http://www.wto.org/english/thewto_e/acc_e/completeacc_e.htm#rus.

俄罗斯耕地辽阔、土地肥沃，在粮、油、棉、糖等土地密集型农产品的生产和出口上具有优势，为了维持此类产品的竞争力，俄罗斯承诺的关税减让非常有限。而且这些产品受约束的比例较低，如粮食、棉花只有 1/3 左右。除了油料降税幅度为 70.8%、最终约束关税维持在 3.1%、关税削减幅度比较明显外，受约束的其他种植业产品平均降税幅度都不大，粮、棉、植物油的平均降税幅度分别为 35.0%、33.0%、30.1%，糖的降税幅度更低，仅为 7.4%，见表 4 - 8。

表 4 - 8 俄罗斯主要种植业产品关税削减情况

产品	HS10 位税目数（个）	非从价税目数（个）	受约束税目数（个）	初始约束平均税率（%）	最终约束平均税率（%）	平均降税幅度（%）
粮食	122	34	40	15.6	10.0	35.0
棉花	15	0	5	15.0	10.0	33.0
油料	29	0	12	9.2	3.1	70.8
植物油	60	16	43	12.1	10.2	30.1
糖	89	89	11	—	—	7.4

数据来源：http://www.wto.org/English/thewto_e/acc_e/completeacc_e.htm#rus.
注：因糖产品为非从价税产品，无法计算从价税等值，所以得不到算术平均税率。

2. 关税配额

俄罗斯的关税配额产品有 146 个税目，占全部农产品的 6%，共分为 4 类：牛肉（鲜冷藏牛肉和冻牛肉）、猪肉（鲜冷冻猪肉和碎猪肉）、禽肉和乳清，其中乳清的税目数量很少。在入世承诺履行期内，俄罗斯对这些产品配额内约束税率的削减幅度很小，大部分最终配额内税率与初始税率一致，配额量不变。主要的国别配额是针对牛肉和冻鸡块，分配给欧盟和美国，这类配额的比例不太大。猪肉、禽肉和牛肉［高质量牛肉产品不属于关税配额（TRQ）产品，只征收 15% 的关税，其他的牛肉产品都属于关税配额产品］配额外税率分别为 65%、80% 和 55%。不过，关税配额制将来会转化成为单一关税制，如猪肉配额在 2020 年 1 月 1 日前完成转换，根据已有资料未能查找到牛肉和禽肉配额的具体转换时间。

俄罗斯对禽肉、猪肉和牛肉同时使用高关税和配额两项保护措施。值得一提的是，俄罗斯对禽肉产品的保护程度较高，主要的禽肉产品（冻鸡块除外）配额内税率高达 75%，与配额外 80% 的税率基本持平，将来即使取消了关税配额，税率也高达 37.5%[1]（表 4 - 9）。

---

① 高道明，王桦，田志宏. 俄罗斯加入 WTO 的农业承诺及其影响［J］. 欧亚经济，2014（2）：71 - 80.

表 4 - 9 俄罗斯主要类别农产品关税配额情况

产品类别	配额内（%）	配额外（%）	单一关税（%）
牛肉	15.0	55.0	27.5
猪肉	0	65.0	25.0
禽肉	25.0/75.0	80.0	37.5
乳清产品	10.0	15.0	——

数据来源：http：//www.wto.org/English/thewto_e/acc_e/completeacc_e.htm#rus.

注：禽肉配额内税率按产品不同分为 25% 和 75% 两类。

（二）农业国内支持

国内支持是各国保护农业和农产品贸易常用的政策工具。随着俄罗斯对农业生产重视程度的提高，农业支持力度逐年增加，有力地保障了其农业发展和农产品国际竞争力的提升。由于 WTO《农业协议》要求成员必须削减对农业生产和贸易产生扭曲作用的黄箱政策，俄罗斯有义务在 WTO 框架内，对规范和约束其国内农业支持政策作出承诺。

关于农业国内支持措施，俄罗斯承诺的黄箱补贴，要用综合支持量〔综合支持量（AMS），是指给基本农产品生产者生产某项特定农产品提供的，或者给全体农产品生产者生产非特定农产品提供的年度支持的货币价值〕来衡量国内农业支持水平。对于俄罗斯来说，综合支持量以 2006—2008 年的平均水平为基础计算，承诺从 2012 年的 90 亿美元（相当于 1993—1995 年平均水平）削减至 2018 年的 44 亿美元，并享有 5% 的微量允许支持。2014 年之前，俄罗斯农业补贴每年保持 90 亿美元的高水平，即使到 2018 年承诺的支持水平仍相当于 2006—2008 年平均值（表 4 - 10）。俄罗斯为其农业支持争取到了较为充足的增长空间，也就是说在入世后的短期内，俄罗斯农业的保护程度不会出现显著减弱。

表 4 - 10 俄罗斯农业综合支持量约束表

单位：亿美元

年份	2012	2013	2014	2015	2016	2017	2018
综合支持量	90	90	81	72	63	54	44

数据来源：http：//www.wto.org/English/thewto_e/acc_e/completeacc_e.htm#rus.

第五章 CHAPTER 5
俄罗斯农地制度与农地经营 ▶▶▶

农地是重要的农业生产资料，其所有、使用、管理等问题直接关系到农业生产效率和农业竞争力的高低。农地制度是为有效使用农地、促进农业生产效率的提高而制定的一系列规范体系，是社会经济制度的重要组成部分，也是社会经济制度的基础。农地的权属、使用、流转和管理，不仅关系到农业经济的持续发展和农村稳定，也关系到整个国民经济的持续发展和国家总体稳定。本章主要介绍俄罗斯土地改革、土地所有制度和土地法律及管理制度等农地制度的基本情况，并对农地利用状况和农地经营状况进行阐述。

第一节　农地利用概况

一、农地利用基本情况

俄罗斯位于欧亚大陆的北部，国土面积为 1 709.8 万平方千米，位居世界第一。2001 年颁布的《俄罗斯土地法典》第 7 条规定，俄罗斯的土地分为农地、居民点土地、工业与专业用途用地、水资源用地、森林资源用地、特别保护区与特别保护客体的土地、储备土地七种类型。根据 2016 年俄罗斯联邦统计局统计，俄罗斯农地面积 222.1 万平方千米，占国土面积的 13.0%。如表 5-1 所示，2001 年俄罗斯农业用地面积为 221.1 万平方千米，之后农业用地面积减少到 220.2 万平方千米，2016 年农业用地面积增加到 222.1 万平方千米，与 2015 年相比增加了 9 000 平方千米，2017 年农业用地面积保持为 222.1 万平方千米，2018 年农业用地面积减少到 222 万平方千米，虽然在此期间，农业用地面积的绝对量有所变动，但其相对数量较为稳定。

表 5 - 1　2001—2016 年俄罗斯国土、农地面积及农地所占比例

单位：万平方千米

年份	2001	2006	2014	2015	2016	2017	2018
国土面积	1 709.8	1 709.8	1 709.8	1 712.5	1 712.5	1 712.5	1 712.5
农业用地	221.1	220.7	220.2	221.2	222.1	222.1	222.0
农地占比	12.9%	12.9%	12.9%	12.9%	13.0%	13.0%	13.0%

数据来源：俄罗斯国家统计局，俄罗斯统计年鉴（2019）。

农地分为农业用地与非农业用地。农业用地包括耕地、熟荒地、草场、牧场、多年生植物占用的土地；非农业用地则是指农业用地和暂时难以利用的土地（如戈壁、沙漠、高寒山地、裸岩、裸土等）以外的土地，例如沼泽、林地、被灌木植被覆盖的土地以及被道路、建筑物等占用的土地。根据俄罗斯不动产籍总局公布的数据，如表 5 - 2 所示，在俄罗斯农业用地中，耕地所占比例最大，其次是牧场。

表 5 - 2　2018 年俄罗斯农业用地结构

土地类型	耕地	熟荒地	刈草场	牧场	多年生植物占用的土地
面积（万平方千米）	121.611 6	5.134	13.9	43.2	1.8
占农业用地的比例（%）	65.0	1.9	7.8	24.3	1.0

数据来源：俄罗斯联邦统计局、俄罗斯统计年鉴（2019）、俄罗斯农业年鉴（2019）。

俄罗斯拥有世界上面积最大的黑土地带，俄罗斯欧洲部分的顿河、伏尔加河流域，远东地区黑龙江流域，是俄罗斯的黑土区，农业自然条件优越，有利于作物生长。

虽然丰富的耕地资源为俄罗斯农业发展提供了较好的基础，但随着俄罗斯工业化程度的日益提高，环境状况不断恶化，气候条件也日趋恶劣，导致农地质量的不断下降，严重影响了农业发展。俄罗斯农业用地，尤其是非黑土地带的最大问题是垦殖管理不善。由于农业粗放经营、土地改良投资不足等原因，目前俄罗斯的优质土地面积正在逐渐减少，如何解决土地硬化、土地荒漠化、土地沼泽化、土地石砾化、土壤侵蚀等一系列土地退化的问题已成为俄罗斯农地管理部门的当务之急。

二、主要作物种植情况

俄罗斯按照农地所种植的主要作物类型，将农地分为谷物和豆类、经济作

物、马铃薯、蔬菜及瓜类、饲料作物四类，其中以谷物和豆类、饲料作物为主。从表 5-3 可以看出，2000—2010 年俄罗斯的主要作物的种植面积在逐年下降，主要原因是饲料作物种植面积逐年减少；但从 2010 年开始主要作物的种植面积呈上升趋势，2016 年与 2010 年相比，主要作物的种植面积增加了4.8 万平方千米，主要原因是谷物和豆类、经济作物的种植面积增加且饲料作物种植面积减少速度放缓。2018 年主要作物的种植面积由 2017 年的 80.1 万平方千米减少到 79.6 万平方千米，而且经济作物不断增加。

表 5-3　2000—2018 年俄罗斯主要作物类别种植面积

单位：万平方千米

年 份	2000	2005	2010	2015	2016	2017	2018
谷物和豆类	45.6	43.6	43.2	46.6	47.1	47.7	46.3
经济作物（工业原料作物）	6.5	7.6	10.9	12.7	13.6	14.0	15.2
马铃薯、蔬菜、瓜类	3.7	3.0	3.0	3.0	2.9	2.0	2.0
饲料作物	28.9	21.6	18.1	17.0	16.4	16.3	16.1
总种植面积	84.7	75.8	75.2	79.3	80.0	80.0	79.6

数据来源：俄罗斯国家统计局。

从主要作物的种植面积占比来看变化较大：2018 年与 2000 年相比，经济作物、饲料作物的种植面积所占比例变化较大，经济作物的面积从 2000 年的8% 增长到 19%，饲料作物的种植面积从 2000 年的 34% 下降到 2018 年的20%，马铃薯、蔬菜、瓜类的种植面积占总面积的比例由 2000 年的 4% 减少到 2018 年的 3%，谷物和豆类的种植面积占比与 2000 年相比增加了 4%（图 5-1、图 5-2）。

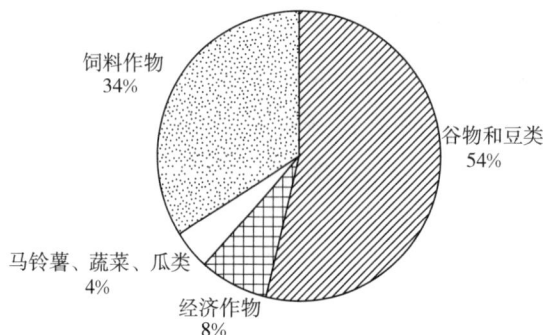

图 5-1　2000 年俄罗斯主要作物类别种植面积构成情况

数据来源：俄罗斯国家统计局。

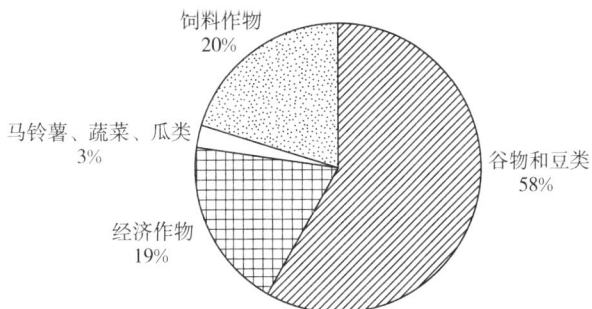

图 5-2 2018 年俄罗斯主要作物类别种植面积构成情况

数据来源：俄罗斯国家统计局。

三、农地权属状况

1991 年苏联解体，俄罗斯联邦成为苏维埃社会主义共和国联盟的继承国，变成了一个资本主义国家。在解体前的 1990 年俄罗斯就开始进行土地改革，由单一的国有制变成国有、市政体所有和私有等多种土地所有制。1993 年 10 月 27 日，俄罗斯政府颁布《关于调节土地关系和发展土地改革》的总统令。该总统令规定了土地、农用土地可以私有，可以买卖交易，规定了"土地份额"这种特殊的农用土地所有权的形式。2000 年后，在 2001 年 10 月和 2003 年 1 月分别出台了已经耗时 7 年久拖不决的《俄罗斯联邦土地法典》和《农用土地流转法》，基本确立了俄罗斯土地制度的新框架，确立了私有权制度和土地流通制度：包括农用土地在内的所有国家土地都实行私有化，只要经过国家地籍统计的土地就可以进行买卖、租赁、转让及抵押，并建立土地流转市场。

但是，目前从广义土地资源（包括农用土地、居民点、工业用地、特殊保护区土地、森林储备土地、土地储备等）的所有权情况来看，在俄罗斯全国范围内，非国有土地不到 8%。国家对整个土地的所有权在 92% 以上（表 5-4）。在各种类型的土地资源中，国家所有权的比重不断扩大，除了农用土地和居民点的土地之外，在很多领域甚至达到了 100%。

农用土地是整个土地资源中非常重要的部分，但却是一个比较小的部分。国家（含俄罗斯联邦和地方层面的政府部门）仍然是最大的农用土地所有者。根据 2013 年 1 月 1 日的数据，农用土地的 66.8% 为国家所有，公民所有权占整个农用土地的 29.6%，但是大部分是以土地份额的形式，未必是实际的土地所有权。而俄罗斯主要的农业生产者，即作为法人的农业企业和私人农场，它们虽然使用着俄罗斯绝大多数的农用土地，但是其对农用土地的所有权仅占 3.6%（表 5-5）。

表 5-4　各类型土地资源中国家所有土地所占的份额（2009 年）

土地的类型	国家所有土地占比（%）
农用土地	67.9
居民点	78.9
工业、能源等	99.3
特殊保护区	100.0
森林储备	100.0
水资源储备	100.0
土地储备	100.0
平均	92.2

表 5-5　俄罗斯农用土地所有权的结构（2013 年）

所有权的种类	面积（万公顷）	占比（%）
国家	25 780	66.8
公民	11 430（主要以土地份额形式）	29.6
法人（农业企业、私人农场）	1 400	3.6

在俄罗斯不同地区，由于地方政策差异，农用土地所有权的情况有很大不同。在农业发达、农业生产比较优势大的南部联邦区、伏尔加联邦区和土地价格较高的中央联邦区，农用土地私人所有权以及法人所有权的比例较高。而其他地区，国家对农用土地所有权的比重高[1][2]。

四、农业经营主体及利用效益

1991 年以来，俄罗斯通过大规模的农业改革催生出一大批新型农业生产

---

① Kunts Alina. 俄罗斯农业土地私有化问题研究 [D]. 哈尔滨：东北农业大学，2016.
② 贾雪池，吴次芳. 俄罗斯农地地籍管理的现状、特点及启示 [J]. 中国农村经济，2008（4）：73-80.

经营主体，包括农业企业、个体居民经济、农场经济。其中，农业企业是俄罗斯农业最主要的经营者，其经营规模占农地面积的 67%，农场经济的经营规模约占农地面积的 30%，个体居民经济的经营规模占农地面积的 3%。从农业产值的角度来看，农业企业在农业生产中占主导地位，虽然从 1992 年开始到 2013 年，农业企业的产值占比逐年下降，但近年来，农业企业产值占各经营主体总产值的比例逐步上升，2018 年农业企业的产值占总产值的 56.5%。个体居民经济虽然占有土地面积较少，但产值占比仅次于农业企业，其原因在于个体居民经济主体其种植作物多为蔬菜、水果等价值较高的经济作物。农户（农场）经济产值占比较小，但一直保持着逐年上升的态势，截至 2018 年农户（农场）经济产值占总产值的 12.5%（表 5 - 6）。这些新型农业经营主体的发展变迁呈现出以下几个特点，即：农业企业生产仍占主导地位；居民经济生产地位在整个农业中仅次于农业企业；农户（农场）经济产值所占比重较小，但处于上升态势。详见图 5 - 3、图 5 - 4。

表 5 - 6 俄罗斯各农业经营主体产值占比情况

单位：%

年 份	1992	2000	2005	2010	2012	2013	2014	2015	2016	2017	2018
农业企业	67.1	45.2	44.6	44.5	47.9	47.6	49.5	51.5	55.1	55.2	56.5
个体居民经济	31.8	51.6	49.3	48.3	43.2	42.6	40.5	37.4	32.5	32.4	31.0
农户（农场）经济	1.1	3.2	6.1	7.2	8.9	9.8	10	11.1	12.4	12.4	12.5

数据来源：俄罗斯国家统计局，俄罗斯统计年鉴（2019）。

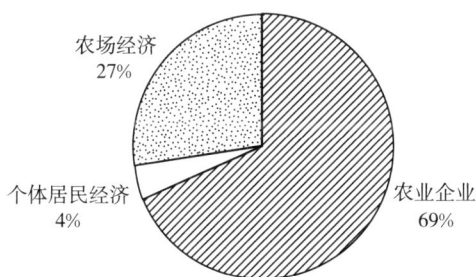

图 5 - 3 2016 年俄罗斯各农业经营主体占有农地面积情况

数据来源：俄罗斯国家统计局，俄罗斯统计年鉴（2017）。

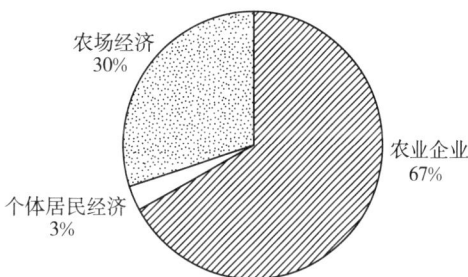

图 5 - 4 2018 年俄罗斯各农业经营主体占有农地面积情况

数据来源：俄罗斯国家统计局，俄罗斯统计年鉴（2019）。

一、土地改革

俄罗斯全国土地面积为 1 709.82 万平方千米，位居世界第一。总体上，俄罗斯地广人稀，但土地问题却是俄罗斯各发展阶段的主要难题。自 1990 年进行土地改革起，单一的土地国有制被打破，形成国有、市政体所有和私有等多种土地所有制并存的局面。其中，国有土地又分为联邦所有土地和市政体所有土地；市政体所有土地指城市和相当于市级的地区所有土地；私有土地又分为个人所有土地和法人所有土地。

（一）土地改革

1. 俄罗斯向市场经济过渡时期：土地私有制的建立

苏联解体后，随着"休克疗法"转型方案的全面实施，俄罗斯政府开始在农村推行土地私有化改革，认为这是提高农业生产率、促进农业发展的核心问题。

1991 年 12 月颁布的《关于俄联邦实现土地改革的紧急措施》的总统令，标志着俄罗斯土地私有化改革的全面推行，并规定了农村土地私有化的操作程序，改变单一的农村土地国有和集体所有制，首次提出农村土地可以在一定条件下转让。为了推动农村土地私有化改革，俄政府又紧急签发了《关于改组集体农庄和国营农场的办法》的总统令，规定在 1993 年 1 月 1 日之前，所有集体农庄和国营农场必须进行改组，允许农庄（场）成员持有土地份额离开农场和农庄。1993 年 10 月颁布《关于调节土地关系和发展土地改革》的总统令，规定俄罗斯的自然人和法人都可以成为农村土地的所有者，还规定土地所有者可以通过市场出卖私有土地。1996 年 3 月，颁布《关于实现宪法规定的公民土地权利》的总统令，其中规定农民获得的土地份额可以作为遗产转让、赠送、卖给其他农业企业，可以转让给政府，可以入股等。

在政府强制推行下，俄罗斯转型前十年的农村土地私有化改革取得了一定的进展，突出表现为打破了原来国有土地的单一属性，确立了国有制、私有制、股份制等多种农村土地制度，建立了一套关于农村土地私有产权的法律体系。并且，土地流转市场的建立取得初步进展，尽管在法律框架内仍没有得到具体确认，但这种改革已经进行了一定的尝试（表 5 - 7）。

表 5 - 7　20 世纪 90 年代俄罗斯推行的土地法律

通过时间	法律法规	主要目的和内容
1991 年 4 月 25 日	《俄罗斯联邦土地法规》	（1）取消单一的土地国有制，确立土地国家所有制、集体共同所有制、集体股份所有制、公民所有制并存的土地所有制结构； （2）严格禁止土地买卖
1993 年 12 月 12 日	《俄罗斯联邦宪法》	（1）私人土地所有权最终得到制度性确认； （2）土地和其他自然资源可以成为私人、国家、地方及其他所有制的主体财产

　　总体而言，虽然当时俄罗斯农业改革和土地私有化受到了很多负面的评价，但应当看到，土地制度改革仍然取得了较大的进展。

2. 2001 年至今：俄罗斯土地私有权制度最终确立

　　2000 年以后，在原有土地制度基础上启动了新一轮的改革，目的是为了解决尚未完成的农村土地改革问题。2001 年 10 月俄罗斯新版《土地法典》颁布，其中虽然没有涉及农村土地流转问题，但是明确规定包括农村土地在内的所有土地都可以实行私有化，但只有经过国家注册统计的土地才可以买卖，耕地以外的住房用地和建设用地率先进入土地流通市场。2002 年 6 月 26 日，俄罗斯国家杜马以 258 票对 149 票的优势通过了联邦政府提出的《农用土地流转法》草案，《农用土地流转法》公布后，于 2003 年 1 月 25 日正式生效，俄罗斯农村土地私有化改革进入了自由流转阶段，也标志着俄罗斯通过土地流转建立大规模农场的发展战略正式启动。

　　《俄罗斯联邦土地法典》和《俄罗斯联邦农用土地流转法》基本确立了俄罗斯土地制度的新框架，并最终确立了俄罗斯土地私有权制度（表 5 - 8）。

表 5 - 8　2000 年以后俄罗斯推行的土地法律

通过时间	法律法规	主要目的和内容
2001 年 10 月 25 日	《俄罗斯联邦土地法典》	（1）包括农用土地在内的所有土地都可以实行私有化，但只有经过国家地籍统计的土地才可以买卖； （2）首次允许耕地以外的城镇住房和工业用地进入流转市场； （3）没有对农业用地的自由买卖问题做出规定
2002 年 6 月 26 日	《俄罗斯联邦农用土地流转法》	（1）限制土地交易：租赁之前土地份额必须先转化为实际土地；允许买卖实际地块和土地份额，但国家具有优先购买权；

（续）

通过时间	法律法规	主要目的和内容
2002 年 6 月 26 日	《俄罗斯联邦农用土地流转法》	（2）防止土地被外国人所拥有：外国人以及外资占多数的公司只能租用土地，租期最长可达 49 年； （3）防止土地过分集中：地方政府可以规定每个土地所有者所拥有的实际地块规模； （4）防止土地过分细碎化：对于可以注册、登记的用于农业经营的实际地块的最小规模进行限制，但是农户地块例外

（二）土地流转

自苏联解体之后的 10 年中，俄罗斯土地流转依靠总统令和政府决定的形式进行。俄罗斯联邦《土地法典》和《农用土地流转法》明确了俄罗斯包括农用土地在内的土地私有化制度，并严格规定了土地买卖程序，确立了俄罗斯土地私有权制度和土地流通制度。在此期间，包括农用土地在内的所有国家土地都实行私有化，只要经过国家地籍统计的土地就可以进行买卖、租赁、转让、抵押，并建立土地流转市场。

21 世纪以来，俄罗斯相继通过了非常重要的《土地法典》（2001 年）和《农用土地流转法》（2002 年）。《土地法典》草案中曾规定了关于农用土地买卖与租赁问题，《农用土地流转法》把农用土地买卖和租赁的内容纳入进来。《土地法典》和《农用土地流转法》的核心内容都是关注土地/农用土地的买卖与租赁。

目前，俄罗斯形成了一个国有和私有混合型的土地流转市场，其中国家占主导。租赁和买卖是土地流转的两种主要形式，租赁占主导。以农地为例，在其流转中，不论是租赁还是买卖，国家所占份额都非常高。而在私人领域则不那么透明，主要是将公民的土地份额出租给农业企业（法人），且这种形式的租赁多为口头协议，没有合同，也没有备案。

总体来说，俄罗斯现在的土地流转中，形成了一定的市场规模，公民和法人可依法享有土地承包经营权、租赁权、地役权等使用权，同时可依法自由出租、转让、抵押及出售自己所拥有的土地。

二、土地制度

（一）土地所有制度

土地所有制是土地关系的核心。《土地法典》对土地所有制的形式做了明确的规定，形成了俄罗斯的土地所有制结构（图 5-5）。

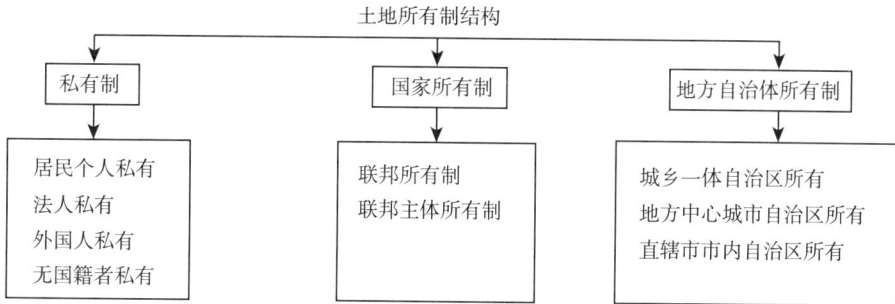

土地所有制结构

| 私有制 | 国家所有制 | 地方自治体所有制 |

居民个人私有
法人私有
外国人私有
无国籍者私有

联邦所有制
联邦主体所有制

城乡一体自治区所有
地方中心城市自治区所有
直辖市市内自治区所有

图 5-5　俄罗斯土地所有制结构示意图

1. 私有制

《土地法典》第 15 条规定，居民和法人依法获得所有权的土地属于私有土地，公民和法人有权平等获得土地为私有。除法律规定不得私有的土地外，国家所有制和地方自治体所有制土地可以由公民和法人获得为私有。外国公民、无国籍者和外国法人不得获得联邦总统依联邦《国家边界法》制定的限制性边境土地清单内及特别保护区内的土地为私有。

（1）关于私有制中的合有制。《民法典》第 16 章规定，财产为两个及以上个人所有时，所有者拥有合有制产权。合有制财产可按所有者人数等分份额，也可不划分份额。划分份额的可称为份额合有制，没划分份额的可称为份额共有制。除非法律对特定类财产规定只能有份额共有制形式，合有制就是份额合有制。份额合有制适用于当财产是两个及以上个人所有时，财产本身不可分割，或者按法律不得分割的情形。只有在法律规定的特殊条件下，对可分割财产可实行份额合有制。经份额共有制下全部所有者的同意，或者依司法裁定，可以变更为份额合有制。根据农用土地所有制形式的特点，《农用土地流转法》就合有制土地的份额交易做出了规定。

（2）关于共有制中的农场所有制。农场所有制是农业领域中份额共有制中的一种形式。单个农民（含外国公民和无国籍人士）或与农场成员有血缘关系的 16 岁以上的亲属可以组成此类农场，但家庭成员总数不得超过三个。也可以由与农场领导人没有亲属关系的农民组成，但此类人数不得超过五人。此类农场最早出现在苏联晚期。根据《民法典》第 23 条，此类农场须进行国家登记，但不具备法人地位。依前期法律已经注册为法人的，其法人地位可保留到 2010 年 1 月 1 日前。国家在农用土地私有化方面鼓励和帮助发展此类农场。

这一所有制形式下的财产除了农用土地外，还有经营设施、农机、运输设备、牲畜等。农场成员享有平等权利和共享经营成果。成员退出农场时可获得现金补偿，但不得分割土地。此类农场的土地只能用于农业生产、加工和运输以及农副业。在所属土地上建造设施也只能用于以上用途。共有制的农场可以是份额及其他财产组成共筹式经济体或合作体，后者具有法人地位。一经参与组成共筹式经济体或合作体，原农场地位不再存在。共筹式经济体或合作体数量不多，约占俄罗斯商业法人总数的 0.02%。

2. 国家所有制

《土地法典》第 16 条规定，所有不属于居民、法人或地方自治体所有的土地都为国家所有制土地。按照《土地法典》和其他联邦法律，国家所有制土地有联邦所有制和联邦主体所有制两种形式。关于土地所有制划分的规定还表明，地方自治体所有制土地源于国家所有制土地对其无偿划拨。值得强调的是，地方自治体所有制不属于国家所有制。这一界定的特殊意义是能降低土地所有制结构中的国家所有制比重，至少在法律意义上是这样。

（1）关于联邦所有制。《土地法典》第 17 条规定，联邦所有制土地是指联邦法律规定属于联邦所有的土地、国有土地划分为联邦所有制的土地以及联邦依民法获得所有权的土地。

（2）关于联邦主体所有制。《土地法典》第 18 条规定，联邦主体所有制土地是指联邦法律规定属于联邦主体所有的土地、国有土地划分为联邦主体所有的土地以及联邦主体依民法获得所有权的土地。需要注意的是，联邦法律而不是主体法律决定主体的土地所有制形式。

3. 地方自治体所有制

《土地法典》第 19 条规定，联邦法律及依联邦法律制定的联邦主体法律规定属于地方自治体的土地、国有土地中划分给地方自治体的土地以及地方自治体依民法获得所有权的土地属于地方自治体所有制土地。此外，为保障地方自治体发展需要，联邦和联邦主体再从国家所有制土地中无偿划拨给地方自治体的部分，也属于地方自治体所有制土地。

按照俄罗斯国家权力机构设置，地方自治体管理机构不属于国家权力机构。地方自治体有权制定法规，但须与联邦宪法、联邦法律和联邦主体法律保持完全一致，法规效力仅限于自治体范围内。俄罗斯地方自治体土地所有制是十分接近国有制的大公有制，在某种意义上相当于准国有制，原因如下：

（1）地方自治体所有制的土地源于国家所有制土地划分和无偿划拨。土地源于国家所有制土地，从本源上天然带有国家所有制土地的某些特征。这些特征表现在地方自治体代国家行使部分社会职能，如向符合联邦法律和主体法律规定的居民无偿划拨土地用于个人住宅建设等。

（2）地方自治体所有制土地管理的法规基础是联邦和联邦主体法律。从法的意义上讲，地方自治体没有完全的土地处置权。地方自治体拥有名义上的土地所有权，且拥有完全的土地收益权，即土地税、土地租赁费及土地私有化收入，但仍要完全按照联邦和联邦主体规定的用途使用土地。

（3）地方自治体所有制土地再转为国家所有制时是有偿的。联邦与联邦主体间的土地转让是无偿的。联邦和联邦主体可以向地方自治体无偿划拨土地，若有需要则有偿回购。这些规定反映了土地的地方自治体所有制与国家所有制的区别。哪怕是象征性地有偿回购，也表明地方自治体土地所有制的非国有性质。

（二）土地所有制结构现状及趋势

1. 土地所有制结构现状

2013 年全俄土地中 15.76 亿公顷（92.2%）为国家和地方自治体所有，1.18 亿公顷（6.9%）为居民个人所有，14 720 万公顷（0.9%）为法人所有（表 5-9）。据 2013 年的《关于俄罗斯土地利用的报告》，大部分的农业用地属于国家和市政所有，农用土地面积 2.578 亿公顷，占全部农业用地的 66.8%。居民占有 1.143 亿公顷的土地，占 29.6%；农业用地的 3.6% 属于法人所有（表 5-10、图 5-6）。

表 5-9 2013 年俄罗斯土地所有权结构

所有权的种类	面积（万公顷）	占比（%）
公民	118 281.9	6.9
法人	14 720.2	0.9
国家	1 576 822.5	92.2

表 5-10 2013 年俄罗斯农用土地所有权的结构

所有权的种类	面积（万公顷）	占比（%）
公民	11 430（主要以土地份额的形式）	29.6
法人	1 400	3.6
国家	25 780	66.8

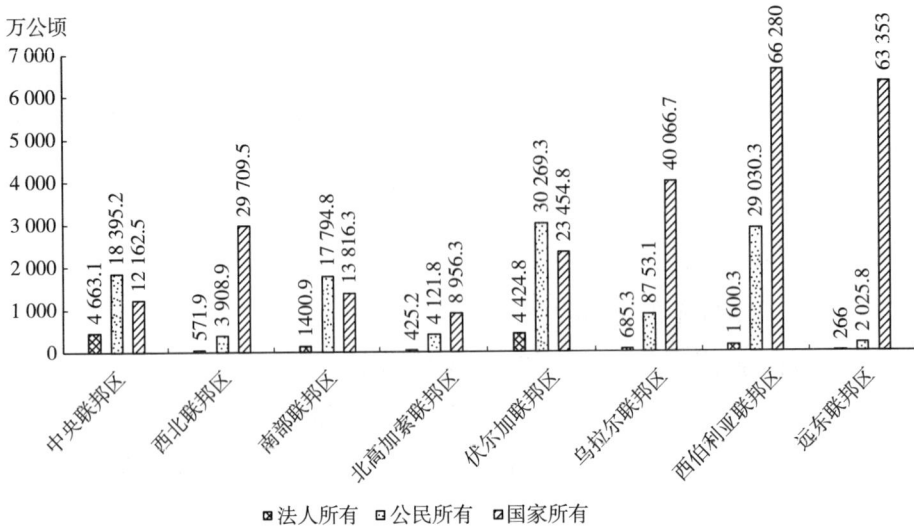

图 5-6 2013 年俄罗斯各联邦区农用土地所有权分配情况

2. 土地所有制趋势

总的来说，未来俄罗斯将保持多种所有制并存的所有制结构。

目前，俄罗斯已逐渐步入市场经济发展的成熟阶段，而市场经济明显的基本特征之一是多种土地所有制形式的存在。在一切所有制形式当中，国家所有和地方自治所有将继续占有较大的比例，以便保证国家利益和基本秩序。土地私有也会保持原来较小的比例，因为过多放宽私有制的限制会影响到土地有效利用，而俄罗斯一大批土地属于特殊类型土地。据统计，参加土地交易的地块总面积仅占全国土地总面积的 5%，绝大部分土地市场交易（90% 左右）是国家和地方自治所有土地地块的租赁，买卖交易只占交易总量的 5%，而且买卖只有在俄罗斯城市化地区比较普遍，在北高加索、西伯利亚以及远东等地区极为少见。因此，可以肯定地说，建立土地市场以使土地合理流转，无论从法律上还是实践上都已成为现实。不过，俄罗斯要真正形成大规模的土地流转市场尚需时日。

三、土地法律及管理制度

（一）土地法律

俄罗斯的土地关系改革始于土地立法。与苏联末期宪法和有关所有制及土地的法律变化方向相适应，俄罗斯于 1990 年就制定了土地改革法。这一法律突破了苏联宪法对土地所有制的限制，首次规定在俄罗斯境内取消对土地的国家所有制垄断，规定土地可以实行私有制，并在 1991 年 4 月制定了与该法律原则相适应的土地法典。苏联解体后，俄罗斯在 1993 年制定了宪法，2001 年制定了独立后的首部土地法典。宪法和土地法典是俄罗斯土地关系的法律基础，也是其他土地法规的法律渊源。目前，俄罗斯已经建成较完善的土地法律体系，基本构成如下：

1.《俄罗斯联邦宪法》

《俄罗斯联邦宪法》为土地关系确立了根本原则，奠定了土地关系的制度基础。

2.《俄罗斯联邦土地法典》

土地多种所有制更需要国家对土地关系的调节。俄罗斯调节土地关系的主要法律工具是《俄罗斯联邦土地法典》（简称《土地法典》）。调节的主要任务是通过国家监督合理使用并保护土地。《土地法典》的基础是《宪法》和《民法典》。《宪法》和《民法典》规定土地可以是物权关系的客体，从法效位阶来看，《土地法典》是《宪法》和《民法典》在土地关系中的"实施细则"。从法的效力范畴看，《土地法典》又是土地关系中的基本法。就土地关系制定法典，可见土地关系对俄罗斯的重要性。

3.《俄罗斯联邦农用土地流转法》

俄罗斯于 2002 年颁布《俄罗斯联邦农用土地流转法》，用以调节与农用土地流转的占有、使用和支配关系，对农用土地流转制定原则和限制性规定，规定国有制和地方自治体所有制土地出让条件。

4.《俄罗斯联邦民法典》

《民法典》是土地确权和土地权利转移的法律依据。这里的土地权利既包括所有权，也包括使用权、支配权、租赁权、抵押权、委托管理权、赠予权、继承权等。法典规定，所有土地只能按规定用途使用。《民法典》是俄罗斯公平保护包括私有制在内的多种所有制形式的十分重要的法律工具，也是在所有权关系上贯彻宪法原则的集中体现，以至有人将其称为市场经济的基本法。

5.《关于俄罗斯联邦土地法典生效的法律》

2001 年 11 月颁布的《关于俄罗斯联邦土地法典生效的法律》是针对实施《土地法典》制定的十分重要的配套性法律。该法的意义在于调节依《土地法典》进行的土地所有制变革中遇到的重大问题。这一法律是对土地关系变革所作的系统性司法准备，特别体现了对苏联时期公民既有权利的尊重，体现了国家对新的土地所有者的保护。这一法律对保障俄罗斯土地所有制变革发挥了重要的稳定作用。

6.《地籍法》

俄罗斯于 2007 年制定了《地籍法》，该法主要调节的是与土地直接相关的法律关系，登记的内容是土地所有者的合法地界和与地面上其他类不动产权利相对应的土地边界。

除上述法律外，俄罗斯制定的与调节土地关系相关的法律还有《住宅法典》《住宅建设促进法》《不动产抵押法》《价值评估法》《不动产登记和交易法》《国家农用土地肥力保障法》和《农场法》。

完整的土地关系法律体系体现了俄罗斯的立法特点，即对具有重要和普遍意义的问题由联邦法律调节，并以联邦法律规范联邦主体和地方自治体的立法行为。联邦法律调节要比政府文件调节更具权威性，可以最大限度地避免行政权力机构对市场的随意干预和干扰，保障经济和社会政策在精神和效果上符合宪法。

（二）管理制度

俄罗斯土地管理制度除了土地登记制度外，还包括非农用地管理制度、农用土地流转制度、土地税收制度和土地租赁制度。俄罗斯的土地管理已经制度化和法制化。

1. 非农用地管理制度

根据《土地法典》第 14 章的规定，非农用地主要指工业、能源、交通、通信、广播、电视、航天、国防和安全保障用地，也可简称工业及其专用土地，是七类土地中的大类之一。非农用地的使用，依相应土地的所有制关系分别由联邦政府、联邦主体政府和地方自治体管理机构作出决定。

工业用地规模由经过批准的用地规范或者项目设计文件决定，电力企业周边防护区用地由联邦政府批准，输电线路用地由联邦政府制定的相应规范决定，铁路防护带用地由联邦政府规定，但防护带中闲置地块可租赁给个人或组织用于农业种植、提供旅客服务、货场、仓储等。公路路基外保护带的地块也可以租赁给个人或组织用于建造沿途服务设施。

根据《土地法典》，非农用地绝大部分属于国家所有制土地。极小部分的工业项目用地如果属于私人所有，则按法律规定不得流转或被严格限制流转，这里的限制是指只允许转为国家所有。对非农用地的管理由用地单位所属行业的联邦机构管理，在必要情况下与联邦主体及自然资源部、工业和能源部及其他相关联邦部进行管理磋商。联邦部管理的主要内容为用地单位制定行业用地规则并保证土地用于规定用途。但同时还有一项规定，就是在不影响占地企业正常生产的前提下，可把部分土地无偿但有限期地用于农业生产。这样做有两个意义：一是法律规定此类用途的国有土地禁止流转，二是使土地得到合理利用，保证生产需要时土地可以及时收回。

俄罗斯以国家所有制土地充分保障了非农用地，也做到了此类用地制度透明、规范。在尊重和保障个人土地所有权及保障国家非农用地方面，俄罗斯对个人土地流转作出一系列限制性规定是必要的。

2. 农用土地流转制度

土地流转是指引起土地权利变化的交易。《农用土地流转法》规定了将国有和地方自治体所有制的农用土地提供给私人所有的条件，以及征收私有农用土地为国家或地方自治体所有的条件。《农用土地流转法》的调节对象不包括宅旁园地、郊区、别墅、个人副业及车库用地等，后者由《土地法典》调节。俄罗斯农用土地流转制度主要包括以下内容：

（1）农用土地流转原则。根据《农用土地流转法》，农用土地流转原则是：①保证按规定用途使用土地。对不按规定用途使用土地或者对土地的使用违反联邦法律以及关于土地权利获得的有关规定的，实行强制征收和取消土地所有者的所有权。②保证在一个地方自治体内单个公民和（或）单个法人私有农用土地面积不超过限制规模。限制规模由联邦主体法律作出规定，但不得超过地方自治体农用土地面积的10％。这一限制性规定是为了防止出现对农用土地的私人垄断。③保障联邦主体或地方自治体在农用土地出售时拥有优先购买权（公开拍卖的情形除外）。这一规定有利于防止农用土地在流转过程中出现混乱。④保障拥有农用土地所有权份额者或实际使用者以及个体农庄成员在其土地有偿转让（公开拍卖）时的优先购买权。这一规定有利于保障土地利用的延续性及其利用效益。⑤外国公民、外国法人和无国籍人士资本占注册资本金超过50％的法人只能获得农用土地租赁权。

（2）农用土地拍卖规则。《农用土地流转法》规定了以下拍卖规则：①如果农用土地首次公开拍卖流拍，应在此后两个月内举行第二次拍卖。第二次拍卖的起拍价需比第一次拍卖起拍价低 20%。②如果农用土地第二次拍卖流拍，则可以进行公开竞买，但公开竞买的最后成交价不得低于第二次拍卖起拍价的50%。③如果农用土地公开竞买仍然失败，则在此后一个月内地方自治体管理机构可以最低竞买价购入该土地。④如果在规定期限内地方自治体管理机构没有购入竞买失败的农用土地，则联邦主体要在规定期限结束后的一个月内购入该土地为国有，价格仍然为公开竞买时的最低价。⑤如果联邦主体和地方自治体放弃购买，则土地卖方可在一年内以不低于拍卖前向行政部门申报的最低价出售给其他任何第三方。⑥如果正在使用地方自治体所有制土地的农业组织或个人农场提出购买该土地的申请，可优先将土地所有权出售给该申请者。农用土地出售价格由联邦主体制定，但不得超过土地登记价格的 15%。

（3）关于农用土地租赁。《农用土地流转法》规定了以下租赁规则：①所有经国家土地登记的农用土地都可以用来租赁，其中包括属于个人所有制的份额土地。②国家或地方自治体所有制的农用土地用于租赁时，租赁合同期限为3～49年，但用于牧草种植或放牧时，租赁期限不超过 3 年。租赁国有或地方自治体所有制土地的居民或法人，若租赁期内没有出现违规，则有权优先购得该土地或签署新的续租合同。同一个租赁者的土地租赁规模不受限制。如果正在使用地方自治体所有制土地的农业组织或个人农场提出租赁申请，可将该土地租赁权转让给申请者，租赁费不超过土地登记价格的 0.3%。在农用土地私有化及流转的条件下，农业生产企业、个人农场和居民农副业成了农业生产的三种基本组织形式。这里的个人农场是指以家庭为单位的农业生产组织。这三种形式可以简单视为大、中、小农业生产组织形式。2015 年在全部农用土地中，农业生产企业用地为 4.16 亿公顷，占 79.9%，是农业生产的主体。个人农场共用土地 727.5 万公顷，每个农场平均用地 69 公顷，农场用地中的40.1% 为个人所有制土地，51.7% 为租赁。居民农副业用地 1.65 亿个地块，合计 797.7 万公顷，其中 75.8% 为个人所有制土地，11.4% 为租赁土地。

在俄罗斯的农用土地流转制度中，联邦主体政府对流转价格制定最高限价，且在特定情形下有回购的义务。这保障了农用土地流转的有序进行，保障了农用土地使用效益最大化。

3. 土地税收调节

与国家土地登记和土地使用监督这些国家管理制度一起，俄罗斯的土地税收调节对稳定土地价格和土地市场同样发挥着积极作用。

按照俄罗斯有关土地的法律原则，使用土地须缴纳土地税。有关土地税的一般原则由《税法典》第31章作出规定。根据规定，土地税进入地方自治体预算。每个地方自治体有权在法典规定范围内自主决定具体的土地税率、征缴方式及缴税时间。

土地税的纳税人指按规定须缴土地税的法人和自然人，即土地所有者、拥有终身土地继承权者或拥有土地无限期使用权者。只有土地无偿使用权或者只有租赁权的个人无须缴纳土地税。部分用途的土地不可作为纳税客体，包括被征收的土地、限制流通的土地（文化或历史遗址占地等）、国有水利设施占地、森林占地以及作为公有财产的公寓土地。

土地税的计税基础是相应计税年度1月1日的土地登记价格。对划分或变更后产生的新地块，则适用该地块在此前土地登记时的登记价格。土地税的计税期限为日历年度。以土地登记价格的百分比计算土地税额，即土地登记价格乘以土地税率。

以2015年的土地税率为例，每个地方自治体以法规制定本地土地税率，联邦直辖市则以法律制定土地税率，但均不得超过《税法典》规定的税率。《税法典》规定，农用土地，居民住宅用地，用于住宅建设的住宅公共设施用地，用于个人副业、宅旁园地种植、养殖和别墅周边副业的土地，用于国防、安全或者海关监管的土地，土地税率为0.3%。上述情形以外的其他用途土地的税率则为1.5%。对于上述不同用途的土地，可以根据地块位置由地方自治体在规定税率上限内制定差别土地税率。

法律规定，俄罗斯部分居民享有土地税扣减1万卢布的优惠。这部分居民是：俄罗斯和苏联英雄、荣誉勋章获得者、一等和二等残疾人、儿童时期患残疾的人、二战老兵和伤残者、切尔诺贝利核事故中遭受核辐射的人、作为应对特别风险的工作人员直接参加过热核武器试验者。

作为纳税人的法人单位须自己依税基（土地登记价格）计算和缴纳土地税。法人单位可从国家不动产登记机构网站获得自己拥有所有权或者无限期使用权地块的登记价格。

土地登记价格直接决定着土地应税人的税负。以2016年莫斯科州为例，依土地登记价格的0.3%计税后，1 000平方米土地（约1.5亩①）的土地税为

---

① 亩为非法定计量单位，1亩≈667平方米，下同。

5 000 卢布，约为 85 美元（合 570 元人民币）。当年莫斯科州年人均工资收入为 48.6 万卢布。也就是说，对于拥有 1 000 平方米土地的莫斯科州人，其应缴土地税相当于年工资收入的约 1%。依上述数据还可以推算出，该州每亩土地（666.7 平方米）的登记价格为 1.85 万美元（合 12.4 万元人民币），合每平方米 180 元人民币。在这里要指出的是，俄罗斯土地税按年缴纳，而不是多年一次性趸缴。

合理的土地登记价格、土地税率及缴税制度是俄罗斯从联邦中央到地方没有出现土地财政的重要原因。所谓土地财政是指政府依靠土地私有化、土地税和土地租赁（出让土地使用权）收入来维持地方财政支出，造成土地这一重要的生产要素价格扭曲。

（三）土地租赁费调节

土地租赁费即土地出让金或土地使用费。土地租赁者须缴纳租赁费。土地租赁费是俄罗斯调节土地价格和土地市场的重要手段之一。俄罗斯政府 2009 年 7 月为国家和地方自治体所有制土地租赁费确定原则。这些原则是：①经济合理原则，即租赁费要与土地收益率相适应；②租赁费率可预见原则，即由国家和地方自治体法规制定费率确定方法；③租赁费计算最简化原则，即以土地登记价格为租赁费计算基础；④不损害租赁双方经济状况的原则，即在土地转租时的租赁费不得超过该土地的土地税的一倍；⑤支持有重要社会意义的活动的原则，即对此类活动所需土地的租赁费不得超过土地税额。

根据联邦政府制定的规则，在确定联邦所有制土地租赁费时可选择以下任一种为计费基础，即土地登记价格、租赁权拍卖价格、联邦经济发展部制定的租赁费率或有关计算方法的命令以及符合联邦价格评估法律的土地市场价格。

俄罗斯根据不同用途规定了土地租赁期限，如农用土地租赁期为 3～49 年，个人住宅建设和宅旁园地为 20 年。俄罗斯的土地租赁政策表明，在推进土地私有化的过程中，俄罗斯没有放松对土地关系的国家调节，一直保持着对土地价格的调控，调控的目标是最大限度地有利于居民自建住房、有利于降低企业经营成本、有利于发展各种农业经营方式。

经过多年发展，俄罗斯形成了相对完善的土地管理和监督法律体系，分为三级：第一级是处于根本地位的《宪法》；第二级是《俄罗斯土地法》及其修正案（2006）；第三级是对土地权利行使行为进行具体调节的《农用土地流转法（修正案）》《土地整理法》《国家地籍法》等。这些法律法规对土地的使用、交易、流转、抵押、托管、登记、征用等各个环节作出了比较细致的规定，为俄罗斯土地管理的有序运转提供了制度保障。

第三节　农地利用与经营

一、农地利用方式

20 世纪 90 年代以前，俄罗斯农业体制主要有集体农庄和国营农场这两种公有制形式。国营农场和集体农庄平均规模分别为 6 000 公顷和 3 000 公顷，其耕地占全国农业用地面积的 98%，其余 2% 为居民个人副业经济（宅旁园地或自留地经济）。20 世纪 90 年代后，俄罗斯开始将土地及国营农场私有化。俄罗斯出现了三种农业生产主体：一是原有的国营农场和集体农庄经过重新登记、改组而成的农场企业，土地产权由国家转到企业；二是农民以私有土地组建的家庭农场和个人经营；三是居民在房前屋后的耕地中进行的居民经济。后两种形式的区别是居民经济自给自足，而家庭农场主要是在市场上售卖农产品。国营农场和集体农庄仍然保留原有的经营框架和经营模式，形成有限责任公司、开放式或封闭式的股份有限公司、农业生产合作社、合伙企业、国有与市政所有企业等。

从 2010 年俄罗斯不同农业主体对农业发展的贡献率看，居民经济贡献最大，农业企业其次，农户（农场）经济近年来增长速度较快，但总体生产比重最小。2018 年农业企业贡献最大（表 5 - 11），而且从 2010 年至 2018 年农业企业贡献率不断增长，个体居民经济地位不断削弱。由于俄罗斯政府很重视农户（农场）经济的发展，但目前这种农户（农场）经济与农业企业相比存在一定的劣势，仍未达到农业私有化的目标。2018 年播种的主要农作物中，65.5% 的谷物和豆类作物、63.8% 的向日葵、88.6% 的甜菜（工厂制糖原料）、74.3% 的亚麻和 77.2% 的饲料作物均由农业企业播种生产，而 76.9% 的马铃薯和 66.5% 的蔬菜则由居民企业生产。在所有播种的农作物中，种植面积占比最高的是谷物和豆类作物，主要以小麦种植为主，其次是大麦、燕麦、豆类作物、玉米、荞麦、黑麦等。2018 年俄罗斯播种的主要农作物中，大幅提高了油菜籽、豆类作物和大豆的种植面积，其增幅分别为 56.7%、24.0% 和

10.7％，大麦、葵花籽和浆果的种植面积小幅增加，增幅分别是 3.9％、2.1％和 0.3％。其余的农作物，播种面积都有不同幅度的减少，其中降幅最大的荞麦，同比上年的播种面积减少了 38.3％。

表 5 - 11 2018 年三种农业生产组织的耕地和产量

农业生产组织	耕地 （万公顷）	比重 （％）	产值 （10 亿卢布）	比重 （％）
农场企业	533 490	67.5	3 022.1	56.5
居民经济	234 210	29.6	1 656.7	31.0
农户（农场）经济	22 490	2.9	670.0	12.5
总计	790 190	100	5 348.8	100

数据来源：俄罗斯国家统计局，俄罗斯统计年鉴（2019）。

在俄罗斯，农场企业、居民经济和家庭农场所生产的主要农产品明显不同。在种植业方面，农场企业主要种植谷物、甜菜和向日葵等大田作物，但产出比重呈下降趋势；家庭农场生产的主要农产品同农场企业类似；而居民经济在马铃薯、蔬菜等经济作物方面具有较大的优势。在畜牧业方面，农地私有化改革后，农场企业的产出比重迅速下降，家庭农场的发展速度缓慢，居民经济在畜牧、家禽和牛奶方面逐渐占据了较大比重，但在鸡蛋生产方面农场企业仍然有较高的产量。

二、农地利用方式演变

（一）农业企业的生产地位大大下降

按可比价格进行计算（以 1990 年为 100％），俄罗斯农产品产值比例在 1998 年、2000 年、2005 年、2010 年及 2013 年分别为 55％、61％、68％、72％及 90％。俄罗斯畜产品产值比例在 1990 年、2000 年、2010 年及 2013 年分别为 63％、47％、54％及 47％。也就是说，直到 2010 年初，俄罗斯的农业生产水平仅为俄联邦政府 1980 年初的水平，农作物产量刚刚恢复到 1988 年改革前的生产水平，而畜牧业生产水平仅达到 1960 年水平（表 5 - 12）。

随着农业生产能力的下降，农业企业的生产地位也大大下降。改革前有四分之三的作物和畜产品是由农业企业生产的，而目前不到二分之一。按可比价格计算，1998 年农业企业生产的实物量为 1990 年水平的 35％，2005 年的

46%、2010 年的 53%，2012 年的 65%。以 2000 年农业生产重建的速度计算，俄罗斯需要到 2020—2030 年才能达到 1990 年的农业生产水平。

表 5-12　俄罗斯农业企业的主要指标

年份	1970	1980	1990	1995	2000	2005	2010	2012
企业数量（千个）	22.3	23.8	27.3	26.9	27.6	19	7.2	6.4
年平均雇员数（万人）	1 210	1 120	1 000	670	470	250	164	147
农田（万公顷）	20 540	21 020	20 240	17 120	15 760	13 090	12 210	11 980
播种面积（万公顷）	11 280	11 970	11 210	9 310	7 420	6 050	5 610	5 560
大牲畜（年终，万头）	3 800	4 630	4 530	2 770	1 650	1 110	930	910
谷物和豆类（万吨）	10 220	9 460	11 630	5 980	5 940	6 270	4 700	5 440
马铃薯（万吨）	1 750	1 210	1 050	370	220	240	220	390
大田蔬菜（万吨）	540	710	650	260	200	160	150	190
经营亏损比例（%）	13	71	3	34	50	42	28	27

（二）个体居民经济生产地位在整个农业中呈上升趋势

与农业生产企业相对的是居民经济（居民副业经济，即宅旁园地或自留地经济），居民经济是居民在房前屋后的耕地上进行耕种生产的。居民经济作为一种集约化的栽培形式，虽然在大田作物生产上没有优势，但是有助于居民更有效地利用资源，因此在俄罗斯整个农业生产中的地位呈上升趋势。在 1970—1985 年，俄罗斯公民个人占有农业用地（包括耕地、草场、牧场、多年生植物种植地、休耕地）为 350 万～360 万公顷，其中 290 万～330 万公顷为个体（宅旁）居民经济。1990 年俄罗斯公民个人占有农业用地为 390 万公顷，2012 年为 3 140 万公顷，比 1990 年增长了 7 倍。可见，居民经济的农业用地总规模呈大幅上升趋势（表 5-13）。

表 5-13　俄罗斯居民经济中农业用地面积

单位：万公顷

年份	1970	1975	1980	1985	1990	1995	2000	2005	2010	2012
总计	360	350	350	350	390	990	1 100	1 840	2 970	3 140
其中：个人副业	330	310	300	290	290	530	570	650	750	770
集体和个人的花园和菜园	30	40	50	60	90	190	160	140	170	175

与农业企业相比，居民经济（个人副业、宅旁农业）对于恢复俄罗斯蔬菜

的生产起到了很大的作用。从表5-14中多数指标变迁趋势可见，居民经济在整个俄罗斯农业中的地位呈上升趋势，主要农产品增产幅度较大，已成为主要的农产品生产者，而且是半数俄罗斯居民和绝大多数农村居民收入的主要来源，对保障居民的食品需求和消费需求起了很大作用。

表5-14　俄罗斯个体居民经济生产的主要产品

年份	1971—1975	1976—1980	1981—1985	1986—1990	1991—1995	1996—2000	2001—2005	2006—2010	2011—2012	2012年占总产量的份额
马铃薯（万吨）	2 960	2 530	2 280	2 140	3 030	2 890	2 560	2 300	2 470	82%
蔬菜（百万吨）	386	297	371	311	630	790	850	880	990	70%
水果和浆果（百万吨）	107	105	136	129	172	204	203	190	206	77%
牲畜和家禽（屠宰后重量，百万吨）	216	209	220	237	290	266	263	264	249	30%

（三）农户（农场）经济产值所占比重小，作用没有充分发挥

俄罗斯的农户（农场）经济是农民以私有土地组建的家庭农场，既包含家庭单独经营也包含多个家庭的联合经营。俄罗斯农户（农场）经济的数量以及农业用地规模均呈上升趋势。

1990年4 400家农场的土地总面积为18.1万公顷（平均面积为41公顷），1995年2.81万户农场的总土地面积为100万公顷（平均面积为35公顷），2000年26.17万户农场的总土地面积为1 530万公顷（平均面积为58公顷），2006年25.54万户农场的总耕地面积为2 160万公顷（平均面积为85公顷），2012年30.9万户农场的总耕地面积为2 480万公顷（平均每户80公顷）。2018年俄罗斯农户（农场）农业用地面积为23.6万公顷，比2017年增加2.2%，俄罗斯大型农场数量较少，但其土地面积所占比重较大。虽然与2012年相比俄罗斯农户（农场）经济的数量有所减少，但是农业用地规模均呈上升趋势（表5-15）。

表5-15　农户（农场）经济的农业用地面积

单位：万公顷

年份	1990	1995	2000	2005	2010	2012	2018
总计	100	1 030	1 450	1 930	2 360	2 460	2 360
其中：耕地	60	750	1 120	1 470	1 700	1 750	1 530
草场	4	280	320	460	660	710	830

三、农业经营方式现状

在农业经营组织方面，逐步形成了相互协调的有序分工，总体经营效益不断提升。目前，俄罗斯农业生产经营组织分为三类：一是农业企业，包括各种股份公司、农业生产合作社、国有农场等。二是居民经济，指公民个人的副业经济、个人菜园和集体果园等。三是农户（农场）经济，指农民在私有土地上组建的家庭农场。其中农业企业是俄罗斯农产品的主要生产者，产品以粮食、葵花籽、甜菜、肉禽产品、牛奶和鸡蛋为主，而居民经济则以生产马铃薯和蔬菜为主。2018年农业企业共生产了全俄70.2%的粮食（以加工后的重量计算）、66.4%的葵花籽、89.1%的甜菜、78.4%的大豆、80.6%的油菜籽、19.3%的马铃薯和26.2%的蔬菜以及79%的牲畜和家禽（按宰杀后的重量计算）、53.1%的牛奶和80.5%的鸡蛋。而居民经济生产了全俄68%的马铃薯和55.1%的蔬菜。2012年以来，随着国家加大对大型农工综合体和农户（农场）的支持，这三类农业经营组织所生产的农产品产值构成发生了一些变化，农业企业生产的农产品产值所占比重从2012年的47.9%增至2018年的56.5%，农户（农场）经济从2012年的8.9%增至2018年的12.5%，而居民经济则从2012年的43.2%降至2018年的31%（表5-16）。根据图5-7可知，农业企业农作物播种面积呈下降趋势，农民（农场）经济一直呈现上升趋势，个体居民经济呈现先上升后下降趋势。

表5-16　俄罗斯农产品产值构成

单位：%

年份	2012	2013	2014	2015	2016	2017	2018
所有农业经营组织	100.0	100.0	100.0	100.0	100.0	100.0	100.0
农业企业	47.9	47.6	51.7	54.0	55.1	55.2	56.5
居民经济	43.2	42.6	38.1	34.5	32.5	32.4	31.0
农户（农场）经济	8.9	9.8	10.2	11.5	12.4	12.4	12.5

（一）农业企业

农业企业包括各种股份公司、农业生产合作社、国有农场等。截至2019年1月1日，农业企业中不同类型企业的构成为：开放式股份公司占2.1%，

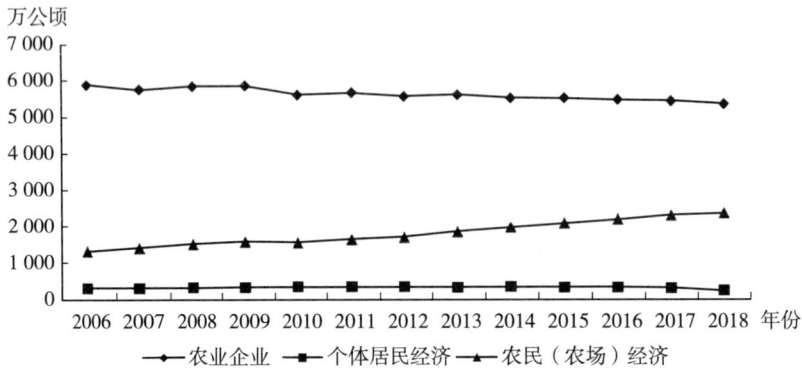

图 5-7 2006—2018 年俄罗斯按农业类型农作物播种面积

封闭式股份公司占 7.6%，有限责任公司占 60.1%，农业生产合作社占 21.5%，国有企业仅占 2.1%，此外还有 6.6% 的其他类型企业。农业企业产值情况见表 5-17。

表 5-17 农业企业产值

单位：亿卢布

年份	2000	2010	2016	2017	2018
农业生产	335.6	1 102.9	2 818.4	2 818.5	3 022.1
其中：种植业	189.0	458.3	1 428.4	1 336.3	1 438.8
畜牧业	146.6	644.6	1 390.0	1 482.2	1 583.3

（二）农户（农场）经济

农场经济指农民在私有土地上组建的家庭农场。在农业生产过程中，不同类型的农业生产经营组织相互协调发展，逐步形成了自然的劳动分工。1990—1995 年家庭农场迅速发展起来，但这种速度和改革的设想并不相符。到 2000 年家庭农场数量减少，同时家庭农场使用土地面积为 3 000 万公顷，近十年增加了 1 倍，土地平均规模也增加了 1 倍，达到了 108 公顷。这说明生存下来的家庭农场从土地自由流通体制中获得了扩大生产的机会。近十年，向日葵产量增加了 3.3 倍，甜菜产量增加了 3.6 倍，马铃薯和蔬菜增加了 4.5 倍和 5 倍。而且从 2000 年到 2009 年，牲畜头数增加 2.5 倍。在年产值方面，2000 年农场经济产值为 23.6 亿卢布，到 2018 年农场经济年产值上升至 670 亿卢布，约为

2000 年农场经济产值的 28 倍（表 5-18）。

表 5-18　农场经济产值

单位：亿卢布

年份	2000	2010	2016	2017	2018
农业生产	23.6	176.8	634.7	635.6	670
其中：种植业	17.2	125.1	513	499.2	530.2
畜牧业	6.4	51.7	121.7	136.4	139.8

（三）居民经济

居民经济是俄罗斯传统农业生产组织，早在苏联时期，农民就开始在自己房屋周围耕作，实现马铃薯、蔬菜和水果的自给自足。2000—2018 年，居民经济的年产值逐年上升，从 2000 年的 383.2 亿卢布上升至 2018 年的 1 656.7 亿卢布，并且在三种农业经营组织形式中一直占据较大比重（表 5-19）。但 2012 年以来，俄罗斯加大对大型农工综合体和农户（农场）的支持，使得居民经济占比发生了显著变化，从 2012 年的 43.2% 降至 2018 年的 31%，这也从一个侧面反映了俄罗斯农业改革和结构调整的重点和成效。

表 5-19　居民经济产值

单位：亿卢布

年份	2000	2010	2016	2017	2018
农业生产	383.2	1 182.5	1 659.2	1 655.4	1 656.7
其中：种植业	188.5	506.8	768.9	764.2	787.1
畜牧业	194.7	675.7	890.3	891.2	869.6

第六章 CHAPTER 6
俄罗斯农村财政与金融 ▶▶▶

世界各国农业的发展都离不开财政与金融的支持。各国政府利用税收、财政补贴、财政支出等经济手段对农业经济发展进行宏观调控，以促进农业的快速发展。同时，农业的特点决定了单靠财政的扶持及农业的自我积累满足不了农业发展对资金的需求，各国都以发展政策性金融、商业性金融、合作性金融等形式来加大金融对农业的支持。另外，农业的风险性较大，更需要农业保险为其保驾护航。本章主要介绍 20 世纪 90 年代和 21 世纪以来俄罗斯农业财税和农业信贷的发展变化，以及俄罗斯农业保险的改革历程和发展概况。

第一节　农业财税

俄罗斯农业发展整体呈现出大起大落的态势。苏联时期，农业一直是一个薄弱环节，苏联解体后，农业仍是困扰俄罗斯经济发展和社会稳定的一个重要问题。20 世纪 90 年代，俄罗斯进行农业产权改革，但未能迅速解决农业效率低下的问题，反而导致了农业危机，农业一直处于衰退状态，农业总产值几乎年年下滑。1998 年，俄罗斯农业触底反弹，进入 21 世纪以来，俄罗斯农业维持稳步增长。从宏观政策的视角看，俄罗斯农业经济的波动与国家农业财税政策的变化有着密不可分的联系。

一、20 世纪 90 年代俄罗斯的农业财税

（一）农业投入大幅缩减

苏联农业曾一直享受国家的巨额补贴，但效率低下。20 世纪 90 年代中

期，苏联每年的农产品价格补贴为 600 亿美元，大致相当于当今欧盟的补贴水平[①]。然而，俄罗斯开始激进的产权改革后，一方面出于对苏联时期农业投入与产出不成正相关的粗放式经营不满，另一方面出于实行"休克疗法"、紧缩银根、减少财政支出的需要，国家实行紧缩财政政策，大幅度压缩各项投资，对农业的投入也逐年减少。

1. 预算投入方面

1991 年俄罗斯对传统的集体农庄和国营农场进行私有化后，国家预算用于农业和农村发展支出的比重不断降低（图 6 - 1），1991 年用于农业综合体的预算支出占联邦预算总支出的 19.8％，1993 年降为 7.6％，1995 年降为 3.77％，1996 年所占的份额继续下降，仅为 3.3％，1998 年更少，只有 1％。

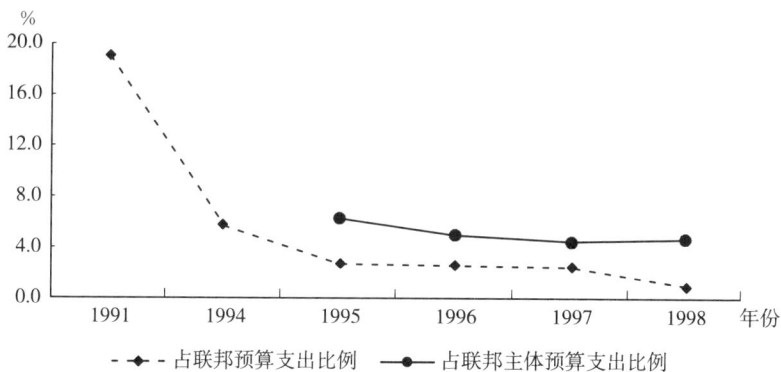

图 6 - 1　俄罗斯农业支出占政府预算支出的比例

资料来源：1991 年数据来自海运、李静杰：《叶利钦时代的俄罗斯·经济卷》，北京：人民出版社，2001 年，第 175 页；1994—1998 年数据来自俄罗斯联邦统计局网站，http://www.gks.ru/wps/portal.

注：俄罗斯统计数据包括农业和渔业支出，没有单独的农业支出。

2. 农业投资方面

随着农业支出占联邦和联邦主体预算支出比例的不断下降，农业投资也相应地大幅削减（图 6 - 2）。1990—1998 年，俄罗斯农业总投资绝对值及其占国民经济总投资的相对值大大减少，国家农业投资绝对值及其占农业总投资的相对值也大幅度缩水。1992—1997 年，农业投资总额为 38.2 万亿卢布（改制前卢布），按可比价格计算仅为 1991 年农业投资额的 3.6％。1992—1997 年，农

[①]　江宏伟. 俄罗斯农业改革绩效的宏观分析 [J]. 俄罗斯研究，2010 (2)：88 - 106.

业投入年年减少,其在国民经济投资总额中的比重由 10.8% 下降为 2.5%。1995 年,国家对农业的投资已下降到 1990 年水平的 1.5%,国家对农业的支持率已减少 90% 以上。

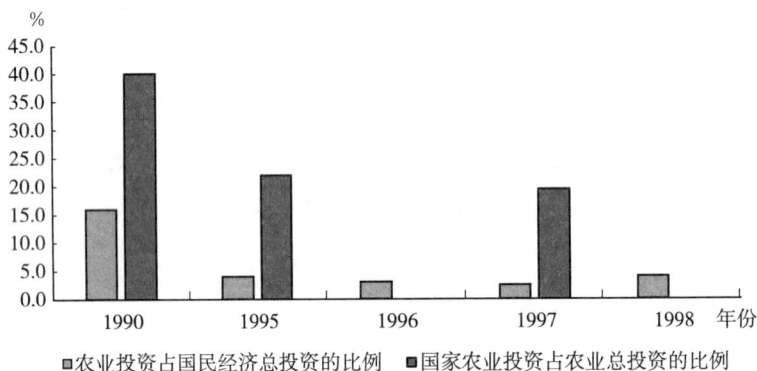

图 6 - 2　1990—1998 年农业投资动态

资料来源:农业投资占国民经济总投资的百分比数据取自俄罗斯国家统计委员会《俄罗斯农业》文集第 21 页;国民经济总投资指数 1996—1999 年数据系笔者根据《俄罗斯农业》文集第 22 页计算得出;国家农业投资占农业总投资的百分比 1990 年和 1997 年数据取自农工综合体《经济,管理》1998 年第 11 期第 13 页,转引自海运、李静杰:《叶利钦时代的俄罗斯·经济卷》,北京:人民出版社,2001 年,第 175 页;1995 年数据取自俄罗斯联邦统计局网站,http://www.gks.ru/wps/portal.

3. 价格补贴方面

国家预算对农业商品生产者的价格补贴因其增长速度落后于通货膨胀增长速度而不断减少。据《1991—2000 年俄罗斯农业集体企业财务状况报告》显示,自 1992 年 1 月开始的价格自由化不仅导致食品价格上涨、居民食品需求缩减,而且工业品尤其是农用机器和材料的价格上涨快于农产品价格,因而造成农业企业、农场和农户亏损,俄罗斯政府不得不实行价格补贴和价格调节政策来扶持农业发展。价格补贴政策主要面向农业企业和小型农场,包括购买化肥补贴、良种补贴以及用于农业播种的燃料补贴等。此外,俄罗斯政府还提供用于农场建筑和改善土地灌溉的补助金[①]。1992 年国家对农村的价格补贴总额为 2 331 亿卢布,1995 年为 4.12 万亿卢布,增加了约 17 倍。然而,同期俄罗斯的通货膨胀率却增长了 1 787 倍,且规定的价格补贴还不能全部到位,导致了农业投入资金的大量减少,绝大部分农业企业因此停止了投资活动,它们不

---

① 孙化钢,郭连成. 俄罗斯农业政策评析 [J]. 国外社会科学,2016 (6):84 - 91.

仅丧失了扩大再生产能力，甚至有的连简单再生产都难以维持。

4. 对农业企业的财政补助

据俄罗斯政府经济行情中心发布的《1991—2000 年俄罗斯联邦农业集体企业财务状况》报告可知，财政补助构成了俄罗斯农业企业账面利润相当大的一部分，而且财政补助的比重从 1992 年的 43％增加到 2000 年的 72％。尽管如此，财政补助仍不能抵补农业企业的亏损。从绝对额看，1994 年俄罗斯农业企业亏损超过了财政补贴和补偿近 10％，而 1996—1998 年农业企业亏损更是大大超过财政补贴和补偿，其中，1996 年超过 1.7 倍，1997 年超过 2.4 倍，1998 年甚至达到了 3.1 倍。有资料显示，1998 年以前，俄罗斯对农业的财政补贴在减少，1997 年与 1990 年相比，对农业生产的财政专项补贴和资助减少到原来的 33％[①]。政府对农业的财政补贴减少加剧了农业企业的亏损。

（二）税制复杂，税种繁多

1992 年 1 月 1 日起施行的《俄罗斯联邦基本税收体系法》没有规定专门的农业税费，所有税费种类都按照统一规定执行。该法规定的联邦税费有 24 种，联邦主体税费 7 种，地方税费 24 种。联邦税种除了增值税、消费税、关税等主要税种外，还有诸如"俄罗斯（联邦）"冠名费等，联邦主体税种包括法人教育需求附加费等，地方税种诸如贸易权利费、警察维持费、公共设施维护费、教育需求附加费、个人电脑转让费、地方标志使用费、住房证发放费、居民区清洁费等。1990—1994 年，每年都增加新的税种，如 1994 年虽取消了农产品加工利润税，但新增加了交通运输税等。此外，主要税种的税率也不符合农业生产部门的经营水平，如占纳税总额 40％～50％的增值税，在 1992 年起实施的《增值税法》中规定了大部分农产品的税率为 13％，1995 年修订为 10％。与之前相比，税率虽下降了 3％，但由于增值税是间接税，对于农产品盈利率大幅下降、债务负担本来就很沉重的农业生产企业来说，在微薄的毛利润上再扣减 10％的增值税无疑是雪上加霜。1999 年 1 月 1 日起生效的《联邦税法典》第一部分也没有区分专门的农业税费，其中规定的联邦税费共有 16 种，联邦主体税费 7 种，地方税费 5 种。这些复杂繁琐的税种不仅给农业商品生产者造成沉重的负担，而且给其进行生产成本核算带来极大的不确定性，

① 孙化钢，郭连成. 俄罗斯农业政策评析［J］. 国外社会科学，2016（6）：84-91.

1992 年，各种税费占农业企业账面利润的 47.5％，1993 年时占比为 48.5％，较大比例的税费已严重妨碍了企业合理的生产经营决策。

从上述可见，基于国家对农业投入的大幅缩减，1998 年以前，俄罗斯的农业总产值整体呈现不断下滑的态势（只有 1997 年有过短暂的回升）。1998 年的危机成为俄罗斯农业发展的一个转折点，俄罗斯的农业生产在 1998 年降至谷底，面对农业部门的长期深刻危机和农业中存在的诸多问题，政府采取了一系列摆脱危机的应急措施。主要包括：①拨付救灾款。政府从联邦预算中拨出 48 亿卢布帮助 1998 年遭受旱灾的农民救灾。②实行农业机械租赁制。鉴于绝大多数农业企业亏本经营，存在日益严重的资金困难，无力购买昂贵的农机设备，政府使用联邦预算基金在农业领域实行和发展机械产品租赁制度，并且主要利用国产农机设备。为此，建立了租赁基金，1999 年租赁基金总额为 23 亿卢布。③保证化肥和农药供应，以增加粮食生产。1999 年，政府把依靠使用化肥和农药提高土壤肥力、增加粮食生产作为最重要的任务，并采纳了农业和食品部的建议，规定在 1999 年上半年，在依靠预算资金补偿部分费用的情况下向农业生产者提供 400 万吨化肥和 4 万吨农药。由此，1999 年，俄罗斯的农业开始复苏。

虽然这一时期俄罗斯农业政策的实施及其不断调整是与经济转轨进程和本国国情密切相关的，但在实现其所确定的农业政策目标过程中，存在的问题依然很多。例如，俄罗斯曾对农场主做过问卷调查，80％以上的受访者认为，国家并没有兑现改革当初对农户和农场加以扶持的承诺，表 6-1 反映了问卷调查的结果①。

表 6-1 受访者对 1999 年国家扶持措施的认知与态度

单位：％

扶持类型	实行扶持措施的程度（占全部受访者的比重）			
	基本实现	未实现	数额不足	难以回答
获得农作物生产的补贴和补偿	0.9	86.5	5.7	6.9
获得畜产品生产的补贴和补偿	0.6	83.5	5.3	10.6
控制能源价格	0.7	79.8	3.6	15.9
以农产品作抵押担保的贷款	1.5	81.8	5.7	11.0
从"农工综合体优惠贷款专项基金"中获得的贷款	1.2	85.1	3.3	10.4

---

① 孙化钢，郭连成. 俄罗斯农业政策评析 [J]. 国外社会科学，2016（6）：84-91.

（续）

扶持类型	实行扶持措施的程度（占全部受访者的比重）			
	基本实现	未实现	数额不足	难以回答
保障最低采购价格水平	0.7	80.9	2.5	15.9
长期租赁条件下提供物质技术资源	0.9	82.9	3.4	12.8
对供货人的债务重组	0.4	79.9	1.0	18.7

资料来源：卡拉一穆尔扎，巴特契阔夫，戈拉耶夫：《俄罗斯经济改革》（白皮书）．http：//www．re-dov．ru/politika/belaja＿kniga＿yekonomicheskie＿reformy＿v＿rossii＿1991＿2001/index．php．

二、21 世纪以来俄罗斯的农业财税

21 世纪以来，随着国家宏观经济环境的改善，俄罗斯政府开始重视农业和农村的发展，强调指出："没有俄罗斯农业的复兴，没有农业的发展，就不可能有俄罗斯的复兴。"俄罗斯政府不断加大支持农业和农村发展的力度，增加国家预算投入，以促使农业和农村尽快恢复和发展，俄罗斯农业也因此出现了转机，农业（包括狩猎、林业和渔业）GDP 总量在 2002—2009 年呈稳定增长态势，这充分体现了俄罗斯农业支持政策的显著成效。

（一）农业发展的进步

为解决 20 世纪 90 年代出现的农业发展衰退等问题，俄罗斯开始逐步调整农业政策，农业渐入稳定发展期。2002—2007 年制定了《俄罗斯政府农业食品政策基本方针》《农村社会发展纲要》《俄罗斯农业发展法》等法律法规，进一步明确农业发展的方向及目标、农业政策制定原则和农产品市场调整规划。这一时期的主要改革方向包括：①深化土地私有化改革，强化市场对土地流通、使用环节的调节导向作用。②整合私人农场，推动农业规模化经营，促进不同组织形式之间的协作与联系[①]。俄罗斯政府对农业发展问题的重视和持续化的改革，使农业获得较为稳定的发展，除 2003 年出现小幅下滑外，均呈现正向增长，2008 年农业总产值实现 10.8％的较高增长[②]。

2017 年俄罗斯国家方案执行结果的报告显示非常乐观，国家计划提出的

---

① 刘月坤．俄罗斯农业改革研究 ［D］．哈尔滨：黑龙江大学，2013．
② 吴迪．俄罗斯农业的发展现状、困境与改革方向 ［J］．世界农业，2015（11）：195－200．

主要指标已经实现。与 2016 年相比，所有类别农场的农产品产量增长了 2.4%，种植业和畜牧业的产量都有所增长。固定资产投资增长了 3.1%，考虑到存在补贴，所以农业组织的盈利率为 14.3%，劳动生产率提高 4.4%。除牛奶和盐外，所有主要产品的指标阈值均超过食品安全原则。对于牛奶和乳制品，国内产品的比例为 82.4%，高于 2016 年的水平，但低于门槛值（90%）[①]。

增长的主要动力来自谷物、油籽、糖、禽肉和猪肉的生产。2017 年粮食产量达到 1.355 亿吨的创纪录收成，比 2016 年的 1.207 亿吨高出 12.3%，2018 年为 1.133 亿吨，2019 年为 1.212 亿吨，比 2018 年高出近 7%。此外，俄罗斯每年粮食出口量增加到 4 300 万吨，巩固了其在世界粮食市场的地位。甜菜总产量增加到 5 190 万吨，超过国家计划目标 1 340 万吨，不仅可以满足国内需求，还可以出口 50 多万吨糖和 180 万吨副产品（纸浆和糖蜜）。油籽产量的增长使植物油的出口量增加了 25.9%，达到 320 万吨。2018 年，俄罗斯农业出口额超过 250 亿美元，增长了 20%。

国家肉类生产计划的指标已经达成，主要原因是全年生猪生产和家禽养殖分别以 5% 和 6% 的增速快速增长。近年来，这些行业保持了较高的增长率，这样就可以取代大部分进口产品，增加人均消费量，迈出与世界市场接轨的第一步[②]。

（二）制定振兴农业长远发展的战略方针

随着俄罗斯国内经济逐步好转，为了全面复兴国家和提高人民的生活水平，针对农业的特点和问题，2005 年 4 月，俄罗斯政府制定了《2001—2010 年俄罗斯农业食品政策基本方针》。其指导思想是：把有限的财力用在关键领域，最大限度地调动农业内部潜力，完善农业内部的经济关系，建立横向和纵向联合的大农业组织；国家加强对农业的投入和对粮食市场的调控；发挥行业协会和联盟的作用，使这些非政府的非商业性组织成为农民利益的主要保护者。政府采取的一些措施对其农业稳定发展也起到了积极作用，如国家以利息补贴方式鼓励商业银行向农业贷款；成立国家农机租赁公司，以解决农机匮乏问题；干预粮食市场，以保护粮价。此外，政府积极推进农业企业的债务重

---

①② 瓦西里·乌尊.2017 年国家农业发展计划执行情况分析［J］.俄罗斯经济发展，2018，25（6）：32-35.

组，实行减、免、缓等举措以改善农业企业财政状况；实行农作物收获量保险机制；鼓励信贷合作社的发展；改善农业的技术装备；建设和改造农田灌排系统；建立联邦一级的粮食储备，实现国家调节粮食市场的成套措施；消除对农产品和食品流通的行政限制等。

2005 年 9 月，俄罗斯政府宣布将农业、教育、住房和医疗列为国家今后数年中四大重点发展领域。2005 年 10 月 21 日，成立由俄联邦总统直接领导的实现国家计划的委员会，加快《农工业综合体的发展》是其中计划之一，农业部对这个计划在委员扩大会议上进行研究并通过。为实现这一计划，国家计划将 1 345 亿卢布列入国家预算，其中的 142 亿卢布用于《农工业综合体的发展》。《农工业综合体的发展》具体包括三个方面："加快畜牧业发展"、"促进小规模农业经济发展"及"保障在村镇的年轻专家（或他们的家庭）的住房"。其中，"加快畜牧业发展"的基本目标是：到 2008 年在稳定牛数量（包括奶牛）不低于 2005 年水平的情况下，肉类生产增长 7.0%，牛奶生产提高 4.5%，肉及肉产品的进口份额由 32.5% 降至 0.5%，牛奶及奶制品的进口份额由 15.8% 降至 12.5%。为了给畜牧业创建良好的投资环境，在 2006—2007 年从预算中拨出 66 亿卢布用于贷款期为 8 年的利息补贴。"促进小规模农业经济发展"的基本目标是：到 2008 年，私营副业、农民（农场）的产品销售率提高 6.0%。他们每年能得到商业银行提供的 200 亿卢布的优惠贷款，2006 年拨出 29 亿卢布的联邦预算用于贷款补贴，2007 年拨出 36 亿卢布，以补贴 95.0% 的俄罗斯中央银行利息，其余的由地方预算承担。计划建立 1 000 个采购供应销售合作社和 550 个畜产品加工合作社。现有的 550 个农业贷款的合作社基础薄弱并有很大的赤字，农业银行 2006 年拨出 37 亿卢布，2007 年拨出 57 亿卢布。为实现"保障在村镇的年轻专家（或他们的家庭）的住房"的目标：改善不少于 3.164 万年轻专家（或家庭）的住房条件，在 2006—2007 年的联邦预算中拨出 20 亿卢布用于这一目的。2006 年俄罗斯农业国家支持预算为 380 亿卢布，大大超过了 2005 年（200 亿卢布），资金大部分用于国家计划——"农工业综合体的发展"。

俄罗斯新农业法——《联邦农业发展法》于 2007 年 1 月 11 日颁布生效。新农业法将政府零散的农业措施整合成一个完整的系统，并且首次将农业政策纳入政府的社会经济政策之中。新农业法规定了农业发展的定义，明确了包括个人和法人团体在内的农产品生产者与其他个人、法人团体和政府部门之间的关系，阐述了政府农业政策的总体目标、原则、方向和措施，为在农业发展领域实施社会经济政策确立了法律基础。新农业法还规定，政府必须每5年制定一个农业发展和市场调节规划，以确定具体的配套措施和预算。

根据新农业法规定，2007年7月，俄罗斯政府出台了《2008—2012年农业发展和农产品、原料和食品市场调节的国家规划》，该规划是自俄罗斯独立以来颁布的第一个农业发展5年规划。该规划提出的目标包括：一是农村可持续发展，其中包括扩大农村就业和提高农村生活水平；二是改进俄罗斯农业生产的竞争能力，其中包括加大财政支持、实现现代化和加快重点领域发展以替代进口；三是保护和恢复自然资源，其中包括土壤保护。为实现上述目标，在财政方面，各级政府在2008—2012年拨款近1.1万亿卢布，其中联邦政府和各州政府分别承担5 513亿卢布和5 443亿卢布，同时还计划吸引3 110亿卢布预算外资金。拨款的使用方向是：20％用于保护和开发农业用地，12％用于为农业生产经营创造基础条件，13％用于发展农业中的重要部门，54％用于稳定农业企业的财务状况，约1％用于调节农产品原料和粮食市场。政府拨款资金的重点投入方向：一是农村可持续发展；二是为发挥农业功能创造良好条件；三是发展重点农业领域；四是农业资金可持续性；五是加强农产品市场调节。截至2011年1月1日，该规划的到位资金共计9 564.9亿卢布，资金到位率达96.6％。

上述农业政策不但提出要增加国内农产品生产和消费总量，还在各个领域确定了具体的发展目标，并且规定了一系列具体的措施和要求。这表明，俄罗斯重新确立了国家在农业发展方向上的指导地位，从而彻底抛弃自独立以来对农业发展所采取的放任自流的态度。这些农业政策的变化将对俄罗斯农业的未来发展具有重大推动作用，其主要意义在于：一是农业被正式列为俄罗斯未来经济发展重点领域之一；二是农业政策立法逐步成为体系；三是政府对农业生产财政支持力度不断加大；四是国家重新在农业发展中占有指导地位。

（三）加大国家支持力度

1. 预算投入方面

2000年以来，政府大幅度增加了对农业的预算投入。1999—2003年，联邦预算用于农业和渔业的支出由88亿卢布增加为312亿卢布，增加了2.5倍。2004年联邦财政对农业的拨款比1999年扩大了3倍以上，2005年的联邦财政支农投入达 1 000 亿卢布（约 33 亿美元）。2005—2007 年国家财政对农业的支出增长了 87％，2007 年达到 57 亿美元，约占国家预算的 10％左右。2008 年，国家财政对农业的投入达到 2 873 亿卢布，同年农业生产总值为 26 027 亿卢布，同比增长 10.8％，与上年 3.4％的增幅相比，增速明显加快。

在增加预算投入的同时，政府还改变了预算支持农业的方式，不再像撒胡椒粉一样平均使用，而是把好钢用到刀刃上，使有限的资金发挥更大的刺激作用，也就是要把有限的预算资金用于生产的"突破口"：一是用于可快速复兴的部门，如粮食经济、养禽业、养猪业和温室蔬菜业；二是大力支持那些生存能力强和工作效率高的企业和组织，通过按季度发放优惠贷款、国家承担部分新工艺推广费用等进行资助；三是实行预算贴息贷款，对购买良种畜禽和优良种子以及收集和加工生物废料拨发预算补贴，广泛建立农技设备出售、租赁和维修中心，以保证农民对农技设备的需求。

农村地区竞争力低，其发展容易依赖政府资助。因此，在规划农村地区的发展时，有必要建立一个提高产品质量和提高劳动生产率的制度。此外，农村地区发展的一个重要组成部分应该是各个阶段的投资发展战略，包括建立新住房、社会基础设施，研发新产品，重建生产设施以及调整可持续发展机制等。

农村地区可持续发展机制主要通过以下几个方面发挥作用：①区域和投资计划；②对农业生产者的补贴；③减轻税收负担或选择免缴税款；④小企业和个体企业家的优惠贷款（用于发展农业和非农业活动）；⑤能够创造投资回报。

2016 年俄罗斯国家农业发展和原料及食品市场管理计划（以下简称国家计划）的实施数据也证实了这一点（图 6-3）①。

俄罗斯国家计划中预算补贴投入资金最多的区域是联邦一级。从图 6-3 中资金分配方向上看：畜牧业占 38.96％；作物生产发展占 14.19％；农工国民经济综合体的建立和现代化占 6.40％。投资的最小份额来自支持农村地区的地方举措（0.06％），支持农业合作社（0.64％），发展文化机构（0.23％）。由此可见，政府为农村地区发展提供的预算投入在国家计划的联邦资金分配上比重最少，与欧洲把农村社区的发展作为政府资助优先领域来说，还有较大差距。

---

① 穆罕默托娃 H. H.. 农村发展的基础：投资、战略、经验 [J]. 俄罗斯企业经营，2016，17 (21)：2885-2894.

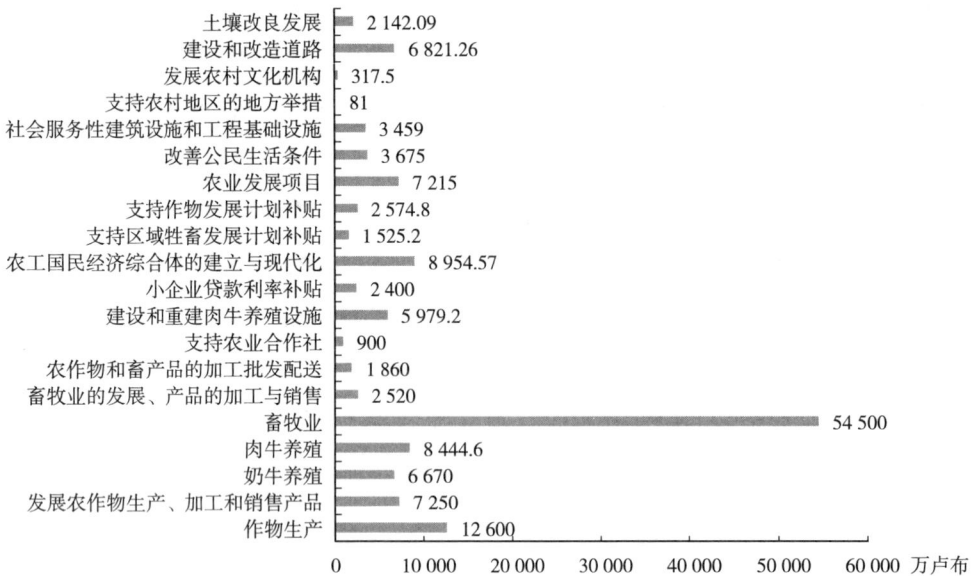

图 6-3 实施国家计划的联邦资金分配

资料来源：俄罗斯联邦政府，2016 年 11 月。

2. 投入补贴方面

调整预算政策，每年拨出专款，实施联邦专项计划。2002 年开始实施"2002—2005 年提高土壤肥力"计划，2003 年开始实施"2010 年前农村社会发展"计划，到 2004 年，已有 72 个联邦主体加入了这一计划，其中 54 个从联邦获得了专项补贴。2001—2004 年，预算共拨款 140 亿卢布，注资成立了"俄罗斯农业租赁"开放型股份公司，用预算拨款补贴利息的形式帮助农业商品生产者以信贷方式长期租赁农用机械设备。

此外，还取消一些无效的补贴项目，同时增加对真正能提高生产率的项目的补贴。基于可变投入与投资的直接补贴主要面向农业企业和小型农场，包括化肥购买补贴、良种补贴、向不利于饲料作物种植条件地区的种子运输成本补贴以及用于农业播种的燃料补贴，2008 年 10 月，俄罗斯政府与化肥生产商签订了"化肥销售协议"；2008 年底，政府又决定提供约 4 亿美元的燃料费用补贴。牲畜饲养者可得到用于购买幼小纯种牲畜和牲畜人工授精的补贴，专门饲养纯种牛的农场可从收购育种公牛的财政支持中获得补贴。投入的援助还包括诸如国家农业机械和纯种牲畜租赁等方案。此外，政府还提供用于农场建筑和改善土地灌溉的津贴补助金。2006—2007 年，所有上述方案总支出（不计利率补贴）平均占生产者支持（PSE）的 9%。

在 2012 年加入世贸组织后，农业被俄罗斯视为受到冲击较强的重点保护领域，政府及金融机构在世贸规则允许的范围内，不断完善对农业的扶持补贴政策，希望尽快提高俄罗斯农业竞争力。尤其是 2012 年以来，在农业补贴方面进一步向从事出口的农业生产者倾斜。

针对入世后对农业补贴的限制性规定，俄罗斯政府灵活应对，在保持对农业企业的直接补贴力度的同时，增加了对农业基础设施的投入。根据经济合作与发展组织 2013 年 9 月公布的对 47 个国家农业补贴情况的调查报告，俄罗斯政府在 2013 年加大了农业补贴力度，对农业的补贴率为 13.5%，补贴额为 1 904 亿卢布（约合 57.7 亿美元），同比增长 28%[1]。

俄罗斯政府还大幅提高对国产农机设备的补贴幅度，由原来的 15% 提高到 30%。自 2013 年 1 月 1 日起，俄罗斯农机设备生产商按照设备价格 15% 的比例获得俄联邦预算的补贴，以补偿设备的部分生产成本，旨在扶持农机设备产业的发展。俄罗斯政府 2013 年财政拨款 23 亿卢布（约 7 540 万美元）补贴农机生产企业。在俄罗斯 2013—2020 年农业发展纲要框架内，通过了对农机企业提供补贴的新规定。依据新规定，农机企业可获得生产成本和产品销售的部分补贴，并对几种类型农机（如拖拉机、收割机、播种机等）单独规定了补贴幅度。据俄罗斯农业部称，获取补贴的一个条件是一年内以不低于 15% 的折扣价格销售农机。但对某一个联邦主体的农机生产企业补贴幅度不得高于联邦拨款总额的 5%。俄罗斯农业希望通过此举促进俄罗斯新农机销售额的增长，保障国内农业使用集约型农业技术[2]。

针对 2013 年上半年以来俄市场饲料价格波动以及猪肉、禽类销售价格走低的情况，2013 年 9 月俄罗斯政府又出台了对畜牧业的补贴政策，决定拨款 118 亿卢布补贴农业饲料支出，降低畜牧业成本消耗。

除了对于农村整体发展以及粮食和农机方面的补贴之外，俄罗斯还针对改善农村农民住房投入了一系列补贴。2017 年，俄罗斯文化部确定了将实施改善农村居民住房计划的 10 个地区，包括北高加索、特福罗夫、斯塔夫罗波尔边疆区、印古什、北奥塞梯—阿兰尼亚、鄂木斯克、图拉和罗斯托夫等地区。

---

① 刘纪稳. 金融危机以来俄罗斯农业发展研究 [D]. 哈尔滨：黑龙江省社会科学院，2013.
② 俄拨款 23 亿卢布补贴农机生产企业 [J]. 农机市场，2013（2）：63.

拨款 15 亿卢布用于这些地区的农村娱乐中心建设和大修，平均每个地区将分配 1.5 亿卢布。资金根据联邦目标方案"2014—2017 年农村领土可持续发展和 2020 年期间的农村文化住房建设（重建）"进行，计划于 2018 年末扩充到 20 个地区[①]。

俄罗斯对农业的财政补贴是俄罗斯农业补贴政策的重要组成部分。长期以来，俄罗斯农业的发展在很大程度上是依靠国家财政对农业的扶持，特别是实行农业补贴政策来实现的。据有关资料，俄罗斯农业部提出每年用于农业补贴的资金约 1 100 亿卢布（表 6 - 2）[②]。

表 6 - 2　俄罗斯农业部提出的每年用于农业的必要补贴数额

农产品	补贴额	资金用途
牛奶	260 亿～290 亿卢布	增加牲畜总头数
食糖	250 亿卢布	甜菜播种
禽肉	200 亿卢布	扶持出口
猪肉	200 亿卢布	扶持生产
牛肉	170 亿卢布	补偿损失

资料来源：俄罗斯农业部。

3. 价格和收入支持方面

基于种植面积和牲畜头数的支持政策目的是使农民获得更多补贴。首先，地区预算对出售的肉类、牛奶、鸡蛋和羊毛等畜产品实施补贴支付。2006—2007 年，俄罗斯单项商品转移支付（STC）占到其 PSE 的 76%，其中家禽、猪肉、牛肉和食糖获得的支持较高。随着饲料成本大幅增加，2008 年政府预算对家禽和猪肉的生产者支持力度有所增加。其次，政府预算除对亚麻和大麻种植者实施生产者补贴外，还对谷物、马铃薯和其他农产品提供农作物补贴。

为了调节粮食市场、保护农民利益，俄罗斯政府以粮食市场价格干预政策实现对农产品流通市场的调控。1999—2002 年，俄罗斯粮食作物连年丰收，粮食产量大幅度增加。但是，这非但没有给广大农民带来利益，反而使其利益受到了很大伤害，粮食丰收引起了销售危机，许多地区出现了卖粮难的问题，而且粮价很低。针对这种情况，俄罗斯采取国家干预采购措施，具体做法是：国家 2001 年拨款 20 亿卢布（1 美元约合 29 卢布）作为粮食稳定基金，平抑粮

---

① 120 个农业文化宫获得国家支持，文化机构负责人手册，2017.
② 孙化钢，郭连成. 俄罗斯农业政策评析 [J]. 国外社会科学，2016（6）：84 - 91.

价。联邦预算拨出 40 亿卢布，由俄罗斯农业部同联邦食品市场调节机构签订协议，确定对 2002 年收获的三级和四级食用软粒小麦和一级食用黑麦采购干预的程序和条件。这项协议规定下列保护价格：三级食用软粒小麦，每吨2 300 卢布；四级食用软粒小麦，每吨 1 800 卢布；一级食用黑麦，每吨 1 400卢布。2001 年以来，政府通过限定最低和最高价格以制定价格区间，采取国家采购干预和国家商品干预的方式调节和稳定国内农产品价格。在采购干预期间政府限制粮食进口，并从预算中拨款用于粮食收购；而在商品干预期间政府也限制粮食的出口，并向市场投放粮食。制粉小麦、饲料小麦、黑麦、饲料大麦和玉米均建立了干预价格区间，同时，为保护一些少数民族传统生活方式，俄罗斯也对诸如绵羊育种、北方鹿和马等牲畜养殖进行补贴。

但是并非所有农业部门都像上述产业一样乐观。俄罗斯的农业有其"两面性"，其作为农业大国，一方面，是国际粮食市场上重要的小麦、玉米等农作物的出口大国；另一方面，在肉类、奶制品等方面又十分依赖进口。在奶牛和肉牛养殖、果树栽培、马铃薯和蔬菜生产等领域，如果主要生产者是私营农场的退化部门，那么达到国家计划的指标要困难得多①。

以下是两个行业的相关摘录："2017 年，各类农场的马铃薯总量达到 2 960万吨，比 2016 年低了 4.9%。产量下降的主要原因是由于 2017 年春季播种时期的恶劣天气条件，平均时间缩短了 2～3 周"，水果和浆果也是由于类似的原因。

国家农业发展计划规定国家支持和保护歉收作物，以对抗不利天气的负面经济后果。2017 年，这项规定完全失败了：只有 180 万公顷的农作物投保，只占大约 1.7% 的面积，如此低的数值在报告中被解释为"对监管法律行为的延迟批准"。同时，从现有给出的数据来看，这种问题已经发生很长时间了，并不是 2017 年才开始存在。

更为奇怪的是对国家生产牛奶计划任务的分析。众所周知，俄罗斯的奶牛数量正在下降，与 1990 年相比，牛奶产量几乎减少了一半，近年来这一水平一直停滞不前。但是，报告却指出，该指标的国家计划目标已达到 100.1%。报告的作者提供了他们陈述的证据，如图 6-4 所示②。

---

①② 瓦西里·乌尊.2017 年国家农业发展计划执行情况分析 ［J］. 俄罗斯经济发展，2018，25（6）：32-35.

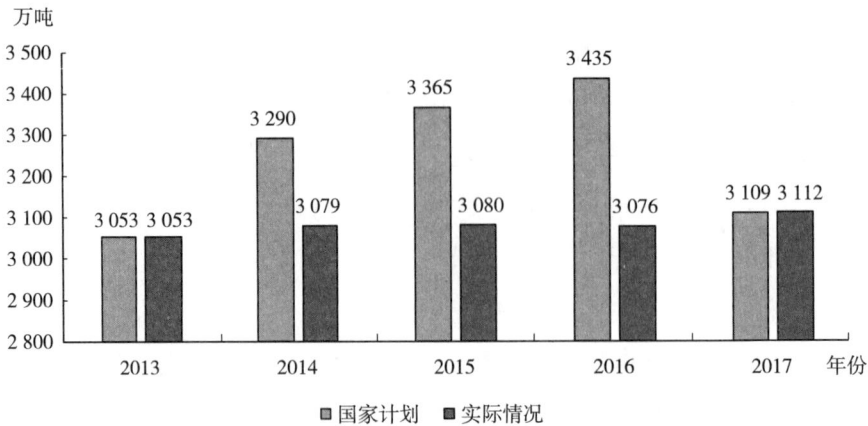

图 6-4 所有类别农场的牛奶生产指标

资料来源：俄罗斯 2017 年国家报告. 2018 年 5 月 7 日.

从图 6-4 中可以看出，这项任务只在 2017 年完成，而在过去的几年里都没有。事实上，区别仅仅是因为 2013—2016 年的国家计划指标与 2017 年不同。2012 年最初的国家计划，已经在 2017 年被调整了。如果牛奶生产量的最初任务是 3 515 万吨，那么 2017 年的计划指标完成比率将不超过 100.1%，只是达到 88%[①]。

（四）简化税收制度，优化税收政策，降低税率

2001 年，俄罗斯政府通过立法简化了税收制度，并且降低了税率。从 2002 年初开始，俄罗斯在全国实行统一的农业税税收制度。按照新的制度，农业商品生产者可缴纳统一的农业税，取代他们以前应缴纳的增值税、消费税、环境污染费、购买外汇和外汇支付凭证税、国家规费、关税、自然人财产税、继承和赠送财产税、许可证手续费等 9 种税收以外的所有税费。这就是说，农业商品生产者缴纳的税种由原来联邦《税法典》规定的 28 种减少为 10 种。统一农业税的征收对象是农业商品生产者所有、占有和使用的农业用地，税率由联邦主体立法机构确定，数额相当于农业商品生产者在实行统一农业税前一年应向各级预算缴纳的税费（除上述增值税等 9 种税以外）总额的 1/4。根据 2004 年 1 月 1 日生效的《统一农业税法》，俄罗斯引入统一农业税（ECXH），

---

① 瓦西里·乌尊. 2017 年国家农业发展计划执行情况分析 [J]. 俄罗斯经济发展，2018，25 (6)：32-35.

俄罗斯农业企业可选择采用统一农业税，也可以保持原来税制。采用统一农业税的农业企业可获得免征所得税、财产税、增值税等优惠。俄罗斯规定统一农业税税额为农业企业总收益与其总成本两者之差的6%。截至2008年，大约65%的农业企业采用了此项税收政策。对于未选择采用统一农业税，但是销售本企业自产农产品的农业企业，俄罗斯税法典也提供了农业利润税优惠税率和优惠期限，并规定了利润税在联邦预算和联邦主体预算之间的分割标准。此外，未选择采用统一农业税的企业，农产品增值税也有优惠政策，可采用10%的增值税税率（标准税率为18%）。统一农业税不仅简化了农业税纳税程序，而且将纳税税率降低到农业纯收入的6%。2005年联邦政府采取进一步的措施，免除了农产品生产企业的所有税务负担，政府对农业企业的补贴远远超过企业上缴的税收。

税收优惠政策。主要包括农业统一税优惠和增值税优惠。农业统一税是一种可对企业免征所得税、财产税、增值税的税收。农业统一税的征收税率为企业利润的6%，农产品增值税税率比标准税率18%低8个百分点为10%。增值税优惠征收的范围较广，包括家禽、家畜生产养殖企业、肉类、牛奶制品、油料、糖类、蔬菜水果以及饲料作物、混合饲料等。2012年9月，俄罗斯杜马通过一项法律，对农业生产者实施税收优惠政策。其中，农业企业利润税将无限期实行零税率政策，对一些粮食种子、种畜等农产品的增值税实施10%优惠税率[①]。

综上所述，历经经济转型，俄罗斯农业发生巨大变化。随着国家经济实力逐步增强，俄罗斯政府正式将农业列为未来经济发展四大重点领域之一，并且制定出一系列农业法规，明确农业政策导向，加大农业支持力度。2011年4月20日，俄罗斯政府提出了几个刺激农业发展的政策思路：一是为发展私人农场，取消农业生产者在农用土地上建造住房的限制；二是联邦和地方预算出资帮助农民完成对农业用地的产权登记；三是预算拨款45亿卢布，对购买俄罗斯农业租赁公司库存的6 000台农机提供50%的补贴；四是从2012年起实行为期三年的农业机械以旧换新计划。另外，俄罗斯农业部研究制定的土壤改良计划也纳入农业发展规划的第二阶段（2013—2020年实施）。土壤改良计划总投入约8 500亿卢布，计划使俄罗斯的灌溉农田扩大到490万公顷，排水农

---

① 孙化钢，郭连成. 俄罗斯农业政策评析［J］. 国外社会科学，2016（6）：84-91.

田增至 540 万公顷。2012 年以来，农业补贴进一步向从事出口的农业生产者倾斜。2019 年 11 月 30 日，俄罗斯政府签署了一项关于实施国家支持新机制的政府决议，将之前实行的所有农业补贴合并后改为补偿性补贴和刺激性补贴两种。农业部 3 年内将优先实施刺激性补贴，以帮助更多的地方农业生产者提高产量、增加出口。而国家优先支持的重点是温室蔬菜水果和浆果作物的生产、葡萄栽培、畜牧业养殖以及油料作物（主要是大豆和油菜）的种植[①]。俄罗斯农业政策的最新变化必将对该国农业的未来发展产生重大的推动作用。

第二节　农业信贷

一、20 世纪 90 年代农业信贷

20 世纪 90 年代俄罗斯经济危机时期，国家对农业的投资和信贷不断减少。改革以前，农业部门长期依靠优惠预算贷款来满足投资和日常生产的资金需要。但是，俄罗斯在改革年代取消优惠并实行高利率的信贷政策，给农业以沉重的打击。这主要表现在以下几个方面：

一是取消了对农业的优惠贷款制度。改革以前，农业部门一直依靠低利率的优惠预算贷款来维持生产和经营活动。从 1992 年开始，俄罗斯改革银行体制，将原来的国家银行转变为中央银行，国有专业银行改造为商业银行，并实行市场化的信贷制度，对所有经济部门实行统一的信贷方法。由于农业企业偿还信贷的能力很低，国家从 1994 年起彻底拒绝发放优惠预算贷款。同时，对农业发放的贷款大多是不超过 1 年的短期贷款，而且停止发放优惠的短期贷款，这对农业部门是非常沉重的打击。没有预算支持和低利率的长期贷款，农业生产者只有高利率的短期商业贷款可供选择，但农业投资收益率低、回收期长，贷款利率过高使得很多农业生产者不敢贷款，农业生产者的资金短缺使农业的物质技术保障水平和生产机械化程度都急剧下降。

二是高利率信贷的压力使得农业部门难以承受。在改革的头几年，为了抑制通货膨胀压缩信贷，无论是中央银行的集中信贷，还是商业银行的商业信

---

① 蒋菁.普京第三任期以来俄罗斯农业的发展状况与政策调整［J］.欧亚经济，2020（3）：59－73，126－128.

贷，其利率都很高。中央银行的信贷利率由1991年的20％提高到1994年初的240％，商业银行的贷款利率由1992年初的28％提高到1993年的240％。尽管从1994年下半年起，不断下调信贷利率，然而直到1995年春，商业信贷的利率仍为180％。农业作为资本流动缓慢的部门，很难承受这样高利率信贷的压力。

三是商业银行不关心也不愿意向农业企业发放贷款。首先，农业企业缺乏支付能力和贷款偿还能力，容易形成银行的"呆账"。其次，中央银行为了压缩货币量，不允许商业银行扩大信贷规模，这使得商业银行将有限的信贷资金投向高盈利的商业企业或工业企业。最后，在国家有价证券市场收益率较高的情况下，银行从自身利益出发，更愿意将资金投向信贷风险较低的经济部门和回报率高的证券业，从而降低了对实际经济部门包括农业企业的信贷额。

由此可见，20世纪90年代，农业部门的金融环境极度恶化。因缺乏长期贷款而投资急剧减少的同时，农业部门还不得不接受最苛刻的贷款条件以维持简单再生产，这就导致农业部门背负了日益沉重的贷款债务（表6-3和表6-4）。

表6-3　农业企业负债状况

单位：万亿卢布；1998年后为10亿卢布

年　份	1995	1996	1997	1998
总收入	23.7	10.2	4.34	−3.01
债务总额	44.1	82.5	115.5	150.7
其中拖欠	19.1	45.4	73.3	107.4
预算和供应商债务	26.5	57.1	88.5	123.7
其中拖欠	16.0	38.5	63.8	95.5
银行债务	17.6	25.4	27.0	27.0
其中拖欠	3.1	6.9	9.5	11.9

资料来源：俄罗斯联邦国家统计委员会《俄罗斯农业》文集，2000.

注：1998年第三次货币改革，1新卢布兑换1 000旧卢布；"—"符号表示亏损。

从表6-3和表6-4可以看出：①农业企业债务总额递增，1998年比1995年增加2.42倍；②预算（包括年度预算和预算基金）贷款和供应商债务占债务总额的比重递增，从1995年的60％上升到1998年的82％；③拖欠预算贷款和供应商债务占拖欠债务总额的比重递增，从1995年的84％上升到1999年的89％；④拖欠预算贷款债务的比重上升，而拖欠供应商债务的比重下降。综合来看，由于取消了优惠预算贷款，企业欠债增加，而预算贷款形成的债务上升更快，成为农业企业主要的债务负担。

表 6-4　农业企业拖欠预算和供应商债务的比例

单位：%

年份	预算贷款债务	国家预算基金贷款债务	供应商债务
1997	13.1	36.3	38.7
1998	13.5	39.4	35.8

资料来源：俄罗斯联邦国家统计委员会《俄罗斯农业》文集，2000.

二、21 世纪以来农业信贷

俄罗斯政府自 2000 年以来开始采取一系列信贷改革措施，以促使农业和农村尽快恢复和发展，这些措施的出台促使农业生产逐步走出了低谷。

（一）利用政策性金融机构改善农业融资条件

成立于 2000 年、100％的股份归国家所有的俄罗斯农业银行，是俄罗斯第四大银行，该银行专门为农工综合体企业融资，配合国家农业规划确定的优先发展方向，俄罗斯农业银行加大了对农业的支持力度。截至 2009 年年底，农业银行已为农工综合体企业和农户提供了 8 590 亿卢布贷款，在 78 个联邦主体建立了地区分行，并设立了 1 414 家营业点。2009 年，在国家农业规划框架下，当年 28％的资金使用就是政府通过向俄罗斯农业银行和俄罗斯农机租赁公司注资、以增强其为农业企业融资能力的方式实现的。

目前，向农业部门提供贷款主要与改善农村人口的生活质量和提供正常的生活条件有关。同时，贷款是一个重要的经济范畴，其特点是在有效使用过程中自由地收集资金和其他资金。银行继续采用与国民经济其他部门企业相同的方法评估农业企业的信誉度，没有完善的机制和工具可以长期降低银行风险。为了纠正当前形势，改善农业贷款条件将为评估该过程中所有参与者的贷款效率提供机会（图 6-5）[1]。

---

[1]　安格林娜·奥列戈夫娜·巴舒塔，玛丽娜·彼得罗夫娜，完善农业贷款条件〔J〕. 金融与信贷，2016（13）：2-13.

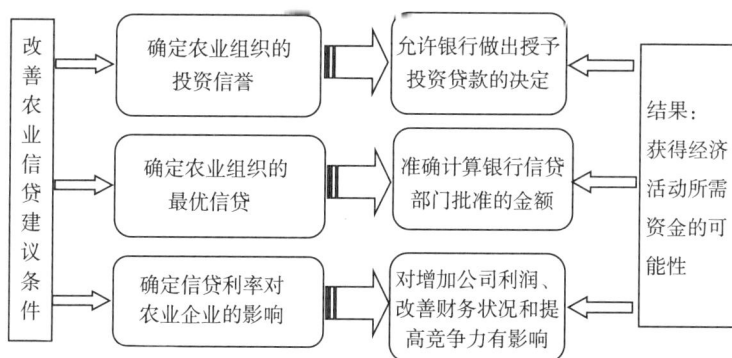

图 6-5　改善农业信贷条件

资料来源：安格林娜·奥列戈夫娜·巴舒塔，玛丽娜·彼得罗夫娜，完善农业贷款条件［J］. 金融与信贷，2016（13）：2-13.

（二）优惠信贷支持

优惠信贷是俄罗斯主要的农业支持措施之一，其补贴形式是银行贷款利率补贴。利率补贴的拨款是《2006—2007 年国家重点规划》的主要支出项目。《2008—2012 年国家规划》显示，利率补贴总额占 5 年期预计开支总额的 45%。信贷优惠贷款补贴是将贷款直接转移到借款人手中，其补贴利率取决于俄罗斯中央银行（CBR）再融资利率，并因受益者类型不同而有所变化。对农业企业和食品加工者，联邦政府按中央银行再融资利率的 2/3 给予补贴。当贷款用于畜禽建设与购置农机设备时，地区政府联合利率补贴不得少于中央银行再融资利率的 1/3。对小型农场和生产合作社则按俄罗斯中央银行再融资利率的 95% 补贴，地区政府补足联邦补贴剩余部分，其值不得少于中央银行再融资利率的 5%。另外，借款人应支付银行贷款利率与政府补贴利率间的利息差。

2000 年，俄罗斯专门建立了农业银行优惠信贷基金，对筛选出来的具有竞争力的农业企业提供优惠贷款。同时，加快农业企业债务重组，发展农业土地抵押贷款，通过制定土地抵押法、土地评估法、地籍簿法，为土地抵押提供法律基础，对闲置土地进行招标经营，逐步推广有担保的土地继承租赁经营，保证承租人投资、信托及其他长期和不定期土地使用权益。2000 年，农业商品生产者从预算优惠信贷基金获得的贷款为 24 亿卢布，由于信贷政策的改革，2001—2004 年农业商品生产者获得的流动资金贷款额急剧扩大为 184 亿、256 亿、392 亿和 648 亿卢布。2002 年，联邦预算又增加了 3 年期和 5 年期投资贷款利息补贴项目。2002—2004 年，农业商品生产者从国内信贷机构获得此类贷款 194 亿卢布。2003 年，参加上述两个项目的商业银行达到 291 家，其中俄罗斯储蓄银行和俄罗斯农业银行所签订的此类贷款协议共占所有商业银行的 70%，分别为 56% 和 14%。联邦预算所提供的两类贷款利息补贴总额从 2001 年的 13 亿卢布增加到 2004 年的 40 亿卢布。此外，2004 年，联邦预算注资 46 亿卢布组建了"俄罗斯农业银行"开放式股份公司，以其为核心构建全国农业商品生产者金融服务体系。2005 年政府规定，对畜牧业和农业企业的贷款期限可以延长到 8 年，政府提供贴息支持。2006 年政府农业贷款贴息支出达到 135 亿卢布，比 2005 年增长 1.5 倍。2007 年开始实施的新农业法，进一步明确了农业贷款支持政策。政府据此颁发了 7 个国家扶持农业和水产业的法令，主要内容都是关于对各类农产品生产者提供贷款利息补贴事宜，贴息比例达 70%~95%。同时，新农业法还要求俄罗斯农业银行在 2008—2012 年对农业的贷款规模要增加 1 倍，总额达到 6 000 亿卢布。

除了直接补贴外，俄罗斯政府还加强对各类金融机构的扶持引导，提升其对农业生产的资金保障能力。2013 年俄罗斯频遭洪水等自然灾害，农业生产遭受了严重影响，许多农业企业灾后急需获得新的贷款，而俄罗斯银行的延期债务问题难以得到解决，唯有依靠银行重组和政府扶持。为此，俄罗斯政府再次向俄罗斯农业银行注资 300 亿卢布（约合 10 亿美元），使其维持足够的银行资本充足率。在 2013 年前 9 个月，俄罗斯农业银行向农工综合体领域的中小型企业发放的贷款总额增加了 15%，超过 1 600 亿卢布。其中，向农业消费合作社、农民（农场主）和私人企业家提供了总额超过 370 亿卢布的贷款。2013 年前三季度该行 40% 的贷款用于投资目的，包括对农业现代化改造、农业技术设备采购、购买农用地等。国内最大的商业银行俄罗斯储蓄银行为支持本国畜牧业发展，在 2013 年 11 月 1 日推出了一项新的贷款产品——购买畜牧类动物贷款。申请者可利用贷款从俄罗斯国内或海外购买牛、羊、猪、禽等畜牧类动物，并缴纳相关保险、报关、运输、检疫等杂费[1]。

（三）实行债务重组，改善农业商品生产者的财务状况

自 2000 年秋开始，国家将农业预算资金用于补贴商业银行的信贷利率，

---

① 廖伟径. 俄罗斯：灵活应对入世补贴扶持农业 [N]. 经济日报，2013 - 12 - 10 (13).

以鼓励商业银行向农业贷款。2001年，农工综合体的银行贷款同比增长了5倍，但与此同时所有银行的信贷总额只上涨了1倍，预先规定的用于补贴的预算资金（130亿卢布）也全部用尽，212家银行对8000多家农工综合体企业发放了165亿卢布的信贷。2004年，联邦财政对农业贷款利率的补贴达到50亿卢布（1美元约合28卢布），这些措施都有利于农业企业财务状况的改善。

为改善农业商品生产者的财务状况，2002年7月，俄罗斯议会通过了《改善农业商品生产者财务状况的决议》，实行债务重组。其内容是：完全勾销罚款和违约金；延期和分期偿还主要债务及其利息；延期和分期偿还欠联邦预算和预算外基金的债务等。债务重组的原则是自愿和机会均等，按统一条件一次性进行。这项工作由专门成立的联邦委员会和地区委员会负责，地区委员会具体核算债务人的财务状况，并依据债务重组的基准条件确定债务重组方案，签订书面协议，规定债务人承担的义务。俄罗斯的农业企业大体分为三类：第一类是有成效的，不需要债务重组；第二类是不能履行职能的，应当破产并整体出卖财产；第三类是处于中间状态、数量约占60%的农业组织，是进行债务重组的主要对象。2003年，俄罗斯又颁布了《农业商品生产者财务重整补充规定》总统令。根据以上两个法律文件，2001—2002年，俄罗斯有近8700个农业组织进行了大约900亿卢布的国债（欠国家的债务）重组。2004年，有1.22万个农业商品生产主体（占拖欠债务企业总数的58%）参加了此项财务重整计划，1.18万个企业签署了总值789亿卢布的财务重整协议，其中有8600个企业的总值282亿卢布的债务被免去。由于这一计划的实施，农业企业的拖欠债务自改革以来首次减少了。根据联邦统计局资料，2004年全年拖欠债务总额由1571亿卢布减少了28.1%，有拖欠债务的企业比例从81.8%下降到77%。2005年，拖欠债务又减少20%，降至940亿卢布。到2008年年初，有逾期债务的农业企业大为减少，在农业企业中所占比重已降到52%，农业企业破产清算程序数量也不断下降，2005年有7400起，2006年10000起，到2008年1月仅为4200起。

（四）成立金融机构，鼓励发展农业信贷

近些年，俄罗斯金融机构农业信贷发放对象主要集中在农业企业和组织、私人农场、农场和农业合作社，其中对农业企业和组织的贷款力度最大，贷款额从2010年的2859亿卢布增加至2013年的4277亿卢布，2014年有所下降，降至 3 409 亿卢布，但仍占贷款总额的 75.09%。2013 年开始，俄罗斯金融机构开始对人口不足 10 万的农村或居民点发放农业信用贷款，且贷款金额较大，2013 年为 728 亿卢布，2014 年为 721 亿卢布，分别占当年贷款总额的 12.93% 和 15.88%（表 6 - 5）[①]。

表 6 - 5　2010—2014 年俄罗斯金融机构农业信贷发放对象

单位：10 亿卢布

年份	2010	2011	2012	2013	2014
农业合作社	4.2	5.4	2.4	1.7	0.8
农场	18.6	30.3	27.5	21.8	25.4
私人农场	20.1	32.1	37.7	38.9	25.4
农业企业和组织	285.9	341.2	317.8	427.7	340.9
常住居民不到 10 万人的农村地区或居民点	—	—	—	72.8	72.1
总金额	328.8	409	385.4	562.9	454.6

资料来源：俄罗斯联邦农业银行。

俄罗斯金融机构农业信用贷款主要用于支持季节性室外工作、农业设施的建设和现代化改造、采购农业机械、购买牲畜以及政府采购。其中，对季节性室外工作的贷款力度最大，贷款金额从 2010 年的 1 209 亿卢布增加至 2014 年的 1 478 亿卢布，分别占当年贷款总额的 66.72% 和 70.72%；其次是农业设施的建设和现代化改造，贷款额从 2010 年的 277 亿卢布增加至 2014 年的 334 亿卢布，分别占当年贷款总额的 15.29% 和 15.98%（表 6 - 6）[②]。

表 6 - 6　2010—2014 年俄罗斯金融机构农业信贷发放对象

单位：10 亿卢布

年份	2010	2011	2012	2013	2014
农业设施的建设、现代化改造	27.7	27.6	29.5	43.4	33.4
购买牲畜	6.1	7.3	6.2	4.7	3.9
采购农业机械	23.3	42.7	38.5	28.8	21.5
政府采购	3.2	0.4	1.4	2	2.4
季节性室外工作	120.9	150.5	140.4	184.4	147.8
总金额	181.2	228.5	216	263.3	209

资料来源：俄罗斯联邦农业银行。

---

①②　Aleksandra An，辛立秋．俄罗斯金融支持农业发展的现状、问题及对策分析［J］．对外经贸，2016（4）：10 - 11．

2012 年以来，从国家层面增加对农业重点发展领域的金融投入，并细化实施国家支持的新机制，进一步刺激出口。近十年来，俄罗斯对农业发展的国家投入总计不少于 2 万亿卢布。国家支持的方式主要是为农业生产者提供优惠贷款、农业补贴和返还部分交通运输费用。2017 年俄罗斯对农业企业实施不超过 5％的优惠贷款利率。2020 年，俄罗斯进一步提高了国家优惠贷款的额度，从 2019 年的 600 亿卢布提高到 2020 年的 900 亿卢布[①]。

第三节 农业保险

一、农业保险改革的背景和思路

（一）农业保险改革的背景

作为世界上面积最大的国家，俄罗斯也是一个自然灾害频发的国家，主要自然灾害类型为地震、低温冰冻、洪水、雪崩及森林大火等[②]。

苏联解体后，俄罗斯政府取消了长期由政府承办的法定农业保险，直到 1994 年，作为国家保险公司的俄罗斯保险公司及其分支机构才开始按照自愿原则，向农民提供农业保险[③]。但因自愿保险费率太高，大多数农民买不起商业性保险，农业保险的作用十分有限。因此，农民在遭受各种灾害损失时得不到及时的补偿，影响了农民的生产积极性，使农业生产再投入连年萎缩，从而加剧了农业经济的恶化。1991 年以来，俄罗斯农业大幅度滑坡，粮食产量和牲畜存栏数下降。1996 年年底，俄罗斯农作物总产量为 6 350 万吨，比 1990 年下降 50％；大牲畜（有角）存栏数 3 920 万头，比 1990 年减少 28％；生猪存栏数 2 260 万头，比 1990 年减少 36％；绵羊、山羊存栏数也减少近 50％。2002 年，俄罗斯农业总产值比 1990 年减少了 37％，农业社会总产值减少了 40％[④]。

面对日益萎缩的农业生产，政府农业、财政部门及有关专家深刻地认识

---

① 蒋菁. 普京第三任期以来俄罗斯农业的发展状况与政策调整 [J]. 欧亚经济，2020（3）：59-73，126-128.

② 邢鹂，吴天侠，吕开宇.“金砖三国”农业保险现状及其对中国的启示 [J]. 世界农业，2010（9）：2.

③④ 王亚军. 俄罗斯农业保险改革之我见 [J]. 保险研究，1999（2）：47-48.

到，未及时复办苏联时期开展的集体农庄法定财产保险、农作物保险和牲畜保险，是一个严重失误。为了重新发挥农业保险在农业生产中的作用，促进农业经济的全面复苏，俄罗斯政府决心重新研究建立财政支持的农业保险制度①。

（二）农业保险改革的思路

在俄罗斯农业保险改革的思路方面，农业部和财政部及俄罗斯保险公司对开办农业保险的形式、资金筹集、保险计划内容以及由谁办理等方面都存在着不同的看法②。

俄罗斯农业部认为，农业首先要适应市场经济的特点，因而农业保险只能在国家财政的支持下以自愿保险形式，通过经济手段刺激农民参加。根据农业部起草的《农业保险法》，其主要方案：一是由政府负责开展农作物、多年生果树和牲畜保险。其保费农业生产者承担 50%，其余 50% 由联邦财政补贴③。二是在农业部内部专门成立国家农业保险管理局，由该局代表国家负责管理农业保险，分配和使用联邦预算拨款。三是为使保险公司财务稳定，承办农业保险的保险公司要将农业保险进行再保险，具体的再保险比例由联邦政府确定。据各地区不同情况，不同程度地适当扩大农业保险机构的业务范围，做到一方面使农业保险机构尽可能大范围地分散风险，同时又避免与商业保险公司业务交叉造成混乱④。四是对农作物和牲畜均实行自愿投保，保险金额分别按农作物收成价值和牲畜价值的 70% 确定。农作物收成价值根据近 5 年的实际平均产量和签订保险合同时的保险价格确定⑤。五是对保险公司从事农业保险业务而获取的利润实行免税⑥。

与农业部的意见相反，财政部和俄罗斯保险公司则认为，在俄罗斯目前的情况下，农业保险应该实行法定保险。具体而言，首先，由财政部和国家保险公司按农作物收成价值的 70% 和牲畜价值的 70% 向农户提供保险保障；其次，把集体农庄和国营农场的财产也作为法定保险。同时认为农作物收成保险和牲畜保险的费率定得不能很高，否则即使农民只负担 50% 的保费，也有可能承担不起。

虽然农业部与财政部和保险公司的改革思路有些不一致，但有一点是明确

①②③④⑥ 王亚军. 俄罗斯农业保险改革之我见 [J]. 保险研究，1999（2）：47-48.
⑤ 龙小燕. APEC 地区开展农业保险的实践与借鉴 [J]. 中国农村金融，2015（16）：81-82.

的，即俄罗斯禁止国外保险公司参与其强制保险方案，也就是说包括农业保险在内的保险市场，都不允许国外公司介入竞争。

二、农业保险的发展概况

（一）保险机构与运作

2006 年，俄罗斯成立了统一的国家保险公司，为农业提供保险服务，并对其进行业务再保险，同时国家对其在农业保险业务中产生的利润实行免税，并给予财政扶持。其运作流程如图 6-6[1][2]。

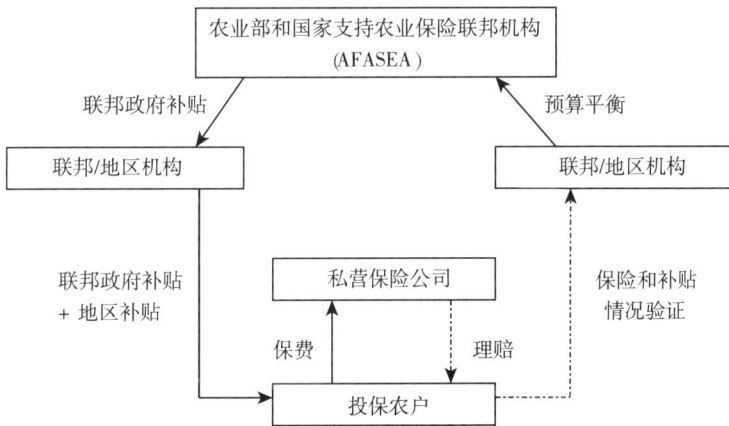

图 6-6　俄罗斯政策性农业保险运作

资料来源：Liudmila Kosholkina. Development of agricultural in Russia ［R］. paper submitted to the International Conference "Managing risks and crises in agricultural insurance"，March 2010.

（二）保险标的

俄罗斯农业保险的标的主要为农作物、多年生植物和牲畜等。其中，农作物主要包括粮食作物、油料作物、经济作物、饲料作物、瓜类作物、蔬菜等[3]；多年生植物主要包括葡萄、果实、浆果、人工种植的核桃及葎草、茶叶等。

①王亚军. 俄罗斯农业保险改革之我见 ［J］. 保险研究，1999（2）：47-48.
②③ 邢鹂，吴天侠，吕开宇 . "金砖三国"农业保险现状及其对中国的启示 ［J］. 世界农业，2010（9）：2.

（三）保险责任范围

属于国家支持实施的农业保险范围是影响农产品生产的自然灾害（干旱、严寒、霜冻、雪灾、雹灾、沙尘暴、地震、雪崩、山洪、春汛、土壤过湿）造成的农产品的风险损失（毁灭）或部分损失[①]。

（四）保费补贴

2004 年，俄罗斯开始实行农作物收成保险费补贴政策，即根据农业商品生产者所签订的保险协议，联邦预算进行保险费补贴。农业商品生产者从预算资金中按保险合同缴纳的保险金（保险费）的 50% 获得补助金[②]。

联邦主体从联邦预算获得预算补助金，并将其用于补助根据农业商品生产者与保险机构签署的保险合同所应支付的部分保险费用。依据保险合同获得补偿的条件、方式、金额由联邦政府确定。

（五）制度保障与经营状况

2004 年，俄罗斯开始实行农作物收成保险费补贴政策，推出这项政策后，当年就有 62 个联邦主体的 7 300 个农业生产者签署了保险费总额为 40 亿卢布的保险协议，保险总额比 2003 年增长 2 倍[③]。

2007 年 1 月 11 日，俄罗斯的新农业法——《俄罗斯联邦农业发展法》正式颁布生效[④]，该法案对农业保险的参保对象、参保方式、保险赔偿金、承保风险、政府补贴等做了详细规定，其中第十二款明确规定了实施农业保险的国家支持[⑤]。

2007 年 7 月，为配合新农业法的实施，俄罗斯政府制定了《2008—2012 年农业发展、农产品市场调节、农村发展规划》，提出：为了降低自然灾害所导致的收入风险，要强化国家对农业作物的保险，将农作物保险土地面积占全国耕地总面积的比例从 2006 年的 18% 提高至 2012 年的 40%，政府为粮食、

[①] 王莺，赵坤. 俄罗斯保险业的发展历史和现状 [J]. 欧亚经济，2012 (12)：25.

[②③] 江宏伟. 俄罗斯农业改革绩效的宏观分析 [J]. 俄罗斯研究，2010. 162 (2)：99 - 100.

[④] 邢鹏，吴天侠，吕开宇. "金砖三国"农业保险现状及其对中国的启示 [J]. 世界农业，2010 (9)：2.

[⑤] 马改艳，徐学荣，周磊. 金砖国家农业保险的实践经验 [J]. 世界农业，2015 (3)：24.

油籽、工业作物、饲料作物、蔬菜以及多年生作物提供 40％的作物保险费①。
为了实现上述目标，俄罗斯各级政府在 2007—2012 年共拨款 11 000 亿卢布，
联邦政府和各州政府各自承担 50％②。

　　由于得到政府的支持，政策性农业保险的发展状况良好，2008 年，农业
保险赔付率为 61％～66％。据世界银行 2008 年的一项调查显示，俄罗斯国家
保险公司承保了 28％的全国农业保险业务，其农业保险收入占当年农业 GDP
的 0.6％，对国家保险公司的农业保险，联邦和地区政府给予不超过 50％的保
费补贴③，其余部分由农民自行支付。

　　2009 年，俄罗斯农业部以及国家杜马共同起草了联邦法案《国家支持农
业保险》，法案强调了国家将政策性农业保险作为管理农业生产风险的重要政
策工具，并构建了政策性农业保险的法律框架，拓展了农业保险的承保范围，
同时强化了政府在农业保险中的角色和职责。地方政府必须从地方预算中拨出
相应款项，通过中央、地方两级财政的补贴以保证国家承担的 50％农业保险
费，但在农业保险上不负担行政业务支出。该法案同时规定，农业保险基于自
愿原则，投保农户受灾后可最高获得农作物收成价值或牲畜价值 70％的赔偿
金，免征保险公司从事农业保险业务获得的利润，并要求承办农业保险的保险
公司要将农业保险进行再保险④。

　　2012 年 1 月 1 日俄罗斯《农业保险国家扶持法》生效，政府拨款 60 亿卢
布⑤，用于保障农业保险的部分开支。此法的出台表明俄罗斯农业保险进入了
一个新的发展阶段。

　　针对农业保险覆盖率低的问题，2014 年 12 月第 424 号联邦法对《有关农
业保险领域国家支持联邦法》（260 号）进行修订，决定建立联合农业保险制
度。作为联合农业保险制度的实施机制，2016 年 1 月 1 日起，全国农业保险
公司联盟（HCA）成立。自联盟成立之日起，只有加入全国农业保险公司联
盟的保险公司才有权签订获得国家支持的农业保险合同。目前，"全国农业保
险公司联盟"已制定 2020 年农业保险制度实施方案并获农业部批准，方案从
2019 年起在 22 个地区试点推广。虽然各级预算资金有限，但农业部预计，

---

　　①②③　邢鹏，吴天侠，吕开宇．"金砖三国"农业保险现状及其对中国的启示［J］．世界农业，2010
（9）：2.
　　④　马改艳，徐学荣，周磊．金砖国家农业保险的实践经验［J］．世界农业，2015（3）：24.
　　⑤　王莺，赵坤．俄罗斯保险业的发展历史和现状［J］．欧亚经济，2012（12）：26.

2019 年来自联邦和地区预算补贴农业保险的资金将至少有 18 亿卢布，2020 年至少有 22.6 亿卢布①。

2016 年以来，俄罗斯首次建立了统一的农业补贴保险制度，根据统一的规则和标准，在农业保险公司破产的情况下，参保农民的利益仍然受到俄罗斯担保制度的保护。根据全国农业保险联盟的数据，俄罗斯农业风险保险市场增长显著②。在莫斯科举行的"2016 问题和前景会议"上，俄罗斯农业保险联盟推出一项特殊的生猪业保险计划。该计划将解决保险覆盖面问题，同时为养猪户提供额外保障以避免养殖场受非洲猪瘟（ASF）感染而造成损失。目前，俄罗斯 18 个地区大约 210 万头生猪加入了不同类型的保险项目，约占俄罗斯生猪存栏的 8%。

但在 2017 年，俄罗斯补贴制度发生了变化，变为由俄罗斯各个实体的农业企业主管部门以各自的预算自行对农业保险提供支持。这种制度下，俄罗斯有 48 个联邦实体在 2017 年承担了国家支持作物保险的补贴义务，31 个联邦无法履行这些义务。2018 年，俄罗斯农业保险市场达到 37 亿卢布，其中保费补贴达到近 20 亿卢布。2019 年 1 月 1 日起实施对水产养殖保险的保费补贴③。2019 年上半年，获得国家财政支持的农业保险市场规模较上年同期扩大 2 倍。在此期间此类合同的保费金额为 19.5 亿卢布，2018 年全年这一金额为 20 亿卢布。

近几年，俄罗斯也在一些地区开展了没有财政补贴的农业保险试点，主要针对小规模的农业生产者，但是，实践结果表明，农民更喜欢在国家财政补贴支持下购买保险，而没有国家财政补贴的农业保险几乎到处都在下降④。

俄罗斯农业部官网 2020 年 8 月 26 日报道显示，为进一步完善农业保险机制，俄罗斯农业部已完成《关于农业保险方面的国家支持》修正草案的制定，该草案的通过不仅有利于增加受保险农作物面积，还可以通过增加国家对保费补贴的力度来减轻农业生产者负担并提高其抗风险能力。

新法案将有助于小型企业获得保险服务，同时增加了针对自然紧急状态的保险，即在地方政府正式宣布紧急状态的情况下，农民将会因农作物歉收而得到保险补偿。俄罗斯农业部建议将保险补贴额度从 50% 提高到 80%，此举将

① 高际香. 俄罗斯农业发展战略调整与未来政策方向 [J]. 东北亚学刊，2020（1）：86-94，148-149.
②③④ 姜莉. 金砖国家农业保险财政补贴制度比较研究 [D]. 重庆：西南大学，2020.

进一步激发农民参与保险的热情。此外，拟在保险人联盟框架下设立一个新的紧急状态赔偿基金，如保险人无力履行赔偿义务，将从该基金中支出。

俄罗斯法律法规草案公示了俄罗斯 2020 年联邦预算草案以及 2021 年和 2022 年计划期预算草案，未来三年每年将从预算中拨出 25 亿卢布作为投保农户受灾补偿款。计划拨出 25 亿卢布以补偿按规定程序为其农产品生产相关财产权益投保的农产品生产者。

第七章 CHAPTER 7
俄罗斯农业劳动力与生产经营组织 ▶▶▶

农业生产经营组织是从事农业生产经营活动的主体，1991 年后俄罗斯通过以私有化为中心的农业改革，建立了新型农业生产经营组织。目前，俄罗斯的农业生产经营组织主要有三类：一是原有的国营农场和集体农庄经过重新登记、改组而成的农场企业；二是农民以私有土地组建的家庭农场；三是居民在房前屋后的耕地中进行的居民经济。本章主要介绍俄罗斯农业劳动力资源的数量、质量、流动、就业政策及俄罗斯农业生产经营组织的历史演变、发展现状及特点。

第一节　农业劳动力

一、农业劳动力资源情况

（一）农业劳动力资源数量

农业劳动力资源数量指劳动适龄人口中可以参加农业劳动和尚未达到或已经超过劳动年龄而实际参加农业劳动的人数。影响农业劳动力资源数量的因素有很多，既包括农业人口自然增长率的变化和农业劳动力的自然减员，也包括农业与国民经济其他部门之间的劳动力流动等。

当前，俄罗斯农业劳动力的绝对数量及其在劳动力总量中所占的比重都呈现出不断缩减的趋势。从时间序列上看，2000 年，俄罗斯农业劳动力的绝对数量为 913.4 万人，2018 年从事农业的劳动力绝对数量为 493.7 万人，共减少劳动力 419.7 万人，占 2000 年农业劳动力总数的 45.95%。在此期间，农业劳动力数量占劳动力总量的比重也由 14.1% 降低为 6.9%（表 7-1）。因此，俄罗斯农业劳动力无论是绝对数量，还是其在劳动力总量中所占的比重都在不断缩减。国际劳工组织声称，俄罗斯农业劳动力资源短缺矛盾将会继续恶化，预计到 2022 年，俄罗斯农业劳动力数量大约为 427.5 万人，占劳动力总量的比重仅为 6.2%。俄罗斯联邦统计局预测，2025 年农村的社会功能将消失，因为从社会文化层面上讲，届时 1 500 万农村居民将从社会财富的积极创造者变成纯粹的消费者。在此背景之下，俄罗斯官方承认，劳动力尤其有技能的劳动力缺乏正在成为经济发展的最大障碍之一[①]。

表 7-1 俄罗斯农业劳动力总量及其在劳动力总量中的比重

年份	农业劳动力总量（万人）	劳动力总量（万人）	农业劳动力占劳动力总量的比重（%）
2000	913.4	6 451.7	14.1
2005	751.9	6 679.2	11.3
2006	728.7	6 717.4	10.8
2007	707.0	6 801.9	10.4
2008	681.7	6 847.4	10.0
2009	687.9	6 746.3	10.2
2010	679.9	6 757.7	10.0
2011	673.0	6 772.7	9.9
2012	660.9	6 796.8	9.7
2013	650.3	6 790.1	9.6
2014	638.6	6 781.3	9.4
2015	554.6	7 242.5	7.7
2016	550.3	7 206.5	7.7
2017	507.5	7 184.3	7.1
2018	493.7	7 156.2	6.9

数据来源：根据俄罗斯 2012 年、2014 年、2017 年、2019 年统计年鉴整理。
注：农业劳动力总量是指从事种植业、狩猎业、林业和渔业的劳动力数量。

（二）农业劳动力资源质量

随着现代科学技术在农业中的应用和发展，衡量和评价农业劳动力资源质量的主要标志越来越偏重于劳动者的知识和技能水平[②]。由于俄罗斯国土横跨

① 骆晓丽. 新时期中俄农业经贸合作研究 [D]. 哈尔滨：黑龙江大学，2012.
② 钟甫宁. 农业经济学 [M]. 北京：中国农业出版社，2011.2.

欧亚两洲，人口的空间分布很不均衡，这对于农业劳动力资源与其他生产要素的合理匹配和作用的有效发挥至关重要。因此，以下主要对俄罗斯农业劳动力的年龄结构、性别结构、受教育水平以及区域分布状况进行阐述。

1. 年龄结构

农业劳动力的年龄结构对劳动力资源的质量具有重要影响，如果从事农业生产的普遍是青壮年，其接受新技术能力、科技创新能力以及农业机械化操作能力都比较高，进而可以提高生产效率，降低生产成本。如果从事农业生产的是低龄或高龄人口，一般而言，其在体力和劳动技能等方面相比青壮年可能会有所欠缺，将不利于农业生产效率的提高。

劳动适龄人口是人口总体中处在适合劳动年龄段的人口，因此劳动适龄人口不同于经济学中的劳动力，只要处于一定的年龄范围，不论其是否具有劳动能力，也不论其是否从事有效的社会劳动，均视为劳动适龄人口。由于各国社会经济条件不同，劳动适龄人口的年龄界限也不同。目前，国际上通用的年龄界限是 15～64 岁[1]。在俄罗斯，男性劳动适龄人口的年龄界限为 16～59 岁，也就是说劳动力资源的年限是 44 年，女性劳动适龄人口的年龄界限为 16～54 岁，劳动力资源的年限是 39 年[2]。

根据是否属于劳动适龄人口，将俄罗斯农村各年龄段人口分为 0～15 岁人口，16～59 岁男性和 16～54 岁女性人口，60 及 60 岁以上男性和 55 及 55 岁以上女性人口三类统计。如表 7-2 所示，1989—2019 年，俄罗斯农村劳动适龄人口经历了先增加后减少的变化过程。1989 年，农村劳动适龄人口为 2 012.79 万人，2010 年达到 2 221.82 万人，截至 2019 年，这一群体数量减少为 1 981.8 万人。与此相反，1989—2019 年，非劳动适龄人口的数量呈现先减少后增加的趋势。从占比情况来看（图 7-1），俄罗斯这一时期的农村劳动适龄人口占农村总人口的比重也呈现先提高后降低的变化过程。1989 年农村劳动适龄人口占农村总人口的比重为 51.55%，2010 年这一比重上升到 59.18%，2019 年再次回落到 53.09%，已经低于 2002 年水平。农村劳动适龄人口作为形成农业劳动力的最主要构成部分，这一群体比重的降低直接导致了俄罗斯农业劳动力数量的下降。

---

① 温勇. 人口统计学 [M]. 南京：东南大学出版社，2006.
② 莫罗佐娃. 俄罗斯经济地理 [M]. 莫斯科：ЮНИТИ-ДАНА 出版社，2002.

表7-2 俄罗斯农村劳动适龄人口及非劳动适龄人口数

单位：万人

年份	1989	2002	2010	2016	2017	2018	2019
0～15 岁	1 030.25	830.81	701.77	760.18	761.70	757.70	750.40
16～59 岁男性 16～54 岁女性	2 012.79	2 169.21	2 221.82	2 082.63	2 050.74	2 014.90	1 981.80
60及60岁以上男性 55及55岁以上女性	861.74	872.95	830.57	945.93	964.76	982.7	1 000.50

数据来源：俄罗斯人口统计年鉴，2017 年、2019 年。

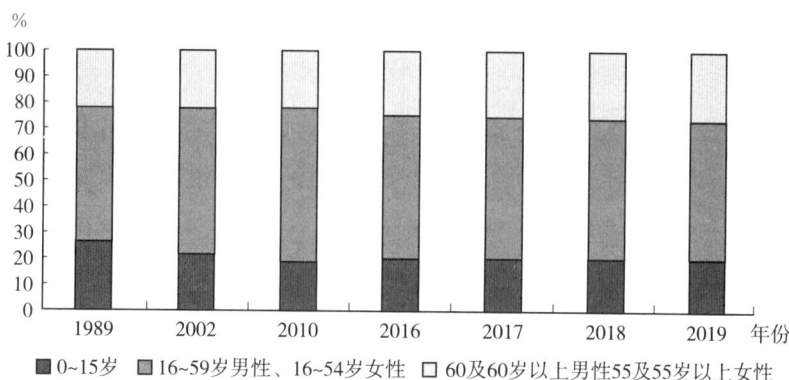

图 7-1 俄罗斯农村劳动适龄人口及非劳动适龄人口占比

数据来源：根据俄罗斯 2017 年、2019 年人口统计年鉴整理。

2. 性别结构

性别结构是指区域人口中男性、女性人口的构成比例，国际上通常将男女的性别比正常值界定在 102～107 之间。俄罗斯社会人口性别构成的最显著特点是性别比极低。1989 年，俄罗斯社会人口性别比为 87.7（即每出生 100 个女孩，相应出生 87.7 个男孩），2017 年这一指标进一步降低为 86.4，远低于国际认定的正常水平。该结果既与历史战争和局部武装冲突有关，也与酗酒及其他冒险行为导致男性意外死亡率较高有关。在多方面原因作用下，俄罗斯社会人口性别结构长期呈现女性多于男性的严重失衡局面。

从各类经济活动中就业人口的性别构成来看，2000—2018 年，俄罗斯全部就业人口中男性比重略高于女性，女性就业人口占就业总人口的比重在 49% 左右浮动，男性就业人口占就业总人口的比重约为 51%。就农业就业人口的性别构成而言，男性比重整体明显高于女性。根据俄罗斯联邦统计局的农林牧业统计显示，农林牧业就业人口中男性占比高于60%，女性占比则低于40%，截至2018年，农林牧业就业女性占比仅为33%，男性占比高达67%（表7-3）。

表7-3 俄罗斯经济活动就业总人口中的性别构成

单位：%

年份	就业总人口		农林牧业	
	女	男	女	男
2000	48.4	51.6	39.6	60.4
2005	49.4	50.6	38.0	62.0
2006	49.4	50.6	37.5	62.5
2007	49.6	50.4	36.7	63.3
2008	49.2	50.8	37.1	62.9
2009	49.4	50.6	38.1	61.9
2010	49.1	50.9	36.0	64.0
2011	49.1	50.9	37.0	63.0
2012	49.0	51.0	36.8	63.2
2013	48.9	51.1	38.4	61.6
2014	48.8	51.2	38.0	62.0
2015	48.7	51.3	37.8	62.2
2016	48.6	51.4	37.0	63.0
2017	48.6	51.4	33.2	66.8
2018	48.6	51.4	33.0	67.0

数据来源：俄罗斯2012年、2014年、2017年、2019年统计年鉴。

3. 受教育水平

当前，俄罗斯农业劳动力的受教育程度和技能水平普遍不高。根据俄罗斯各经济活动类型就业人员的教育水平统计，2018年俄罗斯现有的全体就业人口中，受过高等教育者占34.2%，而农业就业人口中，从事种植业、畜牧业和林业生产的群体接受高等教育比例仅为12.1%（表7-4）。全体就业人口中受过基础教育及以下程度的就业群体所占比重为3.6%，种植业、畜牧业和林业就业人口中这一比重为13.6%，可见农业就业人口中接受普通教育、基础教育及基础教育以下的比重要明显高于全部就业人口平均水平。

特别是俄罗斯独立以来，大量受过教育的青年劳力纷纷从农村和农业企业中流失，农业企业干部构成的质量也不断恶化。其中，2001年受过高等教育并具有农业企业技术专家职务的干部减少了4 300多人，占总数的54%；受过高等教育的农业干部下降至总数的 70%[①]。

表 7-4　俄罗斯农业就业人口的受教育水平

单位:%

受教育水平		高等教育	中等职业教育	中等普通教育	基础教育	基础教育以下
全部	100	34.2	45.0	17.2	3.4	0.2
种植业，畜牧业和林业	100	12.1	41.8	32.4	12.1	1.5

数据来源：俄罗斯人口统计年鉴，2019 年。

近几年，虽然俄罗斯农业技术教育有了较大发展，政府也加大了对农业科技的重视程度，但是由于农业比较利益低下，许多专业人员和熟练劳动力不断地向工作收入较高的其他产业中转移，农业专业人才不足的状况依然没有得到改变，专业人才的数量仍远不能满足市场需要，尤其是农机手最为紧缺，多年来农机手人数的增长一直低于农机数量的增长[②]。

4. 区域分布

劳动力资源在各区域的均衡分布及其与土地、资本等其他生产要素的合理匹配，对于充分发挥资源效益具有重要作用。俄罗斯农业劳动力的地区分布很不平衡，其总的趋势大体同人口的地理分布相一致。俄罗斯的人口地理分布的首要特征是地广人稀，其人口密度大约每平方千米为 8.3 人。俄罗斯的国土面积为世界第一，但人口密度在世界十个人口逾亿的大国中的排名却是末位。其次，俄罗斯人口空间分布上还呈现西多东少的态势。在俄罗斯的西部，即该国处于欧洲的地区，人口平均密度为每平方千米 27 人，其中莫斯科、圣彼得堡等大城市的人口密度几乎与世界人口密度最大的地区接近，而东部地带人口密度只有每平方千米 2 人，像埃文克和泰梅尔两个自治区人口平均密度为每平方千米 0.03~0.06 人。可以说是全国总人口的 85% 集中在不到 1/4 的国土上，而其余的 15% 的人口则零星散布在剩下 3/4 的广大土地上。整体上看，人口由西向东不断收缩，人口密集带是从西北部的圣彼得堡开始沿伏尔加河向东南延伸直达伏尔加格勒，往东则越过乌拉尔山沿西伯利亚大铁路直抵远东的符拉迪沃斯托克，直到远东才略有增加。这样人口分布的"过疏"地区和"过密"地区形成了一条东西走向的"楔形人口核心地带"[③]。

① 方康云. 俄罗斯近年农业述评 [N]. 东欧中亚市场研究，2002.12.
② 杨宏. 中俄农业经贸合作研究 [D]. 杨凌：西北农林科技大学，2002.
③ 颜俊，毛广雄. 俄罗斯人口结构研究 [J]. 世界地理研究，2009，18 (1)：119-127.

在上述人口地理分布的背景下，俄罗斯的农业劳动力也主要集中分布在西部的欧洲地区，约占到俄罗斯全部农业劳动力的 3/4。而广袤的东西伯利亚、西西伯利亚和远东地区由于人口的绝对数量较少，且大部分从事工矿业，农业劳动力严重不足。这里虽然拥有全俄约 1/3 的耕地，但农业劳动力占比却不足1/4，每逢收获季节，都要动员非农业劳动力参加抢收，即使如此，还常由于不能及时收割而造成谷物减产[①]。

（三）农业劳动力资源短缺原因

长期以来，俄罗斯的农业劳动力资源呈现出数量和结构双重性短缺，造成这一情况的因素主要有农业人口自然增长率的变化、农业劳动力的自然减员，以及农业与国民经济其他部门之间的劳动力流动。

1. 人口长期负增长

从 20 世纪 50 年代开始到 80 年代中期，苏联的人口出生率一直呈上升态势，1980 年的人口出生率为 18.3‰。进入 90 年代以后俄罗斯人口出生率则出现了连续下降的态势，到 2000 年人口出生率下降到 8.7‰，与 1980 年相比下降了 9.6 个千分点。2000 年后推出的生育补贴政策，让俄罗斯经历过短暂的出生率上升时期，2014 年和 2015 年的人口出生率上升到 13.3‰，不过最近两年，俄罗斯的人口出生率再次呈现下行趋势，2018 年人口出生率下降到10.9‰。如图 7-2 所示，在俄罗斯的农村地区，人口出生率同样在 2000 年以后呈现先上升趋势，2014 年出生率最高达到 14.4‰，2018 年再度下降为10.7‰，低于 2005 年水平。

俄罗斯农业劳动力的减少不仅表现为农村人口出生率的降低，还包括死亡率的升高。如果说出生率低是当今欧美国家的普遍现象，那么死亡率高则是俄罗斯独有的现象。由于俄罗斯经济水平下降、医疗卫生等社会保障体系的落后和酗酒、吸毒等不良生活习惯的蔓延等原因，近年来俄罗斯人口的死亡率一直呈较高态势。现阶段，俄罗斯人口的死亡率平均约为欧洲和美国的 2 倍。20世纪 90 年代以后，俄罗斯农村人口的死亡率基本呈现上升趋势，从 1992 年起，死亡率就开始高于出生率。更令人担忧的是俄罗斯婴儿死亡率的上升，1990 年每 1 000 个婴儿中有 17.6 人死亡，1993 年上升至 20.3 人，1998 年重

---

① 杨宏.中俄农业经贸合作研究［D］.杨凌：西北农林科技大学，2002.

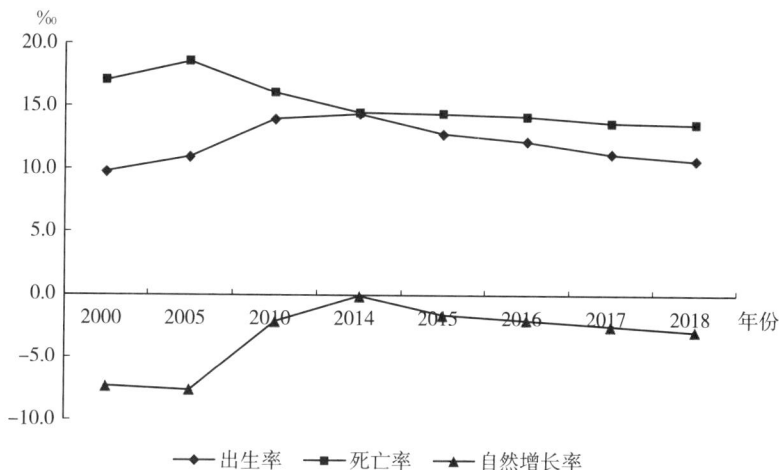

图 7-2 俄罗斯农村人口出生率、死亡率和自然增长率

数据来源：俄罗斯 2017 年、2019 年统计年鉴。

新降到 16.5 人，而到 1999 年则升至 16.9 人。

俄罗斯农村人口的低出生率和高死亡率并存，致使其人口自然增长率连年下降并出现了长期的负增长，而且这种情况尚未改变。2005 年，农村人口自然增长率一度下降到－7.6‰以下，人口负增长情况较为严峻。随后人口自然增长情况经历了短暂好转，而 2014 年之后，农村人口负增长的趋势再度显化。

2. 劳动力结构欠佳

近年来，俄罗斯农村人口老龄化的趋势进一步加重。一般来讲，人口老龄化比重提高是福利国家的标志，因为社会安定和物质生活水平的提高，使得人的生存年龄不断延长，而平均寿命的延长就必然带来人口老龄化比重的增大。根据俄罗斯调查局公布的《1989 年俄罗斯统计年鉴》及《2002 年俄罗斯统计年鉴》可以看出，1989 年俄罗斯农村人口中，每千名适龄劳动力人口需赡养940 个非劳动力人口，其中儿童 512 人、老人 428 人。到了 2002 年，同样的调查，结果却发生了很大的变化。农村人口中每千名适龄劳动力人口需赡养的非劳动力人口与 1989 年相比下降到 785 人，但是其中赡养老人的数量却超过了赡养儿童的数量。由此可见，如按现在的人口状况继续发展下去，未来俄罗斯的农业劳动力数量短缺依然不会改变，且农村老龄人口所占的比重也会越来越大。此后，当人口出生率急剧下降时期（即 20 世纪 90 年代）出生的一代人进入劳动力年龄和第二次世界大战以后出生的几代人逐渐进入老年时，势必会进一步加剧农村适龄劳动力人口下降、老年人口数量和比重明显增长的状况，最终导致人口抚养比明显上升。这种人口年龄结构及经济现状无疑将加剧有劳动能力这一群体的社会经济负担，从而延缓俄罗斯的经济增长[①]。

3. 劳动力流失严重

劳动力流失也是加剧俄罗斯国内农业劳动力资源匮乏的重要原因之一。有关社会调查显示，目前约有 50% 的年轻人有意离开农村[②]。其中，农村外流的人口主要是有劳动能力和素质比较高的人口。由于俄罗斯农村的破败、城乡差别的扩大，农村中最有能力的人，尤其是年轻人都愿意进城工作或转向其他行业，而不愿意从事农业生产[③]。特别是从农村和农业企业中流失的人群中，不乏有大量受过教育的青年劳力和农业企业干部，现今农业企业干部的质量正在不断下降。

农业劳动力的流失不仅体现在人口由农村向城市转移，甚至表现为由国内向国外转移。由于俄罗斯的经济下滑，国内居民生活水平明显下降，大量国民生活在贫困线以下，农村表现得更为明显。加上历史上国内政治局面动荡不安，导致一部分农村人口选择到欧美、日本等发达国家工作或定居，这类劳动移民大多为劳动年龄人口，能直接进入劳动力市场，相比新增人口进入劳动力市场不需要较长的时间周期，且其中同样不乏受过高等教育且具备农业专业技术的劳动力。

俄罗斯农村人口外流所造成的后果正在显现。在 1989 年和 2002 年的两次人口普查期间，有 1.07 万个农村居民点被取消，占农村居民点总数的 7.5%，没有常住人口的居民点达到 1.31 万个，这一比例上升了 40%，人口不足 10 人的居民点从 19.7% 增至 22.4%。可以不夸张地说，农村正在逐渐消失。长此以往，俄罗斯农业劳动力的数量将越来越少，质量也将越来越低，从而难以为继[④]。

二、农业劳动力流动

劳动力流动是指劳动力为了获得更高的劳动收入而在地区间、产业间、部

① 安琳琳. 俄罗斯劳动力短缺问题研究 [D]. 长春: 吉林大学, 2007.
② 高际香. 俄罗斯农村地区发展: 挑战与应对 [J]. 俄罗斯东欧中亚研究, 2018 (3): 52-66, 156.
③④ 江宏伟. 非传统安全视野下的中俄农业合作研究 [J]. 欧亚经济, 2010 (8): 36-45.

门间、就业状态间、企业间等不同空间上的转移。劳动力在地区之间的流动，有利于缩小地区之间的工资差别。农业劳动力的流动是世界各国从传统农业社会向工业社会转型过程中的普遍现象。特别是在发达国家的经济发展中，均经历过这样的过程，即农业劳动力不断转移到非农产业部门以及农村人口逐步迁移到城镇，最终，本国的农业劳动力在全部劳动力总量中的比重非常低。与许多国家相比，俄罗斯的农业劳动力流动有一定的特殊性。在农业人口向城市转移的过程中，城市的"拉力"与农村的"推力"是统一的，也就是说俄罗斯的高度城镇化并非是农村人口饱和及农业劳动力过剩引起的自然流动，苏联时期计划经济体制下的行政命令发挥了不可替代的作用，如集体化政策、肃清富农阶级、户口制（丧失农庄户口）等因素都对农业劳动力的流动产生重要作用。俄罗斯独立后出现的逆城镇化更是由于行政改制带来的直接结果。因此，以下将从俄罗斯城市化的反向视角阐述历史进程中农业劳动力的流动情况。

进入 20 世纪 90 年代后，苏联在社会经济危机、政治和民族冲突、难民和被迫移民数量快速增长、产业急剧下降、居民生活水平灾难性下降、失业率上升、城市危机突出的背景下解体，从而从根本上改变了历史上形成的城乡人口动态以及苏联时期的人口布局。

从 1991 年开始，俄罗斯农业人口持续增长，取代了过去的下降趋势。这其中既有农村人口的自然增加，也有城市居民点向农业居民点改制的作用。1991 年，不计行政因素，农业人口数量增加了近 20 万，且农业人口增长地区开始增多，主要沿着从黑海到太平洋南部边界一带。1992 年农业人口与上一年相比增长了 1.5 倍，可以说行政改制对这一时期农业人口增长起到重要作用。这一点从城市居民点的减少上也可以体现：1991 年俄罗斯的许多地区中心及城镇变成了农村，乌斯季—奥尔登布里亚特自治区的行政中心是乌斯季—奥尔登镇及 3 个城市居民点，1992 年，这些城市居民点改成了农业居民点，成为俄罗斯 89 个联邦主体中，唯一一个没有城市人口的联邦主体。1991—1996 年，俄罗斯城镇数量从 2 204 个减少至 1 994 个，城市人口数量减少了近 15%。

直到 1995 年，俄罗斯农业人口由 90 年代初在行政因素影响下的增长再次转变为灾难性下降，并且减少速度很快（1999 年是个例外，由于大规模的行政改制，俄罗斯农业人口增加了 2.1 万）。2000 年，农业地区净移民首次为逆差，2001 年农业地区移民外流 8.7 万人，人口数量增长地区继续减少。

　　纵观 1989—1998 年这一时间段，在"行政性逆城市化"直接作用下，近 75 万城市人口成为农业人口，而这一时期农业人口实际增长了 40.7 万，也就是说，如果不考虑行政因素，农业人口不但没有增长，反而减少了 34 万人左右。具体到地区来看，达吉斯坦共和国人口增长了 23%，超过 17% 的人口增长来源于移民，斯塔夫罗波尔边疆区、别尔哥罗德州和卡卢加州由于移民因素人口增长超过 10%。卡累利阿共和国农业人口增长 38%，罗斯托夫州和阿尔泰边疆区由于行政区划改革人口增长了 14%。而亚洲地区北部和远东多数地区人口数量出现灾难性下降，楚科奇自治区人口降幅在 50% 以上，马加丹州人口下降 38%，这些地区农业人口下降更为明显，马加丹州农业人口仅剩三分之一，楚科奇有超过一半的农业人口迁出[①]。

　　近年来，在没有行政改制的作用下，俄罗斯农业从业劳动力流失情况依然非常严重，大量农业劳动力逐步向国家机关、矿产开采和服务业等其他产业转移，而这种流动主要是市场化行为。2007—2011 年 5 年间俄罗斯农业从业人员迅速减少了 130 万人，占该农业总就业人口的 20%。从农村人口净流出数量看，2012 年俄罗斯农村净流失人口 16.66 万，2013 年为 17.72 万，之后净流出人口大幅减少，2014—2016 年分别为 13.37 万、4.75 万和 3.65 万。上述趋势持续推进的后果是俄罗斯农村地区丧失人口增长潜力，向城市转移劳动力的功能逐渐退化，把农村人口数量稳定在合理数量范围内将困难重重[②]。

　　俄罗斯这一时期的农业劳动力除了向其他产业转移之外，还表现为逐渐向大型村庄集中，在整个联邦范围内则表现为从落后偏远地区逐渐向发达地区聚集。早已完成城镇化的俄罗斯，人口流动却在农村内部不断进行，村庄也因此呈现两极分化的态势，无人村庄、10 人以下村庄、3 000 人以上的大村庄数量逐渐增多。人口迁移的方向呈现向南部地区和向重要城市群周围聚集的趋势。在这一过程中，俄罗斯土地资源与人力资本之间进行着重新整合，对于稀缺的劳动力而言，放弃贫瘠的土地转而迁往土地肥沃、交通便利的地区不仅有利于劳动生产率的普遍提高，而且对于耕地资源而言，优质的土地资源能够更加充分地发挥作用[③]。造成俄农村农业劳动力流失的主要原因应包括以下三个方面。

　　① 于小琴. 俄罗斯城市化问题研究 [M]. 黑龙江：黑龙江大学出版社，2015.
　　② 高际香. 俄罗斯农村地区发展：挑战与应对 [J]. 俄罗斯东欧中亚研究，2018.
　　③ 王志远. 农村土地流转：中国与俄罗斯的差异与共性 [J]. 欧亚经济，2014 (3)：5 - 18.

首先，农业与其他行业收入差距太大。长期以来，俄罗斯第一产业从业者的收入与其他产业相比，存在着较大的差距。例如，2005 年第一产业从业者的月均工资仅为矿藏开采业的 18.4%、加工制造业的 43.3%、建筑业的 40.3%、批发零售业的 55.6%、餐饮业的 60.4%、运输与通讯业的 32.1%，而这一数据在 2008 年分别是 25.5%、52.8%、44.4%、45.6%、56.7%、73.4%、40.8%，并未得到根本上的改变。2014 年初，俄罗斯政府的农民平均月工资收入仅为全俄罗斯的工人月平均工资金额的 35% 左右，且其大部分与农业的相关企业都有拖欠农民工资的问题。在这样劳动付出与收入所得极不相符的情况下，农业从业人员向其他产业流动已成定局[①]。

与较低收入相对应的，农业税收和付费名目繁多也是导致俄罗斯农业劳动力短缺的一个重要原因。俄罗斯政府给农民指定的相关税收和各种应该缴纳的费用繁多，使得俄罗斯农民的压力和负担变得沉重不堪。据俄罗斯一些媒体的报道，在俄罗斯，与农业相关的商品生产者们每年定期要通过不同的形式向国家缴纳大约 14 种税收以及 5 种预算外的基金费用。在这些税收和费用中，有 9 种税收以及 5 种全部预算外基金的缴纳都是由俄罗斯的中央政府规定，包括农产品销售利润税、土地税、稳定基金付款、增值税等。除了中央级的税收外，地方政府制定的税收种类更加纷繁复杂。比如，有警察的费用税收、教育的需求税收、住房的基金以及文化的经费税收，还有农村的道路税收、城市以及郊区的交通税等[②]。

另外，农业私有化改革失败影响了劳动者的积极性。俄农业经营体制私有化改革的目的是要在农业产业内建立起以供需调节为基础的市场经济体制，它要求打破原有的集体农庄、农场制度，允许土地私有化、分配制度市场化。但从实施过程及最终结果来看，土地私有化造成大量国有土地被一小撮人通过不正当竞争所获得，国家因此丧失了对绝大部分可耕种土地的实际控制权。那些土地的实际控制者，他们所关心的并不是如何利用这些土地创造更多的社会财富、解决农产品产出问题，而是土地本身所代表的金钱资本。这也体现在俄罗斯农场面积有所上升、但农场数量却在逐年下降，土地集中化趋势日益明显的现象上。

---

① 陶海东. 俄罗斯农业的发展战略 [J]. 经济导刊，2010 (6)：10-11.

② 阿芙丽娜·叶甫根妮娅. 俄罗斯农业发展及其国际合作研究 [D]. 哈尔滨：黑龙江大学，2015.

三、农业劳动力相关政策及演变

在人口危机和市场自由就业的大背景下，劳动力短缺趋势日益凸显，这不仅是俄罗斯人口专家和社会学家关注的问题，也逐渐成为俄罗斯政府部门高度重视的问题。普京总统在 2000 年国家会议上指出："人口死亡率连续十年超过出生率，人口数量持续减少，质量恶化，人口危机已成为威胁俄罗斯民族生存和发展的头号敌人。如不解决，将会动摇国家基础。"由此可见，如何提高人口数量，改善劳动力短缺已经成为现阶段俄罗斯政府的头等大事。为了扭转劳动力短缺的局面，专家学者们提出了一系列解决措施，如提高人口出生率，降低儿童和劳动年龄人口的死亡率；保证有效的从业人数，提高劳动力的质量和竞争力；改善居民的物质及生活水平，遏制劳动力流失；吸引国外劳动力，引进国外移民等。

（一）人口激励政策

通过提高出生率和降低死亡率促进农村人口增长是解决农业劳动力短缺的基本手段。2000 年 10 月，俄罗斯劳动和社会发展部制定了《俄罗斯 2015 年前人口政策构想》，并最终于 2001 年 12 月经联邦政府批准并推进实施。在 2006 年 5 月发表的年度国情咨文中，普京将人口问题提到了"俄罗斯目前最尖锐的问题"的高度。2007 年 10 月，《俄罗斯到 2025 年前人口政策构想》又获批准。该构想实施的目的是动员联邦各政府机关、各地方市政教育机构以及各单位和个人的力量，确保国家人口稳定发展。

在提高出生率方面，鉴于俄罗斯人口生育的严峻现实状况，俄罗斯政府提出了人口新政，也制定了相应的鼓励生育的政策。全社会开始积极宣传传统家庭生育文化，强调公民社会责任，倡导年轻夫妇积极生育，保持家庭结构的稳定。2008—2010 三年预算案中规定，"母亲基金"实行指数化，即按通货膨胀率 7% 的预测值计算母亲基金的金额。这样生育和收养第二个、第三个甚至更多子女的妇女在 2008 年 1 月 1 日起可领取 26.75 万卢布，并且育龄夫妇享有购房补助。

为了降低人口死亡率，俄罗斯政府从 2006 年开始实施国家"健康优先项目计划"，重振俄罗斯医学的传统学科——疾病预防学，以便及早发现、预防和治疗心血管疾病及其他导致高死亡率的疾病，从而延长人均寿命。鉴于酗酒特别是过量饮用劣质酒造成意外死亡的严重后果，俄罗斯政府开展反酗酒运动，限制含酒精饮料的进口和销售。此外，政府还严格限制毒品流通，以此号召人们远离毒品，养成健康的生活方式①。

（二）保障就业政策

俄罗斯就业总局与经济部、劳动部合作，并在联邦其他权力执行机关的参与下制定了《1994年联邦促进就业纲要》，经政府主席团会议审议通过后，以政府决定形式批准。该《纲要》是国家经济、社会政策纲要体系的组成部分。在纲要中，根据《俄罗斯居民就业法》对国家的就业政策、目标、任务加以确定，并明确规定了就业总局的工作方针和主要内容。各地区也制定并通过了类似的纲要，以指导本地区的工作。为解决一些地区出现的严重就业问题，1994年5月成立了政府预防某些地区劳动力市场危机委员会，修改了《俄罗斯居民就业法》，起草了《俄罗斯总统关于预防大规模失业综合措施的命令》草案②。

1996年5月6日，修改后的《俄罗斯居民就业法》经议会通过并颁布实施。1996年9月27日，俄罗斯劳动部批准了《俄罗斯居民职业指导和心理帮助条例》，根据该条例，居民就业中心、地区失业公民及未就业公民职业指导中心义务为居民提供免费服务。《1996—1997年促进居民就业的联邦专项规划》规定，提高社会工作的针对性，首先要帮助需要社会帮助的公民（长期失业青年，多子女和单身父母等）。2007年7月俄罗斯颁布了第一个农业发展五年规划——《2008—2012年农业发展和农产品、原料和食品市场调节的国家规划》。规划农业发展的主要目标之一为：提高农村就业和农民生活水平③。2015年俄罗斯制定了《2030年前俄联邦农村地区稳定发展战略》，该战略提出2030年前农村地区稳定发展的就业目标为农村人口就业率提高到65.5%，农业工资与全行业平均工资的比例达到80%，城乡居民的人均可支配收入比例为1：0.9④。

① 郑羽，蒋明君.普京八年——俄罗斯复兴之路（2000—2008经济卷）[M].北京：经济管理出版社.2008.
② 李东林，刘燕斌.世界劳动保障[M].北京：中国劳动社会保障出版社.2001.
③ 高际香.俄罗斯农业发展与战略政策选择[J].俄罗斯东欧中亚研究，2011（4）：43-49.
④ 高际香.俄罗斯农村地区发展：挑战与应对[J].俄罗斯东欧中亚研究，2018（3）：52-66，156.

为保证各就业激励政策的有效实施，中央政府负责制定法律法规，保证财政拨款，并监督各种促进就业计划的执行。联邦主体根据本地区特点落实中央政策，保持和增加就业机会。从 1991 年起各地开始成立政府的就业安置机构，在工会组织、职工代表机构、企业组织的配合下共同致力于解决居民就业问题。除了就业激励政策以外，俄罗斯政府还建立了较为完善的失业救助体系。目前，俄罗斯共有大约 2 500 个就业中心，对失业者提供全方位的免费服务，不仅仅进行失业登记和发放救济金，更重要的是进行就业指导、心理咨询、再就业培训、通报就业信息和政策法规、落实政府提出的促进就业的各项计划。这些就业机构根据各地在就业方面遇到的具体问题积极开展工作。各地就业机构都组织以救助失业为目的的社会性工程，其中就包括通过组织季节性的农业劳动，解决劳动力失业与农业劳动力短缺的问题①。

（三）移民及跨国劳务合作政策

尽管提升出生率和降低死亡率是增加劳动力供给的重要措施，但是根据俄罗斯国家统计局的预测，在未来的一段时期内，俄罗斯本土的适龄劳动力将会继续下降。当今解决人口危机的最快捷的办法是鼓励移民。正如俄罗斯总统普京所言，"国家人口的增长必须辅以成熟完善的移民战略"。制定有效的移民政策成为俄罗斯稳定人口数量、提高劳动力供给的重要步骤。为引导外国劳动力流入，更好地为本国经济发展服务，俄罗斯政府相继颁布实施《俄联邦外国公民法律地位法》《教授移民俄语法》《俄扩大各地区引进外国劳动力的配额》等政策法规，加强对外来移民的管理。

除了永久定居的外来移民对俄罗斯劳动力的补充以外，俄罗斯还通过开展跨国劳务合作来弥补劳动力资源的短缺。除了独联体国家人口流入以外，中国与俄罗斯之间的劳务合作有效促进了农业、畜牧业领域的发展和进步。中俄两国的土地资源利用现状，为两国间土地开发与农业经营合作提供了又一个优势领域。特别是在俄罗斯的远东地区，耕地资源丰富却撂荒严重，俄罗斯充分利用本国耕地资源和中方农业劳动力，开展农业种植方面的劳务合作，吸纳中国劳动力发展远东地区农业生产。通过跨国劳务合作，一方面俄罗斯吸收国外的技术和资金，进行种植或农产品深加工，提高土地的利用效率，满足国内市场

---

① 张抗私. 就业与和谐社会发展 [M]. 北京：中国民主法制出版社，2005.10.

需求，并借此改善当地经济、生活和就业条件，创造良好的社会生活环境。从长远看来，农村生活物资的丰富和生活环境的改善、提高，有利于减轻当地农民的生活压力，缓和社会危机，并促进农村人口增长①。

第二节　农业生产经营组织的历史演变

一、改组农业生产经营组织形式的背景

（一）粮食危机的出现

1991 年 1 月至 1993 年 4 月，俄罗斯政府为 115 万户居民提供了 2 110 万公顷土地。当时，共有 4 000 多万户居民成为土地所有者和土地使用者。虽然他们得到的土地面积不大，但呈逐渐扩大趋势。1991 年俄罗斯家庭副业的平均土地面积仅 0.2 公顷，1993 年 4 月扩大到 0.36 公顷，在一部分地区超过了 1 公顷。家庭副业充分利用了家庭劳动力从事农副业生产，部分农产品已经占有很大的比重，如家庭副业生产的马铃薯占 72%，蔬菜占 46%，水果和浆果占 65%，肉类占 36%，乳品占 30%，羊毛占 34%，鸡蛋占 22%。俄罗斯独立后拥有苏联 76.3% 的国土、60% 的耕地、70% 的草场、20% 的牧场和 96.6% 的森林等绝大部分自然资源②。这种自然资源优势使俄罗斯具有农业发展的巨大潜力，但其农业发展情况却并不乐观。1990 年和 1991 年的冬天，俄罗斯出现了粮食危机，一个占地球陆地面积高达 1/6 的国家，人口不到 3 亿，居然在 60 年代以后的大多数年份，不得不依赖越来越多的粮食进口才能养活自己。在历史上，俄国直到 20 世纪初，一直是世界上最大的粮食出口国，占据了当时世界粮食出口总量的 45%，而在 1980 年以后，苏联却成为世界最大的粮食进口国。

（二）土地关系的调整

苏联时期，农村土地的国有制被认为是农业发展缓慢的重要原因。建立家庭农场在 20 世纪 80 年代中期开始受到重视，但仅被作为公有经济的补充形

① 郭宾奇. 中俄农业合作前景广阔——中俄农业十大互补性探析 [J]. 西伯利亚研究，2003（3）：24-36.

② 张泉欣.“休克疗法”与俄罗斯农业市场化改革 [J]. 中国农村观察，1994（5）：35-42，34.

式。1990 年 12 月，俄罗斯出台《农户农场法》和《土地改革法》，承认农村土地的私有产权，希望农民以私有土地组建家庭农场。但是，这次强制性制度变迁由于与俄罗斯民众的集体意识不相符，并没有立即在农村推行。1991 年初，俄罗斯仅有 4 400 个家庭农场。为了实施土地非国有化和有效地利用土地发展农业生产，1991 年初俄罗斯政府公布了《俄罗斯境内实施土地改革大纲》。《大纲》规定区级地方人民代表苏维埃有支配土地的权力，负责查明公民、企业、机关的土地需要量，并建立专项的土地再分配基金。区级地方政府根据以后公布的《土地改革法》向集体农庄和国营农场征收 10% 的土地，无偿分配给需要土地的公民。当时一部分城市居民和少数农业技术人员获得了土地，先后建立了 45 000 余个家庭农场。但是，他们所得的土地大部分是农庄、农场废弃的边远的土地，而大部分农庄和农场职工并不希望离开集体去建立独立经营的家庭农场。同时，农庄、农场也拒绝将土地交给地方政府。因此，纠纷四起，土地改革进展十分缓慢。

1991 年 12 月，作为激进式改革的一部分，以农村土地私有化为核心的农业改革拉开了序幕。俄罗斯政府连续发布了两个土地私有化的总统令，即《关于实施土地改革的紧急措施》和《关于改组集体农场和国营农场的办法》。《实施土地改革紧急措施》总统令颁布以后，重新调整了土地再分配基金方案，即按区确定无偿提供公民土地的平均定额和集体农庄占有土地的人均定额，按照定额分配后剩余的土地上缴给区地方政府作为土地再分配基金。如果公民无偿得到的土地面积不够，还可向区地方政府土地资源和土地建设委员会租赁或购买。这些文件规定，在 1993 年 1 月 1 日之前，所有集体农庄和国营农场必须进行改组，允许农场成员持有土地份额离开农场和农庄，组建私人家庭农场，不过按上述办法实行土地私有化的规模还是十分有限。截至 1995 年 7 月 1 日，俄罗斯 95% 以上的国营农场和集体农庄重新进行了登记。然而，这些农场和农庄大多数仍然保留原有的经营模式，仅仅是对其土地所有权进行改组转换。这与政府建立欧美式家庭农场的改革愿望完全不符。政府设想，通过农村土地产权的重新界定，原有国营农场和集体农庄的雇员带着私有土地离开农场和农庄，从而塑造大量自主经营、自负盈亏的私人家庭农场[1]。

---

① B. B. 博里索夫娜. 俄罗斯农业改革的经济后果 [J]. 西伯利亚研究，2000 (4)：1-5.

二、农业生产经营组织形式改组的过程

苏联解体后，俄罗斯政府认为土地国有制是农业发展最大的顽疾，家庭农场能够有效激励农业生产，随即强制改组国营农场和集体农庄，并规定在1993年1月1日之前完成改组任务。然而，大多数国营农场和集体农庄仅仅实现了土地产权的转换，经营模式和基本架构仍然保持原状，此后被统称为"农场企业"。部分农场雇员以通过私有化获得的土地组建家庭农场，但生产经营效果不佳。以上两种农业主体加上长期存在的居民副业经济，使俄罗斯农业开始进入三种主体共同发展的阶段。

20世纪80年代，苏联各加盟共和国在集体农庄、国营农场和其他农业企业中广泛推行承包、租赁和内部经济核算等改革措施。但是，这些改革措施未触及改变高度集中的计划体制，因而不能刺激生产者（个人或劳动集体）的生产积极性。80年代末到90年代初，要求彻底改革原有农业体制的呼声越来越高。1991年，随着政治形势急剧变化，实行私有化成为俄罗斯农业改革追逐的主要目标。1991年12月27日，俄罗斯颁布《关于实施土地改革的紧急措施》总统令，标志着俄罗斯采取激进的方式实行农业私有化。总统令要求在一年中完成集体农庄和国营农场重新登记和改组，并且计划几年内建立几百万个家庭农场，在农村全面实施私人农场化。一部分俄罗斯经济学家称此举与30年代农业全盘集体化一样，同样是自上而下强制性地改变土地所有制关系，只是前者将私有土地变为集体所有，实质是国有化；后者是将公有制土地私有化[①]。

（一）改组集体农庄和国营农场

俄罗斯曾沿用苏联宪法，土地属国有财产，长期由集体农庄和国营农场占用。1991年12月《关于实施土地改革的紧急措施》总统命令颁布后，要求对集体农庄和国营农场进行改组，每一个劳动者可以由此获得相应的一份土地和财产份额建立各种生产经营组织，包括建立家庭农场及其协会。

俄罗斯有集体农庄和国营农场25 000多个，它们为社会提供90%以上的粮食和70%的畜产品。尤其是近30年来，集体农庄和国营农场建立了大规

---

① B.B. 博里索夫娜. 俄罗斯农业改革的经济后果［J］. 西伯利亚研究，2000（4）：1-5.

模、集约化的生产工艺和大面积的作物轮作制度，如果一旦遭到破坏，俄罗斯农业将在一个很长时间里难以恢复。因此，1991年12月的总统令在议会中产生强烈的反响。许多长期从事农业科学工作的专家认为，俄罗斯农业改革必须尊重农民的选择，改革应是渐进的，不是激进的。两年的俄罗斯农业改革实践也证明了这一点。1992年底只完成77%的农庄、农场重新登记工作，到1993年10月才达到93%。最为重要的是农庄、农场改组形式与原来拟定的改组目标差距甚远。从改组形式上看，大部分农民选择了各种类型的合伙公司和股份公司，真正建立家庭农场和家庭农场协会的农庄、农场不多。截至1993年6月1日，改组为家庭农场协会的农庄、农场共931个，仅占改组农庄、农场的4%。

（二）全力推进私人农场化

世界上许多发达国家依靠私人农场解决本国的粮食问题，极大地吸引了俄罗斯主张实施全面私有化的决策者。《关于实施土地改革的紧急措施》命令配合了当时推行的"休克疗法"在农村实施激进的私有化改革。总统令要求在改组农庄、农场的同时，保证庄员和农场职工"不受限制地退出农庄、农场"，他们可以得到一份土地和财产建立家庭农场。为此，俄罗斯财政部决定拨款241亿卢布，用于扶植农户和农场主。截至1993年10月1日，俄罗斯农村有26万余个家庭农场，占有土地1 110万公顷，其中耕地740万公顷（占联邦农业用地的4.8%，占耕地的5.6%）。

两年来，俄罗斯家庭农场数量有很大的增长，但规模比较小，如达吉斯坦共和国有1万多个家庭农场，平均面积仅为2.7公顷。俄罗斯全部家庭农场的平均面积为42公顷，大部分还难以成为较大的商品生产者。家庭农场普遍遇到资金和技术装备不足的困难。1992年5 100个家庭农场因无法经营而退还了土地，1993年1—9月9 000个家庭农场停止了经营活动。家庭农场的增长速度开始下降，当年7—8月基本稳定在26万个。从长期的发展趋势来看，农场企业和家庭农场在主要农产品生产方面处于相互竞争的关系，都生产谷物、向日葵和甜菜等大田作物。在俄罗斯农业发展历程中，农场企业和家庭农场是替代关系。这种情况决定了当市场环境不利于农业发展时，农民更愿意留在农场企业中，以避免经营家庭农场的风险。因此，私有化改革初期，家庭农场发展速度极为缓慢。但是，当市场环境有利于农业发展时，农民又倾向于组建生产效率较高的家庭农场。这种替代关系在农业衰退期表现得并不明显，而在

1999—2008 年俄罗斯农业的增长期内，则表现得非常显著。

第三节　农业生产经营组织的发展现状

一、农业生产经营组织的类型

目前，俄罗斯农业生产经营组织包括三种类型：一是农业企业，也称农场企业，包括各种股份公司、农业生产合作社、国有农场等。截至 2019 年 1 月 1 日，农业企业中不同类型企业的构成为：有限责任公司占 61.1%，农业生产合作社占 21.5%，封闭式股份公司占 7.6%，开放式股份公司占 2.1%，国有企业占 2.1%，其他类型企业占 6.6%。二是居民经济，主要是公民个人的副业经济、个人菜园和集体果园等。三是家庭农场，是农民在私有土地上组建的，也叫农户经济[①]。作为俄罗斯农业改革的主要目标，私人家庭农场一直无法为俄罗斯农业生产做出更大的贡献，而仅有少量土地的居民经济却提供了绝大多数的农产品。国营农场和集体农庄仍然保留原有的经营框架和经营模式，形成各种有限责任公司、开放式或封闭式的股份有限公司以及农业生产者合作社等。

（一）农场企业

俄罗斯农场企业由国营农场和集体农庄改组后形成，是一种股份制的产权结构，有利于对经营者形成激励作用。1991 年俄罗斯激进式的"休克疗法"引发了严重的通货膨胀，但在不同领域的物价上涨幅度不同。1991—1994 年，农产品价格上涨 365.5 倍，消费品上涨 2 041.2 倍，工业品上涨 3 792.3 倍，交通运输业上涨 4 840.2 倍。这种非均衡的通货膨胀使农业相对于其他行业，收入水平严重下降，而工业品和交通运输价格的上涨却使农业生产的成本大幅度上升。因此，农场企业的生产和经营陷入困境。在这种情况下，尽管农民获得了私有土地份额，但他们更愿意留在能够提供各种社会性服务的农场企业中，而不愿单独面对不断恶化的农业市场环境。

农场企业沿袭了国营农场和集体农庄的经营模式，但经营效率较低。从经

---

① 蒋菁. 普京第三任期以来俄罗斯农业的发展状况与政策调整［J］. 欧亚经济，2020（3）：59－73，126－128.

营项目上看，农场企业主要生产谷物、向日葵和甜菜等大田作物。农民愿意组建农业企业的原因是村社制度所形成的集体主义观念、正式制度与非正式制度之间的矛盾、私有土地产权的不稳定性。还有学者指出，由于农场企业能够给农民提供学校、医院等社会服务，农民建立家庭农场不仅投入大、风险高，而且将失去长期享受的社会服务。

基于以上分析，可以把农场企业定义为在农村土地制度变迁历程中的过渡性载体。从农场企业的长期发展趋势看，将出现两种发展道路：一种是农民退出农场企业，以私有土地组建家庭农场；另一种则是通过进一步明晰产权、剥离社会性负担，改变传统的经营模式，使农场企业成为真正的市场主体，组建生产、加工和销售一体化的大型农场企业，只有这样才能提高竞争优势。以上两种发展道路都会使农场企业的土地面积减少[①]。这既体现出俄罗斯土地资源丰富的巨大优势，也体现出其人口规模对农业发展的制约作用。第一条道路意味着农村土地将从农场企业向家庭农场转移，第二条道路则意味着农场企业必须实行更加高效率的集约化经营模式。

（二）居民经济

在俄罗斯，与农业企业相对的是居民经济。"居民经济"一词的原意是居民副业经济，指农民利用闲暇时间在房屋周围的土地上从事畜牧、园艺等活动。这种农业经营模式历史悠久，早在农奴制废除之后，获得自由的农民就开始以家庭为单位耕种土地，实现粮食、蔬菜和水果的自给自足。由于选择地块相对自由，居民经济所拥有的土地，大多数靠近水源，土地肥沃，交通便利。这部分土地经过农民多年精心侍弄，保持着良好的土壤质量，被农民视作极其宝贵的家庭财富。在集体主义观念盛行的村社中，农民大部分时间用于参加村社劳动，仅有少部分时间用于家庭耕作，加之所耕种的土地面积较小，因此，这种模式被称为"副业经济"。从经营模式和劳作时间的视角看，居民副业经济仍然属于兼业生产，但如果从其所提供的农业总产值看，已经无法用"副业"一词来描述这种农业主体，因为它在俄罗斯农业总产值中所占比重位居第一，高于拥有大规模土地的农场企业和家庭农场，所以，舍去"副业"两字，以"居民经济"描述其涵义反而更加准确。

---

① B.B. 博里索夫娜. 俄罗斯农业改革的经济后果［J］. 西伯利亚研究，2000（4）：1-5.

俄罗斯的居民经济，是指公民在从国家分得的土地上，利用业余时间从事的农业生产活动。居民经济既包括副业性质的家庭农业生产，还包括农民种植的各种花园和菜园。在种植业生产方面，居民经济主要生产蔬菜、马铃薯等经济作物。居民经济的产生和发展可追溯到苏联农业集体化年代，当时称之为国营农场职工和集体农庄庄员家庭副业经济，是国营农场职工和集体农庄庄员在政府为其保留的小块宅旁园地（自留地）上，利用业余时间从事的小规模种植、养殖及食品加工活动，是相对于主业生产的一种副业活动。1977 年苏联宪法将其定名为"公民的个人副业经济"，是公有制的重要补充和不可忽视的组成部分。俄罗斯经济转轨后，居民无偿分得了一些土地，在国家一系列政策的扶持下，该经济得到空前发展。1991 年俄罗斯农村土地私有化改革后，居民经济非但没有被家庭农场取代，产出比重反而不断扩大，成为支撑俄罗斯农业发展的中坚力量。从农村土地私有化之后居民经济发展历程所表现出的特征可以发现，这种农业主体呈现逆市场环境的发展特征。

在俄罗斯农村土地私有化改革的进程中，农民一直没有放松对居民经济的经营，居民经济使农民收入有了很大提高。土地私有化以来，居民经济对农场企业的依赖性也体现在劳动就业方面。农民更愿意一边在集体农庄和国营农场从事集体经营，一边进行家庭性质的副业经营。正是由于居民经济的存在，使农民既能满足家庭消费需求，又可以在农场企业获得工资收入和社会服务，兼业的劳动为农民提供了防范市场风险的有效途径。因此，在俄罗斯存在这样特殊的现象：居民经济既表现为单独存在的农业组织，其所有者又可以依附于农场企业获得工资收入和诸多福利。

（三）家庭农场

家庭农场是俄罗斯的农产品生产者之一，是农村土地私有化改革的目标模式。在改革初期，私有制家庭农场的发展可谓步履维艰，一直无法成为真正的农业生产主体。直到 1999 年俄罗斯农业市场环境好转后，家庭农场才开始以较高的速度发展。《俄罗斯农场法》第一条第一款规定："农场，是指有血缘关系或姻亲关系的公民联合起来，财产共有，在亲自参与的基础上共同进行生产和其他经营活动（生产、加工、储存、运输和农产品销售）的组织。"从此可看出，俄罗斯家庭农场有以下四方面特征。

（1）家庭农场成员主要是有血缘关系或姻亲关系的公民。所谓"有血缘关系或者姻亲关系的公民"是指夫妻、夫妻的父母、子女、兄弟姐妹、孙子女以及夫妻中任何一方的祖父母。根据《俄罗斯家庭法典》的规定，家庭成员主要是指夫妻及其子女，家庭其他成员还包括兄弟姐妹、祖父母和外祖父母等。因此，尽管《俄罗斯农场法》中并未出现"家庭农场"的表述，但是，《俄罗斯农场法》中的农场本质上是家庭农场。

（2）家庭农场成员以亲身参与生产经营活动为基础。家庭农场的成员应当亲自参与生产经营活动，包括生产、加工、储存、运输或者农产品销售等。虽然家庭农场需要确定农场领导者，但是农场领导者与其他家庭农场成员之间并非雇佣关系。无论农场领导者还是家庭农场的其他成员，都应该共同生产、共同经营。家庭农场财产的共同共有是这一生产经营模式的物质基础。

（3）家庭农场的财产属于其成员共同共有，是指家庭农场成员对家庭农场财产不分份额的共有。"只有在共有人间存在特别的个人信赖关系，在不需要也不要求确定当事人的权限范围的条件下，共同（非按份）共有关系才可能作为例外存在。这样的关系发生于夫妻之间或农户成员之间，也就是联系紧密的家庭成员的公民之间。"但是，家庭农场成员可以通过协议确定其在家庭农场财产中所占的份额，从而改变家庭农场财产的共有类型，将之变更为按份共有，即家庭农场成员按照一定份额共有家庭农场财产。

（4）家庭农场是公民联合体。一个公民可以建立家庭农场，大多数家庭农场是由两个或两个以上公民建立。需要注意的是，家庭农场并不具备法人资格，但是家庭农场从事经营活动应符合法人的规则。1990年，《俄罗斯农场法》"宣布农（牧）场为法人，尽管它的财产并未从经营它的公民的财产中独立出来，而这些公民以自己的全部财产对农（牧）场的债务负责。"2003年，《俄罗斯联邦农场法》修订了这一做法，其家庭农场并未享有法人地位。但是根据1990年《俄罗斯联邦农场法》建立的家庭农场在2010年1月1日之前仍然保留法人地位。

二、农业生产经营组织的发展现状及特点

（一）农场企业的发展现状及特点

1. 农场企业的发展现状

在1989年激进改革开始之前，俄罗斯有1.29万个国有企业，其中国营农

场、合作企业和集体农庄共 1.25 万个。在这些国有企业中，国营农场农业用
地为 1.19 亿公顷，播种面积为 6 150 万公顷，生产的农产品价值为 488 亿卢
布，工作人员为 560 万人；集体农庄农业用地 8 540 万公顷，播种面积为 5 230
万公顷，生产的农产品价值为 334 亿卢布，工作人员为 400 万人。由此可见，
国营农场单位播种面积的经济产出最高。除此之外，所有农场企业的种植业和
畜牧业产量的比例是 1∶1.6（国营农场 1∶2），1989 年农场企业的产值占农
业总产值的比重为 77.6%，居民经济为 22.4%。

1992 年，经过新一轮激烈的改革，集体农庄和国营农场被强制重新注册，
至 1992 年 10 月 1 日重新注册的农场企业为 1.06 万个（占全部企业的 42%），
其中 0.45 万个（占重新注册企业的 43%）决定维持其集体或国营农场的状
态。到 2001 年，俄罗斯共计有 2.48 万个大中型农业生产企业，这些农场企业
中有约 50% 的农业生产合作社、约 10% 的国有企业、5% 的公开股份公司及约
15% 的封闭股份公司。

俄罗斯农场企业从 2000 年开始数量逐年递减，截至 2018 年，农场企业仅
有 0.44 万个，播种面积也呈现递减趋势，2018 年农场企业播种面积仅为 5 360
万公顷，相较于 1980 年，下降了 55.2%。大牲畜数量在 2000 年之后呈现递减
趋势，2012 年后数量开始递增，谷物和豆类以及大田蔬菜数量呈现波动，马
铃薯产量从 2012 年开始基本维持在 400 万吨左右（表 7-5）。

表 7-5 俄罗斯农场企业的主要指标

年份	1970	1980	1990	1995	2000	2005	2010	2012	2016	2017	2018
企业数量（千）	22.3	23.8	27.3	26.9	27.6	19	7.2	6.4	5.2	4.7	4.4
播种面积（百万公顷）	112.8	119.7	112.1	93.1	74.2	60.5	56.1	55.6	64.9	54.4	53.6
大牲畜（百万头）	38	46.3	45.3	27.7	16.5	11.1	9.3	9.1	31.3	32.5	39.9
谷物和豆类（百万吨）	102.2	94.6	116.3	59.8	59.4	62.7	47	54.4	86.2	94.9	79.5
马铃薯（百万吨）	17.5	12.1	10.5	3.7	2.2	2.4	2.2	3.9	4.2	4.2	4.3
大田蔬菜（百万吨）	5.4	7.1	6.5	2.6	2	1.6	1.5	1.9	3.1	3.5	3.6

随着农业生产能力的下降，农场企业的生产地位也大大下降。改革前有四
分之三的作物和畜产品是由农场企业生产，然而目前这个数值还不到一半。按
可比价格计算，1998 年农场企业生产的实物量为 1990 年的 35%，2005 年的
46%，2010 年的 53%，2012 年的 65%。以 2000 年农业生产恢复的速度计算，
俄罗斯需要在 2020—2030 年才能达到 1990 年的农业生产水平。

2. 农场企业的发展特点

（1）单位土地的产出效率低。从农业总产出变化情况看，农场企业增长速度明显慢于家庭农场。从耕地使用量的变化情况看，这种替代关系更为明显。在俄罗斯农业衰退期，农场企业耕地面积从 1991 年的 1.259 亿公顷降至 1998 年的 1.057 亿公顷，下降 16％，但是在农业增长期，农场企业的耕地面积却从 1999 年的 1.04 亿公顷降至 2007 年的 5 747 万公顷，下降幅度达到 45％。同期，家庭农场的耕地面积则从 1 040 万公顷增至 1 421 万公顷，增长幅度达到 37％。这说明在市场环境有利于农业发展时，家庭农场具有较大的竞争优势，而农场企业为了节约农业生产成本，不得不放弃大量的耕地，以提高单位土地的产出效率，俄罗斯农村土地撂荒面积不断扩大的根本原因就在于此。

（2）监督和管制劳动的成本高昂。俄罗斯地多人少，农场企业不同，这决定了在一个人力资本与非人力资本结合的组织中，雇佣劳动可以获得谈判优势，从而争取到更多的福利和待遇。为了提高农业生产效率，农场企业可以选择对劳动进行监督和管制，也可以选择激励，即提供基本工资以外的各种奖金和福利。但是，对于农业企业而言，监督和管制劳动的成本极其高昂。农业劳动具有周期长、作业面广等特点。以产出作为劳动监督的标准，只能以一年最终的农业产出核算，这显然不具有现实性，因为即使雇员不努力劳动，也可以将产出下降归结于自然条件的不利。而如果以劳动时间作为劳动管制的标准，要监督分布在广阔田野上的农业劳动，无疑要付出很高的成本，这对于农场企业的发展是不利的。

（二）居民经济的发展现状及特点

1. 居民经济的发展现状

居民经济作为一种集约化的生产形式，虽然在大田上没有优势，但是有助于居民更有效地利用资源，因此，在俄罗斯整个农业生产中的地位呈上升趋势。在 1970—1985 年，俄罗斯公民个人占有农业用地（包括耕地、草场、牧场、多年生植物种植地、休耕地）为 350 万～360 万公顷，其中 290 万～330 万公顷为个人辅助经济。1990 年俄罗斯公民个人占有农业用地为 390 万公顷，2012 年为 3 140 万公顷，比 1990 年增长了 7 倍。可见，居民经济的农业用地总规模呈大幅上升趋势。

居民经济的农业生产量和商品率也呈现出上升的趋势。1990 年，居民经

济生产了全俄罗斯 26.3％的农产品（包括 66.1％的马铃薯和 30％的蔬菜），到
1998 年这一比例上升为 57.4％（包括 90.4％的马铃薯和 77.9％的蔬菜），在
2012—2013 年度居民经济生产的农产品份额下降至 41.1％～43.2％（包括
78.9％～82.3％的马铃薯和 69.1％～69.6％的蔬菜）。1990 年，居民个人副业
经济饲养 990 万头大牲畜，1994 年数量为 1 200 万头，2003 年数量为 1 130 万
头，2013 年数量为 900 万头，基本没有增长。1995 年居民经济中牛奶生产的
商品率为 18％，畜禽的商品率为 23％，鸡蛋的商品率为 8.2％；2000 年居民
经济中牛奶、畜禽和鸡蛋的商品率分别为 19.8％、23.9％和 7.6％；2005 年居
民经济中牛奶、畜禽和鸡蛋的商品率分别为 26.1％、36.7％和 12.3％；2010 年
居民经济中牛奶、畜禽和鸡蛋的商品率分别为 31.2％、46.7％和 18.3％；
2012 年居民经济中牛奶、畜禽和鸡蛋的商品率分别为 31.8％、45.3％和
16.4％，三项商品率数据均大体呈现逐年增长态势。

居民经济在俄罗斯农业发展中也存在一些问题，比如畜牧业的技术和卫生
条件较差，农场屠宰牲畜的过程不进行卫生检查，导致发生疾病疫情。《俄罗
斯人口健康状态报告》提出警告说，个体农场使用未处理的污染肥料，导致土
壤、蔬菜、水果、肉及肉制品受到污染。

2. 居民经济的作用

（1）对种植业贡献较大。与农场企业相比，居民经济对于恢复俄罗斯蔬菜
的生产起到了很大的作用。到 2009 年，俄罗斯蔬菜的产量已经达到 1990 年的
水平。此外，在蜂蜜生产上，居民经济 2012 年的蜂蜜产量也达到 1990 年的生
产水平，占到俄罗斯蜂蜜总产量的 25％左右；在水果和浆果的生产上，居民
经济的生产量同期增加了 1.7 倍。居民经济对农业总产量的贡献从 70％上升
到 93％，农业生产总值在全国所占比例从 51％增加到 77％。从表 7-6 中多数
指标变化趋势可见，居民经济在整个俄罗斯农业中的地位呈上升趋势，主要农
产品增产幅度较大，已成为主要的农产品生产者，而且是半数俄罗斯居民和绝
大多数农村居民收入的主要来源，对保障居民的食品需求和消费需求起了很大
作用。

在种植业生产方面，居民经济的经济作物与农场企业、家庭农场的农产品
形成互补关系。尽管在肉、禽和牛奶的生产中，农场企业和居民经济具有一定
竞争关系，在畜牧业上二者各占一半的产量，但是，俄罗斯畜牧业一直无法满
足国内消费需求，每年都需要进口大量畜牧业产品。在畜牧业产品短缺状态

下，农场企业和居民经济的竞争关系并不显著，产出的增长仅仅是替代进口，相互之间不会形成竞争压力。这种生产特征充分说明，居民经济在俄罗斯仍然具有强大的生命力。尽管私有制家庭农场不断扩张，但居民经济不会被替代，仍然是俄罗斯农业发展中的重要力量。

表 7 - 6　俄罗斯居民经济生产的主要产品

单位：万吨

年份	1971— 1975	1976— 1980	1981— 1985	1986— 1990	1991— 1995	1996— 2000	2001— 2005	2006— 2010	2011— 2012	2016	2017	2018
马铃薯	2 960	2 530	2 280	2 140	3 030	2 890	2 560	2 300	2 470	1 559	1 496	1 524
蔬菜	386	297	371	311	630	790	850	880	990	770	750	750
水果和浆果	107	105	136	129	172	204	203	190	206	250	—	—
牲畜和家禽（屠宰后重量）	216	209	220	237	290	266	263	264	249	200	200	190

（2）农副产品供应不足。居民经济的产品结构决定了其农产品的市场价值较高，要优于从事粮食生产的农场企业和家庭农场的产品结构。在俄罗斯，由于肉类、蔬菜等农副产品供应不足，甚至需要大量进口以填补国内需求缺口，因此，居民经济所生产农作物的市场价格要高于谷物、甜菜、向日葵等大田作物。如果以农产品市场价格计算，居民经济的单位面积产值，自然要高于农场企业和家庭农场。因此，在俄罗斯农业中存在着一个特殊的现象，即以小规模耕地为基础的居民经济，在农业总产值中却能占据半壁江山。居民经济的生产经营极大地调动了居民家庭全部具有劳动能力和辅助劳动能力成员的积极性，在生产经营总成本中占绝大比重的低价活化劳动的投入，使其农产品成本大大低于资金和物化资源投入较多的大中型农业企业和家庭农场的农产品成本，这种比较优势，决定了居民经济在现阶段俄罗斯农业中具有强大的生命力和发展空间。它的存在和发展适应俄罗斯现阶段农业生产力水平，符合俄罗斯农业生产现状要求，也符合广大居民的要求和愿望。

（三）家庭农场的发展现状与存在问题

1. 家庭农场的发展现状

（1）数量变化。家庭农场是俄罗斯土地私有化改革后，集体农庄员工利用所分得的土地以单独或者合作方式进行农业生产的组织形式，被俄罗斯法律赋予了法人权利。俄联邦政府为了促进家庭农场的发展，实施了相关的支持政策。家庭农场自组建以来，发展迅速。1992—2015 年家庭农场的平均发展速度为 109.35%。1992—1996 年，家庭农场数量不断增加，平均增长速度为 54.62%；从 1997 年开始，家庭农场数量开始下降，且下降速度呈现加快趋势；直到 2001 年，下降趋势有所遏制，家庭农场数量有小幅回升，但在连续两年回升后，这种趋势并没有一直保持下去；2003—2007 年，家庭农场数量连续 5 年下降，平均每年减少 2 160 个；2008 年家庭农场数量增长迅猛，比 2007 年增长 3.2 万个，2009 年略微回落，2010—2015 年连续五年增长，年增长 1.72 万个。俄罗斯家庭农场数量呈现不规则的波动态势，总体而言分为三个阶段：1992—1994 年是快速增长阶段，1995—2007 年，数量变化较为平稳，呈现小幅回落态势，2008 年起进入下一个快速增长阶段。

（2）规模变化。1992—2007 年俄罗斯农业生产总播种面积不断减少，年均下降 254.681 万公顷；2008 年、2009 年总播种面积有所回升，2010 年总播种面积又开始下降，2011 年小幅回升，2008—2014 年俄罗斯总播种面积小幅波动，基本稳定。然而，在俄罗斯农业生产播种面积整体呈下降趋势时，俄罗斯家庭农场播种面积却在不断上升。自 1991 年家庭农场组建以来，1991—1993 年家庭农场总播种面积大幅增长；1994—2001 年家庭农场总播种面积波动中呈现隔年增长趋势；2002—2014 年，除 2010 年、2012 年有小幅回落外，其余 11 年家庭农场总播种面积呈上升状态。1992—2014 年家庭农场总播种面积平均增长速度为 9.65%，略高于家庭农场数量的平均增长速度，这说明家庭农场的播种能力有一定的提升（图 7-3）。

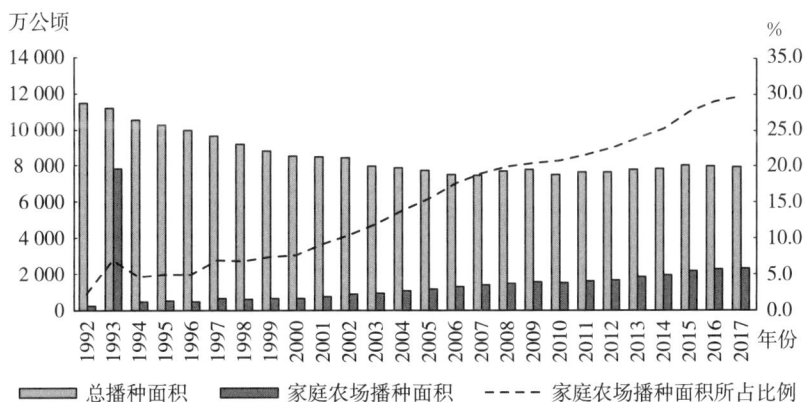

图 7-3　总播种面积和家庭农场播种面积变化

数据来源：《俄罗斯国家统计年鉴》。

在政府的鼓励和政策扶持下，1992—2014 年，家庭农场总播种面积占全国总播种面积的比例整体呈上升趋势，除 1994 年、1998 年有所回落，其余各年均不断上升（图 7-3）。2018 年相比 1992 年，家庭农场总播种面积增加了7.89 倍；从 2000 年到 2018 年，俄罗斯家庭农场播种面积及家庭农场播种面积占总播种面积的比例均持续增加，2017 年家庭农场的播种面积是 2000 年的3.6 倍；2014 年家庭农场播种面积占总播种面积的比例是 2000 年占比的 3.9 倍。

2. 家庭农场发展的特点

（1）大型家庭农场数量较少。俄罗斯的农户（农场）经济是农民以私有土地组建的家庭农场，既包含家庭单独经营也包含多个家庭的联合经营。俄罗斯农户（农场）经济的数量以及农业用地规模均呈上升趋势。俄罗斯大型农场数量较少，但其土地面积所占比重较大。根据俄罗斯农业普查数据，2006 年拥有超过 1 000 公顷土地的农场有 4 466 家，占土地总面积的 50.6%，其中拥有超过 1 万公顷土地的农场 101 家（平均 5.6 万公顷）。根据 2011 年 1 月 1 日俄罗斯农业统计数据显示，由国家和市政拥有的土地为 2.643 亿公顷（占土地总面积的 67.2%），由公民拥有的土地为 1.176 亿公顷（占土地总面积的29.9%），由法人独资的为 1 150 万公顷（占土地总面积的 2.9%）。

（2）家庭农场的产值贡献较小。家庭农场产值份额整体呈上升趋势，2018年家庭农场产值份额较 1992 年增长了 11 倍，见表 7-7。1992—2004 年，除1994 年、1998 年有所回落，其余各年均不断上升；2005、2009、2010 年有小幅下降。2004 年之前家庭农场产值份额变化趋势与家庭农场总播种面积所占比例变化趋势一致，2008 年家庭农场的产值份额是 2000 年的 2.83 倍，2000—2008 年，家庭农场产值份额与家庭农场单位播种面积呈同方向变动，且产值份额的增长率大于单位播种面积的增长率，这说明家庭农场生产水平和生产效率在不断提高。从家庭农场的发展情况看，起初由于私有化改革的土地面积迅速扩大，但实际的生产效率与经营效益并不高，20 世纪 90 年代农业衰退中，家庭农场无论数量上还是平均耕地规模上，都没有明显扩张，直到 1998 年金融危机后，家庭农场经营效益开始显现，进入快速发展阶段。

1991—2018 年，由于其自身性质的不同，三种新的组织形式经历了不同的发展历程，也展现了不同的发展速度和生产效率。与农场企业和居民经济相比，家庭农场所占份额较小，产值贡献最低，但随着俄罗斯市场化的日益加深和市场环境的改善，除了数量的增长及耕地面积的逐渐扩大外，家庭农场对农业产值的贡献率也不断提高，显示出了其较强的发展潜力。在家庭农场、农场企业和居民经济这三种农业生产经营主体中，家庭农场的产值贡献率增长速度最快，居民经济的产值贡献率稳中有升，农场企业则呈现下降趋势。但是，家庭农场贡献率较小，家庭农场在俄罗斯农业发展中的作用没有充分发挥。

表7-7　俄罗斯农场企业、居民经济和家庭农场的产值贡献率

单位:%

年份	1991	1992	1993	1994	1995	1996	1997	1998	1999	2000	2001	2002	2003	2004
家庭农场	—	1.11	3.1	1.7	1.9	1.9	2.4	2.2	2.5	3.0	3.7	3.7	4.6	5.9
农场企业	68.8	67.1	57.0	54.5	50.2	49.0	46.5	39.2	40.8	43.0	40.5	39.8	39.7	42.6
居民经济	31.2	31.8	39.9	43.8	47.9	49.1	51.1	58.6	56.7	54.0	55.8	56.5	55.7	51.5

年份	2005	2006	2007	2008	2009	2010	2011	2012	2013	2014	2015	2016	2017	2018
家庭农场	5.7	6.4	8.1	9.2	7.5	7.1	8.9	8.9	9.8	10.0	11.1	12.4	12.4	12.5
农场企业	41.2	40.9	47.3	49.3	45.4	44.5	47.7	47.9	47.6	49.5	51.4	42.6	55.2	56.5
居民经济	53.1	52.7	44.6	41.5	47.1	48.4	43.4	43.2	42.6	40.5	37.4	32.5	32.4	31.0

数据来源:《俄罗斯国家统计年鉴》(2015年，2017年，2019年)。

第八章 CHAPTER 8
俄罗斯农业科技创新 ▶▶▶

俄罗斯农业的发展离不开农业科技创新的支撑。只有提高农业科研水平、促进农业技术推广、加强农业教育，才能不断提升农业科技创新能力，进而确保国家粮食安全，实现农业增效和农民增收，突破环境资源约束，促进农业可持续发展。本章从农业科研、农业技术推广与农业教育等方面介绍俄罗斯农业科技创新的相关情况，对俄罗斯农业科技创新能力进行定量评价，展示其农业科技创新能力的发展水平及发展趋势。

第一节 农业科研

苏联解体以来，不稳定的经济环境对俄罗斯所有经济领域都产生了影响，特别是对农业科学和农业生产产生了消极的影响。20世纪90年代旷日持久的经济危机使俄罗斯国内科研资金大幅减少，物质基础得不到补充，工作人员大量流失，影响了俄罗斯农业科学发展。近年来的俄罗斯为提高农产品竞争力，正在从多个角度不断进行农业科技创新的改革、探索与尝试。

一、农业科研组织机构

按隶属关系，俄罗斯农业科研组织机构主要包括农业部所属科研组织、教育和科学部所属科学组织与高等教育机构、工业贸易部科研组织等。近年来，俄罗斯不断尝试科研组织改革，以促进科研主体提高科研效率。

（一）农业部科研组织

从属于俄罗斯农业部的农业科研组织包括 9 个研究机构、54 个国家预算联邦高等教育机构、22个额外的专业教育机构。

2018年，在俄罗斯农业部所属农业科研组织机构中，科研人员有1 744人，其中从事研发工作的人员为1 570人，年龄在40岁以下的中青年科研工作者共有145人。科研经费10.83亿卢布，其中国家预算拨款6.93亿卢布，非预算科研经费为3.91亿卢布。2018年，俄罗斯农业部所属农业科研机构的科研成果包括：发明专利共计53项，在领先的科学期刊上发表科研论文470篇[①]。

在俄罗斯农业部所属高等院校中，教师人数共计14 040人，其中40岁以下的中青年研究人员有7 173人；专职研究人员为338人，其中228人在40岁以下。联邦预算为实施应用科学研究拨款19.41亿卢布。2017年，俄罗斯农业部所属高等院校开发创新技术34项，在兽药领域研制开发相关成果7项，在新品种、杂交品种开发方面研发出21个新品种，在生物活性添加剂、兽药领域的预防治疗方法方面研发出7种科学方法，在规范性战略、计划、项目方面制定了18项规范性文件，提出86种研究方法和理论建议，出版14种信息和技术参考书。

依托40所农业部直属高等教育机构建立167个小型农业创新型企业。这些小型创新型企业涉及的领域十分广泛，包括作物生产、种子生产、畜牧业、兽医学、土地资源管理、农业机械化和电气化、土地开垦、园艺和美化环境、饲料生产、动植物产品加工、蔬菜种植、葡萄栽培等。这些企业可以在法律、会计、经济咨询等方面提供专业知识和相关技术服务[②]。

2018年，在联邦和地区一级举行的与科学技术领域有关比赛中，农业部所属科研组织共提交了1 760份申请，其中获奖申请共274份，占申请总数的15.6%。

（二）教育和科学部的科学组织

俄罗斯教育和科学部又名俄罗斯科学和高等教育部，前身为俄罗斯科学组织联邦机构。2004年3月，原教育科学部拆分为两个机构：一个是科学和高等教育部，成立于2018年5月，主要负责俄罗斯国家控制的科学机构和大学

---

① 俄罗斯科学教育部. 科学教育统计［R］. 莫斯科，2019.
② 俄罗斯农工综合体的创新发展［R］. 莫斯科：经济高等专科学校出版社，2020.

教育机构，俄罗斯科学院的所有研究所都由该部管辖；另一个是教育部，主要负责通识教育和启蒙教育。

2013年，俄罗斯成立俄罗斯科学组织，主要任务是管理俄罗斯科学院系统的农业、工业、教育、卫生等公共服务领域研究的联邦财产、执行法律法规和提供公共服务。由于学术界普遍反对其存在，2018年5月，俄罗斯政府将俄罗斯科学组织废除。

截至2018年7月底，通过俄罗斯科学机构的改组，俄罗斯教育和科学部系统建立了34个农业科学领域的研究中心和9个跨学科的研究中心。这些组织中，有15个位于中央联邦区，有8个组织在南部联邦区（其中4个在克拉斯诺达尔地区，2个在罗斯托夫地区），6个在伏尔加联邦区，4个在西伯利亚联邦区，3个在北高加索联邦区，2个在乌拉尔西北联邦区，1个在远东联邦区。此后，俄罗斯还在建立新的研究中心和跨学科研究中心。

截至2018年3月30日，俄罗斯科学组织机构中有454个未经重组的科学组织，它们被分为三类：第一类有142个组织，占所有未经重组组织的31.3%；第二类组织205个，占45.2%；第三类组织107个，占23.6%。在Web of Science数据库，第一类组织出版发表的科学出版物数量与研究人员数量的比值是0.68；第二类组织比值为0.36；第三类组织比值为0.13。竞争性和预算外资金与收到的用于政府任务的资金的比值：第一类组织为1.035，第二类组织为0.861，第三类为0.603。在第一类组织中，研究人员数量的平均值为185.6人，第二类组织的平均值为88.5人，第三类组织的平均值为32.2人。从事农业科学领域研究的组织大部分属于第三类组织。在第一类组织中，农业科学领域相关研究组织有18个，占比为17.1%；在第二类组织中，农业相关领域研究组织为37个，占比为35.2%；在第三类组织中，农业相关领域研究组织为50个，占比为47.6%（图8-1、图8-2）。

在隶属于俄罗斯教育和科学部的科学组织中，与农业科研领域相关的主要包括农作物生产、畜牧兽医等科研组织。2014年共有研究人员9 626人，其中40岁以下的中青年研究人员有3 134人，占全部工作人员的32.6%。2016年，科研人员9 036人，其中40岁以下中青年科研人员3 088人，占全部科研人员的34.2%。2014年俄罗斯科学组织机构共有205个组织进行农业领域相关研究，2016年俄罗斯科学组织中进行农业研究的组织减少到171个，2017年减少到131个，2018年俄罗斯科学组织改组。在俄罗斯科学组织存续期间，农

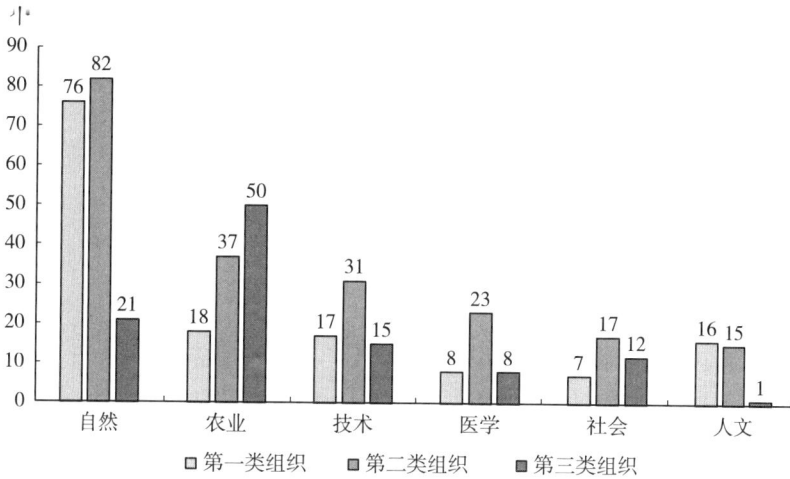

图 8-1 俄罗斯教育和科学部未经过重组的科学组织按科学领域划分的数量分布

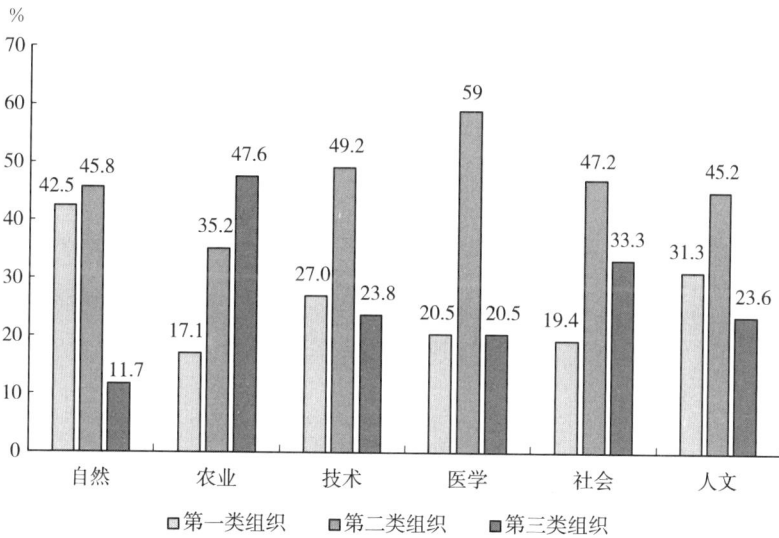

图 8-2 俄罗斯教育和科学部未经过重组的科学组织按科学领域划分的比例

业领域进行科研工作的组织数量呈现逐年递减状态，2017 年相比 2014 年减少了 36%。

根据《2013—2020 年国家科学院基础科学研究计划》和俄罗斯政府 2012 年 12 月 3 日批准的第 2237-r 号命令，由 126 个联邦国家预算科学机构、58 家经过认证的联邦州统一企业机构进行农业和农产工业综合体发展的科学研究。

对 2013—2015 年 86 个"农作物生产技术"相关研究方向的科学组织评估

表明，第一类高水平科研组织有 14 个，占所有组织的 16.3%；中等水平的科研组织有 29 个，占所有组织的 33.7%；第三类低水平的组织有 43 个，占所有组织的 50%。对 23 个"畜牧业和兽医科学"方向的科研组织的科研水平分析，高水平的具有领导性的第一类科研组织有 5 个，占所有畜牧业和兽医科学方向的科研组织的 21.74%；第二类处于平均水平的科研组织有 10 个，占比为 43.38%；第三类绩效相对不佳的科研组织 8 个，占比为 34.78%。

2014—2016 年的科研文献出版量在绝对值和相对值上都有所增长和提高。俄罗斯教育和科学部科研组织的农业研究人员在 Web of Science 上发表的科学文献数量与研究人员数量的比值从 0.022 增长到 0.036，2016 年相比 2014 年增长了 63.6%；在 RSCI 期刊上的比值由 1.01 增长到 1.68，2016 年相比 2014 年增长了 66.3%。有许可协议的专利转让数量也有所增加，2014 年平均每个农业研究人员的转让数量为 0.12 个，2016 年这一指标增长为 0.16 个，2016 年相比于 2014 年增长了 33.3%。平均每个农业科研人员的科研活动取得的收入由 2014 年的 15 100 卢布增长至 2016 年的 21 800 卢布，2016 年相比 2014 年增长了 44.4%。

2017 年，根据 Web of Science、Scopus、MathSciNet、俄罗斯科学引文索引、谷歌学者、欧洲人文参考索引等俄罗斯和国际信息及科学引文分析系统数据分析得出，俄罗斯教育和科学部科研组织的农业研究领域共出版 140 部科学专著、参考书、地图集等，450 种受俄罗斯产权保护的注册知识产权和专利，以及 60 多种创新技术。

（三）教育和科学部的高等教育机构

2014 年以来有 30 所高等教育研究机构隶属于俄罗斯教育和科学部，这些机构为了农业的发展和农工综合体的利益进行研究和开发。

2014 年俄罗斯教育和科学部的高等教育机构共有 157 人从事农业科学研究和开发，其中 97 人为年龄不超过 40 岁的中青年科研人员，占总科研人员数量的 61.8%。2015 年，俄罗斯教育和科学部所属高等教育机构的农业科研人员共计 210 人，40 岁以下的中青年科研人员共计 123 人，占当年全部农业科研人员总数的 58.6%。2016 年，俄罗斯教育和科学部的高等教育机构科研人员总数为 184 人，其中 40 岁以下的中青年科研人员共计 106 人，占当年所有农业科研人员总量的 57.6%。2017 年，教育和科学部高等教育机构的农业科研人员共计 89 人，40 岁以下的中青年研究人员共计 48 人，占所有农业科研人员的 53.9％。2018 年教育和科学部的高等教育机构科研人员人数为 89 人，其中 40 岁以下的中青年科研人员数量为 47 人，占所有农业科研人员总量的 52.8％。

俄罗斯教育和科学部对涉及公共工程的基础研究、应用研究和实验开发的所属高等教育科研组织机构提供资金支持。2014—2017 年，俄罗斯教育和科学部的高等教育机构由国家财政拨款的科学研究经费总额为 2.495 亿卢布。其中，2014 年政府为高等教育机构拨款科研经费 5 590 万卢布，2015 年为 6 430 万卢布，2016 年为 6 270 万卢布，2017 年减少到 3 330 万卢布。

2014 年俄罗斯教育和科学部所属高等教育机构在农业科研领域发表的文章中，被俄罗斯和国际信息及科学引文分析系统收录 217 篇，2015 年收录 304 篇，2016 年收录 252 篇，2017 年收录 126 篇。

俄罗斯教育和科学部下属的高等教育机构中，在农业相关领域进行研究的科研人员发表的科学文献数量与研究人员数量的比值 2014 年为 1.38，2015 年比值为 1.45，2016 年比值为 1.37，2017 年比值为 1.42。2014 年科研人员智力活动结果与科研人员数量的比值为 0.05，2015 年比值为 0.13，2016 年比值为 0.27，2017 年比值为 0.12。俄罗斯教育和科学部下属的高等教育机构中，在农业相关领域进行研究的科研人员人均科研经费 2014 年约为 35.60 万卢布，2015 年下降到 30.60 万卢布，2016 年增长至 34.06 万卢布，2017 年持续增长至 37.74 万卢布。

（四）工业贸易部科研组织

俄罗斯工业和贸易部所属的科研组织，主要是联邦国家单一企业"中央科研汽车研究所"于 2017 年 9 月成立的农业工程中心，其主要任务是：

（1）确定农业工程行业科技创新的优先发展领域。

（2）编写民用工业的最佳可用技术及关键技术清单的建议。

（3）制定有关农业和林业机械设备的技术法规和标准化建议。

（4）参与创造用于农业和林业机械设备的组件的相关科学研究、实验设计和技术工作。

（5）参与以提高农业和林业机械设备技术水平为目的的国家创新政策的工业科学研究。

（6）结合当前俄罗斯社会经济发展指标及未来发展趋势，制定中期和长期战略规划。

（7）为农业工程组织的活动提供信息和技术支持。

（8）开发并参与测试农业机械，并将其投入批量生产。

农业工程中心共有员工 12 名，其中从事农业工程领域研发 9 人。2018年，农业工程中心的员工公开发表的作品共 83 篇，经费 1 400 万卢布。资金来源主要是捐赠支持、企业订单回款、人员提供技术支持和服务取得的收益。

二、农业科研相关政策

根据俄罗斯教育和科学部发布的统计数据，2017 年"农业科学"部分中，国家对下属基础研究机构财政拨款额为 69.70 亿卢布，2018 年对基础研究机构财政拨款额为 68.02 亿卢布，2019 年财政拨款额为 67.15 亿卢布，2020 年财政拨款额为 66.66 亿卢布。

（一）2017—2025 年联邦农业发展科学技术计划

为谋求实施国家科学技术政策促进农业发展的措施，俄罗斯于 2016 年 7月 21 日发布第 350 号总统令，于 2018 年 9 月 15 日发布第 518 号总统令，确定了 2017—2025 年联邦农业发展科学技术计划委员会的组成以及该委员会主席团的组成。2017 年 8 月 25 日俄罗斯政府第 996 号法令批准了《2017—2025年联邦农业发展科学技术计划》①。2018 年 5 月 5 日俄罗斯政府第 559 号决议修订了《2017—2025 年联邦农业发展科学技术计划》的子计划《俄罗斯联邦马铃薯育种和种子生产的发展》。2018 年 12 月 21 日第 1615 号决议修订了《联邦科学和农村发展的技术项目 2017—2025 年甜菜选育和种子生产》。政府第1076 号法令规定，联邦以补贴形式对农工综合体中实施复杂的科技项目提供赠款。2020 年俄罗斯农业部、教育部、工业部、贸易部以及俄罗斯科学院为2017—2025 年联邦农业发展科学和技术子计划编织了时间计划表。

在《2017—2025 年联邦农业发展科学技术计划》实施期间，即 2017 年1 月 1 日至 2025 年 12 月 31 日，俄罗斯联邦计划提供预算金额 510 亿卢布。根

---

① 2017—2025 年联邦农业发展科技方案［EB/OL］. https：//fntp - mcx. ru/.

据该计划，到 2025 年创新活动数量将增加 30%，农工综合体的基础设施建设水平提高 25%，为对劳动力市场有特殊需求的新兴领域行业实施培训计划，吸引农业投资超过 30 亿卢布。在《2017—2025 年联邦农业发展科学技术计划》执行框架内，根据作物生产、畜牧业、水产养殖、动物健康和饲料生产等农业关键领域，确定了 14 个要实施的子计划，包括发展马铃薯育种和种子生产、发展甜菜育种和种子生产、建立国内竞争性家禽杂交品种、建立国内竞争性猪品种、创造用于动物的家用饲料和饲料添加剂、发展肉牛选种、发展奶牛选种、发展油料种子生产、发展蔬菜作物种子生产、发展兽药、发展葡萄栽培和酿酒业、建立国内竞争性水产养殖杂交品种、开发绵羊肉品种、发展苗圃和园艺。截至 2021 年 1 月 10 日，只有马铃薯育种和生产、甜菜育种和生产以及肉鸡杂交培育子项目进入实施阶段，其他子程序尚未确定启动日期。

根据俄罗斯农业部、教育和科学部、基金和董事局提供的对农业领域科学研究的政策信息，在执行《2017—2025 年联邦农业发展科学技术计划》中，俄罗斯将给予财政支持在此期间执行的相关国家计划和措施。这些相关计划和措施包括 2013—2020 年的俄罗斯"科学技术发展"、"教育发展"和"农业发展，农产品、原材料和食品市场监管"。

1. 子计划《俄罗斯联邦马铃薯育种和种子生产的发展》

2017 年 8 月 25 日第 996 号俄罗斯政府法令制定了该子计划，并于 2018 年 5 月 5 日由俄罗斯政府第 559 号法令批准。实施该次级方案的目的是利用俄罗斯新的高科技发展成果，实施具有完整创新周期的系统性复杂科学技术项目，确保具有现代竞争性的国内优质种薯品种的产量和销量稳定增长。

为执行《俄罗斯联邦马铃薯育种和种子生产的发展》次级方案，2019 年共拨款 4.39 亿卢布用于完成该任务。2019 年，为马铃薯的育种和种子生产开发了 5 种新的国内技术，创造了 9 个具有竞争力的马铃薯品种，并开发了一种新的生根作物生物保护手段。截至 2021 年 1 月 10 日，在次级方案实施过程中，已经培育出了 12 个新的国内竞争性马铃薯品种，分别为"北极光""埃琳娜""格列佛""桑巴""总理""卡门""靛蓝""胜利""熊""库玛奇""瓦良格""炸药"。

出版的统计类和其他出版物有 2018 年的《马铃薯种子生产、生产和储存的竞争技术》《2017—2025 年联邦农业发展科学技术计划》的子计划《"俄罗斯联邦马铃薯育种和种子生产的发展"的创新解决方案和最佳做法的信息材料》、2019 年《马铃薯、水果和蔬菜的存储和加工企业设计的空间规划和技术解决方案》《用于马铃薯育种和种子生产的现代实验室设备和农业机械》《马铃薯病原体的高级诊断方法》等。

根据俄罗斯农业部的监测数据，2019 年农业组织中的马铃薯总产量达 750 万吨，比 2018 年的 710 万吨增加了 5.5%，比过去五年的年平均值 690 万吨增加了 9.5%。根据俄罗斯农业部的初步统计，2019 年马铃薯的自给率将达到 95%，超过了俄罗斯粮食安全的指标。

2. 子计划《俄罗斯发展甜菜品种选育和种子生产》

俄罗斯联邦政府 2018 年 12 月 21 日第 1615 号法令批准了《俄罗斯联邦发展甜菜品种选育和种子生产》子计划。该子计划具体内容可参考 2017 年 8 月 25 日第 996 号俄罗斯联邦政府法令。

实施该次级方案的目的是，在利用俄罗斯新的高科技发展成果的基础上，实施具有完整创新周期的系统性复杂科学技术项目，确保工业生产的稳定增长，销售高经济效益的甜菜竞争性种子，建立国内甜菜的竞争性杂种国内育种机制，完善甜菜杂种种子疾病诊断和种子质量控制的现代手段。该项目的目标是获得每公顷糖产量至少为 10 吨的高产俄罗斯甜菜杂交种。在两个备选项目中，选择了一个综合性科学技术项目来创建国内甜菜杂交选种项目，并组织了种子生产系统"甜菜联盟"。

这个项目计划到 2025 年，通过创建和使用 8 种新的国内竞争性甜菜杂交种来降低对进口甜菜杂交种的依赖程度，使国内选择的甜菜杂交种的种子产量达到每年至少 15 万个播种单位，这将至少占总需求的 10%。由于该项目的实施，将形成一个完整的生产周期，用于工业生产甜菜杂交种子。在该子计划执行至 2020 年 12 月 10 日，已经创建了 3 个新的国内选择甜菜杂交种，即"红宝石""克拉""二倍体杂种 PMC 129"，并签订了使用许可协议。

该子计划的相关统计类和其他出版物有 2018 年的《在俄罗斯联邦发展甜菜的品种选育和种子生产的创新解决方案和最佳做法的信息材料》、2019 年的《蔬菜作物选择和种子生产的发展状况和前景分析》、2019 年的《马铃薯、水果和蔬菜的储存加工空间规划和技术解决方案》。

3. 子计划《有竞争力的国产肉鸡杂交培育》

《有竞争力的国产肉鸡杂交培育》子计划于 2020 年 5 月 28 日通过俄罗斯联邦政府第 782 号法令批准，该子计划的目的是创建一种新的具有国内竞争优势的肉鸡。该次级方案将刺激发展具有竞争力的国内技术，在利用国内新的高科技并实施复杂的科学技术项目的基础上，开发包括大量浓缩的蛋白质、维生素、矿物质浓缩物预混料的生物制剂饲料。该项目的实施，预计到2025年，将建立额外的生产设施来繁殖肉鸡，减少对肉鸡的进口依赖。

该子计划实施分为两个阶段。第一阶段，为2019—2021年，将用于开发饲养、采购和生产相关的牲畜饲料和添加剂技术。第二阶段，为2022—2025年，用于发展次级方案参与者的生产基地，注册新的国内饲料技术以及在工业伙伴（次级方案参与者）的参与下将研究成果商业化。已经宣布根据该次级方案执行的项目总费用为27亿卢布，其中13.5亿卢布来源于赠款支持。在该次级方案的最后阶段，计划在国家注册一个新的国内高产肉鸡"Smena"品种，并向商业用途的肉鸡养殖场提供该品种。到2025年，在该子计划下俄罗斯生产和销售的国内选择的杂交种肉鸡总量将增长15%。

4. 其他尚待开展的子计划

子计划《动物饲料和饲料添加剂研发》是在开发国内有竞争力的饲料生产技术的基础上，建立稳定的畜牧饲料基地，确保高质量的饲料生产。在利用国内新的高科技并实施复杂的科学技术项目的基础上，开发包括大量浓缩的蛋白质、维生素、矿物质浓缩物预混料的生物制剂饲料，以减少对进口的依赖并确保国家的粮食安全。

子计划《提高专业肉牛的遗传潜力》通过对现代生产技术、产品质量控制方法以及对遗传物质的检查等新技术的开发，培育中高质量肉牛，确保农产品的生产和销量稳定增长。

子计划《俄罗斯联邦油料种子的选育和种子生产的发展》是在利用俄罗斯新的高科技发展成果的基础上，实施具有完整创新周期的系统性复杂科学技术项目，对国内向日葵、大豆和油菜的竞争性品种和杂交品种进行选育，开发油料种子制种系统，确保工业生产的稳定增长以及竞争性品种和杂种的优质种子销售。建立国内向日葵、大豆和油菜的疾病诊断手段，并对向日葵、大豆和油菜籽的育种选种进行质量控制。

子计划《葡萄栽培包括苗圃的发展》是通过改善葡萄的品种，来确保葡萄产品的增产。具体措施主要是在考虑葡萄生长的环境条件的基础上，选用国内的品种或克隆品种，使用无病毒的种植材料以及新的高效技术种植葡萄。

（二）《2014—2021 年俄罗斯科学技术园区优先发展领域的研究与开发》
计划

《2014—2021 年俄罗斯科学技术园区优先发展领域的研究与开发》计划[①]
由俄罗斯政府 2013 年 5 月 2 日发布的法令制定。该目标计划经多次修订，分
别经过 2016 年 5 月 26 日第 473 号俄罗斯政府决议、2016 年 12 月 26 日第 1497
号俄罗斯政府法令、2017 年 9 月 25 日第 1156 号俄罗斯政府法令、2018 年 10
月 22 日第 1256 号俄罗斯政府法令、2019 年 11 月 13 日第 1441 号俄罗斯联邦
政府法令、2020 年 4 月 22 日第 563 号联邦法令修订。该计划主要由俄罗斯科
学高等教育部负责，旨在形成具有竞争力和高效运作的应用研究和开发部门。
这个计划的执行期为 2014—2020 年，具体分为两个阶段：第一阶段执行期为
2014—2017 年，第二阶段执行期为 2018—2020 年。

该计划主要目标为：①根据科学技术领域的发展重点，利用基础和探索性
研究的结果，支持应用科学研究和实验发展，包括跨部门的研究，以创造用于
经济部门的现代化产品和技术；②在建立技术预报系统的基础上建立科学和技
术领域优先重点系统，确保系统规划和研究开发的协调；③确保研究和开发部
门解决新的科学和技术问题的能力，并提高正在进行的研究和开发的有效性；
④在俄罗斯国际科技关系的均衡发展的基础上，确保俄罗斯研究与开发部门融
入全球国际创新体系；⑤确保基础设施的统一性，协调基础设施与科学和技术
重点发展领域，提高研究和开发部门的效率。

其具体指标为：根据主要科学期刊的研究和开发成果，出版物数量需增加
6.7 万单位；基于研究和开发结果的专利申请数量增加 2.7 万单位。到 2020
年将参加该计划的研究人员的平均年龄降低到 43 岁，40 岁以下的中青年研究
人员在参加该计划的研究人员总数中所占的比例增加到 35%，新增工作岗位
626 个，吸引预算外资金 30 亿卢布，研发的内部成本包括预算外资金达到
1.17 亿卢布（表 8-1）。

2014—2020 年（按相应年份的价格）总计共提供资金 1 723.51 亿卢布，
包括：联邦预算 1 395.07 亿卢布，其中：用于民用的应用研究和实验开发共

---

① 联邦专项计划［EB/OL］. Https：//fcp. economy. gov. ru/cgi - bin/cis/fcp. cgi/fcp/viewfcp/view/
2020/414/.

计 853.88 亿卢布，资本投资 284.53 亿卢布，其他资金 256.66 亿卢布，非联邦预算资金 328.44 亿卢布。

表 8-1 《2014—2021 年俄罗斯科学技术园区优先发展领域的研究与开发》的计划和实际数值

指标名称	单位	计划/实际	2014 年	2015 年	2016 年	2017 年	2018 年	2019 年	2020 年
领先的科学期刊上的 R&D 出版物	篇	计划	400	960	1 070	1 245	1 270	1 300	448
		实际	535	—	—	1 305	1 273	1 406	—
研发专利申请数量	个	计划	—	400	470	510	525	535	265
		实际	65	—	—	522	527	984	—
参加该计划的研究人员的平均年龄	岁	计划	47	46	45	44.5	44	43.4	43
		实际	43.5	—	—	38.3	39.4	40.4	—
参加该计划的研究人员总数中 40 岁以下的研究人员的比例	%	计划	33.2	33.4	33.6	33.8	34.1	34.5	35
		实际	45.2	—	—	65.6	63.6	61	—
新工作数量	个	计划	—	10		40	—	—	626
		实际				40			
吸引预算外资金的数量	亿卢布	计划	46	52	57	52	41	50	30
		实际	76	—	—	107	61	92	—
研发的额外内部费用，包括预算外资金	亿卢布	计划	178	188	212	185	167	165	75
		实际	206	—	—	229	174	220	—

（三）其他政策措施

1. 促进创新基金

2014—2017 年，促进创新基金为农业和生物技术领域的 1 494 个项目提供了总计 25.6 亿卢布的支持，其中为"青年支持计划"的 1 093 个项目提供资金支持共计 4.7 亿卢布，为"START"的 272 个项目提供 5.1 亿卢布，为"发展"的 47 个项目提供 6.9 亿卢布，为"国际化"的 18 个项目提供 1.9 亿卢布，为"商业化"的 64 个项目提供 7.0 亿卢布。同时，在 2014—2016 年，由促进创新基金支持获得的农业领域科研成果 131 个[①]。

2. 俄罗斯科学基金会

2014—2019 年，俄罗斯科学基金会在农业科学领域共资助了 160 个项目（包括 1 项综合计划），总资助金额为 29.8 亿卢布。在 2014—2018 年资助的项

---

① 俄罗斯科学教育部. 科学教育统计［R］. 莫斯科，2019.

目中，共有文献成果 2 388 篇，其中 861 篇（36.1%）是 Scopus 索引文献，有 566 篇文献（23.7%）是 Web of Science 索引文献。这些文献的作者共计 1 300 多人，其中 700 多名为年龄 40 岁以下的中青年作者。粗略估计，2014—2019 年分配给每个项目的赠款金额超过 200 万卢布。平均每个作者出版作品数量为 1.4 篇，在 Scopus 中发表的科学文献数量与研究人员数量的比值为 0.6，在 Web of Science 中的比值为 0.38。

3. 俄罗斯基础研究基金会

俄罗斯基础研究基金会在 2014—2018 年为 178 个农工业相关领域研究项目提供了资金支持，提供的资金总额为 1.9 亿卢布。参加这些项目的科研工作者共计 1 189 位，其中 572 位是年龄在 40 岁以下的中青年科研人员，占所有科研人数的 48.1%。在 129 个已完成项目中，人员费用支出总额为 5 430 万卢布，占全部资金的 35.1%；设备材料和消耗品费用为 3 030 万卢布，占全部资金的 19.6%。

第二节　农业技术推广

农用工业生产效率的提高和农业发展的可持续性在很大程度上都取决于对先进科技成果的利用情况。国家支持农业发展，解决农业现代化问题，离不开农业技术推广的发展。俄罗斯没有我国或其他西方国家所广泛熟知的农业技术推广服务，取而代之的是俄罗斯的一套完善的农业咨询服务系统。

一、农业咨询系统发展历程

俄罗斯农业咨询的理论起源于 1916—1924 年，俄罗斯科学家查扬诺夫在此期间提出了科学的农业咨询方法，对农业咨询的发展作出了巨大的贡献，被认为是关于农业咨询科学方法的创始人。查扬诺夫确定了公共农业组织是指导国家农业发展的最合理的形式。在这方面，他认为公共农业组织的资金筹集应该是由税务机关负责从分散的农场筹集，然后将筹集的资金转移到合作协会或国家机构统一管理[①]。

查扬诺夫认为，要影响当地农业的发展，其工作任务具体应包含三个方

---

① 全俄农业经济研究所. 俄罗斯农工综合体中创新咨询活动发展的组织经济方向［R］. 莫斯科，2013.

面．①介绍能促讲俄罗斯国民经济发展的农业技术。②改变农场的组织形式，使其更加符合国家经济现状，更加灵活地适应当前的市场条件。③创建一些地方性经济组织，包括农业站、技术组织、信贷组织和其他经济组织，并赋予组织统一性和完整性。这些任务今天仍然适用于俄罗斯，可以在俄罗斯的农业信息咨询帮助下解决。然而，在俄罗斯农业集体化之后，它没有得到适当的传播。

现代的俄罗斯农业咨询的发展历史始于 19 世纪末和 20 世纪初。在 20 世纪 90 年代初期，俄罗斯农业部门发生了与向市场经济过渡有关的重要变化，包括建立农业设施、农业合作社和农业有限责任公司。由于这些组织经常由缺乏适当教育和足够专业经验的人管理，所以需要专家为其提供培训，帮助提高专业技能。此外，熟练的管理人员和农业生产专家也需要在市场环境中运作的咨询服务。在这种情况下，俄罗斯农业部门建立了信息咨询服务，为农产品生产者提供科学技术知识、创新项目和商业信息等。1993 年中央材料研究所对建立农工综合体信息和咨询服务的理论进行了研究，从而形成了为农产品生产者提供服务的"创建俄罗斯咨询和信息的试点项目"。这个项目通过在俄罗斯各地建立农业信息咨询服务机构来进行农业推广服务。在向俄罗斯提供技术援助的国际组织和基金会的支持下，第一批农业咨询中心于 1994 年开始建立。涉及外国投资者的此类项目在阿迪格共和国、布里亚特共和国、鞑靼斯坦共和国、楚瓦什共和国、克拉斯诺达尔领土、阿斯特拉罕、弗拉基米尔、伏尔加格勒、加里宁格勒、列宁格勒、下诺夫哥罗德、梁赞、罗斯托夫、斯摩棱斯克、秋明、雅罗斯拉夫尔共和国等地区进行。这些中心通常以自治的非营利组织的形式与农场或教育机构一起创建。在国家层面上，俄罗斯农业改革支持项目的实施，由世界银行发放的贷款进行。信息和咨询中心的状况由政府或地区行政部门确定法规。由于 ARIS（Architecture of Integrated Information Systems）项目实施，农业工业园区的信息和咨询服务在 1994—1998 年迅速在俄罗斯的 26 个地区建立。

截至 2019 年 1 月 1 日，俄罗斯已经建立起庞大完善的农业咨询体系。俄罗斯共有 75 个区域组织和 400 多个地区（地区间）组织为农业生产者和农村人口提供信息和咨询服务。目前的俄罗斯农业咨询系统依然处于发展中，农业咨询系统数量仍在变化。俄罗斯各地的农业咨询中心运作和发展程度各不相同，其中中央联邦区和伏尔加联邦区的发展水平最好。俄罗斯农业咨询系统的经费来源主要是联邦、地区以及市级的国家预算拨款，以及通过提供有偿咨询服务获取预算外资金。俄罗斯农工业咨询系统是俄罗斯农工综合体科学技术支持系统的子系统，其与俄罗斯信息系统、综合管理系统、教育和科学系统紧密相连。

二、农业技术推广体系运行机制

（一）农业咨询系统的目标、功能和服务领域

俄罗斯农业咨询系统的总体目标是通过现代化的创新方法、科技进步成果和创新生产方法的运用改进咨询活动的形式和方法，扩大农业生产者和农村人口获得咨询服务的机会，从而提高农工生产效率，进而改善农业生产者和农村人口的生活质量。农业咨询系统的具体目标是：①通过咨询活动这种形式和方法，提高农业生产者和农村人口在农业产业创新技术方面的知识水平和实践技能；②在各个知识领域向农业生产者和农村人口提供咨询援助，包括先进的生产经验和先进的管理方法，使咨询服务达到满足其需求的水平；③在俄罗斯各组成实体中，建立区域信息和咨询中心网络，以确保农业生产者和农村人口广泛获得咨询服务；④建立培训制度，组织农业咨询的相关工作人员进行培训，建立完善的顾问和高级顾问的培训制度；⑤通过改进咨询活动的形式和方法，包括与农工联合体的管理机构、科学和教育组织进行互动，从而提高咨询服务的质量和效率①。

（二）农业咨询系统的功能

现代俄罗斯农业咨询系统主要执行的功能有咨询、信息、创新、教育。咨询功能是指农业咨询系统为农业生产者和农村人口提供有关农业生产现代化、农村地区发展和改善农村人口生计等相关内容的咨询服务。信息功能是指农业咨询系统为农业生产者、农村居民以及其他参与者提供关于农业生产、农村发展相关内容等领域的科学和技术成果，具体包括提供先进生产经验、完善的农村人口规范等相关信息。创新功能是指农业咨询系统负责将创新产品和先进的生产经验转移到实际生产中去，为农业生产者掌握创新知识提供咨询援助。教育功能是指农业咨询系统负责组织大会和培训活动，为顾问、农业组织的管理

---

① 农业咨询系统的发展理念[EB/OL]. http://mcx-consult.ru/koncepciya_razvitiya_sistemy_selsko.

人员、相关专家以及农村人口提供学习实践机会，提高农工综合体所有参与者的知识水平。

（三）农业咨询系统的服务领域

俄罗斯农业咨询系统的服务领域非常广泛，按照服务内容可以分为作物生产、畜牧业、机械化、农产品加工、经济学和生产组织、国家支持和贷款、营销、会计、法律问题、生态、施工、软件信息化、村庄的社会发展、乡村旅游、农村人口的替代就业、政府支持和土地关系等 17 个类别。按咨询服务的接受者可以分为农工综合体管理机构，农业组织，农民农场，个人附属地块、园丁，合作社，加工、服务和其他企业组织 6 个类型。以 2016 年为例，俄罗斯所有农业类型的农业咨询机构为农业生产者和农村人口提供了累计 52.2 万次的咨询服务（表 8 - 2）。

表 8 - 2　2016 年向农业生产者和农村人口提供的咨询服务量

服务项目	咨询次数	服务的接受者					
		农工综合体管理机构	农业组织	农民农场	个人附属地块、园丁	合作社	加工、服务和其他企业组织
作物生产	84 400	9 888	18 570	38 818	14 193	540	2 391
畜牧业	83 957	5 062	26 725	33 671	16 146	650	1 703
机械化	27 212	1 137	8 888	12 063	4 321	135	668
农产品加工	8 626	812	1 969	3 261	1 308	303	973
经济学和生产组织	66 387	4 917	13 250	40 321	5 517	1 073	1 309
国家支持和贷款	23 354	907	4 247	8 056	8 389	984	771
营销	8 799	783	2 457	3 493	1 477	119	470
会计	58 732	2 052	10 110	32 295	8 661	1 048	4 566
法律问题	30 537	2 474	5 583	11 176	8 635	1 049	1 620
生态	15 207	147	962	7 988	5 516	44	550
施工	9 773	287	2 173	4 445	2 674	23	171
软件信息化	27 258	1 489	8 783	10 226	4 336	1 851	573
村庄的社会发展	12 661	998	3 315	3 793	3 747	251	557
乡村旅游	2 700	227	261	1 280	876	20	36
农村人口的替代就业	9 032	483	671	2 837	4 683	293	65
政府支持	48 201	2 650	9 454	19 611	13 657	1 003	1 826
土地关系	4 871	739	868	1 637	1 139	30	458
总计	521 707	35 052	118 286	234 971	105 275	9 416	18 707

（四）农业咨询系统运行保障机制

俄罗斯为保障农业咨询系统的正常运转，建立 5 种系统运行保障机制，具体包括法律保障机制、组织保障机制、财政保障机制、现代技术保障机制和激励保障机制。俄罗斯农业咨询系统保障实施的主要依据是 2013—2020 年的"农业发展，农产品、原材料和食品市场监管"的下属中期计划《为农民和农业生产者的再培训提供专家咨询服务》。

（1）法律保障机制。俄罗斯通过立法和制定监管条例以确保农业咨询系统的正常运转，具体措施包括：通过《联邦农业咨询法》，批准《农业咨询系统条例》以及俄罗斯农业部的多个部门文件，以确保该系统功能的正常运转，规范其活动范围并确定农工综合体系统中各主体之间的关系。

（2）组织保障机制。俄罗斯农业部（科学技术政策与教育部）是为俄罗斯"农业生产者提供咨询援助和农业专家再培训"的协调组织。该部门负责协调各级管理层和参与实施的执行者的活动。俄罗斯农业部将确保物质、信息和人力资源的集中，并控制形成统一的农业咨询国家体系所需耗费的成本最小化。在完善的农业咨询组织机制中，还需要主体执行以下功能：对系统发展的社会经济情况监测，对农业生产者和农村人口提供咨询服务的满意度持续监测反馈。

（3）财务保障机制。农业咨询系统的资金来源是多种多样的，包括俄罗斯政府的预算资金、俄罗斯和市政府的预算资金以及从提供有偿咨询服务中获得的资金。俄罗斯政府对具有社会意义的农村咨询活动提供财务支持，包括以财政拨款、财政补贴等形式提供具体资金。政府将提供政策支持条件以吸引社会对农业咨询发展的投资，形成利用预算外资源的机制，包括建立预算外发展基金。

（4）现代技术保障机制。通过现代技术手段完善农业咨询系统，使其可以形成统一的国家信息系统，从而为实施有效的信息和咨询活动创造条件。技术保障机制中的主要形式将是创新产品的集成数据库。为了使农业咨询系统的所有参与者都能及时获得相关信息，还必须由咨询系统的各个主体形成门户网站或网页；通过自定义访问授权系统，建立可以存储和检索的信息资源库。

（5）激励保障机制。激励保障机制旨在改善薪资体系和资源分配形式。通过制定奖金标准以及其他相关激励措施，促进形成农业咨询系统的高度专业化的人力资源队伍，从而改善咨询服务质量，提高社会效益。

三、农业技术推广的主体

俄罗斯的农业技术推广即俄罗斯农业咨询系统采取的是法人实体结构部门的形式，采用统一的咨询活动方式方法进行有机统一的功能互动。目前，在俄罗斯的农业和工业综合体中建立了联邦、区域和地区三级农业咨询系统。

（一）联邦农业咨询中心

在联邦一级，农业咨询系统由俄罗斯农业部的分支部门、联邦国家预算机构"农工综合体农业咨询和再培训教育和方法中心"、主要研究机构的农业咨询分支中心、俄罗斯咨询机构协会、信息和创新资源供应商（研究机构、大学等）等机构代表组成[①]。

联邦一级农业咨询系统的主要功能是：

（1）向农业生产者提供国家咨询援助。

（2）为农业咨询系统的发展制定统一的方法、战略和优先方向。

（3）制定关于农业咨询系统发展和运作的相关规范性法律法案和方法建议。

（4）组织和协调关于农业生产者和农村人口咨询服务需求的研究调查活动。

（5）协调联邦和区域一级农业咨询系统主体之间的互动。

（6）与独联体国家和外国的咨询系统进行互动。

（7）为农业咨询系统组织培训、再培训以及对高级专业人员的培训。

（8）普及和传播各级农业咨询系统主体的最佳做法。

（9）制定扩大咨询服务市场的建议。

（10）咨询活动的信息支持。

（11）出版咨询中使用的参考文献、教育方法和其他文献。

（二）区域农业咨询中心

在区域一级，农业咨询系统由俄罗斯负责农业咨询区域中心职能的机构负

---

① 塞尔吉夫·波萨德. 关于监测俄罗斯对农业生产者和农村人口提供咨询援助的情况［R］. 俄罗斯农业部，2017.

责。它们在各地区农业企业管理局的指导下工作。

俄罗斯各区的区域中心数量并不相同。截至 2019 年 1 月 1 日，伏尔加地区拥有最多的区域中心，数量为 24 个；其次为中央联邦区，区域中心为 19 个。其他地区区域中心数量是：西北联邦区 7 个、西伯利亚联邦区 8 个、远东联邦区 2 个、乌拉尔联邦区 3 个、南方联邦区 4 个、北高加索联邦区 4 个、莫斯科市 1 个、圣彼得堡市 2 个、塞瓦斯托波尔市 1 个。俄罗斯的区域农业咨询系统按类型可以分为政府机构、商业组织、非营利组织和教育机构。

俄罗斯区域农业咨询中心，无论其组织和法律形式如何，都履行以下主要职能：

（1）负责区域一级开展咨询活动的组织和方法指导。

（2）向地区农业咨询中心提出有助于提高农业生产效率的先进技术和创新项目的建议。

（3）向农产品生产者提供各种农业生产的相关建议。

（4）参与创建示范田和示范农场，以促进新技术的推广。

（5）编制业绩指标，收集分析区域农业咨询系统工作的数据。

（6）对地区一级的农业生产者进行监测和发展反馈机制，以分析其问题并预测咨询服务的必要性。

（7）与联邦农业咨询的其他系统进行互动。

（三）地区农业咨询中心

地区级别是由地区（区域间）农业咨询中心提供的。地区农业咨询中心直接与农产品生产者合作，向他们提供切实的帮助。如为当地的农产品生产者介绍先进的生产经验，在采用和实施管理、组织和技术上的决定方面提供相关帮助，以及解决农村地区发展的其他问题。地区中心还提供有关地区中心的法律、方法、信息和技术的农业咨询支持。

第三节　农业教育

俄罗斯的农业教育已有一个多世纪的历史。俄罗斯的现代教育体系正处在改革之中，俄罗斯农业教育也处在现代教育体系变革之中。当前，为适应俄罗斯农业综合企业发展需求，探索改革教育机构组织形式，明确中等职业教育和高等职业教育研究与发展方向，以及这些改革变化对农业企业的影响，是俄罗斯研究人员重点关注的问题。

一、普通教育

在俄罗斯，普通教育从 6 岁零 6 个月开始接受初等教育，最迟不得晚于 8 岁开始接受初等教育。俄罗斯的普通教育包括小学普通教育 4 年、基础普通教育 5 年、中等普通教育 2 年。在俄罗斯，完成了基础普通教育又可以称为完成了九年不完整普通教育；完成了中等普通教育可以称为完成了十一年完整普通教育。

在完成基础普通教育后，学生可以选择继续接受中等普通教育或是进入职业路线。进入职业路线的学生可以选择职业学校进行三年的学习，这使他们有资格成为专业工作者。或者他们可以进行 4 年的大专学习，这为他们提供了接受高等教育的机会。取代直接就业的另一条路线是，他们可以去大专学习 4 年，从那里进入劳动力市场或进入高等教育机构。

完成两年中等普通教育的学生有三种选择：第一种选择是直接选择高等教育进行学习。第二种选择是进入一所职业学校进行一年的学习。如果选择进入职业学校学习，在完成学习内容后，会再次面临两种选择：一种是进入劳动市场，另一种去大专进行两年的学习，毕业后将再次有机会选择高等教育或工作。第三种选择是去大专就读三年，完成规定的学业后，可以选择进入劳动市场或继续接受高等教育。

俄罗斯的农业部、教育部和科技政策部三个部门共同负责俄罗斯的农业教育、培训和研究。教育部负责职业教育系统，该系统在全国各地设有学校，主要的农业区都设有学校。农业部和地方管理局对农业相关课程、设备和资金有影响。

二、中等职业教育

自彼得大帝时代以来，俄罗斯的职业教育已经存在了 300 多年。在每个发展阶段，教育系统都被分配了各种职业教育任务。目前的俄罗斯职业教育不仅要为劳动力市场输送人才，还要为专业成长和个人发展创造机会。俄罗斯的中等职业教育旨在培训中级专家，在不完整普通教育、完整普通教育的基础上，满足个人深化和扩大教育的需要。

俄罗斯中等职业教育按照俄罗斯 2008 年的《中等职业教育（中等专业教育）机构示范条例》分为两种类型：①职业技术学校，是实施基础培训中等职业教育基本专业教育方案的中等专业教育机构；②大专，是实施中等职业教育基础培训基本职业教育课程和深入培训职业中等教育课程的中等职业教育机构。

俄罗斯的职业技术学校对所有公民免费开放，职业技术学校由联邦职业教育司领导，各级地方政府及其职能管理部门负责管理，同时设置了职业教育委员负责监管。俄罗斯为了规范职业学校的办学形式，对其实行办学许可证制度。

从组织和法律形式的角度来看，中等职业教育可以分为国家中等职业教育机构、中等职业教育私立教育机构、中等职业教育自治非营利组织三种。目前，俄罗斯 22% 的人口接受过这种教育。在经济和社会领域，约有 2 000 万中等职业教育的专业人员，占就业总人数的 33%，占就业专业人员的 62%。俄罗斯的中等职业教育以各种形式实施：全日制、夜间授课、函授。中等职业教育机构的入学是在竞争的基础上进行的。每年，大约 11% 的基础中学毕业生和约 23% 的中学毕业生成为中等专业教育机构的学生。与全日制教育相比，非全日制的学习期限增加 1 年。农业中等职业教育由与农业相关的初等职业教育、中等职业技术学校、中等专业学校、高等职业学校（大专）承担。初等职业教育体系在 2013 年按照新的"教育法"纳入了中等职业教育结构。

俄罗斯农工综合体中等职业教育体系的主要功能是培养中层专家。根据俄罗斯农业部官方网站资料，2018 年共有 162 所中等职业教育培训机构。在俄罗斯 81 个州中，71 个州设有农业中等职业教育机构，特别是所有发达农业地区都有农业中等职业教育机构。所有农业教育机构都有农场，为学生提供实习培训。

三、高等农业教育

农业部负责由学院、大学和研究所组成的农业高等教育系统。在苏联体制下，学院是最重要的高等教育机构，提供的课程最多。大学的地位略低，但两者都提供研究生课程，并且拥有博士和俄罗斯农业科学院成员的科学家。大学的博士成员或者农业科学院成员数量相对较少。研究所的课程相对较少，拥有副博士和博士学位的员工也较少。目前，俄罗斯对学院、大学和研究所的认知方式发生了变化，大学正在获得越来越多的认可。在过去几年中，有大量研究所更名为学院和大学。如果这些高等教育机构是得到国家认可的机构，那么这些机构就可以向其毕业生颁发政府批准的文凭。

传统上，高等农业教育在 5 年内完成。通过入学考试后，学生将在竞争的基础上进入某机构。考试的数量和形式由该机构从一般教育学科的名单中选择，所有学生都必须参加俄语考试。高等教育课程由每个专业的州教育标准定义。标准中按照人文科学、社会经济科学、自然科学、一般专业科学和特殊学科的研究分类进行分别规定。每个机构都在标准的基础上开发课程。另外，学校有权根据该地区的具体条件和需求决定大约 25% 的课程。高等教育机构在参考大学教育方法协会推荐的课程计划后，为每门课程制定教育计划。教育方法协会是通过为教育过程提供方法支持来协助州教育机构的政府公共组织。例如，农业工程教育的教育方法协会为机械化、电气化和农业生产与加工自动化等专业建立了相关教育方法文件。高等教育机构在确定课程方面具有很大的独立性。1993 年以来，高等教育机构引入了多层次的教育结构，这个多层次的系统规定了学生可以在与西方其他国家相似的课程中获得学士学位和硕士学位。

俄罗斯的高等教育对大多数学生来说仍然是免费的。通过入学考试但分数不足以被政府资助的学生要交学费，由国家资助的学生数量由农业部与教育部共同确定。

四、额外的职业教育

俄罗斯的额外职业继续教育主要由农业部的人力资源政策和职业教育与咨询部门负责。俄罗斯农业部的补充职业教育系统除了其从属的所有高等院校，还包括 3 个学院、16 个机构、1 所学校和 2 个中心。2018 年，在大学和学术机构中，有将近 50 000 名高级管理人员和专业人员进行了职业培训。额外的职业教育培训的主要任务是承担在职工作人员的职业再培训，提高业务水平。额外的职业教育培训的内容包括新型现代化农场主的培训、农艺工程师的再培训、农村教师的职业技术教育等。这些教育机构的主要职能是对管理人员进行再培训，并为农民、农业企业家、危机管理人员以及需要提高专家资格的人员提供培训，学员将学习营销、定价、税务、商业贷款、银行和审计等方面的知识和技能。

五、农业教育体系的优势

（1）完善的农业职业培训教育体系。俄罗斯在各个学习阶段都建立了相应的培训体系，建立了从基础教育阶段结束后，随时可以自由选择接受职场预备的职业培训或继续接受更高阶段的教育，并且在毕业后有额外的职业教育进行终身教育。俄罗斯的职业教育体系不仅保障了教育的连续性，也更具有适应不同需求的灵活性，有助于俄罗斯农工综合体和农村地区人力资源潜力的形成与持续改善。

（2）接近消费者。在俄罗斯，所有主要的农产品生产地都有农业大学，大量的农业职业培训学校建立在农业发达地区，一方面确保了产学研相结合，另一方面满足了农业生产者的培训需要。俄罗斯农业部为提高农业人才的职业培训质量制定实施了相应的部门政策措施，以确保俄罗斯农工综合体和农村地区的教育环境与人力资源能够持续改进。

（3）确保满足更多的农业教育需求。俄罗斯的职业培训系统确保各个阶段的学生都有机会选择随时进入职业领域，也保留了继续就读接受高等教育的机会，具有很强的灵活性。面对农业高校的就读需求量增加，有限的高等教育资源难以满足，职业培训系统的优势吸引了大量的学生进入职业培训系统接受农业职业教育培训，俄罗斯职业教育培训体系成功地分散了大量农业高校的培训压力。另外，选择职业学校和大专学校对小城镇和农村居民点居民实行必要的人员和行业培训，对支持农村地区区域中心实现可持续发展具有显著作用。

（4）教育计划统一性。俄罗斯的农业教育培训系统的教育计划具有高度统一性，同等级别不同学校的农业教育计划设定基本一致。这种情况为俄罗斯的学生学习提供了更多可能，教育计划的高度认同允许学生利用每个农业教育机构的相对优势进行短期网络培训。这种取长补短的学习方式，在高效利用教育资源的同时也大大提高了教育质量。这种情况使得学生和教师的流动性增强，带动了农业领域的学术交流。

第四节　农业科技创新能力评价

本节基于东北农业大学现代农业发展研究中心农业科技创新科研团队构建

的国家农业科技创新能力评价指标体系和数学模型，对 2009—2018 年俄罗斯农业科技创新能力发展水平、变化特征、内在动因进行了全面、深入、科学的评价和分析，力求掌握俄罗斯农业科技创新能力发展趋势，明确其竞争优势和薄弱环节。

为了充分掌握俄罗斯农业科技创新能力在国际上所处的位置，本节以二十国集团国家和上海合作组织国家为参照，包括美国等以科技创新为主导的农业强国，也包括正努力加快现代农业发展步伐、争取迎头赶上的发展中国家，共计 33 个国家。其中，二十国集团国家包括欧盟以及阿根廷、澳大利亚、巴西、加拿大、中国、法国、德国、印度、印度尼西亚、意大利、日本、韩国、墨西哥、俄罗斯、沙特阿拉伯、南非、土耳其、英国、美国 19 个国家；上海合作组织国家包含 8 个成员国（中国、哈萨克斯坦、吉尔吉斯斯坦、俄罗斯、塔吉克斯坦、乌兹别克斯坦、巴基斯坦、印度）、4 个观察员国（阿富汗、白俄罗斯、伊朗、蒙古）和 6 个对话伙伴国（阿塞拜疆、亚美尼亚、柬埔寨、尼泊尔、土耳其、斯里兰卡）。

一、农业科技创新能力总体评价分析

俄罗斯农业科技创新能力评价结果如图 8 - 3 和表 8 - 3 所示。

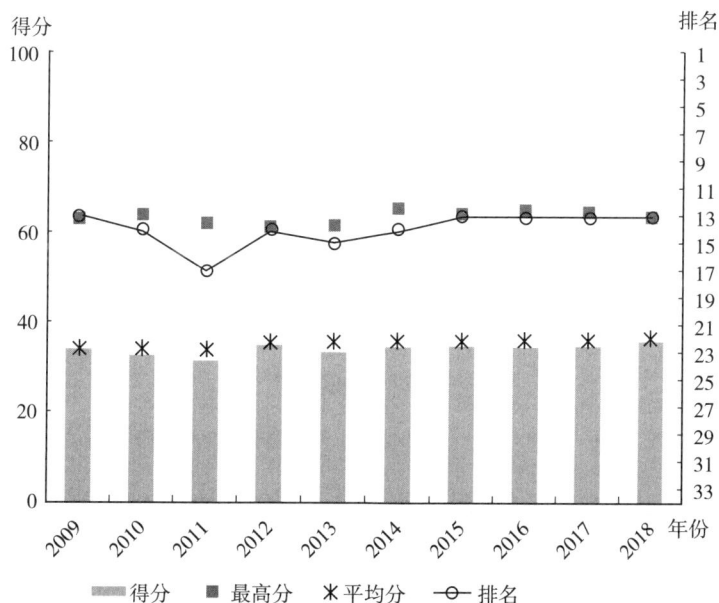

图 8 - 3　2009—2018 年俄罗斯农业科技创新能力得分和排名变化趋势

从综合排名变化看，2018年俄罗斯农业科技创新能力排名处于第13位，与2009年相比，排名保持不变。从综合得分看，2018年俄罗斯农业科技创新能力得分为35.92分，比最高分低27.68分，比平均分低0.54分；与2009年相比，俄罗斯农业科技创新能力得分提高了1.79分（表8-3）。

表8-3 2009—2018年俄罗斯农业科技创新能力得分和排名变化

年份	2009	2010	2011	2012	2013	2014	2015	2016	2017	2018	得分变化	排名变化
得分	34.13	32.95	31.50	34.88	33.41	34.63	34.70	34.78	35.15	35.92	1.79	—
排名	13	14	17	14	15	14	13	13	13	13	—	0

二、农业科技创新基础能力评价分析

俄罗斯农业科技创新基础能力所处的位置及得分变化如图8-4所示。

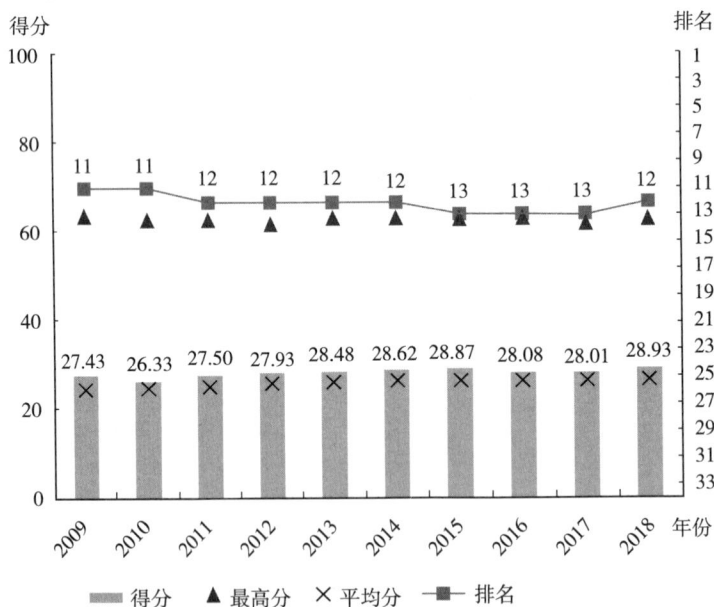

图8-4 2009—2018年俄罗斯农业科技创新基础能力得分和排名变化趋势

从排名变化看，2018年俄罗斯农业科技创新基础能力排名处于第12位，与2009年相比下降1位。

从得分看，2018年俄罗斯农业科技创新基础能力得分为28.93分，比最高分低 33.44 分，比平均分高 2.40 分。与 2009 年相比，得分提高了 1.5 分。

从指标优劣势结构来看，在 2018 年俄罗斯农业科技创新基础能力的 6 个三级指标中，强势指标 1 个（人力资源）；优势指标 5 个（经济水平、基础设施、研究基础、资金投入、合作基础）；中势指标 0 个；劣势指标 0 个。在俄罗斯农业科技创新基础能力的 14 个四级指标中，强势指标 6 个（信息通信技术普及率、大学与科研机构农业学科排名、农业企业研发水平、农业研究人员数量、农业外国直接投资、国际农业研究合作）；优势指标 6 个（GDP 水平、财政收入水平、交通运输基础设施、农民文化素质、农业研发经费投入、产学研合作）；中势指标 2 个（灌溉面积比例、农业机械化程度）；劣势指标 0 个。

三、农业科技创新环境能力评价分析

俄罗斯农业科技创新环境能力所处的位置及得分变化如图 8-5 所示。

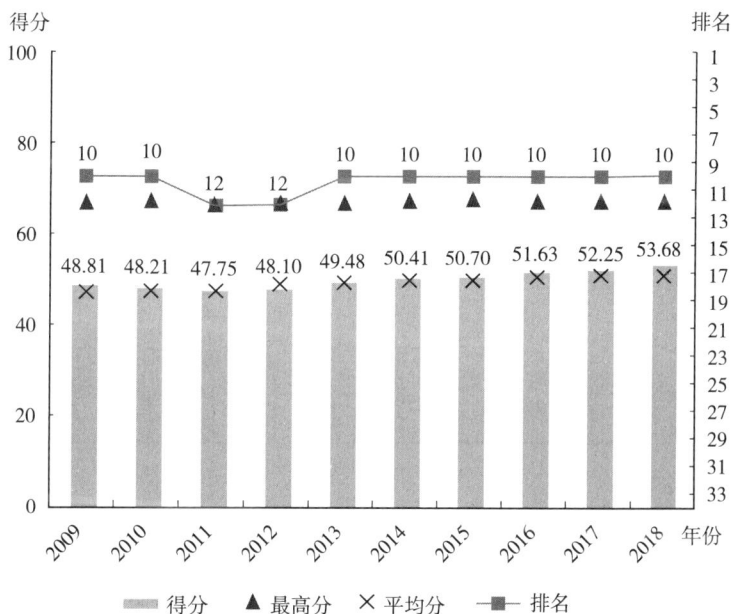

图 8-5　2009—2018 年俄罗斯农业科技创新环境能力得分和排名变化趋势

从排名变化看，2018 年俄罗斯农业科技创新环境能力排名处于第 10 位，与 2009 年相比排名保持不变。

从得分看，2018 年俄罗斯农业科技创新环境能力得分为 53.68 分，比最高分低 13.82 分，比平均分高 2.31 分；与 2009 年相比，得分提高了 4.87 分。

从指标优劣势结构来看，在 2018 年俄罗斯农业科技创新环境能力的 5 个三级指标中，强势指标 2 个（文化环境、生态可持续环境）；优势指标 2 个（商业环境、教育环境）；中势指标 1 个（政策环境）；劣势指标 0 个。在俄罗斯农业科技创新环境能力的 13 个四级指标中，强势指标 4 个（民众的好奇心、企业开业难易程度、化肥使用密度、农药使用密度）；优势指标 6 个（科技创新自由民主气氛、农业信贷支持、市场成熟度、教育系统质量、农村教育公平性、技术培训可获得性）；中势指标 3 个（政治稳定性、知识产权保护、农业政策合理性）；劣势指标 0 个。

四、农业科技创新产出能力评价分析

俄罗斯农业科技创新产出能力所处的位置及得分变化如图 8-6 所示。

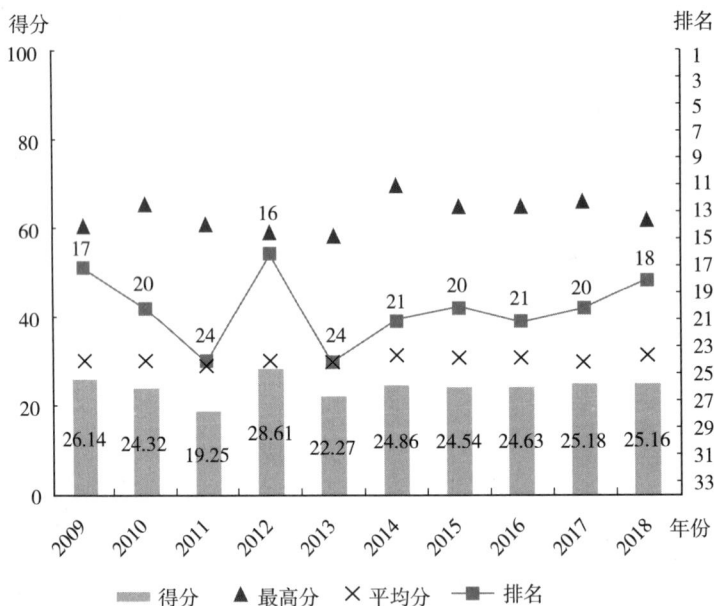

图 8-6 2009—2018 年俄罗斯农业科技创新产出能力得分和排名变化趋势

从排名变化看，2018 年俄罗斯农业科技创新产出能力排名处于第 18 位，与 2009 年相比下降 1 位。

从得分看，2018 年俄罗斯农业科技创新产出能力得分为 25.16 分，比最高分低 36.70 分，比平均分低 6.31 分；与 2009 年相比，得分下降了 0.98 分。

从指标优劣势结构来看，在 2018 年俄罗斯农业科技创新产出能力的 4 个三级指标中，强势指标 1 个（科技成果）；优势指标 2 个（生产力水平、农村生活水平）；中势指标 1 个（经济效益）；劣势指标 0 个。在俄罗斯农业科技创新产出能力的 7 个四级指标中，强势指标 1 个（本国居民植物新品种数量）；优势指标 4 个（农业科技论文数量、本国居民农业专利数量、农业劳动生产率、农村恩格尔系数）；中势指标 2 个（农业土地生产率、农业年均增长率）；劣势指标 0 个。

第九章 CHAPTER 9
俄罗斯农业政策与农业法律 ▶▶▶

尽管在苏联时期和俄罗斯早期，政府采取了一系列农业改革措施，但始终未能有效地改变农业在其经济发展中的短板地位，未能转变俄罗斯农业落后的局面。2000 年以后，俄罗斯将农业视为关系国计民生的重要领域，并且随着经济形势好转，政府开始进一步加强农业私有化的改革力度，加大对农业的支持，使得俄罗斯农业逆势增长。本章主要介绍农业行政管理、农业政策与农业法规，从管理角度进一步了解俄罗斯农业改革历程。

第一节　农业行政管理

俄罗斯农业行政管理通过俄联邦机构、联邦主体和地方自治机构实现。联邦政府通过下设"俄联邦政府农工综合体委员会"发挥政府职能。该委员会的职能：一是保障农工综合体和相关政府机构之间的协调；二是保障农用地的发展；三是为发展农业、粮食等方而制定政策建议，供联邦政府参考、采纳。俄罗斯地籍委员会负责国家地籍管理，其中对农地地籍的管理包括农用土地的规划、监督、评估、利用与保护等。俄罗斯农地地籍的管理，有完备的法律体系保障。

俄罗斯农业部是联邦权力执行机构，职能如下：①根据国家政策，出台政策、法规和指导性文件，调节农工综合体的发展，包括畜牧、兽医、农作物栽培、作物检疫、土壤改良、农田效益、农产品市场调节、原料和粮食、食品及加工工业、烟草生产及流通、农业用地的可持续发展；渔业工业（水产养殖），动物的保护、研究、保存、再生和利用（含狩猎动物，但自然保护区动物和列入俄联邦红皮书动物除外）；林区动物（自然保护区的林区动物除外）。②贯彻国家政策，出台政策、法规和指导性文件，调节土地关系（包括与农用土地相关的政策），实现土地的国家监测。③为农工综合体提供国家服务（包括农用地的可持续发展）。④对农业部下属企业及其他组织机构的国家财产进行管理。⑤对育种机构、联邦兽医与植物保护监督局、联邦林业局进行管理、监督和协调。

根据 2008 年 12 月 25 日修订的《俄罗斯政府关于俄罗斯农业部的决定》精神，农业部中央机构最大编制为 752 人（不含保安和建筑物维护人员）；按照农业部基本工作领域，部下设立司。2009 年的最新设置有 16 个司级机构：综合管理司，经济及财政司，科技政策与教育司，畜牧与良种司，国家事务与人事政策司，国家农工综合体政策与信息司，食品加工工业与产品质量司，农作物繁育、保护与农业化学司，行政与对外关系司，国家土地政策与产权关系司，粮食、食品市场调节司，土壤改良司，法律保障司，农村发展与社会政策司，动、植物保护司，林业与狩猎业司。

俄罗斯农业部根据俄联邦《农业发展法》对农业项目实施拨款及其他国家支持。目前，俄罗斯农业发展主要是执行《2008—2012 年农业发展和农产品、原料和食品市场调节的国家计划》。农业部通过和各联邦主体及其主要行政部门签订协议来实施计划。根据协议，农业部以联邦预算及联邦主体预算拨款保障上述国家计划的实施。俄罗斯农业部长斯克伦尼克 2009 年 4 月 8 日在俄罗斯国家杜马发言中指出："今年以来，在金融危机条件下对农业采取了额外支持措施，已累计划拨 100 亿卢布（1 美元约合 31 卢布）资金用于支持农业（其中重点支持 36 家农工综合体）。"2009 年，俄联邦预算中，农业拨款额度比上年增长 50%，增至 1 820 亿卢布，其中包括对俄罗斯农业银行和俄罗斯农业租赁公司注册资本追加资金（对前者增资 450 亿卢布，对后者增资 250 亿卢布）。针对俄罗斯大部分农业生产者使用的农机设备陈旧落后的问题，成立了由国家管理的俄罗斯农业租赁公司，对农机制造业实行国家支持，并通过购买、进口、租赁等管理经营方式，实现对农业生产的支持。2009 年越冬粮食种植面积比 2008 年增加 40 万公顷，2010 年春播面积达 50 万公顷。为此，农业租赁公司提供和准备了 1.4 万件（套）农机设备，包括 7 300 台拖拉机、4 600 辆农用汽车和 1 000 台联合收割机等。为了调节国内粮食市场和粮食进出口，成立了国家粮食公司。该公司采取"国家采购干预"和"国家商品干预"的国家采购或抛售方式来调节国内农产品市场，目的是稳定农产品价格，维护农业生产者和消费者的利益，扩大出口。为了向农工综合体及其他农业企业提供信贷服务，组建了俄罗斯农业银行。该银行的分、支行活跃在俄罗斯全境，积极开展业务，目前正在实施为农户提供 8 年期优惠贷款。2009 年，用于春播的贷款总额为 1 220 亿卢布。

农业部还通过建立国家独资企业和机构发挥其职能。为了保障联邦所有制的土壤改良工程和农业灌溉项目，建立了 78 个地区级联邦国家机构。俄罗斯还通过联邦国家机构"俄罗斯农业中心""国家良种委员会"对地区一级育种工作进行组织管理，这两个机构在各地区均有分支机构。这些分支机构和地区农业管理机构、育种协会及育种联盟协同工作。此外，俄罗斯在各地区成立 90 余个科研生产机构，它们被赋予国家科研机构地位，其任务包括：为地区农产品生产提供良种保障，提供良种繁育的国家支持，完善地区育种的法律规范等。农工综合体在俄罗斯农业中占有特殊地位，农工综合体涵盖了农业生产到销售及服务的各个部门与环节，包括：农业、农业生产服务，以及农产品加工、运输、收购、贮藏直至最终消费。作为国家调节农产品政策的途径之一，俄罗斯农业管理政策鼓励大力发展农工综合体，支持其开展科技和创新活动。管理农工综合体的区域一级的最高机构是地区（共和国）农业管理机构。各联邦主体的农工综合体管理机构的称谓有所不同，如农业和粮食委员会、农业和粮食部、社会经济粮食司（局）等，但是它们的地位、功能都属于同一类。区域农业管理机构职能包括：制订计划（前景、现行、业务的）；管理财务结算、决算、生产资金分析；对推广、实施新技术项目进行管理；管理农作物产品生产、农艺和育种工作；管理畜牧产品生产、畜牧保护技术和良种繁育；管理兽医、医疗服务；干部的选拔和分配等。

俄罗斯每个区域的农业管理各有特点，各区域对农工综合体的管理更加多样。区域农业管理机构一般通过司、局、处、科、组等各级组织对区域农业实行管理。区域管理机构首长的副职为 3～7 人不等，管理人员总数 60～200 人不等。通常区域农业由具有国家地位的地区农业管理局管理，在地区则由具有地区地位的农业管理局管理。它们的任务，一是对地区农工综合体发展状况进行监测、分析、统计、预测，并据此制定发展计划；二是发挥咨询功能、提供农业市场信息保障与技术服务保障；三是执行干部政策，选拔和分配干部；四是发展合作农业和农工一体化农业等。由于各地区管理机构在不同时期提出的发展目标、任务有所不同，其职能也会有差异并调整。地区一级管理人员

4～12人不等。地区农业管理机构受区域农业管理机构和地区行政机构双重管辖。地区一级的管理对象是坐落在该地区的农业、农企、农商组织，更多的带有咨询性质。地区农业管理机构和地方自治机构、区域农工综合体管理机构（区域农业管理机构、俄罗斯农业中心、俄罗斯良种委员会）在协议的基础上发挥共同管理作用。每个地区的农业管理层面也各有自己的结构特性，它们的内部管理结构通常由经济、技术、工程等部门组成。

第二节　农业政策

一、农业政策现状及主要特征

（一）农业政策演变

1. 2000—2008 年

2000 年以后，俄罗斯农业仍然处于危机状态，俄罗斯政府针对农业和农村落后状况及农业生产实际，制定颁布了一系列法规和计划，调整农业发展战略，确定农业发展重点，并提出了包括"农工综合体发展"在内的四大国民优先项目，为农业和农村改变落后面貌、切实提高农业发展水平提供了法律和组织保证。

一方面，制定农业、农村长期发展规划，确定不同时期农业发展目标、任务，及实现目标的政策措施。俄罗斯政府颁布了《俄罗斯 2010 年前发展战略》和《俄罗斯 2001—2010 年农业粮食政策基本方针》，对农业发展战略目标进行了重新界定。2002 年 12 月，俄罗斯政府颁布了《2010 年前农村社会发展纲要》，提出了 2010 年之前农村社会经济发展的指标。2003 年 9 月，俄罗斯政府颁布实施《俄罗斯社会经济发展中期纲要（2003—2005 年)》，提出了发展富有竞争力的农业，建立发达的粮食市场，实现农村居民就业渠道多样化，增加农民收入，改善农业企业财务状况的农业政策目标。2005 年，俄罗斯政府提出名为"国民四大优先项目"的社会经济发展规划，确定农业领域应着重解决的问题，加快养殖业发展，促进小型农业企业的发展，为年轻农业人才提供住房保障等。2007 年 1 月颁布实施的《农业发展法》是俄罗斯农业政策的基础性文件，共计 18 条，对国家农业政策目标、原则、基本方针及农业政策措施做出了明确界定。这部法律首次确定了国家扶持农业发展的财政、税收、金融及关税政策，明确了国家与农业生产者之间的权利、义务关系，以及联邦中央与地方政府及农业企业之间的风险分担机制，为农业政策长期稳定以及农业长远发展创造条件。

另一方面，国家对农业的扶持政策。俄罗斯政府对农业的扶持政策体现在财政补贴、税收优惠、金融信贷、农产品价格干预、农作物保险、农机和良种租赁以及发展农机生产等多方面。在财政政策方面，措施包括：第一，改变财政补贴机制，变直接补贴为信贷利率补贴。从2001年起俄罗斯政府改变了对农业的财政补贴机制，取消了效率不高的直接补贴，代之以信贷利率补贴，联邦中央与地方政府共同对农业生产者的银行信贷提供利率补贴。其中，联邦和联邦主体预算为农业生产者提供的银行信贷补贴的比例为中央银行基准利率的2/3，地方预算根据财力情况提供不同比例的补贴。2000—2004年，农业生产者从商业银行贷款大约1500亿卢布。此外，从2002年起针对3～5年期的农业长期投资信贷也启动了利率补贴机制。2002—2003年，农业企业为进行装备更新、建设或改造农牧业生产和加工的基础设施，在利率补贴机制下贷款200亿卢布。这一机制有效地支持了农业企业的发展。随着联邦预算收入的增加，联邦政府对农业信贷补贴规模不断增加（表9-1）。第二，制定《统一农业税法》，降低农业生产者税收负担。《统一农业税法》生效后，农业企业缴税仅剩下统一农业税和土地税两项，企业税负明显降低。第三，实施联邦专项纲要，对土壤改良、农机和燃油保障、养殖业发展、农村建设等提供财政支持。第四，金融信贷领域的扶持政策措施包括：对农业企业所欠债务进行重组；建立和完善农业金融信贷体系，为农业发展提供资金支持；建立国有租赁公司，对农业生产提供技术支持；建立农业保险制度。第五，通过发展农业机械生产，满足农业对农机更新和补充的需要。

国家对农业的保护政策。国家对农业的保护政策主要体现在价格保护和关税保护两个方面。其中价格保护政策分为收购性保护政策和市场干预性保护政策。关税保护政策分为鼓励农产品出口和限制部分农产品进口两个方面。在粮食收购制度方面，通过粮食收购和市场投放机制，对粮食市场进行干预。2001年8月，俄罗斯政府批准了《关于国家为稳定农产品、原料及粮食市场进行收购和市场投放的规则》，指定农业部为国家在粮食市场上进行购销干预、执行粮食价格政策的联邦机关，政府根据农业部的建议确定进行价格干预的粮食及其他农产品的种类，在粮食价格达到上限或下限时，国家粮食储备库在市场收购粮食或向市场投放粮食，在粮食价格达到最低或最高水平时，停止收购或停止投放。该《规则》规定，每年 6 月 1 日前确定粮食收购的最高和最低价格，每年 12 月 1 日前确定粮食投放的最高和最低价格。近年来，由于受多种因素的影响，俄罗斯粮食和食品价格不断上涨，成为通货膨胀的重要因素，俄罗斯政府多次启动价格干预机制，动用国家储备粮对粮食价格进行市场干预，对稳定粮价和食品价格起到了一定作用。在关税保护方面，通过限制进口和增加粮食出口的措施来实现对农业的保护。在限制进口方面俄罗斯政府主要通过进口配额制度，提高进口关税等措施来调节进口；在增加出口方面，俄罗斯政府从预算中划拨出一些资金，对粮食出口码头建设长期投资提供补贴。需要指出的是，虽然粮食出口增幅超过进口增幅，但总体上俄罗斯仍然是粮食净进口国，粮食及其他农产品的对外贸易逆差每年约为 130 亿美元，这种局面至今仍然没有明显改变。

表 9-1   2000 年和 2005 年联邦预算对农业和农村发展的补贴

单位：亿卢布

年份	2000	2005
农业生产服务支出	263.90	254.82
信贷利率补贴	0	53.70
"提高土壤肥力"联邦专项纲要	1.67	35.67
支持种植业发展	4.50	26.70
资本化投资	14.34	24.35
土地资源	135.12	22.09
支持养殖业发展	12.16	7.45
国家管理支出	0	5.18
粮食市场措施	0	2.50
粮食检查	0.83	0
支持私人农场	0.04	0
其他支出	62.49	18.34
对农业的总支出	495.05	450.80

资料来源：世界银行数据库。

2000 年以来的农业政策是积极有效的，但由于俄罗斯农业先天不足，并且经历了危机时期的长期衰退，根本改变农业的落后面貌尚需进一步加强扶持力度。俄罗斯农业专家认为，首先，俄罗斯对农业企业的扶持水平仍然不高，国家对每公顷土地的支持量为 10 美元，而美国为 200 美元以上，欧洲则高达

600 欧元。乌克兰和哈萨克斯坦的支持量也是俄罗斯的 9 倍。因此，俄罗斯农业在独联体范围内的竞争力不高，俄罗斯必须成倍增加对国内农业的扶持力度。其次，国家对粮食和农产品的价格干预政策效力不足，导致粮食价格波动过大。价格不可预测抑制了农业生产者的投资和生产积极性。再次，农业劳动力尤其是农业技术人员短缺问题，在短期内难以解决。农业科技几乎成为被遗忘的角落。此外，俄罗斯还存在着垄断行为、盘剥农业生产者以及农业生产者权益无法得到全面保障等诸多问题。

2. 2008—2012 年

2008 年以后，随着世界经济的高速发展、国际原料和农产品价格的高涨，俄罗斯经济规模日益壮大，支撑了俄罗斯大国复兴的梦想。在此期间，俄罗斯政府不断提出相应的政策方针减低金融危机对农业及其相关领域造成的损失。《2008—2012 年农业发展和农产品、原料和食品市场调节的国家计划》，是自独立以来俄罗斯颁布的第一个农业发展五年计划。该计划提出的目标：一是可持续性农村发展，其中包括扩大农村就业和提高农村生活水平；二是改进俄罗斯农业生产的竞争能力，其中包括加大财政支持、实现现代化和加快重点领域发展以替代进口；三是保护和恢复自然资源，其中包括土壤保护。该计划也指出保障农村居民的充分就业、生活及土地的合理使用，提高农业生产率、产量和质量等。该规划还提出以稳定国内供给为中心，通过平衡生产与消费、提供农产品干预信息和支持粮食出口来实现粮食供求平衡。根据以上政策计划，俄罗斯采取诸多措施促进农业发展，主要有：一是在推进国家和集体农场的股份制改造过程中，将农场工人变为国家和集体土地的股份持有人，将国有和集体农庄所有的土地，改造成为股份制农场；减少由农民家庭经营的农用土地面积（减少到 12.5%），绝大部分土地（87.5%）由国家、集体和股份制农场进行企业式的经营。二是发展各种生产组织形式之间的合作化和一体化，恢复和发展农工综合体，实现资本和土地向大生产者集中，实现规模经营和现代化管理，重点支持大农业企业。三是着力完善农业用地的流通、租赁调节机制，促进土地向有效益的经营主体流转。四是改变国家对农业的支持方式，重点支持投资能获得效益的农业企业。其他主要措施还有：①实行债务重组，完善农业用地税法，改善农业企业财政状况；实行统一农业税，减轻农民负担。②鼓励农业信贷，实行农作物保险机制，吸引私人投资进入农业生产。③向农业生产推广新技术、良种，提供补贴和优惠贷款。

　　俄罗斯最新农业政策不但提出要增加国内农产品生产和消费总量，还在各个领域确定了具体的发展目标，并且规定了一系列具体的措施和要求。这表明，俄罗斯重新确立了国家在农业发展方向上的指导地位，从而彻底抛弃自独立以来对农业发展所采取的放任自流做法。2008年11月，俄罗斯政府制定了《2020年俄罗斯社会经济长期发展构想》，确定了国家农业政策的长期目标：用国产农产品和食品保障居民需求；促进农村地区稳定发展，提高农村居民生活水平，缩小城乡差距；提高本国农业综合体的竞争力，有效实现畜产品市场的进口替代，培育种植业出口潜力，确保在世界农产品市场占据稳定地位；充分利用土地和其他自然资源增加农业产量。同时列出了2020年的数量目标。2008年之后，俄罗斯开始实施刺激农产品出口的政策措施：一是成立国有联合粮食公司，使其成为政府支持粮食出口的重要工具；二是降低粮食的铁路运费和港口倒装费用；三是提供出口补贴，简化粮食出口增值税的退税程序，为俄罗斯粮食和面粉进口商提供进口信贷等。2009年3月20日政府颁布的关于成立联合粮食公司的第290号总统令规定，联合粮食公司将主要致力于促进俄罗斯国内粮食购销、粮食出口以及仓储和港口设施的新建及现代化改造。政府将其持有的"粮食市场调节署"股份公司100%的股份注入新成立的联合粮食公司，同时政府还将其在31家粮食企业中的股份作为资本金注入新公司。但2010年受干旱影响，俄罗斯发布粮食出口禁令。为了帮助农业生产者提高生产效率，俄罗斯还创建了"国家农业信息发布系统"。

　　2009年，国家向农业生产者投入400亿卢布，低于总预算支出的1%，或者说是300卢布/公顷（俄罗斯共有1.26亿公顷耕地）。同年，俄罗斯农业部与国家杜马共同起草了《国家支持农业保险》联邦法案，法案强调国家将把政策性农业保险作为管理农业生产风险的重要政策工具，并构建政策性农业保险法律框架，拓展农业保险的承保范围，同时强化政府部门在该制度中的角色和作用。2011年4月20日，俄罗斯政府提出了刺激农业发展的政策思路，提请国家杜马斟酌。一是为发展私人农场，将取消农业生产者在农用土地上建造住房的限制；二是联邦和地方预算将出资帮助农民完成对农业用地的产权登记；三是预算拨款45亿卢布，对购买俄罗斯农业租赁公司库存的6 000台农机提供50%的补贴；四是从2012年起实行为期三年的农业机械以旧换新计划。另外，俄罗斯农业部研究制定的土壤改良计划也将纳入农业发展规划的第二阶段（2013—2020年实施）。

3. 2012 年至今

2012 年 8 月 22 日，俄罗斯在历经 18 年的谈判后正式加入 WTO。为应对加入 WTO 的新形势，俄罗斯农业部制定并开始实施 2013—2020 年国家农业规划。其战略目标是：确保国家粮食安全；通过农业综合体的创新发展，提高俄罗斯农产品在国内和国际市场上的竞争力；确保农业综合体农产品生产者的金融稳定；确保农业用地、其他自然资源、环境再生产和效率的提高；确保农村地区的可持续发展。俄罗斯国家农业发展规划由 6 个子规划和 3 个联邦专项纲要构成，6 个子规划分别是："农作物种子生产、加工和销售规划""畜牧业生产、加工和销售规划""小型农业企业扶持规划""技术、技术现代化和创新发展规划""国家规划科学实施的措施""国家规划实施的保障"。3 个联邦专项纲要分别是："2013 年前农村社会发展纲要""2014—2017 年及 2020 年前农村可持续发展纲要（草案）""2020 年前农业土地复垦纲要（草案）"。各子规划和专项纲要整体上相互关联，旨在实现当前和未来最重要的目标与任务，以确保国家粮食安全不受制于其他国家。

2014 年又批准实施《国家农业发展纲要》。新纲要的农业资金保障更加多元化，不再单纯依靠联邦预算拨款，地方政府和企业的投资也占有相当大的比例。为了落实新纲要提出的各项任务，俄罗斯采取了两项大的措施来推进它们的实施。一是中央政府实施"2013—2020 年俄联邦农村地区持续发展"国家项目，计划在 7 年时间内恢复农村地区的原有活力，鼓励青年人回到农村，并吸引各类专业人才在农村安家。在国家和地方政府提供的资金中，有 45 亿卢布将用来对 80 个联邦主体的农村居民进行补助，帮助改善住房条件。愿意迁往农村的专业人才及其家庭也将获得政府提供的住房。另有 43 亿卢布将用来在 71 个联邦主体的大部分村镇中统一建设自来水、电力和天然气供应网络。2015 年，在这个项目的框架下，中央政府从联邦预算中划拨约 90 亿卢布用于农村地区发展，各地方政府和其他机构也将共筹资金 210 亿卢布。二是要求地方政府在上述纲要框架内有针对性地制定地区发展规划，保障农业生产、农产品加工、运输、仓储等部门的平衡发展，实现农业和其他产业间跨部门生产联系和经济联系，促进农业生产、食品工业和加工工业的发展，制定措施加快企业的技术更新，以及对农业管理者、专业技术人员进行培训，提高其业务水平，以充分发挥不同地区的农业优势。

加入 WTO 后，俄罗斯在寻求技术合作、建立贸易争端解决机制、建设农业投资和基础设施等方面更加便利，同时也利用相关规则，"回应"西方制裁。2014 年俄罗斯开始禁止从美国、加拿大、澳大利亚和欧盟等国进口农产品，这种反击政策大大刺激了国内的肉奶生产。以猪肉为例，2012 年俄罗斯进口猪肉 100 万吨，2015 年下降至 30 万吨，同时国内生产量超过 40 万吨。俄罗斯充分利用这一机会扭转了自苏联解体以来肉奶类进口导致国内谷物需求下降的负反馈循环，实际上达到了保护和提升本国农业的双重目的。近年来，俄罗斯农业增长及农产品贸易出口，成为俄罗斯经济中的一大亮点。目前，俄罗斯的农产品贸易出口创汇能力，已经占到俄罗斯天然气出口创汇的约 1/4、武器出口创汇的约 1/3。自俄罗斯受到欧美经济制裁以来，为了满足国内市场的需求和开拓新的出口市场，俄罗斯大力发展本国的农业、农产品和食品加工业。2016 年 7 月，俄罗斯颁布了限制转基因技术使用的法令。根据该法令，俄罗斯境内禁止饲养转基因动物、种植转基因作物，禁止生产或进口转基因食品。这一法令将帮助俄罗斯成为生态农业的领先国家，使其占领更大的世界绿色食品贸易市场，对提升本国农产品对外贸易的实力也将产生重要影响。俄罗斯在有效流转的农地制度初步确立之后，2016 年开始了无偿分配土地的实践。2016 年 5 月，俄罗斯总统签署了《远东土地分配法》，规定俄罗斯公民在远东地区可无偿获得一公顷土地，无偿分配土地期限为五年。土地使用者有义务每年向授权机构通告土地使用目的及方法，并在三年后提交土地使用的具体说明。五年后，获赠土地如果得到开发，就可以租赁或者转为私有财产。如果土地未被使用则将被收回。俄罗斯公民可以在获赠土地上从事任何活动。从 2016 年 6 月 1 日起，该法律第一阶段开始实施。自 2017 年 2 月 1 日起，开始实施"远东一公顷"法律的第三阶段，所有俄罗斯公民都可以在远东地区申请获取一块一公顷的土地。

自 2018 年起，俄罗斯农业部将重新修订《2013—2020 年农业发展及农产品、原料和粮食市场调节纲要》。该《纲要》包括四个优先发展项目和一个需由若干部门共同完成的目标实施方案。四个优先发展项目包括：优先发展能加速实现主要农产品、原料和粮食进口替代的农工综合体项目；优先发展能促进农工综合体投资的项目；优先发展能促进农工综合体技术现代化的项目；优先发展能促进农工综合体农产品出口的项目。自 2018 年 1 月 1 日起，"2014—2020 年俄罗斯新增农用地发展"及"2014—2017 年及 2020 年前农地的可持续发展"项目也被纳入《国家农业发展纲要》。目标实施方案包含一系列子项目和措施，需由若干部门共同完成。《国家农业发展纲要实施管理方案》要求完善农产品生产商税收机制和财务机制，完善涉及粮食安全的国家信息资源，加强农工综合体管理，保证国家对农用地的监督。"向农工综合体运作提供基础条件"的项目要求，调节农产品市场，防治动物流行病，防止并消除非洲猪瘟的蔓延，为因不可抗力造成损失的农产品生产者提供补贴。除此之外，根据2016年6月12日俄罗斯总统颁布的第350号总统令《关于实施国家农业领域科技政策具体措施》的规定，该目标实施方案还包括《俄罗斯农业发展科技领域实施方案》和《植物遗传资源保护方案》。上述两个方案也包含在《关于实施国家农业领域科技政策具体措施》下，规定了2017—2025年俄罗斯农业领域科技政策的具体实施方法。《国家农业发展纲要》实施的有效性每年都会通过指标和指标体系进行评估。最新修订的《国家农业发展纲要》内含五个主要目标：第一，在考虑俄罗斯农工综合体产品经济和地域的情况下，确保俄罗斯国家粮食安全，2020年农产品生产指数达到2015年的108.6%～110.8%；第二，2020年农业领域创造的附加值达到38.91万亿～40.50万亿卢布；第三，2020年农工综合体出口增长速度达到2015年的132%～133.3%；第四，2020年农业固定资产投资实物量指数达到2015年的111.3%～113.1%；第五，2020年农村居民可支配收入不低于1.79万～1.83万卢布。

（二）农业政策主要特点及存在的问题

1. 农业政策主要特点

农业政策在俄罗斯经济政策中占有重要地位，特别是2005年俄罗斯出台了《农业发展纲要》，将农业、教育、住房、医疗列为今后一个时期四大重点发展领域，并制定了一系列农业政策和法规，明确农业发展方向，从多方面加大对农业的支持力度。有资料显示，在俄罗斯划拨用来支持农业的财政资金总额中，有65%～75%用于对农业的财政补贴。但总的来说，自20世纪90年代初以来，俄罗斯用于农业领域的财政资金每年都在缩减，各级财政支出中，农业和渔业的支出比重从1990年的15%降到2002年的2.3%。

第一，注重对农业的资金投入和支持。在农业政策的调整过程中，俄罗斯不断加大对农业的资金投入和支持力度，以解决农业企业和农户生产与发展的资金需求。俄罗斯在这方面所采取的措施：一是鉴于一般商业银行不愿意向收益低、风险大的农业贷款，加之农民也无力支付高额贷款利息，俄罗斯政府出面成立了俄罗斯农业银行，专门负责分配使用国家对农业的投资，发放农业贷款，并将长期贷款的期限，从原来的 8 年延长到 10 年，同时还加大了对长期贷款的补贴额。农民可以以抵押土地的方式申请贷款，政府补贴贷款利息。二是政府资助建立农村信贷合作社，帮助农户和小型农业合作集体，解决生产资金问题。三是调整国家对农业的贷款政策。自 2000 年秋开始，国家将农业预算资金用于支付商业银行的信贷利率，以鼓励商业银行向农业贷款。该政策刚一开始实施，俄罗斯农业部门中就出现了"信贷热"现象。2001 年，农工综合体的银行贷款同比增长了 5 倍，而且规定用于补贴的预算资金（130 亿卢布）也全部用完，212 家银行对 8 000 多家农工综合体企业发放了 165 亿卢布的信贷。四是针对农民无力购买农业机械问题，俄罗斯政府又成立了农业机械设备租赁公司，农民支付一年的租金就可以使用农业机械。五是为了保护农民利益，建立了政府干预粮食市场制度，每当粮价走低，政府就收购余粮；而当粮价过高时，政府即出售储备粮食以平抑粮价。六是为解决农村劳动力流失严重问题，政府投入专项资金，为农村青年建房或发放建房补贴，以留住农业人才。七是政府利用配额制和关税等手段保护本国农产品生产者，对一些食品，如肉类和糖等实行进口配额。

第二，实行全面的农业补贴政策。农业补贴政策是俄罗斯政府对本国农业支持与保护体系中最主要也是最常用的政策工具，俄罗斯在实践中注意调整对农业企业、私人农场和农户的农业补贴政策。在独立之初，俄罗斯全面放开农产品价格，并取消对农产品收购价格的补贴。但是，由于恶性通货膨胀和相关政策不落实，农业亏损严重，农民的生产积极性受到严重挫伤。鉴于这种情况，自 1993 年 7 月起，俄罗斯政府开始对农业补贴政策作出调整，决定对农业企业、私人农场和农户实施一系列的补贴政策，其中最主要的补贴措施有：一是实行信贷补贴和投入补贴政策。信贷补贴主要是银行贷款利息补贴，对这种补贴的拨款是《2006—2007 年国家重点项目》规定的主要支出项目。按照《2008—2012 年国家规划》，利率补贴总额占到 5 年期预计开支总额的 45％。信贷优惠补贴受益者的范围不断扩大，涵盖了包括农村住户和生产合作社在内的所有生产者。补贴利率取决于俄罗斯中央银行的再融资利率，例如，对农业企业和食品加工者，联邦政府按中央银行再融资利率的 2/3 给予补贴；对小型农场和生产合作社则按俄罗斯央行再融资利率的 95％予以补贴。投入补贴政策主要面向农业企业和小型农场，包括化肥购买补贴、良种补贴、用于农业播种的燃料补贴等。此外，俄罗斯政府还提供用于农场建筑和改善土地灌溉的补助金。二是实行价格补贴政策。不仅规定地区财政对农民出售的肉类、牛奶、鸡蛋和羊毛等畜禽产品实行补贴，还对粮食市场价格加以改进。自 2001 年以来俄罗斯政府通过限定最低和最高粮食价格来制定价格区间，并采取国家采购干预和国家商品干预的方式调节和稳定国内农产品价格。三是实行农产品出口补贴政策。

第三，通过农业税收优惠政策减轻税负。俄罗斯在农业政策的调整中，注重采取切实的政策措施，减轻农民负担，其中最重要的举措是减少税种并实行统一农业税。自 2002 年起，俄罗斯将农业商品生产者缴纳的税种由原来的 21 种减为 10 种。2003 年开始征收统一农业税，总的原则是减轻税负，农业商品生产者的纳税额，应相当于被该税取代的上一年所缴纳全部税费总额的 1/4。农业企业可选择缴纳统一农业税，也可按原来的设置纳税。采用统一农业税的农业企业可获得免征所得税、财产税、增值税等优惠。截至 2008 年，约有 65％的农业企业采用了此项税收政策。俄罗斯规定统一农业税税额为农业企业总收益与其总成本之差的 6％。此外，俄罗斯还对农产品增值税实行税收优惠，即按 10％的优惠税率课税（标准税率为 18％）。最近优惠政策的适用对象为饲养牲畜家禽类农业企业；肉类、牛奶和奶类、植物油和人造黄油、精炼糖与原糖、鸡蛋和蔬菜等主要农产品；饲料谷物、混合饲料，油籽粕和油籽饼农业投入品。为了适应加入 WTO 的需要，俄罗斯国家杜马于 2012 年 9 月通过了一项法律，强化对农业生产者实行的税收优惠政策：规定农业企业利润将无限期实行零税率政策；在 2017 年 12 月 31 日前对一些粮食种子、种畜等农产品的增值税继续实行 10％的优惠税率。

2. 农业政策存在的问题

虽然俄罗斯根据农业部门出现的新情况和新问题对农业政策进行了较大调整，包括在改组集体农庄和国营农场的基础上大力鼓励农村各种经营形式的发展，减轻农民税收负担，实行农业补贴政策，加大对农业的资金投入和支持力度，对农业出口与农业发展采取各种支持措施，在土地关系与信用合作社发展等方面采取一些必要的法律措施等，但应当看到，俄罗斯的农业政策仍存在以下问题：

第一，为了完善市场功能并加强政府调控，俄罗斯在中央和地方建立了一些国有或半国有机构，如俄罗斯农业银行、俄罗斯农业机械设备租赁公司、俄联邦市场调节处及其他一些类似的地方机构。由于这些机构具有国有或半国有性质，处于非竞争状态，因而，虽然这些机构取代了相应的商业机构，并试图执行商业机构的职能，但实际上无法正常发挥其应有的职能作用。一方面，这些国有或半国有机构可以获得免费的流动资金，而其他任何商业机构要使用这些资金都需要付费；另一方面，国家有意为这些商业机构设立了垄断条件，如只允许通过俄罗斯农业机械设备租赁公司进行联邦租赁。因此，国家在建立完善的市场机制的同时，又在为市场机制的发展设置障碍。

第二，国家在市场调节和农业政策的执行中完全效仿西方发达国家的做法，而忽略了俄罗斯的具体国情，特别是经济转轨时期所具有的基本特征。俄罗斯农业市场建立的时间较短且很不完善，市场参与者对国家的干预还难以完全适应。在这种情况下，国家不仅不应当干预市场的自我调节机制，而且应该对市场机制的建立给予支持并使其逐渐完善。

第三，农业政策与预算相脱节是俄罗斯农业政策中存在的又一问题。尽管自 1990 年以来，俄罗斯出台了对农工综合体的调整方案，但农业预算结构并没有发生实质性的变化，农业补贴仍优先用于矿物肥料、良种繁育、亚麻与大麻的生产等方面。在 2000 年实施的农工综合体中期发展纲要中也没有体现出这方面的变化。这主要是由于俄罗斯沿袭传统的农工综合体预算以及对预算分级制不适应所致。因此，需提高农业预算的透明度，提高农工综合体预算资金的使用效率。

第四，俄罗斯地区预算约占农业总预算的 2/3，说明俄罗斯农业预算以地方预算为主。由于对农业生产者的直接支持主要靠地区预算的潜力和财力，从而引发了各地区之间独特的"贸易战"。尽管自 20 世纪 90 年代中期以来，俄罗斯对市场参与者已基本取消了某些农产品在地区间进行流通的限制，但为了排挤其他地区的农业生产者，各地区都加大对本地农业生产者的补助力度。例如，鞑靼斯坦和巴什基尔加大了对本地牛奶生产者的补助，这样就恶化了楚瓦什牛奶生产者的状况；秋明州及斯维尔德洛夫斯克州也通过积极支持本州的家禽饲养，进而排挤邻近地区的家禽进入本地市场。因此，俄罗斯有必要对各地区支持农民工综合体的措施加以规范。

二、农业政策的实施成效及未来展望

（一）农业政策成效

俄罗斯的农业政策，经历了从 20 世纪 90 年代的极端自由主义的政治底色，到当前国家介入和支持农业的重大转变。从农业土地私有化和私人农场的创立到通过国家优先发展规划（农工综合体）、制定俄罗斯食品安全理论，从俄罗斯加入世贸组织到实行进口替代（以回应西方制裁）等主要农业政策可以看出俄罗斯农业政策在自由与保守中不断调整，走上一条以发展大型农工综合体带动俄罗斯农业发展的道路，不仅将农业列为经济发展的优先重点领域，还通过出台一系列法规使农业政策逐步实现战略化、体系化和规范化。农业政策在俄罗斯经济政策中占有重要地位。总的来说，俄罗斯当前确定的国家农业政策的目标和基本取向可以概括为：依靠国内农业生产来保证居民对农产品和食品的需求；促进形成有效运行的农产品、原料和食品市场；稳步发展农业地区，提高农业人口的生活水平，缩小城乡差距；大力扶持农业生产，提高农工综合体的竞争力，对农产品实行有效进口替代并培植出口潜力；提高农业生产中土地使用及其他自然资源的效能。通过政府的农业改革持续深化以及国家对农业发展的投入不断加大，俄罗斯农业生产成绩斐然，成为经济增长重要的引擎之一。俄罗斯农业政策的实现成效主要有以下几个方面[①]：

在农业机械方面，俄罗斯大力推行农业机械化战略，提高大型农机设备的更新率。随着政府对农业机械领域的投入，俄罗斯国产农机设备的保有率已从2013年的30％增至2018年的60％，农机设备出口连续5年保持增长。2018年，俄罗斯农业机械制造企业出口额增长40％，达110亿卢布。目前，俄产联合收割机占据15％左右的全球市场份额，大功率拖拉机占据全球25％左右的市场份额，俄罗斯已进入世界农业机械生产商前5位。

在农业投资方面，农业固定资产投资占总投资额的比重不断增加，尤其是农工综合体的固定资产投资额增势明显，且自有资金投资占比逐年加大。2012年，俄罗斯农业固定资产投资占总投资额的比重为2.9％，2018年提高到4％。2012年，农工综合体固定资产投资额为4 252亿卢布，其中自有资金投资占52.8％；2018年，农工综合体固定资产投资额达到6 797亿卢布，比2012年增长了60％，其中自有资金投资占61.7％，比2012年提高了8.9个百分点。

在农业生产经营组织方面，农业企业、居民经济、农户（农场）经济等不同类型的农业生产经营组织相互协调发展，逐步形成了自然的劳动分工。在近

---

① 蒋菁. 普京第三任期以来俄罗斯农业的发展状况与政策调整［J］. 欧亚经济，2020（3）：59-73.

年来的农业生产中，农业企业是俄罗斯农产品的主要生产者，产品以粮食、葵花籽、甜菜、肉类产品、牛奶和鸡蛋为主，而居民经济则以生产马铃薯和蔬菜为主。近年来，随着国家加大对大型农工综合体和农户（农场）的支持，三类农业生产经营组织所生产的农产品产值构成发生了一些变化。2012 年，农业企业生产的农产品产值所占比重为 47.9%，2018 年增加到 56.5%；农户（农场）经济生产的农产品产值所占比重从 2012 年的 8.9% 增至 2018 年的12.5%；而居民经济生产的农产品产值所占比重则从 2012 年的 43.2% 降至2018 年的 31%。在农产品贸易方面，进口替代政策发挥了积极作用，主要农产品自给率不断提高，农产品进口依赖度不断下降，农产品出口持续增加。俄联邦国家统计局数据显示，农工综合体食品和农业原料出口额从 2012 年的 16亿美元增至 2018 年的 258 亿美元，增长 15.13 倍；进口额则从 2012 年的 404亿美元降至 2018 年的 298 亿美元，降幅为 26.2%。此外，在卢布贬值的刺激下，俄罗斯不断扩大农产品出口，在国际农产品贸易中的地位逐步回升，出口品种也呈现多元化发展趋势。除小麦出口连年增加外，近年还扩大了鱼类产品、猪肉、大豆以及葵花籽油、饼粕、菜籽油和大豆油等油脂产品的出口。

总的来说，俄罗斯农业发展势头良好。农业取得的成就对乌克兰危机后俄罗斯整体社会政治经济都具有重要的意义。从战略层面看，在西方制裁和经济危机中维护了国家的粮食安全；从经济和外交层面看，面对西方的多轮制裁展现了俄罗斯经济发展的韧性，而扩大粮食出口不仅优化了俄罗斯的经济结构，更增加了俄罗斯经济发展的弹性，也加强了国际外交斡旋的筹码；从社会保障层面看，农业增长是经济危机中维护俄罗斯政治社会稳定的压舱石，乌克兰危机后俄罗斯在高通胀压力下能够保持较低的失业率（2014 年、2015 年的通胀率为 11.36% 和 12.91%，而同期的失业率仅为 5.2% 和 5.6%），农业发挥了十分重要的作用。

（二）农业政策的未来展望

在农业快速发展态势下，俄罗斯食品安全问题已基本解决，俄罗斯农业发展战略调整窗口期也已来临。目前，俄罗斯在农业政策方面将主要以刺激出口为战略导向，重点围绕农业总体部署工作展开。从俄农业部公布的 2019—2024 年工作计划来看，下一阶段主要任务是提高农产品的自给率、确保国家粮食安全、提高农工综合体的投资活力、扩大农工综合体的出口规模和提高高附加值农业加工成品的出口比重。对此，俄罗斯农业部提出了十分具体的目标，包括：到 2024 年农产品产量比 2017 年提高 11.7%；2024 年农产品和食品出口达到 450 亿美元；保持粮食生产的稳定，其年产量不低于 1.154 亿吨的水平，甜菜年产量不低于 4.26 亿吨；提高农户（农场）的马铃薯产量，其年产量不低于 700 万吨；扩大葡萄园种植面积，至少增加 1 万公顷；肉牛的存栏量增至 93.1 万头；牛奶产量增至 1.985 亿吨；到 2024 年新创立 3.17 万个农业就业岗位；新开垦 37.826 万公顷土地以提高种植业农产品产量；保护 40.96 万公顷农业土地免受风蚀和荒漠化影响，并使 63.79 万公顷退耕地实现土地流转。由此可以看出，未来俄罗斯农业发展的重点是积极发展农业产业化，进一步提高农工综合体的国际竞争力，同时做好环境和土壤保护，充分利用农业储备用地的自然优势扩大种植面积，确保主要农产品稳定增产。

但是，目前俄罗斯农业发展战略从进口替代向出口导向战略转变的任务依然十分艰巨，整个行业的利润率偏低，农业领域投资总体积极性不高，农业生产者获得的贷款利率偏高，部分农业技术现代化水平偏低，农业基础设施滞后，农业生产者结构欠佳，地区和城乡间发展不平衡，农用土地制度待完善及农业支出政策缺乏稳定性等问题都制约着俄罗斯农业的国际竞争力。为了解决以上农业发展障碍，俄罗斯农业政策未来发展方向主要侧重在以下七个方面：①用绿色食品开拓国际农产品市场，增强农产品出口竞争力；②完善农业保险制度实施方案，解决农业保险覆盖率低的问题；③提升农业科技水平，降低农业技术对外依赖度；④完善农用土地制度，防止农业用地流失；⑤改进农业支持政策，确保生产者盈利能力；⑥改善物流配送设施，最大限度地发挥农产品出口潜力；⑦鼓励发展农业消费合作社，提升农业生产者核心竞争力等。充分利用现有的自然资源（首先是土地资源）来解决现阶段农业发展中面临的诸多问题是俄罗斯农业经济发展的必由之路。此外，俄罗斯农业政策已然成为一个随着政治之风而动的风向标，需要能够一以贯之地长期执行计划，非政治化和务实主义是农业政策的稳固基石。与此同时，随着本地生产者地位不断地稳固提高，俄罗斯国内市场应逐步开放，鼓励和推动外国直接投资，发展以市场为基础的土地使用机制，建设世界级的科研教育和人才培训中心，来实现以出口导向为目标的战略。当前，虽然俄罗斯宏观政治经济形势不容乐观，但是农业总体仍呈现稳定的增长态势。只要俄罗斯能够稳固现阶段成果，以积极状态解决出现的问题，抓住机遇逐步开放，农业经济仍具有一定的发展潜力。

第三节　农业法律

一、农业法的概念与历史沿革

俄罗斯通过联邦农业发展法、联邦土地法等联邦单行法律与条例，总统令，各联邦主体与地方自治机构的规范性文件的颁布与实施，对农业生产与农村地区稳定进行法律调整①。

作为一个独立的部门法体系，现代农业法的前身是苏联时期的《集体农庄法》，该法律制度是 20 世纪 30 年代国家全面集体化之后制定的。然而，到了 20 世纪 60 年代，国营农场的数量急剧增加，集体农庄大规模转制为国有企业，《集体农庄法》不再能够规范农业领域的所有社会关系，这样《集体农庄法》转变为《农业法》。到了 20 世纪 90 年代中期，俄罗斯通过了一些法律，涉及农业活动的个别领域，有的涉及农业生产者的特殊地位，有的涉及国家农业粮食政策的稳定，有的涉及土地所有制与农业用地流转。在 1992 年缔结"联邦条约"和 1993 年通过"俄罗斯宪法"之后，各联邦主体都有权制定自己的法律，包括农业立法，有权决定自己的农业发展模式。

目前，农业法作为一个独立的法律部门脱颖而出，它是一套调整农业关系的规范性法律体系，与传统的其他法律部门调整的同质性社会关系有所不同，农业法调整的社会关系是一系列异质的但密切关联的社会关系。农业法是一个由公法和私法分支组成的综合性法律体系。公法分支包括行政法、金融法、税法和环境法及其规范性法律文件，这些法律和条例调整农业管理领域的所有社会关系，国家用以对农业生产活动进行管理与监督。私法分支主要包括民法、土地法、劳动法以及规范农业商业活动、组织形式和合同关系的规范性法律文件。

二、农业法的基本结构

在 2000 年 3 月 15 日俄罗斯总统令批准的第 511 号联邦法律《法律行为分

---

① 帕拉季娜娅 М. И.，热瓦罗克娃娅 Н. Г.. 农业法 [M]. 莫斯科：展望出版社，2011.

类表》中（2002年10月5日修订本），在"农业"项下的内容包括：国家对农业工业生产的管制，农业商品生产者，农业部门和农业合同。在前述《法律行为分类表》中"农业部门立法"的组成内容基本符合现行农业法的基本结构，主要包括如下一些法律制度：

（1）国家对农业工业生产的管制，包括农业管理机构、国家对农产品市场的管制、金融和信贷、国家对农村商品生产者的支持措施、监督农产品生产质量。

（2）国家对某些农业活动的管制，包括兽医、动物育种、植物育种、种子生产、农业化学服务、土壤改良。

（3）农业商品生产者的法律地位，包括商业公司和合伙企业、农业合作社及其工会、家庭农场、个人附属农场。

（4）农业合同的法律规制，如农业合同。

（5）农业组织后勤保障，包括生产技术服务、金融关系（信贷关系、银行和其他金融机构的关系）、农产品销售。

虽然俄罗斯宪法没有明确提出"农业法"这个词语，但是宪法第71条与72条明确规定了农业法的相关主要法律制度的渊源，包括：制定农村经济和社会发展领域的联邦政策框架和联邦法案，建立统一粮食市场的法律制度和农业工业生产领域价格政策制度，制定农业合同关系和农业商品生产者地位的民事立法，以及知识产权关系（在育种成果领域）的法律制度。俄罗斯和联邦各主体对在农业活动领域制定具有行政法性质的法律规范加以调整，如在兽医、种子生产、植物保护、组织牲畜养殖、保持和提高农业用地的肥力、确保所生产农产品的质量，以及在这些活动领域进行监测和监督的行政机构的职能。此外，还包括农村地区小型企业的发展扶持政策，包括家庭农场和个人副业。

三、农业法的主要法律分支

在20世纪90年代初，俄罗斯进行农业和土地改革期间，农业法律部门主要由联邦与各联邦主体二级立法组成。俄罗斯政府制定了关于农业企业转变为新的组织形式的法律制度，以及对其拥有的财产和占用的土地实行私有化的程序的决定。从20世纪90年代中期开始，通过了一系列联邦法律，这些法律和2000年通过的联邦法律《土地法典》成为现行农业法的主要组成部分。主要包括：

1993 年 5 月 14 日颁布的第 4973 - 1 号联邦法律《谷物法》（2011 年 7 月 18 日修订）；

1993 年 5 月 14 日颁布的第 4979 - 1 号联邦法律《兽医法》（2014 年 6 月 4 日修订）；

1994 年 12 月 2 日颁布的第 53 号联邦法律《国家采购与供应农产品、原料和食品法案》（2011 年 7 月 19 日修订）；

1995 年 12 月 8 日颁布的第 193 号联邦法律《农业合作法》（2015 年 4 月 20 日修订）；

1995 年 8 月 3 日颁布的第 123 号联邦法律《畜牧养殖法》（2011 年 7 月 19 日修订）；

1996 年 1 月 10 日颁布的第 4 号联邦法律《土地开垦法》（2014 年 12 月 31 日修订）；

1997 年 12 月 17 日颁布的第 149 号联邦法律《种子生产法》（2014 年 6 月 23 日修订）；

1997 年 7 月 19 日颁布的第 109 号联邦法律《农药和农用化学品安全处理法》（2011 年 7 月 19 日修订）；

1998 年 4 月 15 日颁布的第 66 号联邦法律《关于非营利公民协会的园艺、菜园和别墅》（2014 年 12 月 31 日修订）；

1998 年 7 月 16 日颁布的第 101 号联邦法律《农业用地肥力保障法》（2013 年 12 月 28 日修订）；

2000 年 7 月 15 日颁布的第 99 号联邦法律《植物检疫法》（2014 年 7 月 21 日修订）；

2002 年 7 月 24 日颁布的第 101 号联邦法律《农业用地流转法》（2014 年 12 月 31 日修订）；

2002 年 7 月 9 日颁布的第 83 号联邦法律《农业商品生产者财政扶持法》（2014 年 7 月 21 日修订）；

2003 年 6 月 11 日颁布的第 74 号联邦法律《家庭农场法》（2014 年 6 月 23 日修订）；

2003 年 7 月 7 日颁布的第 112 号联邦法律《个人副业法》（2011 年 6 月 21 日修订）；

2006年12月29日颁布的第264号联邦法律《农业发展法》（2015年2月12日修订）；

2008年6月12日颁布的第88号联邦法律《牛奶和乳制品技术规程》（2010年7月22日修订）；

2011年7月25日颁布的第260号联邦法律《关于农业保险国家支持办法》和《农业发展法修正案》（2014年12月22日修订）。

一般性民事法律也可以调整农业活动，主要是俄联邦民法典，规定了法人的法律地位、合同签订与履行的法律制度，农业法的特殊性主要体现在适用这些法律制度的专门性。另外，《俄罗斯税法》《俄罗斯行政违法行为法》《俄罗斯土地法》可以直接调整农业领域的相关活动。

在不同的部门法中均有关于农业法律关系的规定。例如，《俄罗斯税法》有一专门章节为"农业生产者的税收制度（统一农业税）"；《俄联邦民法典》第二编第三十章第五节"合同"与第四编第七十三章"选育成果权"；《俄联邦行政违法法典》第十章"农业、兽医与土地开垦方面的行政违法行为"；《俄联邦环境保护法》第42条规定"农业设施运行中的环境保护要求"与第四十九条规定"农业和林业使用化学品的环境要求"；以及《俄联邦抵押（包括不动产抵押）法》与《俄联邦破产法》均有涉及农业法律关系的专门条款。原则上，农业关系可受一般部门法规定的约束，这些规定旨在发展市场、规范竞争、避免垄断、各种所有制和商业形式的多样性与平等竞争，确保统一的经济发展环境①。

农业土地使用关系通常被认为是土地法和农业法的一个相关制度，土地是农业的基本生产资料；农业商品生产者法律地位的特殊性决定了法律对其分配土地规定的特殊条件；20世纪90年代初期，俄罗斯的农业改革与土地改革是依据共同的法律规范进行的，至今为止改革期间出现的公民土地纠纷依然存在。

与其他国家有所不同的是：森林的使用和管理由《俄罗斯森林法》调整，狩猎和水生物资源是由《野生动物法》管辖，而自然资源保护与利用立法也包括这两个领域，自然资源立法还包括土地立法、水资源立法、矿业开采立法。

---

① 巴基洛娃 P.T.. 私人副业的概念及其与其他农业形式的关系 [J]. 农业法和土地法，2005（6）：20-32.

农业领域的一般性商业问题的法律制度不属于农业立法范畴，例如 2007 年 7 月 24 日颁布的第 209 号联邦法律《中小企业发展法》（2009 年 12 月 27 日修订），2006 年 7 月 26 日颁布的第 135 号联邦法律《竞争保护法》（2009 年 12 月 27 日修订），2008 年 12 月 26 日颁布的第 294 号联邦法律《法人和个人权利保护法》（2009 年 12 月 27 日修订）。

除前述规范性联邦立法之外，俄联邦层次的农业立法还包括俄联邦总统令、俄联邦政府的决议与命令，这些也是非常重要的立法形式。

四、农业发展法

2006 年通过的《俄联邦农业发展法》被认为是农业立法的最基本法律制度，它首次在立法层面规定了国家农业政策的原则与目标、主要方向和实施措施，作为国家社会经济政策的一个组成部分，旨在实现农业和农村地区的可持续发展，该法界定了农业、农业生产、农产品市场、农业商品生产者的法律概念。但是，该法的内容比标题要狭窄，并不涵盖农业领域的所有社会关系，也不涵盖农业发展的所有方向。从实质上讲，该法仅仅规定了国家调控农业的原则、形式与方法，旨在促进农业生产的可持续发展，其中最重要的措施是国家对农业商品生产者的支持。在这个意义上，该法被视为已经废止的 1997 年颁布的《俄联邦农业工业生产国家调整法》（2007 年 7 月 14 日已失效）的继承者，可是非常遗憾，这部废止的法律对俄联邦农业发展没有产生预期效果。不可否认，《俄联邦农业发展法》也存在这种危险，因此，制定一个明确的机制来确保执行该法能够产生预期效果仍然是一个紧迫的问题。

近年来，各俄联邦主体的区域农业立法发展迅速，但区域农业立法存在的主要问题是对联邦层次法律条文的不必要重复。在《俄联邦农业发展法》颁布之后，各联邦主体的区域性立法行为往往完全是转载关于国家农业政策方向及其实施方法的条文。而真正具有独创性和可执行性的内容主要是关于农业商品生产者的区域支持措施，以及农业生产部门的区域性规划。在这方面区域性农业立法范例包括：鼓励与支持发展信贷合作社、个人附属农场、农业组织的人力资源、北方驯鹿畜牧业等区域性制度。例如，克拉斯诺达尔地区关于葡萄种植和葡萄加工产品生产的专门法律，萨哈（雅库特）共和国关于马群养马和北方驯鹿畜牧业的专门法律等。

五、农业立法的主要目标

在全球经济危机的背景下，重视解决国家粮食安全问题，进一步完善俄罗斯的农业法，有效促进农业发展，具有特别重要的意义。2010 年 1 月 30 日颁布第 120 号俄联邦总统令《俄联邦粮食安全原则》，认识到粮食安全是俄罗斯中期国家安全的一个关键优先事项，作为人口政策的一个重要组成部分，该原则通过保障高标准的生活水平来提高俄罗斯公民的生活质量是实现国家战略优先目标的必要条件；确定国家农业政策是保障粮食安全的国家经济政策的一个组成部分，并确定这一理论是制定确保粮食安全和发展农工业和渔业综合体的规范性法律制度的基础。因此，关于农业社会关系的所有规范性法律制度都必须围绕解决保障国家粮食安全的问题，其中涉及国家对农业生产的支持措施，规范农业食品市场，以及控制农产品、原材料和食品质量的立法。目前，为了执行国家优先农业项目，必须确保食品的质量和纯度、合理利用自然资源、向农村商品生产者提供有针对性的国家金融支持，打击农业项目资金使用方面的滥用和腐败行为。当农产品进口数量超过三分之一以上时可以认为对国家粮食安全构成威胁[①]。

农业立法的另一个重要问题是规范农业创新活动。在农业领域包括培育植物新品种和动物品种，并向农业组织、家庭农场和个人附属农场所有者提供这些植物种子和动物。1997 年 12 月 17 日颁布的第 149 号联邦法律《种子生产法》与 1995 年 8 月 3 日颁布的第 123 号联邦法律《动物养殖法》对农业创新活动均有所规定。关于育种权利一直与知识活动成果的权利的确认和使用有关，传统上被认为是农业法的一部分。育种成果的专利权本质上属于民法性质，但育种活动与农业生产的密切联系，包括科学研究、在试验区的试验和农业生产，均由农业部门组织完成，俄联邦农业部对育种相关活动进行国家监管，因此育种活动受民法和农业法的双重调整。

总的说来，俄联邦的农业立法旨在建立有效的农业部门，提高农村人口的生活水平和质量，保护自然资源，这不仅提高了粮食产量，而且使农业部门能

---

① 加利诺夫斯卡娅 E.A．. 国家管理俄罗斯农工联合体的主要法律问题［J］. 俄罗斯法律杂志，2016（4）：62.

够抵御粮食安全风险和外界威胁的影响。俄罗斯已经建立了必要的立法基础，并通过了一系列旨在规范农业关系的联邦法律。例如《农业发展法》《农业合作法》《养殖业法》《农药和农用化学品安全管理法》《种子生产法》《国家粮食及其加工产品质量安全监督管理法》《食品质量安全法》《植物检疫法》《家庭农场法》《个人副业经营法》《农业用地流转法》《俄罗斯土地法》等。

第十章 CHAPTER 10
中俄农业合作 ▶▶▶

经过多年努力，中俄两国在政治、经济、文化等方面的合作都取得了显著成效，两国"全面战略协作伙伴关系"不断巩固和发展。中俄两国农业合作的历史源远流长，合作领域广阔，有极大的发展潜力，中俄农业合作是两国经济发展的必然要求。进入 21 世纪以来，随着国际形势的变化以及中俄经济发展方向的调整，农业合作的条件越来越成熟，促使两国在农业领域的合作日益加深，合作已经进入成熟稳步发展时期。两国在农产品贸易、农业劳务、农业生产、农业科技等领域的合作都取得了显著的成效。本章简要介绍中俄农业合作的现状，分析中俄农业合作的有利条件与不利因素，阐述中俄农业合作的主要方式以及黑龙江省与俄罗斯远东及新西伯利亚的农业合作状况。

第一节 中俄农业合作现状

一、中俄农业合作的简要历史回顾

（一）起步阶段（1979—1991 年）

20 世纪 80 年代初，随着中苏关系的逐渐缓和，两国经贸关系开始恢复。这一时期，中苏经济贸易关系的特点是：第一，贸易迅速恢复和大幅度增长。第二，确定了经济技术合作机制。中苏两国签订了经济技术合作协定和中苏科学技术合作协定，为中苏科学技术合作奠定了基础。第三，两国边境贸易迅速恢复和发展。1986 年两国政府决定开放四对边境口岸城市，边境贸易迅速发展，两国地方之间和部门之间直接建立经贸关系的条件已经成熟，由此中俄两国政府于 1988 年确定了地方边境贸易这一新渠道。在此基础上，中俄经济合作的领域大大拓宽，不再只局限于易货贸易，出现了劳务输出、生产合作、合资经营、承包工程、技术转让、补偿贸易等多种经济合作形式。由于两国经贸关系处于恢复发展过程，两国的农业交流主要以边境口岸地区中方农民到俄罗斯对岸边境地区小范围种植蔬菜、小额农产品贸易为主，表现为以贸易拉动中俄农业合作的初级阶段，其特点为民间化、自发化①。

（二）从高涨发展到徘徊低迷阶段（1992—1999 年）

20 世纪 90 年代初，中俄经贸合作发展迅速，出现了历史上前所未有的高涨时期。1992—1993 年，中俄边境贸易得到了快速发展。但是，苏联解体后俄罗斯由计划经济向市场经济转轨，贸易及投资环境恶劣、社会治安较差、法律法规不健全，两国贸易基础比较脆弱，致使 1993—1994 年中俄双边贸易合作起伏不定，徘徊不前，摩擦较多。这期间两国的农业交流除了中方农民到俄罗斯种植蔬菜和农产品贸易之外，出现了小规模的农产品生产、加工合作。这时的合作表现为无序、零散、分散等特征，数量和规模有限。

（三）稳步前进至全方位深入发展阶段（2000 年至今）

进入 21 世纪以来，随着两国宏观经济形势的好转和一系列关于政治、安全的关键性问题的解决，两国政治关系不断深化，两国政府对经济合作关系的重视程度、积极程度和支持程度越来越高，两国重新审视并定位中俄经贸关系；进一步挖掘两国市场的巨大潜力，努力扩大双边贸易合作的规模；进一步规范市场行为和市场运作机制，建立符合国际规范的合作新机制。2000—2005年，两国经贸合作关系走出了持续低迷的状态，进入了新的发展时期，经贸合作稳步持续发展，进入了良性发展的轨道。随着俄罗斯经济政策的调整以及政治形势的变化，俄罗斯把农业作为优先发展方向，俄罗斯农业发展及农产品贸易成果显著。2006—2011 年，俄罗斯农业产值年均增长 2.68%，位居东欧前两名。2013 年，俄罗斯农业总产值同比增长 6.2%，其中粮食和豆类作物产量达 1 900 万吨。2001—2020 年中国农产品对俄出口额也呈现不断增长趋势。近年来，俄罗斯农业产值增长及农产品贸易出口成为俄罗斯经济中的一大亮点。目前，俄罗斯的农产品贸易出口创汇能力，已经相当于俄罗斯天然气出口创汇

---

① 薛君度、陆南泉 . 中俄经贸关系［M］. 北京：中国社会科学出版社，1999.

的约 1/4、武器出口创汇的约 1/3①。在农业领域,中俄农业合作正在不断加强,农产品贸易已经成为中俄贸易新的增长点。中俄农业合作呈现出农产品贸易品种增加、合作领域不断拓宽深化以及合作环境不断优化的良好局面。

二、中俄农业合作的现状

2005 年,俄罗斯政府将发展农业作为俄罗斯四大国家重点工程之一以来,采取多项鼓励措施发展农业生产。2006 年和 2007 年对农业企业提供 13 亿美元贴息贷款,每年拨款 60 亿卢布保护粮价,部分地方政府实行土地租金优惠政策,租赁期最长可达 49 年,从 2006 年 4 月起对部分农业机械设备实行零关税进口,2012 年俄罗斯加入 WTO,调整关税,2016 年俄罗斯土地政策调整,这些措施都为中俄农业合作提供了有利条件。特别是 2014 年由于受乌克兰危机影响,俄罗斯遭到来自欧美国家、澳大利亚等国的经济制裁,为了满足国内市场需求和开拓新的出口市场,俄罗斯大力发展本国的农业、农产品和食品加工业。在农业领域,俄罗斯农业生产得到快速发展,农产品和食品出口成为拉动俄罗斯经济增长的一个重要方面,为农业合作提供了更为现实的基础。

目前,随着中俄政治关系的稳步发展,经贸合作的不断深入,两国合作呈现多层次、多领域、多方位的综合发展趋势。农业合作进入了良性、稳步发展阶段,农业领域内的交流与合作不断拓展和加深,逐步向有序、规范、规模化发展。突出特点如下:

(一) 农产品交易量逐步增长,贸易规模逐渐扩大,交易品种不断增加

中俄农产品贸易已经成为中俄经贸合作新的亮点和推动力。据中国农业农村部的官方消息,近年来中俄农产品贸易快速发展。2010—2015 年,俄罗斯农产品对华出口额和从中国进口额年均分别增长 4.4% 和 3.3%,2015 年则达到 17.2 亿美元和 18.2 亿美元。过去,俄罗斯在与我国农产品贸易中长期处于逆差,但自 2010 年起,这种状况逐渐改变。俄罗斯对华农产品出口从 2010 年的 1.6 亿美元增加到 2014 年的 7.8 亿美元,达到最高。之后的 2015 年,中俄

---

① 田春生. 俄罗斯农业发展及中俄合作 [N]. 中国社会科学报,2017 – 09 – 11.

农产品贸易逆差迅速减少到 1 亿美元；2016 年，中俄农产品贸易逆差转为 0.5 亿美元的顺差，这是俄罗斯农产品 10 年来第一次实现对华贸易顺差。2016 年，俄罗斯向中国出口的农产品规模大幅增长，增幅达 22%。其中，根据俄罗斯海关的数据，对华食品出口占俄罗斯食品出口总额的 11%，中国已经成为俄罗斯食品的最大进口国。就食品采购规模来说，2016 年俄罗斯总计出口了 170.4 亿美元的食品和农业原料，其中，中国采购了 16.2 亿美元的俄罗斯食品。在农产品出口创汇的政策驱动下，两国农业合作水平不断提升。2016 年中俄农产品贸易额达 40 亿美元，同时互向对方出口额达 20 亿美元。据俄罗斯出口中心数据，2016 年中国已成为俄罗斯食品主要消费国，在俄购买总价值 15.5 亿美元的食品，比 2015 年增长 19.5%。由于卢布汇率回升，俄罗斯民众消费能力增强。2017 年 4 月中国对俄罗斯出口果蔬货值达 772 万美元，出口果蔬 9 623.3 吨，同比增长 46%；2018 年中俄农产品贸易总额首次超过 50 亿美元；2019 年 8 月，4 431.68 吨首批俄罗斯大豆入境中国南通海关①。

（二）合作领域逐步扩大

合作与交流的范围已经不仅仅局限于农业劳务输出与农产品贸易，合作领域还涉及直接投资农业、农产品加工、科技领域等。生产合作项目也由单一的种植业向农业综合开发拓展，畜牧、水产养殖、农产品加工、山特产品开发、农产品批发市场建设等诸多领域的合作日益加强。项目投资由个人向政府、企业多渠道发展。两国政府出台鼓励政策，为农业合作创造有利条件。2015 年首届东方经济论坛期间，俄罗斯远东发展部与中国相关企业签署成立俄罗斯远东农工产业发展基金，以扩大俄远东地区与中国东北地区在农业领域的合作。2015 年 12 月双方在北京签订协议，中国从俄罗斯伊尔库茨克州、克拉斯诺亚尔斯克边疆区进口玉米、小麦、油菜等农产品。2016 年该基金已经同相关企业签署合作协议，在符拉迪沃斯托克建立猪肉加工和大豆、小麦深加工企业。2019 年 5 月，双方签署在俄罗斯滨海边疆种植大豆的项目，这加快推动了中俄 2 000 亿美元贸易目标的实现②。

---

① 田春生. 俄罗斯农业发展及中俄合作［N］. 中国社会科学报，2017 - 09 - 11.
② 汪晓波，成芳. "一带一路"背景下中国东北与俄远东地区农业合作［J］. 西伯利亚研究，2017，44（3）：25 - 30.

（三）合作区域仍然比较集中，投资主体以民营企业为主

在农业合作区域上，中国主要分布在东北的黑龙江、吉林、辽宁三省以及内蒙古等地，俄罗斯境内主要分布在远东联邦区、西伯利亚联邦区、乌拉尔联邦区以及伏尔加联邦区等部分区域。中国对俄罗斯的农业投资也主要集中在远东、西伯利亚地区、滨海边区、哈巴罗夫斯克边区、犹太自治州，极少数在欧洲部分，其他地区几乎没有。由于俄罗斯经济发展处于资金短缺阶段，因此，在相互投资项目中，俄方大多以实物形式（包括土地、厂房、机器、设备入股）、技术、智力以及资源作为投资，资金投入占比较少。中方则以部分实物、部分资金的形式入股，创办合资企业。合作主体以地方和中小企业为主，具有国际竞争力的企业参与较少。我国在俄罗斯投资企业规模都不大，大型投资项目还比较少，涉及农业资源开发的大型投资项目更少。政府间合作项目居多，投资主体大多是企业。经营形式以租赁土地，中、小型家庭农场生产为主，产品主要是在俄罗斯境内销售，部分产品运回国内。随着中俄两国农业发展及双边合作利好政策的颁布，中国对俄罗斯境外开发项目范围呈现出由边境地区向俄罗斯腹地发展的趋势，越来越多知名企业和企业家关注中俄农业合作项目。虽然中俄农业合作取得了可观的效益，发展势头良好，但是两国农业合作的规模及领域还相当有限，还有巨大的潜力与发展空间。

三、中俄农业合作作用及影响

中国是农业大国，农业、农村和农民问题表现突出，中国与俄罗斯进行农业合作有助于中国解决三农问题，俄罗斯是我国农业"走出去"的首选地。俄罗斯是"丝绸之路"沿线重要国家和中国推动"丝绸之路"经济带建设的重要合作伙伴。中俄农业合作必将对"一带一路"倡议的实施起到推动作用，也将对区域农业经济合作起到示范作用。

中俄农业合作有利于充分利用地缘及农业资源互补优势，促进中俄农业经济的共同繁荣。中国是一个人多地少的国家，劳动力资源相对比较丰富，而土地资源相对不足。这种资源结构决定了我国农业发展的优先领域是土地集约型和劳动密集型产品的生产。这正好与俄罗斯农业形成互补，合作可以促进双方农业共同发展。

　　中俄农业合作是中国发展外向型农业，利用国内、国外两种资源，解决三农问题的有效途径。与俄罗斯进行农业合作可以充分利用俄罗斯的农业资源和市场，生产具有比较优势的农产品，改善农业资源配置效率，转变生产方式，提高农产品质量，为解决三农问题提供有效途径。

　　中俄农业合作有助于推动中俄两国经贸合作的战略升级。当今世界农产品贸易市场竞争激烈，利用俄方资源优势在俄投资建厂，进行农业生产合作，企业可以规避关税以及非关税壁垒，把中俄农产品贸易由流通领域转向生产领域，促进中俄经贸合作战略升级。

　　中俄农业合作的深入发展，有利于中俄两国全面战略伙伴关系的巩固。中俄经济合作是两国全面伙伴关系中最重要的领域之一，农业合作被认为是中俄经贸合作中最具潜力及发展前途的项目之一。中俄农业合作的发展有助于两国经贸合作关系的发展，进而为中俄两国全面伙伴关系打下牢固的现实基础。

　　两国农业合作不仅能充分发挥各自的优势，弥补两国的相对劣势，而且可以促进两国农业产业结构的调整，实现农业产业化，提高两国农业的国际竞争力。通过交流合作与战略性分工，克服各自的资源和市场限制，实现规模经济，降低生产成本，进而达到提高农业生产率和资源有效利用的目的。

第二节　中俄农业合作的有利条件与不利因素

　　中俄两国政治关系、农业在双方国民经济中所处的地位、农业资源禀赋差异、农业发展所处的阶段、农产品的品种类型及产量等对双方农业合作成果都有很大的影响。

一、有利条件

（一）地缘政治影响

　　俄罗斯国土横跨亚欧大陆，虽然俄罗斯一直宣称奉行东、西方兼顾的"双头鹰"外交政策，但是由于历史原因，俄罗斯在对外经济与安全关系、文明和宗教等方面与欧洲形成密切的联系，实际上将外交重心一直放在西方。俄罗斯与欧盟达成建立经济、内部安全、对外安全、人文"共同空间"的共识，梦想融入"大欧洲"。但是，随着俄罗斯国内政治、外交和国际形势的变化，俄罗斯对外政策重心逐步转向东方。特别是乌克兰危机发生后，俄罗斯陷入外交困境，与西方关系由务实合作骤然转入政治经济对抗，俄罗斯不得不加快实行"转向东方"政策，加强与亚太国家的经济政治合作，将区域化的发展方向从欧盟转向欧亚区域。"转向东方"可以解释为俄罗斯开发远东及西伯利亚地区的战略：在地缘政治上，"东方国家"泛指非西方国家，特别是指代东亚和南亚次大陆地区国家，"转向东方"又意味着积极发展与亚太地区国家的关系，弱化俄罗斯国内"西方中心"的外交思维[①]。2014 年俄罗斯启动了以超前发展区建设以及支持面向亚太出口的投资规划为优先方向的远东发展新模式。为此俄罗斯联邦总统批准确定国家支持远东超前发展区建设的系列文件以及一揽子远东投资规划，为东部地区发展注入动力。俄罗斯认为，发展与中国的关系无疑是"转向东方"最为重要的一环。俄罗斯不断巩固加强与中国的全面战略协作伙伴关系，同时试图通过欧亚经济联盟加强与东欧的经济一体化。俄罗斯"转向东方"战略与我国倡导的"一带一路"存在契合点，能够有力推动两国地区经济合作，为中国农业企业走向俄远东提供了难得的历史机遇与平台。

（二）农业生产资源禀赋差异

中俄两国由于所处地理位置不同，导致了两国的农业资源、生产要素禀赋不同；两国历史文化发展不同，产生了生产要素性质不同。这些不同使得生产要素在两国间存在着不同的差异性。传统贸易理论认为禀赋优势是一国或一地区比较优势的基础，生产要素资源的相对比例是贸易与合作的基础，生产要素比例间的差距越大，比较优势发挥潜力的可能性就越大。中俄两国在人均可耕地资源、人均水资源、劳动力受教育程度、农村人口特征、政府公共教育经费占国内生产总值的比重、农业科技投资强度、农业科技贡献率、农业机械拥有量、道路建设水平、水利化程度等生产要素方面都具有较大差异。中国在农业劳动力数量、农业科技投资强度、农业科技贡献率、农业机械拥有量、道路建设水平、水利化程度等方面优势明显，而俄罗斯则在人均可耕地资源、人均水资源、劳动力受教育程度、农村人口特征、政府公共教育经费占国内生产总值的比重要素方面具有优势。两国间生产要素的差异性直接反映了它的价格体系和收益水平。生产要素的竞争性流动，推动了中俄农业合作的形成与发展，促

_____

① 马博 . 俄罗斯"转向东方"战略评析——动机、愿景与挑战［J］. 俄罗斯研究，2017（3）：49 - 75.

进了两国在农业领域内的分工与协作。生产要素的禀赋决定了两国农业合作中各种生产要素的组合和投入种类，同时也影响了农产品贸易中所交换的农产品品种和数量。这为中俄农业合作的可能性、互补性、可持续性提供了有力支持（表10-1）。

表 10-1 中俄农业产业合作可能性分析

	中国	俄罗斯
优势 Strengths	• 相对丰富低廉的劳动力和生产费用，价格竞争力较高 • 光、热气候条件优越，有利于农业的全面发展，农作物、植物、园艺类产品种类繁多 • 早于俄罗斯加入世贸组织，积累了一定的市场运作经验 • 某些农业技术领先于俄罗斯	• 极其丰富、肥沃的土地资源以及丰富的水资源 • 农业技术商品化的巨大潜力以及人力资本优势 • 工业产业基础雄厚，基础科学发展潜力巨大 • 土地规模很大，耕地适宜机械化作业
劣势 Weaknesses	• 人均耕地、水资源贫乏，农产品技术含量低，劳动力素质较差 • 农业生产企业规模制约，抵御市场风险较弱 • 直接投资能力弱，农业企业市场竞争力低	• 农业基础设施薄弱，农村道路、粮食仓储、水利设施等严重落后 • 贸易与投资基础服务薄弱，金融、信贷、保险等服务滞后 • 水、热条件组合不力，不利于农业生产
机遇 Opportunities	• 中国政府重视与俄罗斯的农业合作 • 俄罗斯加入 WTO，进口关税下调使中国具有竞争力的劳动密集型农产品出口俄罗斯的机会加大 • 通过与俄罗斯的互补合作促进以比较优势为基础的产业结构调整，发展农业	• 俄政府把发展农业作为"四大优先项目"之一，出台相关优先发展农业的政策 • 加入 WTO 提供了产业结构调整、利用国际市场进行资源和产品转换，农业走向国际化的机会 • 通过与中国的互补合作、共同生产、吸引投资和技术合作等，为农业发展提供机会
风险 Threats	• 俄罗斯市场体制发育不健全，法律、法规执行效率低，投资合作面临风险 • 俄罗斯加入 WTO，市场进一步开放，中国农产品进入俄市场的全球化竞争压力增大 • 农业生产的自然风险。农业生产对气候等自然因素依赖性较强，农产品的易毁性较强。各种自然灾害会对农业产生影响，农业产量具有不确定性	• 农产品市场进一步开放，农产品进口量增加，农业生产基础有可能被削弱，农业的公共作用有可能受到影响 • 中国劳务的进入有可能对当地的治安以及就业产生影响 • 加入 WTO 后缩减关税、取消关税壁垒等措施的执行，会对农业主要产区、农业生产商、农产品贸易以及农业发展产生影响

（三）俄罗斯农业改革与发展成果为合作奠定了物质基础

苏联的产业结构是通过全社会生产要素集中向重工业配置而形成的，各产业部门的培育都充分考虑了向军事生产转变的可能性，产业结构中占主导地位的是工业化时期形成的基础工业。在资源开发和重工业的经济模式中，长期以工业为中心，农业所占比重很小，农业和消费品工业是国民经济最薄弱的环节①。苏联解体后，俄罗斯继承的仍然是一个农、轻、重工业发展畸形的产业结构，农业发展缓慢，农业一度是俄罗斯经济部门中的薄弱环节。基于农业的基础地位，无论是苏联还是俄罗斯，各届政府对农业都或多或少地进行了改革。2000 年以来，俄罗斯农业改革进入了一个新的阶段。普京曾指出："没有俄罗斯农业的复兴就不可能有俄罗斯经济的复兴。"为此，政府必须制定现代化的农业政策，要把国家扶持和国家调控同农村土地所有制方面所实行的市场化改革有机地结合起来，必须努力地探索建立适应本国国情的农业生产组织形式。俄罗斯政府汲取过去改革的经验教训，由着重发展市场经济体制下的小农业转向发展市场经济体制下的大农业②。

俄罗斯政府先后出台了一系列有利于农业发展的政策、法律、法规用以促进俄罗斯农业发展。2012 年 7 月，俄政府再次颁布《2013—2020 年农业发展和农产品商品市场发展规划》。该《规划》的一个主要变化是对农业支持方法的改变，从利率补贴变为对农民收入的直接支持，强调社会领域和农村地区发展。该《规划》计划在 2013—2020 年由俄政府拨款 760 亿美元，用于支持农业和粮食市场发展。其中，联邦预算拨款 500 亿美元，地方预算拨款 260 亿美元③。俄罗斯还根据形势实施阶段性出口的限制措施和保护国内农业的政策。此外，俄罗斯农业部采取类似美欧对农产品保护的政策，为农业生产者提供带有政府补贴性质的农作物保险；设立了农产品价格稳定基金，旨在通过丰收年收储、歉收年放储的运营方式，平抑农产品价格波动。俄罗斯政府增加向农业优惠贷款和投资性贷款，不断加大对农业的资金扶持，规定对农业企业的年贷款利率不超过 5%。在 2016 年和 2017 年的经济发展规划中，俄政府将农业生产与农产品出口列为经济发展的重点领域之一。2017 年，俄罗斯支持农业发展的资金再增加 360 亿卢布，总额达到大约 2 500 亿卢布。2020 年，俄农业外贸指标为 250 亿美元。俄政府已拨款超 300 亿卢布支持出口，计划该年度再开辟至少 13 个国际市场。

① 薛君度，陆南泉. 中俄经贸关系 [M]. 北京：中国社会科学出版社，1999.
② 许新. 重塑超级大国——俄罗斯经济社会改革和发展道路 [M]. 南京：江苏人民出版社，2004.
③ 周洪涛. 浅析加入世贸组织后俄罗斯农业发展主要措施 [J]. 西伯利亚研究，2014，41 (2)：22-24.

近年来，俄罗斯农业生产得到快速发展，农产品和食品出口成为拉动俄罗斯经济增长的一个重要方面。目前俄罗斯农业发展的成果显著，粮食产量增加，农业产品出口多元化。2014 年乌克兰危机爆发，西方对俄罗斯实施食品禁运，在反制欧美贸易制裁的两年中，俄罗斯逐渐对农工综合体进行现代化改造，发展中小型农业企业和经营主体。俄罗斯国产食品填补了国内市场需求的 80%～90%。2012 年俄罗斯农产品进口额曾经高达 460 亿美元，其中肉、奶及其制品和酒类占到大约 30%。2015 年，俄罗斯从国外进口食品金额为 270 亿美元，减少了 1/3，其中，肉类和禽肉进口减少了约 2/3。过去几年里，俄罗斯粮食出口稳步增长。当前，俄罗斯的粮食、油料、糖和马铃薯已经能够完全保障国内市场需求①。

根据俄罗斯农业部商业出口分析中心的数据，2014 年俄罗斯包括粮食加工产品的粮食出口总计为 3 066 万吨，2015 年为 3 118 万吨，2016 年为 3 454 万吨。粗略估计，俄罗斯的粮食出口占其粮食产量的 1/3 左右。按照俄罗斯农业部预测，2016 年 7 月 1 日至 2017 年 6 月 30 日俄罗斯粮食出口约为 3 700 万吨。2018 年农业生产增长率为 19.4%，出口额为 258 亿美元②。在 2019 年国情咨文中，俄罗斯政府预测在 2024 年农业出口额将达到 450 亿美元。

2016 年 7 月，俄罗斯总统签署了限制转基因技术使用的法令。根据该法令，俄境内禁止饲养转基因动物、种植转基因作物，禁止生产或进口转基因食品。俄罗斯有足够的自然条件生产非转基因作物。这一法令将帮助俄罗斯成为生态农业界的领先国家，占领更多世界绿色食品市场的份额。这也为中国与俄罗斯在生态农业领域合作生产优质农产品和食品提供了契机③。

中俄农业合作是由两国农业生产结构和生产要素禀赋之间的差异性决定的，遵循经济合作规律，是中俄两国农业自身发展的内在需要。两国农业资源优势互补，有很强的相互需求，这是两国农业合作最根本、最重要的内在因素，合作双方通过合作弥补自身的不足，相互获得利益是互补型合作模式的主要特点。互补合作是中俄农业合作的经济基础，实践也表明基于资源互补的合作促使中俄农业双赢。

---

①③　田春生. 俄罗斯农业发展及中俄合作［N］. 中国社会科学报，2017 - 09 - 11.

②　俄罗斯总统致联邦会议的咨文［EB/OL］. http：//kremlin. ru/events/president/news/59863? from＝timeline.

二、不利因素

中俄农业合作具有顺利向前发展的充分条件，但阻碍合作发展的因素依然存在，总体归纳如下：

（一）中方投资俄罗斯农业面临较高的自然风险

农业生产是有生命的动植物再生产过程，与动植物再生产相关的众多因素，如土地、温度、光照、降水等自然条件对农产品的生产产生直接影响。另外，农作物生产周期相对较长，农业对自然环境的依赖性较强，这给农业生产带来较多的不稳定性和不可控性。一般情况下，生产周期越长，农户投资越大，对自然依赖性越强，行业风险越大。各种自然灾害都会给农业生产造成严重损失，从而形成农业生产的自然风险。中方投资俄罗斯农业的共同开发地区大多数集中在俄远东和西伯利亚地区，这些地区气候属于强大陆性，年降水量250～500毫米，多半在夏季。气候条件不利于农业生产，农作物生长期短，自然灾害频发，导致中方投资者投资农业面临高于投资其他行业的自然风险。

（二）中方投资俄罗斯农业面临较高的法律风险

目前，中俄农业合作主要是中方投资者到俄投资进行农业开发活动。由于俄罗斯是新兴市场国家，在很长一段时期内俄罗斯投资环境恶劣。法律法规多变、不健全，缺乏有实效的确实能够保障投资者切身利益的制度，缺乏司法审查的相关规定。即使国家和地方政府出台了一系列优惠政策，但在执行过程中，大多落实不到位。俄海关、商检等部门执法混乱，缺乏必要的透明度，执法腐败现象严重。俄罗斯的一些企业的经营行为缺乏法律意识和规范，这在一定程度上导致俄罗斯市场的风险增大。因此，中方投资俄罗斯农业仍然有一定的法律风险。

（三）俄罗斯已经成为 WTO 成员，双方合作将面临经济全球化的挑战

俄罗斯加入 WTO 后，世界各国农产品以及投资者均可以进入俄市场，市场的开放必然会吸引国际资本，而外资的大量进入及国外农产品的涌入，必然

伸中国农产品面临更加激烈的市场竞争，并且随着市场的进一步开放，农产品贸易的竞争将更加激烈，对从中国进口的农产品质量标准会进一步提高。加入WTO后，俄罗斯为了有效保护消费者利益，参照国际惯例制定食品质量与安全管理体系，其标准与欧盟水平大致相同。目前，俄罗斯国内已经形成了比较完善的食品认证体系，中国主要出口俄罗斯的蔬菜、水果等加工品已经列入俄罗斯强制性认证检验目录。俄罗斯农产品进口的质量标准已经与国际标准接轨，质量认证标准明显提高，中国农产品对俄出口将面临与出口发达国家同样的绿色壁垒。我国劳动密集型农产品优势将被弱化，两国投资合作以及贸易问题将变得更加复杂。

（四）中俄文化差异导致社会心理不同，影响合作交流

经过几千年的发展与演变中国形成了其独特的民族文化，儒家文化是中国文化的主流，以人为本是儒家文化的本质，以"仁"为首，强调道德治国原则。中国文化在人与社会关系上，重视社会稳定，主张建立和谐社会与和谐世界，政治价值优先，强调集体主义精神，强调对国家和集体的无私奉献精神[①]。与这种文化特征相适应的往往是集体的经济活动方式，经济系统运行具有统一性、协调性等显著特点。

俄罗斯地跨亚欧大陆，地理中心在亚洲。这一自然因素对俄罗斯的历史发展和文化集聚产生了相当大的影响。俄罗斯不是纯粹意义的欧洲民族，也不是纯粹的亚洲民族，它将两个世界融合在一起，其文化具有典型的二元性。

第三节 中俄农业合作主要方式

一、农产品贸易

俄罗斯对外农产品出口种类主要有：鲜肉、冻肉、奶类及炼乳、黄油、葵花籽油、原糖、粮用玉米、面粉及谷物类、通心粉制品、马铃薯、鲜鱼、冻鱼、伏特加酒、毛皮等。中俄农产品贸易历史悠久，鱼类及其他水生无脊椎动

---

① 曲雅静，吕国辉. 中俄经贸合作中文化冲突分析及对策研究［J］. 长春工业大学学报（社会科学版），2007（4）：109－112.

物产品和饲料类产品是俄罗斯向中国出口的主要产品，近年来对中国出口的小麦、蜂蜜、面粉、巧克力数量有所增加。

与中国相比较，俄罗斯具有出口优势的农产品类别较少，这与俄罗斯农业发展水平落后及气候条件有直接的关系。2016 年，在中国农产品对俄罗斯出口额中，鱼、食用蔬菜等、食用水果、肉及鱼等的制品、蔬菜及水果等的制品所占份额均超过 10%，在俄罗斯这 5 类农产品进口额中所比重也均较高。树胶、编结用植物材料等、羊毛等动物毛、棉花所占份额虽然均较低或很低，但在俄罗斯这 4 类农产品进口额中所占比重均较高，分别达到了 21.23%、29.41%、19.53% 和 15.09%。如表 10-2、表 10-3 所示，2020 年 10 月俄罗斯主要对中国出口的农产品为鱼类、肉类和水果，中国对俄罗斯出口的农产品主要为食品、饮料、蔬菜、茶、鱼类和水果等。

表 10-2　2020 年俄罗斯对中国出口的农产品

单位：美元

主要种类	2020 年 10 月	2020 年 1—10 月均值
肉及食用杂碎	26 851	290 974
鱼及其他水生无脊椎动物	139 307	1 511 941
乳，蛋，蜂蜜，其他食用动物产品	244	1 549
其他动物产品	954	13 563
食用蔬菜，根及块茎	123	373
食用水果及坚果，甜瓜等水果的果皮	7 216	66 442
咖啡，茶，马黛茶及调味香料	22	38
谷物	5 346	34 649
制粉工业产品，麦芽，淀粉等	292	15 906
油籽，籽仁，工业或药用植物，饲料	48 451	345 107
动、植物油，脂，蜡，精制食用油脂	49 355	871 978
食品、饮料、酒及醋，烟草及其制品	33 749	223 844

资料来源：中华人民共和国海关总署。

表 10-3　2020 年俄罗斯从中国进口的农产品

单位：美元

主要种类	2020 年 10 月	2020 年 1—10 月均值
肉及食用杂碎	114	779
鱼及其他水生无脊椎动物	19 942	138 368
乳，蛋，蜂蜜，其他食用动物产品	—	91

（续）

主要种类	2020 年 10 月	2020 年 1—10 月均值
其他动物产品	33	646
食用蔬菜，根及块茎	18 312	249 206
食用水果及坚果，甜瓜等水果的果皮	6 744	72 659
咖啡，茶，马黛茶及调味香料	6 922	64 272
谷物	316	2 929
制粉工业产品，麦芽，淀粉等	31	460
油籽，籽仁，工业或药用植物，饲料	2 341	40 839
动、植物油，脂，蜡，精制食用油脂	255	3 034
食品，饮料、酒及醋，烟草及其制品	56 531	529 812

资料来源：中华人民共和国海关总署。

二、农业劳务合作

中俄农业劳务合作主要是指中国农村劳动力为获取相应劳动报酬，以有组织的形式进入到俄罗斯，在农业或其他领域从事生产或服务的单向流动。俄罗斯人口出生率急剧下降，劳动力严重缺乏已经成为俄罗斯面临的主要社会问题之一。劳动力资源短缺难以满足经济与市场开发的需要，在建筑、商贸、工业、农业和林业等领域对外籍劳动力需求较大。俄罗斯政府对引进外国劳务极其重视，每年合法引进外国劳务 50 万人左右，约占全国就业人口总数的0.3％。每年大约有 125 个国家对俄罗斯输出劳务人员，独联体是对俄输出劳务最主要的地区。2001 年，中国政府与俄联邦政府签订了《关于中华人民共和国公民在俄罗斯和俄罗斯公民在中华人民共和国的短期劳务协定》，为加强中俄劳务合作奠定了基础。劳务合作是两国互补性较强的方面，俄罗斯是中国与欧洲开展劳务合作的主要市场，也是今后两国农业合作的主要方式之一。目前，中国输入到俄罗斯的农业劳动力数量有限。中国对俄罗斯农业劳务合作主要集中在俄罗斯远东、西伯利亚地区，少数在伏尔加格勒州等部分欧洲地区，主要从事农业种植、养殖、建筑、森林采伐、木材加工等行业。中国东北三省是向俄罗斯劳务输出的主要地区，但近些年来对俄劳务输出出现了由中国东北向中部和南部扩展的趋势。

《俄罗斯输入和使用外国劳动法》明确规定，输入和使用的外国劳动力的条件是"俄罗斯公民所不愿意从事而空缺的岗位"。因此，在俄罗斯务农的中国农民工的工资比俄罗斯农民的工资要低得多，并且所从事的多是俄罗斯农民所不愿意干的脏、累、苦等危险的工作。中国赴俄罗斯务农人员中，有相当一部分人是具有一定专业技能的熟练劳动力，他们对进一步提高劳动生产率起着十分重要的作用。在俄罗斯务农的中国农民根据自己的经验，综合俄罗斯农业技术人员的做法，对俄罗斯传统的种植方法作出改进，极大地提高了作物产量。引进中国劳动力有利于弥补俄罗斯农业劳动力不足的劣势，特别是对俄罗斯远东人烟稀少、气候条件恶劣地区来讲，中国农民工的到来对当地农业的发展乃至远东地区经济的发展起着极其重要的作用。

对中方而言，农业劳动力输出有利于农业剩余劳动力的转移，有利于增加外汇收入。据测算，目前中国外派劳务每年汇回的外汇收入约为 20 亿美元。赴俄农民工除支出基本生活费外一般会把劳动所得带回国内，这有利于劳务人员增收，提高生活水平。以黑龙江省为例，2016 年黑龙江省每年对俄劳务输出达到 1.8 万人次，人均劳务收入达 3 万元以上[①]。农民到俄罗斯进行农业开发，是促进农民增收的重要手段，而且有利于增进中俄友谊与文化交流。中国劳工到俄罗斯不仅带去了农业种植技术，同时也带去了中国文化风俗。在与当地居民共同生活、劳动的过程中，两国文化互相渗透，增加了两国人民的相互了解。

目前，俄罗斯政府对远东及西伯利亚地区制定了相应的发展战略，但是，由于受"中国威胁论"等因素的影响，俄政府对引进中国劳工问题相当谨慎。俄罗斯各地政府及民众对中国劳工也持有各自不同的态度。因此，中俄农业劳务合作整体规模普遍较小，合作潜力尚待进一步挖掘。

三、农业生产合作

在影响农业生产的生产要素中，中俄两国在土地、劳动力、资本以及科技要素方面各具比较优势。中国人多地少，俄罗斯人少地多；俄罗斯农业基础科

---

① 汪晓波，成芳."一带一路"背景下中国东北与俄远东地区农业合作 [J]. 西伯利亚研究，2017，44（3）：25-30.

技实力雄厚，中国一些农业科技已经达到世界先进水平。两国农业生产要素各具优势，双方利用各自的优势要素参与生产合作有利于双方生产要素禀赋优势的发挥与合理配置，使双方都获得经济收益。目前，中俄农业生产合作的主要领域有三个方面。

（一）农作物种植

俄罗斯土地资源丰富，境内主要开展大豆、谷物、蔬菜、水果、饲料粮等农作物和经济作物种植。俄罗斯水稻主要种植区在滨海边疆区南部，自产大米满足不了国内需求，每年需要从国外进口，中方在远东地区种植水稻可以缓解俄罗斯市场对水稻的需求。远东三个州区由于气候和土壤品质等原因，大豆种植数量和质量居俄罗斯之首，播种面积占全国总播种面积的20％左右。中国公司在俄罗斯租用土地种植水稻、玉米和大豆，生产的农产品在满足当地市场需求的同时，如生产、运输成本加进口关税核算后，价格仍有竞争力，还可以将部分农产品运回国内，供应中国国内市场。俄罗斯国内市场蔬菜、水果长期供应不足，进口的蔬菜、水果价格昂贵。以远东地区为例，由于开发较晚、气候恶劣，且劳动力严重不足，导致该地区蔬菜、水果自给率严重不足，这为中国企业提供了商机，中国企业承租俄远东地区土地种植番茄、茄子、马铃薯、甜菜、卷心菜和胡萝卜等。中国农民把先进的种植技术、优良的种子和设备带到了远东及西伯利亚地区，为俄罗斯人民生活改善做出了一定的贡献，提高了当地农业生产率和经济效益，自身也获得了一定的经济收益。

（二）畜禽养殖

俄罗斯是动物肉类食品需求量很大的国家，肉类食品进口量较多。俄罗斯具有饲养畜禽和饲料生产的良好条件，但畜牧业生产能力比较薄弱，大力发展养畜业既是发展经济的需要，也是稳定市场粮价、增加国内粮食需求和稳定粮食市场的最好方法之一。中国企业发挥在生产资料和技术等方面的优势，在俄罗斯租用或购买农场、牧场，开展家畜和家禽养殖，把种植业和养殖业有机地结合起来，建立养猪场、养牛场、养鸡场等，消化各类粮食，实现过腹增值。中国畜禽养殖专家进行技术指导，实行科学化管理方式，采用中国现代饲养工艺，在畜禽的培育、快速育肥方面起到了示范作用。

(三) 农产品和食品深加工

与俄罗斯相比较,中国农产品加工业水平较高,在肉类制品、蔬菜水果制品等农产品精细加工方面有较强的竞争优势。农产品加工业的合作可以推动我国农业的发展,促进资源转化;可以带动农业生产结构的调整,促进农业产业化和现代化。中国可以利用俄罗斯丰富的资源优势,在俄罗斯境内建立独资或合资的农产品和食品加工企业,利用中国技术开展家禽家畜屠宰与分割、小麦加工、蔬菜与水果深加工等合作,并利用当地仓储、运输和销售网络,开展加工及综合性贸易合作。在俄罗斯直接建立企业可以避免各种限制和关税壁垒,享受俄方对外资或合资企业在产品销售与设备进口方面的优惠政策。目前,中国在俄罗斯农产品和食品加工项目的数量和规模普遍较小,中俄在农产品和食品加工业领域的合作具有极大的发展潜力。

四、农业科技合作

中俄农业科技合作是推动中俄农业合作可持续发展的重要因素,也是两国农业合作中最具发展潜力的领域。中国与俄罗斯科学院系统以及农业科学院所属的众多科研单位建立了多层次、多渠道的科技交流与合作关系。充分利用俄罗斯农业科技优势,与俄罗斯开展农技培训、专家交流,在种质资源、作物育种、畜牧业生产、动物疫病防控、农业机械、农产品质量安全和生态农业等领域开展的交流与合作不断扩大与加深。通过与俄科技合作,中国获得了从西方难以得到或需要用高昂代价才能买到的高新技术和设备,创造了可观的社会经济效益。引进的先进技术和设备,不但解决了技术攻关难题,使我国在一些重要领域的应用技术水平缩短了研制开发时间,同时也填补了我国科研和技术空白。科技合作对于促进农业经济结构的调整、实施经济稳步发展都起到了重要作用。目前,两国的农业科技合作主要体现在四个方面。

(一) 技术培训与人员交流

人员交流频繁,增进了相互了解和信任。中国与俄罗斯互派团组,进行考察与技术培训,增派农业院校、农科院的留学生、研究生和访问学者到俄罗斯考察学习。相互举办农业科技成果展览会,进行技术交流与培训。中国农业技术人员和部分高素质农民到俄罗斯以技术投入的方式进行生产合作，取得了较好的社会经济效益。

（二）农业技术合作

中俄两国农科院签署了多项科技合作协议，在作物育种与栽培、植物遗传资源的研究和利用、农作物病虫害防治、兽医、畜牧等领域开展合作，取得了一大批科研成果，促进了两国农业科技的发展。特别是在瓜类杂交优势利用研究、制种开发合作以及加工研究等方面具有广阔的发展潜力。中国对俄农业科技合作中心实施的引进项目进展顺利，其中"超微粉冲剂"项目引进成功，填补了我国空白，技术达到国际先进水平，已经获得国家农药登记①。黑龙江省农科院与俄罗斯科学院系统以及农业科学院系统所属的有关科研单位开展技术交流与合作，引进 10 多项俄罗斯先进农业技术，其中有微粉种子处理剂、生物表面活性剂、蜡蚧轮枝菌株、图龙斯基等脱毒马铃薯品种、大豆早熟品种、大果沙棘良种、生物酶技术、乌克兰五色樱桃新树种等②。在引进技术中，微粉种子处理剂，生物表面活性剂，亚麻、沙棘生产加工等 6 项技术实现了产业化，抗病马铃薯等 7 项技术被列入中俄政府间合作项目，优质大豆栽培等 3 项技术列入了中国农业部重点引进项目。江苏省农科院粮食作物研究所与俄罗斯农科院西伯利亚分院作物育种研究所、季米利亚捷夫农学系达成了交换优良作物种质的协议，俄方作物育种所赠送中方春小麦、大麦、荞麦等作物品种，中方用同样的方式予以回赠。通过这种方式，丰富和补充了两国作物品种资源，拓宽遗传育种基础，为育种取得突破性进展提供了基础材料③。

俄罗斯农业技术的引进与开发为推动我国农业科技进步，发展集约经营，提高农业产量等都起到了积极的作用。我国杂交玉米、组织培养育苗、高效种植、设施农业、精耕细作、配方施肥等方面的技术成果在俄罗斯的推广也取得了一定成效。

（三）农业科技园区的建立

农业合作示范园区由中俄企业共同投资建设，政府很少干预其生产经营活

---

① 郭力．俄罗斯东北亚战略［M］．北京：社会科学文献出版社，2006．
② 郭宾奇．中俄农业合作前景广阔——中俄农业十大互补性探析［J］．西伯利亚研究，2003（3）：24-36．
③ 池东辉．以黑龙江省为例的中俄农业科技合作研究［D］．哈尔滨：哈尔滨工业大学，2007．

动。园区入驻了生产、加工、销售等上下游企业，形成一条完整的产业链条，入驻企业之间有稳定的合作关系。园区提供一站式服务，如为入驻企业办理手续，提供人力资源服务，有偿提供员工宿舍、公寓、食堂等生活设施，提供完备的基础设施包括粮食烘干设施、仓储设施和物流设施等，为入驻企业提供法律和政策咨询服务。农业合作示范园区为园内企业提供了一个良好的合作创新环境，同时也大大降低了园内企业的经营风险。但中俄农业合作示范园发展还不太成熟，有的还处在建设中。中国东北地区和俄罗斯远东地区的农业合作示范园中，比较有代表性的有已建成的中俄（滨海边疆区）现代农业产业合作园区、中俄农业合作生态示范园、华宇经济贸易合作区，建设中的中俄农业高新技术合作示范园、农业经济合作开发园区、中俄农牧业产业示范园。中俄（滨海边疆区）现代农业产业合作园区是由中国东宁华信经济贸易有限责任公司和俄罗斯阿尔玛达农业公司在滨海边疆区共同建设的，它是我国首个境外国家级农业产业园区，也是当前中俄最大农业合作项目。园区始建于 2004 年，经过10 多年开发与建设，目前已拥有耕地面积 6.8 万公顷，主要种植大豆、玉米、小麦等作物，拥有一个万头猪场、一个肉牛场、一个奶牛场。园区还建有大豆加工厂、稻谷加工厂、小麦加工厂和饲料厂，形成集种植、养殖、加工于一体的产业链。中俄现代农业产业合作园区取得了良好成绩，小麦单位面积产量连续六年为滨海边疆区第一名，最高亩产达到 378 千克，创滨海边疆区历史最高纪录，2012 年被俄罗斯莫斯科评级集团公司评为"俄联邦百强农业企业第二名"，2013 年荣获"俄罗斯全国猪饲养行业标准收益第一名"，2015 年成为滨海边疆区国家农业科学院的大型生产实践基地[①]。农业科技园区的建设为中俄农业科技成果展示与交流提供了平台，对促进中俄农业合作向更广、更深方向发展起到了示范促进作用。

目前，中国在建立对俄科技合作的协调机制、设立对俄科技合作的专项基金、建立全国性的中俄科技合作信息网络系统等方面正做着卓有成效的努力。以农业科技研究、开发、应用为主导的农业科技合作必将成为中俄农业合作的主导方向。

（四）农机具供应、租赁和作业服务合作

苏联在 20 世纪 50 年代就实现了农业机械化，俄罗斯地域广阔，农业生产

---

① 彭亚骏. 中国东北地区与俄罗斯远东地区农业合作问题研究［D］. 哈尔滨：东北农业大学，2017.

区土地平坦、肥沃、规模大，适合机械化作业。俄罗斯的机械化水平很高，粮食作物在耕地、播种、收割三项作业中全部实现了机械化，如玉米机械化收获水平基本达到了100%，其中90%为脱粒收获，10%作为种子而进行摘穗收获。目前，俄罗斯基本保持了苏联时期的农业机械化程度，但水平略有下降。

俄罗斯农机生产企业较多，一些企业历史悠久、规模大、生产能力强。苏联时期农业主体是国营农场和集体农庄，土地规模大，主要发展大型农业机械，生产大型设备的农机企业占主导地位。现在，多数农业生产实体的规模仍然很大，国家也鼓励发展大型农场，加上规模效应的影响，大型农业机械仍然是主要发展方向。但是，由于土地的私有化和经营主体的不断变化，俄罗斯对农业机械化技术、规格和档次的需求呈现出多样化特征。部分以家庭为单位的私人农场主受经济水平、土地规模限制，对中小型农机具需求量增加。但是，俄罗斯农机企业生产能力普遍较弱，生产投入不足，产品更新换代缓慢，性能质量一般，已经影响到农业生产，全国需要更新农业机械、农机具和建立新的农机维修系统。同时，由于俄罗斯食品行业生产步入正轨，投资者对食品加工业的关注程度越来越高，中小型生产加工企业不断涌现，对食品机械加工设备的需求量也越来越大。俄罗斯现有的食品机械生产企业不能完全满足食品加工企业与日俱增的需求，有些设备必须从欧洲进口，进口设备价格很贵，中小企业难以承受。中国的中小型食品加工机械、中小型农用机械如联合收割机和其他收割类农机设备、耕田机和土壤处理设备物美价廉，在价格上与其他国家相比具有竞争优势，适合俄罗斯农业发展需求。中国应该利用有利时机在俄罗斯建立农机服务中心，开展农机具的销售、租赁和维修业务，开展农机作业服务，发挥我国农业生产工具优势和作业优势。

第四节 黑龙江省与俄远东、新西伯利亚的农业合作

中国东北三省与俄罗斯远东及西伯利亚地区毗邻，其中黑龙江省是我国的农业大省，是中国主要的商品粮基地之一，在农业生产、农业科技等方面具有独特的优势。而俄罗斯远东及西伯利亚地区，由于政治、自然、历史等原因，目前在居民生活水平、工农业发展和基础设施保障等方面远远落后于俄罗斯的欧洲地区。黑龙江省与俄远东及新西伯利亚农业合作，始于20世纪90年代初期，是中国对俄经贸合作的发源地。经过二十多年的发展，已由最初的农民自

发组织发展成为由政府主导、企业开发、农民参与的多种经济成分、多种合作形式并存的发展格局，成绩显著。

一、合作优势及有利条件

（一）地缘优势及农业资源互补优势明显

1. 地理位置

在对俄罗斯农业合作中，黑龙江省具有明显的地缘优势。中国与俄罗斯有超过 4 300 千米的共同边界线，其中很多口岸都是陆路接壤，特别是俄远东地区与中国的黑龙江省仅一江之隔，黑龙江省拥有包括东宁公路口岸、绥芬河陆路公路口岸、铁路口岸、饶河口岸、同江口岸、哈尔滨港口岸以及密山公路口岸等 25 个国家一类口岸，交通运输便利，成为中俄经贸合作的国际大通道。向俄罗斯出口农产品具有运输距离短、损耗少、易保鲜、省时、周转快等特点，劳务以及农业机械过境省时、便捷，与俄罗斯农业合作具有得天独厚的地缘优势。

2. 资源及市场条件

俄罗斯西伯利亚往往被称为亚太地区最后的边疆，这里是亚太地区最后一块经济开发程度极低的土地。俄罗斯近一半的撂荒地都在西伯利亚和远东地区，这一地区的自然资源潜力在俄罗斯首屈一指，是其他地区不可相比的，在俄罗斯经济中占有重要的地位。俄罗斯乌拉尔山以东、分属于西伯利亚和远东联邦区的土地面积有 1 130 万平方千米，占俄罗斯领土总面积的 66.1%，但人口只有 2 550 万，占俄罗斯全国总人口的 17.4%。西伯利亚和远东地区农业土地总面积为 549 万公顷，占全俄罗斯的 28%。西西伯利亚南部地区的阿尔泰边疆区，其农业土地面积为 1 060 万公顷，位居俄罗斯所有联邦主体的首位[①]。苏联的解体以及此后的经济危机、艰难的农业经营条件、肥料投入量低下、农业机械不足、生产技术落后等原因制约了俄罗斯远东及西伯利亚地区农业发展，农业生产水平一直落后于俄罗斯的欧洲地区。农产品市场供应不足，严重依赖进口，市场对进口农产品需求量很大。资料显示，2018 年，俄罗斯境内常住人口为 1.46 781 亿，其中农业人口约占 25%。由于东西部经济发展不平

---

① 俄罗斯农业部.2014 年俄罗斯农用土地状况和使用报告［R］. 2016.

衡，再加上自然气候条件恶劣等因素，俄远东及西伯利亚地区居民生活水平、基础设施保障等方面远远落后于俄罗斯欧洲地区。大批居民从远东及西伯利亚地区向中、西部流动，俄罗斯东部地区移民增长率及人口自然增长率不断下滑，这导致该地区农业劳动力缺乏。农村劳动力短缺已经成为制约其农业发展的一个重要因素。

与远东和西伯利亚地区相比，中国的黑龙江省懂技术（会种地）的人很多，农村剩余劳动力相对较多。2019 年，黑龙江省农业人口为 1 467 万，占全省总人口的 39%。随着农业机械化及农民合作社的普及，剩余劳动力逐年增加，他们在作物种植、田间管理、农机操作等农业生产中积累了丰富的经验，因与俄罗斯地缘相近，更能适应当地生活，可以为双边农业合作提供人力资源保障[①]。黑龙江省粮食总产量、年均增长量、商品量、人均产量四项指标位居全国第一。但是，由于种种原因农作物总播种面积不断减少，同时还面临着土壤退化、耕地流失等问题，在一定程度上制约了黑龙江省农业未来的发展。因此，在俄罗斯建立农业生产基地，发展种植业、养殖业、食品加工业，开发境外农业不仅能满足俄罗斯市场和中国市场的需求，同时对增加农民收入、振兴黑龙江经济、保障国家粮食安全十分有利。黑龙江省农业生产技术水平、生产机械化程度很高，截至 2019 年底，黑龙江省农业机械总动力为 6 359.08 万千瓦，机耕、机播和综合机械化程度继续保持全国第一，已形成具有较高水平和地域特色的农业生产技术，具备了向国外输出农机设备和技术的实力与条件。

（二）国家发展战略为农业合作提供新机遇

1. "龙江丝路带"的构建为农业合作提供了有利契机

"一带一路"倡议已经成为中国长期发展规划与对外政策，"一带一路"是沿线各国互利共赢之路。俄罗斯是"一带一路"沿线重要国家和中国推动丝绸之路经济带建设的重要伙伴。"丝绸之路经济带"的内涵是要致力于实现"五通"，即政策沟通、道路连通、贸易畅通、货币流通及民心相通。"龙江丝路带"是国家"一带一路"倡议的重要组成部分，而农业产业是黑龙江省最具潜力、最具优势的产业之一，龙江丝路带的构建必将为黑龙江省与俄罗斯远东及西伯利亚农业合作带来新的契机。

---

① 陈鸿鹏，张凤林．龙江丝路带与深化对俄农业合作研究［J］．西伯利亚研究，2015，42（4）：29-32.

"带盟"对接充分表明中俄共同发展与繁荣。在构建龙江丝路带的基础设施方面，根据相关规划，铁路、公路、水运、航空四路并进，哈—绥—俄远东、绥—哈—满—俄—欧、哈—满—俄—欧等三条进出口路径已经运行并逐步通畅和常态化，中俄同江铁路大桥、哈尔滨"东北地区国际集装箱物流集散中心"等项目建设正在有序推进，冷藏集装箱班列运输常态化、"借港出海"运输、汽车运输以及相关港口码头建设等，都为中俄产业合作提供了基础保障。这样一来，围绕黑龙江在俄罗斯农业、畜牧业开发，保证粮食回运加工或直销欧洲或直达南方各省区等配合境外农产品运输的基本条件将更加成熟，从而使农产品成本降低、附加值增加，这些都为中俄农业产业合作提供了更加方便的条件①。

资金融通为农业"走出去"提供了支撑。在资金融通当中，深化金融合作，包括货币稳定体系、投融资体系和信用体系，都是支撑"一带一路"建设的重要内容。在金融投资方面，中方将设立中俄远东地区合作发展投资基金，总规模 1 000 亿元人民币，首期 100 亿元人民币，以推动中小企业的发展②。亚洲基础设施投资银行、金砖国家开发银行、上合组织开发银行、丝路基金等平台以及地方政府基金等的建立，银行等社会资本的融入，都将为"一带一路"输送源源不断的资金，这些资金对于农业企业"走出去"来说意义重大。目前，哈尔滨银行正全力打造卢布与人民币的自由兑换平台，中俄双方设立专项基金以投资农业项目，黑龙江省与阿穆尔州计划建设卢布和人民币直接汇兑的农业自由贸易试验区等，都将为双边农业合作提供更多金融便利。

涉农服务将更加便捷。在龙江丝路带建设的总体框架下，黑龙江省海关、商检、卫检等涉外单位与龙江丝路带沿线国家的国际合作正深入开展，与俄方在推动龙江丝路带建设问题上已达成共识③。如 2014 年 8 月在绥芬河口岸正式启动的中俄海关监管结果互认合作项目，实现了国际海关监管结果互认和进出境一次查验。此外，2015 年 5 月实施的东北四省区"六关四检"的《东北及内蒙古地区关检共同支持东北振兴合作协议》，为区域通关一体化及地方电子口岸平台建设助力，将进一步促进企业快速通关、降低物流成本。2019 年黑

---

①③ 陈鸿鹏，张凤林. 龙江丝路带与深化对俄农业合作研究 ［J］. 西伯利亚研究，2015，42（4）：29-32.

② 李勇慧. 俄罗斯"向东看"政策与中国企业"走出去"的思考与建议 ［J］. 西伯利亚研究，2017（4）：22-24.

龙江省将加强对俄农业合作，建设境外农业合作示范区。同时，还将推动哈尔滨跨境电子商务综合试验区建设，支持发展对俄跨境国际邮政小包航空物流。

2. "振兴东北老工业基地战略"与俄罗斯"东北亚战略"目的相吻合

作为东北老工业基地，黑龙江省近几年经济发展严重滞后，2013年国务院出台了《中共中央、国务院关于全面振兴东北地区等老工业基地的若干意见》，旨在发展东北经济，加大特色产业投入，加快产业调整，振兴东北经济。黑龙江省整体经济的发展必将为龙江特色农业生产助力，促进自身农业生产、技术优势发挥，参与到农业合作中。

俄罗斯东北亚战略的重要目的之一，就是发展远东及西伯利亚经济，提高国家的综合实力。要发展远东及西伯利亚经济，借助周边国家的外力无疑是一个正确的选择，中国东北三省与俄罗斯的农业经济合作必将会促进这两个地区经济发展，而且还可以对整个东北亚地区合作的环境产生影响。

远东开发是俄罗斯经济发展的一个重要增长点，也是中俄"带盟"对接的重要合作内容。在2013年俄联邦会议的国情咨文中，政府把发展西伯利亚和远东称为"整个21世纪的国家优先"，并把农业归为优先发展的重要项目。在2019年的国情咨文中再次重申："俄联邦的远东地区各主体的关键社会经济指标和人民生活水平，都必须高于俄罗斯平均水平。"

为推动西伯利亚和远东地区的经济发展，俄罗斯设立了远东发展部，这是推动地区发展的新模式。该发展模式的主要原则是："发展出口潜能，推动向亚太地区的出口，生产面向这个世界上最大市场的新产品。"支持优先方向的投资项目，给予符拉迪沃斯托克和其他港口以自由港的地位，并倡议建立特别经济区——超前发展区，2015年开始建设三个面向农业的超前发展区："米哈伊洛夫斯基""别洛戈尔斯克"和"尤日诺耶"。超前发展区的实质，是在一定的空间内，为经营活动提供优惠的关税和行政政策，从而形成经济增长点，带动全局发展。超前发展区周边的基础设施，由政府负责建设和完善。超前发展区的建设吸引了一些大型农业企业参与，如"霍罗利农业控股公司"申请在"米哈伊洛夫斯基"超前发展区种植大豆。"远东农业公司"准备在这里投资牛奶、牛肉和猪肉的生产项目。"切尔尼戈夫斯基农业控股公司"将在这里种植玉米、大麦和大豆，以及建设粮食的初级加工站。"俄罗斯罗斯农业控股公司"和"梅尔西贸易公司"也将在"米哈伊洛夫斯基"超前发展区建设猪肉生产企业。在"别洛戈尔斯克"超前发展区，将建设阿穆尔榨油厂、别尔格尔斯克面包厂、农业技术工艺饲料厂，以及阿穆尔农业中心的大豆深加工厂。"梅尔西萨哈林农业公司"准备在"尤日诺耶"超前发展区投资兴建生猪养殖场。"格林萨哈林农业公司"将在此生产饲料，建设整条牛奶生产线，以及牛肉和牛肉半制成品生产线。"河岸农场"与"格林萨哈林农业公司"将投资两个禽畜养殖场，"温室农场"将在此建设温室大棚。除了这三个专门面向农业的超前发展区外，农业企业也可以在其他的超前发展区投资（截至 2017 年，远东地区共有 13 个超前发展区）。日本"日挥株式会社长青公司"已经在"哈巴罗夫斯克"超前发展区建成了温室大棚，常年种植蔬菜。此外，"哈巴罗夫斯克"超前发展区将很快成立一个批发—分销农业园区——"哈巴农业"①。这些措施的实施有助于俄远东及西伯利亚农业产业发展，有助于双边农业合作。

（三）农业政策、法律、法规的出台助力农业合作

2015 年年底，俄联邦兽医与植物卫生监督局和中国质检总局，签署了关于俄罗斯小麦、玉米、水稻、大豆和油菜籽输华植物检疫要求议定书。1997 年，由于俄罗斯部分地区小麦发生矮黑穗病，中国禁止进口俄罗斯小麦。经过中俄双方长时间协调与谈判，现在这个禁令开始逐渐解除。对俄联邦产自阿尔泰边疆区、克拉斯诺亚尔斯克边疆区、新西伯利亚州和鄂木斯克州的用于加工的春小麦，中国取消了限制，也放开了对来自哈巴罗夫斯克边疆区、滨海边疆区、外贝加尔边疆区、阿穆尔州和犹太自治州的加工用玉米、大米、大豆和菜籽的限制。

2016 年 5 月 2 日起，"远东一公顷"法律生效。该法律的目的是为了吸引更多俄罗斯其他地区的居民来远东居住，提高居民对远东地区的关注度。该法律规定，为任何一名俄罗斯公民（需提出申请并通过审核）免费在远东地区提供一公顷的土地，可用于住宅建设、农场经营或者企业经营。年满五年，该土地可以继续租赁使用，或者产权归使用者所有。2016 年 6 月 1 日，该法律进入试行阶段，限于远东联邦区的 9 个市级行政区。2016 年 10 月，扩大到整个远东地区。从 2017 年 2 月起，扩大到所有俄罗斯公民。

2016 年春，俄罗斯政府在远东设立了俄中农业开发基金，创始资本为 100 亿美元。中国投资者出资 90%，其余 10% 为俄罗斯方面出资。俄方（俄罗斯

---

① 马卡罗夫 И. А.，肖辉忠. 俄中农业合作：期望与现实 [J]. 俄罗斯研究，2017（2）：105 - 127.

远东开发基金）在基金管理公司中持股比例为 51%。俄中农业开发基金对使用现代农业技术并保证合理使用农业土地的项目进行联合融资。同时，要求项目 80% 的工作岗位留给俄罗斯人，其目的是促进与中国开展农业合作①。

2019 年 6 月，中俄签署了《关于深化中俄大豆合作的发展规划》，就扩大大豆贸易，深化种植、加工、物流、销售、科研等全产业链合作达成重要共识，两国大豆全产业链合作迈出了关键的一步。

二、合作现状、趋势及合作风险

黑龙江省在俄罗斯远东及西伯利亚地区发展境外农业，有效解决了各自面临的主要问题。中国东北地区虽然具有较高的农业生产水平，但农业自然资源紧缺，土地租金高，对农用物资和农用机械设备需求下降。俄罗斯远东地区土地大量闲置，租金低廉，如阿穆尔州土地租赁价格每年每公顷大约 1 500 卢布，有巨大的投资开发需求。两地区通过利用对方的优势来弥补自身的不足，促进双方农业资源的优化配置和整合，加快了地区农业发展速度，促进了经济增长，转移了中国东北地区部分剩余农业劳动力，保护了农业生产环境，取得了一定的经济、社会及生态效益。

俄罗斯远东地区自身农业生产能力十分薄弱，但依靠与中国东北地区的合作，在农业发展上取得了显著成绩。中国东北地区是中国大豆和马铃薯的主产区，带动了俄罗斯远东地区大豆和马铃薯的生产，俄罗斯远东地区大豆和马铃薯的产量高于全俄平均水平。中国东北地区的企业、机构、组织和个人到俄罗斯远东地区开荒种地，带去的农业先进技术、经营管理经验和营销体系，非常适应俄罗斯远东地区农业的发展需求。同时，俄罗斯远东地区的农民通过学习中国生产者的生产经营模式，不仅提高了生产水平，还促进了农业产业化、现代化的发展。

（一）黑龙江省与俄远东及西伯利亚农业合作现状及趋势

一是合作规模持续扩大。黑龙江省对俄境外农业开发已扩展到阿穆尔州、

---

① Подписано акционерное соглашение о создании Российско - Китайского фонда, агропромышленного развития на Дальнем Востоке（РКФАР）// Новости Минвостокраз - вития России от 26 апреля 2016 г.

滨海边疆区、犹太自治州、哈巴罗夫斯克边疆区、克拉斯诺亚尔斯克边疆区、萨哈林州等 10 个州区，开发面积达 50 万公顷，粮食产量达 170 余万吨，形成了以大豆、玉米等粮食和蔬菜种植为主，逐步向大豆、玉米、水稻、小麦等粮食加工、仓储、烘干、物流、粮食返销以及生猪、肉牛养殖等扩展的综合性开发体系。目前，建立境外粮食与蔬菜种植、畜牧养殖和农产品加工基地重点项目近 300 个[①]。2016 年，中国东北地区与俄远东地区贸易额占中国东北地区总贸易额的 40%，中国投资占外资总量的 45%。黑龙江、吉林、辽宁成为与哈巴罗夫斯克边疆区合作的主要省份[②]。

二是合作领域不断拓宽。黑龙江省对俄境外农业开发合作由过去主要种植玉米、大豆和蔬菜发展到目前的大豆、玉米、水稻、小麦等主要粮食作物种植，棚室蔬菜生产，生猪、肉牛和禽类养殖，粮食加工、饲料加工，仓储、物流运输及农产品批发市场建设等诸多领域。2016 年 3 月，在博鳌亚洲论坛期间黑龙江省东宁市与俄方签署建设俄罗斯进口粮食仓储、加工园区等项目的协定，建成后存储和加工粮食 30 万吨。中国企业引进俄罗斯原材料和工艺制作提拉米苏、糖果等俄特色食品，畅销全国各地。黑龙江省企业对俄投资领域不断拓展，已由单一的粮食种植向仓储物流等多领域、全产业链延伸发展，粮食回运增加到 2019 年的 70 万吨。鹤岗市工农区与阿凌达畜禽养殖有限责任公司、马克西姆集团签订协议，合作建设黑龙江省东部俄罗斯商品集散中心暨俄罗斯生活体验中心项目和肉制品加工项目[③]。

三是合作形式灵活多样。在多年的对俄农业合作实践中，逐步形成了政府主导、企业开发和农户联合开发等多种合作模式。其中，截至 2012 年年底，由黑龙江省相关市县政府与俄罗斯滨海边疆区政府签订农业开发合作协议的政府主导合作模式中，共有 34 个相关县市与俄罗斯 6 个州和 21 个区签署了粮食、蔬菜种植、畜禽养殖和农产品加工等基地共 158 个。边贸龙头企业与大型农业企业联合国内外相关企业共同对俄进行农业开发（该模式又被称为"华信模式"）。黑龙江东宁华信集团于 2004 年在滨海边疆区与俄罗斯合作伙伴成立阿尔马达公司，兴建现代农业产业合作区。目前，整个项目投资累计已经超过 1 亿美元，逐步发展成为集种植、养殖、加工、仓储物流于一体的大型综合农

———————————

① 陈鸿鹏，张凤林. 龙江丝路带与深化对俄农业合作研究 [J]. 西伯利亚研究，2015，42（4）：29 - 32.

②③ 汪晓波，成芳."一带一路"背景下中国东北与俄远东地区农业合作 [J]. 西伯利亚研究，2017，44（3）：25 - 30.

业项目，2015 年升格为国家级农业产业型境外经济贸易合作区。东宁华信对中俄现代农业合作的示范引领作用主要体现在"基础设施建设、延伸产业链、跨境产业链衔接、打造中俄现代农业产业合作经济集聚区"[①]，通过完善园区基础设施、生活设施和配套设施，形成种植、养殖、加工基地，衔接境内外产业链条和整合资源、资本、市场、人才、技术等要素，实现国内外农业产业横向和纵向一体化发展。2020 年，黑龙江的企业共在俄设立农业子企业 187 家，在俄建设农业合作园区 7 家，累计获得耕地面积 93 万公顷。

（二）制约因素及合作风险

虽然近年来对俄农业开发合作取得长足发展，但由于受俄罗斯政治、经济体制的影响及中国相关领域政策规定的限制，黑龙江省对俄境外农业开发合作无论是在宏观政府层面还是微观层面都存在一些问题及制约因素。

第一，国际油价下跌、西方市场融资受限使俄财政紧张，加之对克里木半岛投资使得俄财政很难加大对东部的支出。据统计，自 2014 年 9 月至 2017 年，俄罗斯对超前发展区的预算支出从 890 亿卢布减少至 420 亿卢布[②]。俄罗斯在确定远东超前发展区具体发展方向时，政治考量压倒经济需求。因此，在投资农业合作时，投资者应充分了解俄联邦和地方法律法规，先行做好项目可行性论证，对投资项目未来应有足够的把握。

第二，俄罗斯远东尽管投资潜力巨大，但是投资环境落后，开放程度低，基础设施不完善，劳动力严重不足，吸引外资进入条件有限。另外，俄远东地区腐败高发、行政效率低下、行政程序复杂、工程联网困难、法律制度不健全。俄罗斯远东地区与亚太国家相比，无论是接通电网的周期，还是办理建设许可及出口手续都需花费更长的时间。中国投资者在俄申请贷款困难，货物进出口程序复杂；办理赴俄务工人员的劳务许可证程序繁杂，且收费较高。在人员和物资通关方面主要存在劳务大卡限额以及办证费用偏高的问题；对来往的货物、农资、农机等俄方税收较高、通行不畅；粮食回运配额及减税问题；境外劳动者的人身安全、财产安全和收益保障问题等。鉴于俄远东投资环境复杂性及高风险，从政府层面到行业协会，应建立完善的体系性协调机制，做好各

① 搭建中俄农业合作新平台［EB/OL］. http：//www.hljdeny.com/cn _ public _ html/CRACA _ Newslist _ view. 2016 - 11 - 10.
② 于小琴. 试析"向东转"战略下俄罗斯远东发展态势［J］. 西伯利亚研究，2017，44（2）：5 - 12.

级风险防范。

第三，农业领域内的恐华反华情绪飙升。乌克兰危机后，俄罗斯在战略上借力中国，不断加强对华经济联系的同时，更加警惕所谓的"中国威胁"。俄方的主要论调表现在具有国家发展战略意义的经济合作层面，许多人对与中国合作抱有偏见。2015 年夏，中国一家投资公司在俄罗斯外贝加尔边疆区租赁11.5 万公顷土地用于农业生产，在俄罗斯国内引发了众多的争论。当地居民甚至是联邦执行机关层面表示不满，结果决定不予签署租赁协议①。反对中国方面租赁土地的主要理由有：过度使用土地、滥用农药以及使用中国劳动力。

（三）合作方向

中俄农业合作是由两国农业生产结构和生产要素禀赋之间的差异性决定的，遵循经济合作规律是中国农业自身发展的内在需要。两国农业资源优势互补，有很强的相互需求性质，这是两国农业合作最根本、最重要的内在因素，实践也表明基于资源互补的合作可以促使中俄农业双赢。

但是，要素禀赋优势只是确保合作得以顺利进行的基本条件，要推动中俄农业合作持续发展、实现战略升级的总体目标，需要创新合作模式，拓展合作空间，扩大合作方向。基于以上分析，中俄应在以下农业领域加强合作：

第一，加强农业产业合作。黑龙江省与俄罗斯远东及西伯利亚地区地缘优势突出，在农业自然资源、农产品结构、土地要素、科技要素、劳动力要素方面各具比较优势。通过双边农业产业合作，将中国相对低廉的劳动力和资本、技术与俄罗斯丰富的自然资源相结合，以比较优势合作作为基础，通过生产、技术、投资等多种合作关系，使双方扬长避短，以对方的长处抵消自己的不足，提高农业生产力。

第二，加强境内、外对俄农产品出口基地的建设。一方面，在国内建立农产品出口基地，实现标准化生产。根据双边地区的特色产品，结合俄罗斯市场的需求潜力，发展特色农业和深加工产品，如水果栽培、果汁的生产、蔬菜的生产和加工、坚果类的种植和加工、菌类的培育和加工等，这些产品都是中国的优势产品，同时也是在俄罗斯远东市场具有需求潜力的产品。通过发展生产基地，按国际规范生产，建立质量控制体系和质量可追溯体系，进一步扩大对

---

① 马卡罗夫 И. А.，肖辉忠. 俄中农业合作：期望与现实 [J]. 俄罗斯研究，2017（2）：105－127.

俄农产品出口。生产基地的建设有利于稳定货源，提高商品品质和附加值。在加强境内生产基地建设的同时，也可以以农产品贸易带动中俄农业科技合作、农业机械及劳务等领域的合作。另一方面，推进境外农业生产基地的建设。充分利用俄远东及西伯利亚地区丰富的土地资源，推进生产合作，以俄东西伯利亚和远东南部地区、南西伯利亚地区为切入点，在俄罗斯境内适宜的区域建立有规模的农产品生产、加工、种植基地，禽畜养殖基地。境外生产基地的建设还可以带动劳动力、产品、设备、技术的输出。

第三，加强农业科技合作。从当前中国东北地区与俄罗斯远东地区农业发展形势上看，农业技术合作应重点加强以下几个方面：一是加强绿色有机农产品和特色农产品的生产和加工技术，乳制品、肉制品等畜产品加工技术，锯材、家具等木制品加工技术[1]；二是建设本地化育种体系，开发适宜本地区的农作物品种和畜牧品种；三是改进农业机械设备，加大技术投入；四是加强开发研制肉类、海产品、蔬菜、水果的贮藏保鲜技术。

企业是农业技术创新主体，而农业合作示范园区可以为企业研究、推广、大规模应用农业新技术提供良好条件。发挥中俄农业科技合作园区的"吸引"与"扩散"效应，积极引进、消化和吸收俄罗斯的人才、资金、良种和技术，降低农业生产成本。继续鼓励中国知名企业投资大型农业科研项目，共同建立研究机构，引进技术与输出技术相结合，互相交换技术，举办各种农业科技交流洽谈会，促进科技合作。为此，要加强农业合作示范园区建设。①鼓励实力雄厚的大企业入驻园区，带动能力弱小的中小企业发展创新；②上下游企业采用订单农业的方式进行合作营销，这样不仅可以有效规避违约行为，还能联合起来共同开发和利用市场机会；③高薪聘请俄罗斯农业专家来园区工作，他们对俄罗斯的政策环境和市场环境更为熟悉，对农业技术合作更有助益；④对派遣到俄罗斯远东地区的中国农业专家给予更为丰厚的优惠和待遇，提高他们到条件比较艰苦的远东地区工作的积极性[2]。

农业高校和科研院所是农业人才和农业专家的聚集地，同样也是农业技术创新主体。中国东北地区的东北农业大学、黑龙江省农业科学院、吉林省农业科学院、吉林农业大学等农业高校和科研院所，俄罗斯远东地区的俄罗斯科学

① 安东诺娃 H.E.，林琳.俄罗斯远东林业产业集群：俄中合作的现实与潜力 [J].西伯利亚研究，2015，42（3）：25-29.
② 韦晓菡.基于农业供给侧改革的广西农业产业集群发展探讨 [J].学术论坛，2016，39（3）：58-61.

院远东分院、俄罗斯远东联邦大学等农业高校和科研院所都有非常强的科研实力。两地区的农业高校和科研院所可以联合建立实验室、专家工作站，实行产学研一体化机制；还可联合建立长久的农业人才培养合作机制，联合培养本科生、硕士生和博士生，为双方的农业合作做好人才保障①。

第四，建立健全农产品质量安全监管体制。强化对俄出口农产品的质量检验工作，按照国际标准完善农产品的技术标准、认证和检测体系，确保出口农产品符合俄罗斯的标准，有效应对贸易技术壁垒。

第五，加强扶持培育对俄出口龙头企业，推进产业化经营。实施品牌战略，扩大对俄出口高技术附加值的农产品，通过龙头企业的品牌效应加强农产品精深加工，提高农产品出口竞争能力。

第六，加速建立健全信息与技术服务体系。建立对俄农产品出口应急机制，及时了解和掌握俄罗斯市场动态、立法动态以及农产品进出口政策等，做好信息服务。加大蔬菜、水果包装技术、食品冷藏保鲜技术的研究开发，开发高附加值的绿色生态加工产品。

第七，强化企业在对俄农业合作中的主体作用及地位，培育对俄合作新主体。由于中俄两国经济发展的特殊性、局限性，决定了合作中政府的指导作用是非常重要的。但是，企业必须成为双边农业合作的主体，以企业为主体可以发挥企业的主导作用，企业自主决策、独立经营，可以灵活地采取各种适合俄罗斯国情和实际情况的经营模式，遵循市场经济规律，开展多种经营、综合生产，按照市场化原则进行农业合作。同时，要培育对俄合作新主体，拓展对俄合作空间。黑龙江省应利用地缘优势吸引更多具有雄厚资金的大公司、跨国企业等参与到农业合作中来，在合作主体上形成以大企业、大公司为主导，中、小企业和个体生产者广泛参与的大中小结合的梯次结构，共同开发俄罗斯远东及西伯利亚地区的市场。

中国东北地区与俄罗斯远东及西伯利亚地区的合作是中俄农业合作的桥梁与纽带，伴随着两地区合作的不断深化，对中俄全方位的农业合作可以起到引导和促进作用，激活整个俄罗斯农业的重新崛起，推动中国农业的转型升级。中俄农业合作已经取得了一定成绩，并正在深入向前发展。

---

① 彭亚骏. 中国东北地区与俄罗斯远东地区农业合作问题研究［D］. 哈尔滨：东北农业大学，2017.

第十一章 CHAPTER 11
俄罗斯农业发展的经验、教训及启示 ▶▶▶

俄罗斯历史悠久，经历了十月革命前的俄国、十月革命后建立的苏联、苏联解体后独立的俄罗斯三个大的历史时期。在俄罗斯发展历史进程中，农业长期处于落后的状态。综观俄罗斯不同时期农业发展状况及其影响因素，有不少经验和教训值得总结和分析，这对于作为农业大国的中国来讲具有启示和借鉴意义。

第一节　国家对农业的重视程度直接影响着农业发展态势

农业，作为人类社会发展史上出现最早的一个物质生产部门，既是人类赖以生存和国民经济发展的基础性产业，又是自然风险与市场风险相互交织在一起的弱质性产业。因此，国家对农业地位和作用的认识与重视程度，对待农民的态度，在很大程度上决定着农业发展的基本态势和水平。

俄罗斯在不同历史时期对农业问题的态度和重视程度不同，对不同时期农业发展的影响也不同。在苏联时期，受"左"的思想影响，长期忽视农业，不尊重农民，不重视农民的物质利益，农民很苦；片面发展重工业，导致农业政策上的许多失误，造成农业生产发展缓慢，甚至出现停滞和倒退。因此，在苏联存在的 70 余年中，农业一直是国民经济中的薄弱环节，是低效率的经济部门[①]。苏联解体后，独立的俄罗斯在 1999 年之前，工农业产品价格剪刀差和农民税收负担依然较大，剥夺农民的政策没有发生实质性变化，农业状况进一

---

① 陆南泉．对苏联农业问题的几点看法［J］．经济学动态，1983（12）．

步恶化，甚至出现了连续多年的大幅度滑坡。从种植业来看，农作物播种面积连年减少，1990—1999 年，粮食作物播种面积由 6 306.8 万公顷减少到 4 651.1 万公顷，减少 26.3%，制糖用甜菜减少 56 万公顷，马铃薯减少 20.3 万公顷，三类农作物整个 20 世纪 90 年代的年均播种面积分别只相当于 80 年代年均水平的 81.0%、76.3% 和 90.8%；农作物单产水平下降，其中粮食作物单产下降 26.2%，制糖用甜菜下降 22.9%，马铃薯下降 6.7%，向日葵下降 39.4%，蔬菜下降 12%；农作物总产量随之减少，其中粮食总产量由 11 670 万吨减少到 5 460 万吨，减产 53.2%，制糖用甜菜减产 52.9%，马铃薯减产 9.1%，三类农作物整个 90 年代的年均产量分别只相当于 80 年代年均水平的 84.9%、69.43% 和 91.2%。从畜牧业来看，牲畜存栏数连年减少，1990—1999 年，牛存栏数由 5 700 万头减少到 2 810 万头，减少了 50.7%，猪存栏数减少了 52.2%，羊存栏数减少了 74.6%，三种牲畜整个 90 年代的年均存栏数分别只相当于 80 年代年均水平的 70.8%、65.6% 和 53.6%；畜产品产量不断下降，肉类产量由 1 010 万吨下降到 430 万吨，下降 57.4%，奶类产量下降 42%[①]。

进入 21 世纪，俄罗斯农业出现了转机，特别是 2012 年以来，农业逆势增长，迎来了重要的转折期和难得的快速发展期。特别是乌克兰危机后，农业发展成为俄罗斯经济增长的重要引擎之一。2017 年，粮食总产量 13 550 万吨，达到历史最高水平，比 2000 年增加 1.1 倍，年均增长 4.4%，特别是 2012 年以来年均增长速度达 13.8%，2013—2018 年粮食平均产量 11 297 万吨，比 90 年代平均产量高 37.2%，比 80 年代平均产量高 16.5%[②]。俄罗斯扭转农业长期发展缓慢甚至倒退的重要原因和经验之一，就是国家对农业的重视程度提高了。2000 年以后，政府充分认识到发展农业对国家复兴的重要性，将农业视为关系国计民生的重要领域和经济发展的优先，并提出"没有俄罗斯农业的复兴，就不可能有俄罗斯经济的复兴"。2012 年俄罗斯加入 WTO 后，农业更是被列入重点保护和支持的领域。尤其是在乌克兰危机后，在西方制裁和经济危机的双重压力下，俄罗斯将农业发展提升到保障国家经济安全和社会经济稳定的战略高度。在这种认识和重视态度下，俄罗斯制定了一系列行之有效的支持政策和措施，加大对农业的投入，有效地促进了农业发展。

中国是一个农业大国，始终把农业作为国民经济的基础。但是，在新中国

---

①② 《俄罗斯统计年鉴 2019》[EB/OL]. https：//gks.ru/bgd/regl/b19＿13/Main.htm.

成立初期，受苏联发展模式和"左"的思想影响，对农业重视不够，采取"重工轻农、重城轻乡"的发展战略，农业农村发展缓慢，特别是 1958 年的"大跃进"和人民公社化使农业发展陷入空前的危机，农村生产力受到严重破坏，在农村改革之前中国农业已到崩溃边缘[①]。农村改革以后，国家不断调整和改善工农关系，不断提高对农业农村发展和农民生活的重视程度，开始尊重农民的首创精神，注重保护和调动农民生产积极性，从而使我国农业生产、农村面貌、农民生活发生了翻天覆地的变化。改革伊始，邓小平同志多次强调，农业是根本，是战略重点，要把解决农业和农村问题放在各项工作的首位[②]。2003年，中央农村工作会议明确提出把解决好三农问题作为全党工作的重中之重。党的十八大以来，习近平总书记指出，我国是农业大国，重农固本是安民之基、治国之要；把解决好三农问题作为全党工作重中之重，是我们党执政兴国的重要经验，必须长期坚持，毫不动摇；任何时候都不能忽视农业、忘记农民、淡漠农村，要保持认识的高度、重视的程度、投入的力度[③]。2017 年，党的十九大进一步提出"坚持农业农村优先发展"的总方针。在高度重视农业的思想指导下，我国在不断深化农村改革过程中先后制定实施了一系列强农惠农富农政策，且支持力度不断加大。因此，新中国成立 70 多年尤其是改革开放以来，农业农村发展取得了举世瞩目的辉煌成就，并对世界发展作出了巨大贡献。但是，我们应清醒地认识到，我国发展不平衡不充分问题仍然突出，农业基础还不稳固，城乡发展和收入差距较大。我国在打赢脱贫攻坚战、全面建成小康社会之后，从"十四五"时期开始，要开启全面建设社会主义现代化国家新征程，向第二个百年奋斗目标进军。全面建设社会主义现代化国家，实现中华民族伟大复兴，最艰巨最繁重的任务依然在农村，最广泛最深厚的基础依然在农村。解决好发展不平衡不充分问题，重点难点在三农，迫切需要补齐农业农村短板弱项，推动城乡协调发展；构建新发展格局，潜力后劲在三农，迫切需要扩大农村需求，畅通城乡经济循环；应对国内外各种风险挑战，基础支撑在三农，迫切需要稳住农业基本盘，守好三农基础。如今进入新发展阶段，三农工作依然极端重要，须臾不可放松，务必抓紧抓实。

---

① 陈大斌. 农村改革是什么时候开始的？——兼述农村改革的历史背景及初始期的主要矛盾斗争 [J]. 中国合作经济，2017（Z1）.

② 朱希刚，缪建平. 邓小平的农业思想研究 ［M］. 北京：中国农业出版社，1998.

③ 中共中央党史和文献研究院. 习近平关于"三农"工作论述摘编 ［M］. 北京：中央文献出版社，2019.

借鉴俄罗斯的经验和教训，今后，我国应继续保持对农业的高度重视，继续坚持把解决好三农问题作为全党工作重中之重，要把全面推进乡村振兴作为实现中华民族伟大复兴的一项重大任务，举全党全社会之力加快农业农村现代化，让广大农民过上更加美好的生活①。

第二节　农业科技创新是加快现代农业发展的决定性力量

科学技术是农业生产的基本要素，农业科技创新对农业生产、尤其对现代农业发展起着越来越重要的支撑作用。从发展实践来看，世界农业发展的历史就是农业科学技术不断进步的历史。第二次世界大战以后，世界农业经济的增长和发展，主要来源于农业科技进步的推动。各国从传统农业向现代农业的转变过程，在本质上就是现代科学技术在农业中应用的过程。

俄罗斯是一个传统科技大国，不管是在沙皇时代，还是苏联时期，科技都很发达，农业科研能力和科技进步水平也较高。但是，苏联解体、俄罗斯联邦独立后，科技事业面临极大困难，科研经费急剧减少，科技人才严重流失②，尤其农业科技发展受打击更大。20世纪90年代，俄罗斯农业科技投入强度和产出水平呈下降趋势。1990—1999年，俄罗斯农业科研系统的经费总额从3.076亿卢布减少到1.012亿卢布，减少了67%；农业科研经费总额在农业创造的国内总产值中的比重由0.47%降至0.37%，不仅远低于18个发达国家2.2%的平均水平，也低于17个非洲国家（南非除外）0.58%的水平③。俄罗斯农业科研系统的经费主要来源于国家财政预算，但财政预算拨款不断减少，而且实际到位的更少，1999年的预算拨款比1994年减少了85%，俄罗斯农业科学院有些研究所的预算拨款甚至减少90%以上，1995—1999年实际得到的财政拨款刚刚超过计划拨款预算资金的一半④。1991—1997年，联邦农业部下属高校科研部门的研究人员数量从6 989人减少到605人，缩减幅度达91.3%⑤。

① 中共中央国务院关于全面推进乡村振兴加快农业农村现代化的意见［EB/OL］. http：//www.gov.cn/zhengce/2021-02/21/content_5588098.htm.

② 王丽萍. 俄罗斯科技发展状况研究［J］. 中国科技信息，2017（10）.

③④ 乔木森. 俄罗斯农业科研系统的现状、问题和出路［J］. 世界农业，2002（5）.

⑤ 谢·尤格拉济耶夫，谢格卡拉·穆尔扎，等.1991—2003年俄罗斯经济改革白皮书［M］. 济南：山东大学出版社，2009.

农业部门购买的农业技术设备大幅度减少，1998 年与 1990 年相比，拖拉机减少了 93.7%，谷物联合收获机减少了 93.6%，饲料联合收获机减少了 96.2%，拖拉机带动的播种机减少了 98.8%。到 1999 年初，俄罗斯农业中的技术设备保证率只有标准的 55%[①]。

进入 21 世纪，俄罗斯政府在社会的各个领域进行大刀阔斧的改革，在科技领域相继出台《俄联邦至 2010 年及未来科学技术发展的政策基础》《俄罗斯至 2015 年及以后科技和创新发展战略》《2020 创新发展战略》《2035 年前科技发展战略》等政策，修订《俄罗斯联邦科学和国家科技政策法》，把科学技术的重要性提高到与俄罗斯未来休戚相关的重要位置，强调依靠科技力量发展国民经济。2010 年以来，俄罗斯当局批准的旨在促进科技创新的文件达 40 多份。2016 年，俄罗斯政府强调，俄罗斯需要一场真正的技术革命，企业要实施过去半个世纪以来最大规模的技术革新和设备更新，以此更有力地推进国家科技创新。近年来，俄罗斯科技发展出现了一系列显著变化，呈现向好态势，科技创新整体上已从低谷回升。2000—2015 年，俄罗斯国内研发经费（R&D）支出按不变价格计算增加了 2 倍；从 2014 年起，实现了 25 年来科研人才数量的首次增长，当年研究人员总数增加了 4 500 人，2015 年又比 2014 年增加了 6 588 人。但是，相对于经济社会发展需要和国际先进水平，俄罗斯科技发展还有差距。从科技研发投入强度来看，2012 年以来 G&D 支出占 GDP 的比重逐年提高，2015 年达到 1.13%，但还低于 2003 年 1.29% 的水平，仅相当于日本的 32.4%、美国的 40.5% 和欧盟平均值的 57.9%，比中国低 45.4%[②]。特别是农业科技发展更加滞后，农业科技创新能力没有明显提高，许多指标还在下降。根据农业科技投入与产出情况进行综合评价，2001—2016 年俄罗斯农业科技创新能力指数只提高了 5.4%，但在 G20 国家中排名却下降了 2 位[③]。按经济社会目标划分，2015 年农业领域的 R&D 支出占总额的比例为 2.2%，比 2013 年下降 8.3%，比 2008 年下降 15.4%[④]。2015—2018 年，农业科技研发支出在科技研发支出总额中所占份额由 2.14% 降至 2.10%，农

① 乔木林 . 俄罗斯农业现代化的教训 [J]. 农村工作通讯，2007 (6) .
②④ 赵新力，李闻榕，黄茂兴 . 金砖国家综合创新竞争力发展报告（2017）[M]. 北京：社会科学文献出版社，2017.
③ 郭翔宇，赵新力，王丹 . G20 国家农业科技创新能力发展报告（2001—2016）[M]. 北京：科学出版社，2019.

业的国家研发成本与农业增加值之比由 0.79％降至 0.55％；2013—2018 年，农业科研机构的科技成果产出量大幅度减少，而且科技成果转化率较低，其中，发表论文减少 18.5％，农业发明专利减少 1.3％，培育动植物品种减少 20.1％，农业生产技术设备减少 30.2％，农业生产技术工人减少 42.4％，农药及疫苗等减少 74.5％。此外，俄罗斯实施农业科技创新的企业比例偏低，2018 年，只有 3.9％和 2.9％的农业组织将技术创新成果应用于种植业和畜牧业，远低于其他行业部门 9.6％的水平①。从总体上说，这一时期俄罗斯制定、颁布了一系列科技政策和法律法规，特别是近年来重新制定了国家农业发展规划，2017 年专门推出《2017—2025 年俄联邦农业科技发展规划》，突出农业科技创新的重要作用，获得了一定的良好效果。但是，上述问题的存在，使得俄罗斯农业科技创新对农业发展的支撑作用发挥得还不够充分，这是俄罗斯农业发展相对落后、尤其是 20 世纪 90 年代农业现代化水平下滑的一个重要原因和教训。

新中国成立之初，文化教育水平十分落后，科技基础非常薄弱。在党的领导下，经过一代代科技工作者的共同努力，我国科技事业发生了翻天覆地的历史性变化。1956 年，党中央发出"向科学进军"的号召，制定了新中国第一个科学技术发展长远规划——《1956—1967 年科学技术发展远景规划纲要》。1962 年，毛泽东强调，"不搞科学技术，生产力无法提高""科学技术这一仗，一定要打，而且必须打好"②。1978 年，党中央召开全国科学大会，迎来了"科学的春天"，邓小平在讲话中指出，四个现代化，关键是科学技术的现代化。没有现代科学技术，就不可能建设现代农业、现代工业、现代国防③。在坚持马克思主义关于科学技术是生产力观点的基础上，邓小平进一步提出，科学技术是第一生产力④。1985 年，中共中央作出《关于科技体制改革的决定》，从宏观上制定了科学技术必须为振兴经济服务等方针和政策，为科技成果向现实生产力转化奠定了政策基础。在继承和发展"科学技术是第一生产力"这一论断的基础上，1995 年，党中央、国务院提出"科教兴国"战略，2006 年作出"建设创新型国家"的战略决策。2012 年，党的十八大明确提出"实施创

① 闫泓多. 俄罗斯农业科技创新政策研究 [J]. 农家参谋，2020（6）.
② 中央文献研究室. 毛泽东文集（第 8 卷，第 351 页）[M]. 北京：人民出版社，2000.
③ 邓小平文选（第 2 卷，第 83 页）[M]. 北京：人民出版社，1993.
④ 邓小平文选（第 3 卷，第 274 页）[M]. 北京：人民出版社，1993.

新驱动发展战略"，强调科技创新是提高社会生产力和综合国力的战略支撑，必须摆在国家发展全局的核心位置。在创新驱动发展战略指引下，我国对科技的投入不断加大，科技人才越来越多，科技实力越来越强。进入新时代，以习近平同志为核心的党中央围绕实施创新驱动发展战略，加快推进以科技创新为核心的全面创新，提出一系列战略思想和战略要求。2013 年 10 月，习近平总书记提出："创新是一个民族进步的灵魂，是一个国家兴旺发达的不竭动力。"[①] 2015 年 3 月，习近平总书记强调，"创新是引领发展的第一动力"。[②] 2016 年 5 月，中共中央、国务院发布《国家创新驱动发展战略纲要》，要求把创新驱动发展作为国家的优先战略，以科技创新为核心带动全面创新，以高效率的创新体系支撑高水平的创新型国家建设。2017 年 10 月，党的十九大报告提出"加快建设创新型国家"，明确"创新是建设现代化经济体系的战略支撑"，并再次强调"创新是引领发展的第一动力"。2018 年 3 月，习近平总书记指出："发展是第一要务，人才是第一资源，创新是第一动力。"从"第一生产力"到"第一动力"的科学理论飞跃，标志着我们党对科学技术的重要性认识达到了新高度。

作为整个科学技术的重要组成部分，在历代中央领导集体的高度重视和坚强领导下，农业科技从小到大、从弱到强，同样发生了翻天覆地的历史性变化。早在 1958 年，为改变农业生产靠天吃饭问题，毛泽东总结农民的生产实践经验和科学技术成果，提出土、肥、水、种、密、保、工、管等八项农作物增产技术措施，即"农业八字宪法"。农村改革后，邓小平指出，"农业的发展一靠政策，二靠科学。科学技术的发展和作用是无穷无尽的。"[③] "农业问题也要研究，最终可能是科学解决问题。科学是了不起的事情，要重视科学。"[④] "将来农业问题的出路，最终要由生物工程来解决，要靠尖端技术。"[⑤] 1998 年，党的十五届三中全会强调，"农业的根本出路在科技、在教育"，在全会通过的《中共中央关于农业和农村工作若干重大问题的决定》中提出，实现我国农业和农村跨世纪发展目标，必须坚持实施科教兴农方针。2008 年，党的十七届三中全会再次强调，"农业发展的根本出路在科技进步"，在全会通过的

①②　中共中央文献研究室. 习近平关于科技创新论述摘编［M］. 北京：中央文献出版社，2021.

③　邓小平文选（第 3 卷，第 17 页）［M］. 北京：人民出版社，1993.

④　邓小平文选（第 3 卷，第 313 页）［M］. 北京：人民出版社，1993.

⑤　邓小平文选（第 3 卷，第 275 页）［M］. 北京：人民出版社，1993.

《中共中央关于推进农村改革发展若干重大问题的决定》中提出，要顺应世界科技发展潮流，着眼于建设现代农业，加快农业科技创新。党的十八大以来，习近平总书记高度重视农业科技创新。2013 年 11 月，习近平在山东省考察时讲话指出，"农业的出路在现代化，农业现代化关键在科技进步。我们必须比以往任何时候都更加重视和依靠农业科技进步。"2018 年 9 月，习近平在黑龙江省考察时讲话指出："农业要振兴，就要插上科技的翅膀。"在党的农业科技创新思想指导下，国家和政府有关部门先后制定出台《国家农业科技创新体系建设方案》《现代农业产业技术体系建设实施方案》《加快农业科技创新与推广的实施意见》《关于深化农业科技体制机制改革　加快实施创新驱动发展战略的意见》《关于促进企业开展农业科技创新的意见》等一系列重要的相关政策文件，我国的农业科技创新能力大幅提升，对现代农业建设和农村发展发挥了重要的支撑和引领作用。2020 年，我国的农业科技进步贡献率达到 60％，农业科技创新整体水平进入世界第二方阵。

借鉴俄罗斯的经验和教训，今后，我国应继续加大农业科技创新力度，坚持以习近平新时代中国特色社会主义思想为指导，遵循农业和农业科技发展自身规律，走中国特色农业科技自主创新道路，构建新时代中国特色农业科技创新体系，进一步提升我国农业科技自主创新能力和成果转化应用水平。

第三节　农业生产经营组织形式的选择与创新要适应本国基本国情

农业生产经营组织是农业生产和农村经济活动的基本单位。农业生产经营组织形式合理与否，既关系到农村生产关系的稳固，也关系到农业生产要素能否得到优化组合与合理运用。当农业生产经营组织形式适应基本国情时就会促进农业生产力的发展，反之，将会阻碍生产力的发展。

十月革命前的俄国，农业十分落后，农奴制和半农奴制残余大量存在，地主所有制居统治地位。十月革命胜利后，苏联建立了社会主义农业经济体制。在列宁执政时期，苏联对农业的改造主要经历了土地国有化、战时共产主义农业和新经济政策农业等三个阶段，农业生产经营组织形式主要有集体所有制的农业公社、农业流动组合、共耕社和全民所有制的国营农场。农业公社是在没收原来地主庄园土地上由雇农、无地工人和士兵组成的农业组织，实行生产资料全部公有化，按共产主义原则进行生产和分配。农业劳动组合，是农民把原归自己的土地和自己的役畜、农具联合起来进行生产，实行按劳分配。共耕社则仍保持生产资料私有制，农民在耕种和收获时参加共同劳动，共同使用役畜和农具。在土地革命阶段，开始发展国营农场和集体经济。进入战时共产主义时期，开始重点发展农业公社，但在实践过程中，由于公有化程度太高，不能调动农民的生产积极性，包括后来在新经济政策时期的农业政策主要是在个体经济基础上恢复农业生产，因此农业公社模式基本失败。而公有化程度最低的共耕社，由于适合农民的觉悟水平和生产力水平，因而得到了较快发展。到1925年，共耕社比1920年增加近5倍，而农业劳动组合只增加85%，农业公社仅增加了23%[1]。在这一时期，列宁还主张实行合作制。他在《论合作制》一文中提出，农业社会主义化的主要形式是合作社。合作社是社会主义性质的集体经济组织，是农民最易接受的农业生产组织形式。在具体实施过程中，可先吸引农民加入交换领域的供销合作社、消费合作社和信贷合作社等，然后再逐步转到生产领域，吸引农民加入生产合作社，并要从低级向高级逐步过渡[2]。

斯大林执政后，在较短时间内领导广大农民走上了农业集体化道路，使集体农庄快速成为苏联农业中的主要经济形式和生产组织形式。1929年，集体农户占全国总农户的3.9%，集体组织播种面积占全国总播种面积的4.9%；到1933年，这两项指标分别达到61.5%和77.5%，到1937年进一步增至93%和99.1%。农业集体化为社会主义苏维埃的巩固和强大做出了巨大贡献，但由于超越了生产力和农民的觉悟水平，也付出了昂贵的代价。20世纪20年代后期到30年代后期，苏联农业生产全面大幅度下降。从40年代起，斯大林不断对集体农庄进行大规模合并，使集体所有制人为地强行过渡到全民所有制，致使农业生产停滞不前。1953年斯大林去世后，苏联对农业经济体制逐步进行了改革。在全民所有制是社会主义公有制最高形式和"越大越公"越是社会主义的思想指导下，进入20世纪60年代之后，随着农业机械化程度的提高和农业经济体制的变革，苏联农业生产经营组织向集中化方向发展，集体农庄大规模合并，或并入国营农场。到1978年，苏联集体农庄由1953年的9.33

① 朱道华. 外国农业经济（第三版）[M]. 北京：中国农业出版社，1999.
② 列宁. 论合作制，列宁选集（第四卷）[M]. 北京：人民出版社，1972.

万个减少至 2.67 万个，平均每个农庄农户由 220 户增加到 495 户，耕地规模从 1 703 公顷扩大到 3 800 公顷；同期，国营农场从 4 857 个增加到 20 506 个，平均每个农场职工从 380 人增加到 556 人，播种面积从 3 100 公顷扩大到 5 500 公顷，国营农场播种面积占全国总播种面积的比重从 10% 提高到 52%[①]。在 60 年代末期，随着农业物质技术基础的不断加强和农业生产专业化、集约化程度的提高，国营农场和集体农庄越来越与之不相适应，于是又出现了农业跨单位合作和农工一体化等新的农业经营组织形式。农业跨单位合作是农业部门内部的横向联合，具体形式有跨单位合作企业、农业生产联合公司和跨单位生产企业；农工一体化是农业与其他相关部门间的纵向联合，具体形式有农工企业、农工联合公司和农业科学生产联合公司。这些新的农业组织形式在 70 年代发展较快，但在苏联农业中比重不大，最终并未达到苏共和政府农业经济体制改革的希望目标。

苏联解体之后，俄罗斯全面改组集体农庄和国营农场，目标是构建市场经济体制，推行私有化改革，加快其农业经营组织体系的现代化进程。集体农庄和国营农场主要变为农业企业、居民经济和家庭农场 3 种组织形式[②]。经过新一轮激烈的改革，有 42% 的俄罗斯集体农庄和国营农场被强制重新注册。至 2001 年，俄罗斯共计有 2.48 万个大中型农业生产企业。然而，该阶段的农业改革导致了俄罗斯种植业和畜牧业的严重危机，农业生产能力急剧下降，随着农业生产能力的下降，农业企业的生产地位也大大下降。与之相对应，俄罗斯的居民经济地位在整个农业中呈上升趋势。居民经济虽然在大田生产上没有优势，但是有助于居民更有效地利用资源，主要农产品增产幅度较大，对于恢复俄罗斯蔬菜的生产、保障居民的食品需求和消费需求起到了很大的作用。此次改革中，俄罗斯把大力发展农场经济作为重点，组建了大量的家庭农场，但是俄罗斯的农场经济产值占比较小，作用并没有充分发挥。主要原因是与当时俄罗斯国情和农业生产实际并不相符，当时俄罗斯实施的自上而下的农业改革并不具备坚实的民意基础，相反，习惯于从事大农业生产的俄罗斯农民并不愿意从集体农庄和国营农场分出来单干，且集体原有的大型农机具不宜分割，单独分出来成立家庭农场的农户，重新购买农机具成

① 朱道华. 外国农业经济（第三版）[M]. 北京：中国农业出版社，1999.
② 刘雨欣，等. 俄罗斯家庭农场发展历程与现状分析 [J]. 世界农业，2017（2）：26-30.

本高，而国家财政困难，无力对家庭农场进行扶持，使得新兴的家庭农场主生产经营很快陷入困境，而且不断恶化，俄罗斯农业也随之陷入严重危机。[①]

我国农业经营组织形式演进先后经历了农业合作化、人民公社体制下的集体统一经营和农村改革后的家庭承包经营三个阶段。新中国成立后，农民分得了土地，生产积极性被极大调动，然而条件有限，单独开展生产经营较为困难，农民中产生了互助愿望，1953—1958年，互助组、初级合作社、高级合作社得到快速推行。1958年8月，中共中央印发《关于在农村建立人民公社问题的决议》，鼓励建立人民公社。人民公社的基本特征是"一大二公"，规模大，人口多，除农户基本的生活资料，所有生产资料都归公社集体所有。在人民公社时期，农户必须入社，生产资料公有化程度最高，实行单独的经济核算且"政社合一"，具有行使管理农村经营活动的权力。然而，实践表明，人民公社极大地挫伤了农户生产的积极性，破坏了农村生产力。

农村改革后，实行了家庭联产承包责任制，将土地所有权和承包经营权分开，所有权归集体，承包经营权归农户，极大地调动了亿万农民的积极性，有效解决了温饱问题，农村改革取得重大成果。随着农业劳动力的不断转移，农村人口老龄化问题凸显，加之农业规模化发展的迫切需求，农村土地流转成为大势所趋，以土地所有权、承包权、经营权"三权并行分置"为特征的新型农地制度得到认可，是继家庭联产承包责任制后农村改革的又一重大制度创新。2013年中央1号文件指出："引导农村土地承包经营权有序流转，鼓励和支持承包土地向专业大户、家庭农场、农民合作社流转"，同时明确提出要培育和壮大新型农业生产经营主体。新型农业生产经营主体主要包括专业大户、家庭农场、农民专业合作社和农业龙头企业。这些新型农业经营主体通过土地流转扩大了生产规模，与传统小农户相比更具有规模效应，成为中国现代农业发展的重要载体。我国已初步形成了以承包农户为基础、合作经济组织为纽带、龙头企业为骨干、集体经济组织和其他各类农业社会化服务组织为支撑，多种所有制关系并存、多种生产经营主体共生的农业经营新格局，有力地支撑了现代农业建设。

借鉴俄罗斯的经验和教训，今后，完善我国农业生产经营组织形式必须适

---

① 崔宁波，等. 俄罗斯农业经营主体变迁及启示 [J]. 学术交流，2014 (12)：134 - 139.

应本国农业发展的现实需求，并且应该随着国际国内环境条件的变化而不断创新，以提高农业发展效率和水平。

第四节 农村土地制度改革必须在国家基本经济制度框架下审慎推进

土地是农业最基本的生产要素，是农民最基本的生活保证。土地制度是否完善，直接决定着土地资源的利用状况，关系到农业经济发展和农村社会稳定。土地制度改革，既是二战后一些发展中国家和地区实现经济发展的重要前提，也是发达国家经济再度"起飞"的保障[①]。从历史上看，土地制度改革始终贯穿于各国重大社会变迁之中，影响着农村持续发展和社会稳定。

土地问题是俄国革命、俄罗斯农业发展的基本问题。在地广人稀的俄罗斯，土地问题一直贯穿于沙俄、苏联、俄罗斯发展的各阶段，且是发展中的主要难题。俄罗斯土地所有权制度是土地制度改革的核心。俄罗斯学者巴柳彼娜曾指出，俄罗斯农业制度变革主要体现在土地所有权制度的变革[②]。在此方面，20世纪苏联经历了两次大的土地所有制变革。第一次是苏联1917年颁布的《土地法令》，废除土地私有制，将土地转归国家所有，规定土地不可买卖、出租、抵押，以及以其他方法转让。但是，土地国有化改革并没有改变苏联农业状况，相反由于土地高度国有化造成土地利用效率低，加之受自然灾害影响出现连续多年歉收，造成农产品市场短缺，使农业成为落后部门。为改变这种状况，20世纪80年代初苏联开始了以土地租赁和承包为主的土地使用权改革。1986年，在充分肯定集体承包制的基础上，倡导家庭承包和个人承包，并在1987年开始推行土地租赁制。1989年，苏联颁布《租赁法》，开始普遍实行租赁制。但是，改革是围绕土地所有权和经营权分离进行，并未触动土地的国家所有制，未触及和改变高度集中的计划经济体制，农业改革成效不明显[③]。由此，苏联转向效仿西方国家土地私有化，开启了第二次土地所有权

---

① 缪德刚. 中国百年农村土地思想及其制度变革［N］. 中国经济时报，2021-06-07.

② Полюбина И. Б. Аграрный строй в экономической системе общества: тенденции развития［J］. Финансы и кредит，2003，12（126）：72-78.

③ 爱琴，张宁. 俄罗斯农地改革及其对我国的启示［J］. 山东农业大学学报（社会科学版），2005（4）：54-60.

改革。

1990 年，颁布《俄罗斯农民农场法》，将土地私有合法化。1991 年，通过新的土地法典《俄罗斯联邦土地法典》，取消单一的土地国有制，确立土地国家所有制、集体共同所有制、集体股份所有制、公民所有制并存的土地所有制结构，这标志着俄罗斯农地私有化改革的开始。1998 年初，全俄罗斯有 4 000 万公民获得了 1.16 亿公顷土地，农业经济中的私营成分从 1993 年的 64.2% 上升到 87.1%[①]。需要指出，此时俄罗斯土地私有化并不是把所有农地及其经营都转为私有，而是使私人农场成为农业经营的主体形式[②]。总体而言，俄罗斯农业改革和土地私有化有很多负面评价，但土地私有化制度仍然取得了较大进展，促进了土地私有化的进程。

2000 年以后，俄罗斯土地私有制度最终确立。2001 年，新颁布的《俄罗斯联邦土地法典》指出，农业用地可以私有化。同时，政府积极推进农地流转。2002 年，通过《农用土地流通法》，结束了俄罗斯社会 10 余年关于农用土地自由流通方面的争论，为俄罗斯建立健康、有效的土地流通市场、实现俄罗斯土地改革和社会转型的目标提供了法律基础，并使俄罗斯农业实现由粗放型向集约型转变[③]。苏联时期土地属于国家所有，严格禁止土地买卖，不允许流通。在私有产权下，土地能否流通事关土地所有权的完整性。俄罗斯建立的土地私有和合作所有为主、多种土地所有制形式并存的土地所有制关系，彻底解决了苏联时期土地所有权与经营权分离的致命缺陷。至此，俄罗斯农地制度变迁充分说明，单纯进行农地产权制度改革无法发挥激励效应、实现提升农业生产效率的目的，只有将农地流转与私有产权进行结合，才能发挥农地作为私有产权的完整功能和激励效应[④]。同时，"全盘集体化"农地政策与当时生产力发展水平、农民意愿与选择、国情等相违背，给农业生产造成损害。

在我国，农民与土地的关系是中国共产党成立以来从事农村工作的主线之一。建党至今，由土地制度引发的农村经济变革很大程度上解放了农村地区的生产力[⑤]。中国共产党成立到 1949 年前，土地改革是重要的革命号召，它不

① 林跃勤. 俄罗斯农业经济改革及其对中国的借鉴 [J]. 新余高专学报，2005 (6)：51-53.
② 傅晨. 俄罗斯农地制度改革及其对我国的启示 [J]. 学术研究，2006 (1)：47-52，147.
③ 陈和午. 转型经济国家的农地制度改革及对我国的借鉴 [J]. 北京农业职业学院学报，2005 (5)：23-27.
④ 刘璐璐. 从私有化到自由流转：俄罗斯农地制度变迁的思考 [J]. 世界农业，2018 (6)：143-149.
⑤ 缪德刚. 中国百年农村土地思想及其制度变革 [N]. 中国经济时报，2021-06-07.

仅是当时苏区农业经济发展的制度基础，而且对新中国成立后中国农村土地制度的完善有着极为重要的影响。1950 年颁布《土地改革法》，废除地主阶级封建土地所有制，没收地主的土地，实行农民的土地所有制，激发了个体农民的生产积极性。1952 年底，在全国范围内基本完成土地改革。土地改革完成后，如何把分散的家庭经营模式的小农经济引导到规模经营的现代农业运作中来，成为新中国亟待考虑的一个重大经济问题。1953 年发布《关于发展农业生产合作社的决议》指出，"农民在生产上，应经过简单的、共同的、临时互助组逐步实现更高级的农业生产合作社"。[①] 1955 年下半年到 1956 年年底，农村地区完成了农业合作化，农民所有的土地被改造为由农民组成的合作社集体所有。20 世纪 50 年代后期，四川、安徽、浙江、河南等地一度出现过"包产到组""包工包产到社员""包产到户"等情况，这些尝试反映了基层农民的诉求，是改革开放后家庭联产承包责任制的萌芽。1958 年，中共中央通过《关于在农村建立人民公社问题的决议》，开始推行人民公社。1962 年，绝大多数农村土地变革为人民公社、生产大队、生产队三级所有。在农村土地三级所有制下，农民共同进行农业生产。这一时期的农地制度过分强调"大""均"，不符合实际的生产力和基本国情，损害了农民农业生产的积极性，对农业生产形成破坏性影响。

改革开放以来，党和国家工作中心转移到经济建设，支持农民的首创精神，从改革开放之初安徽凤阳小岗村"包产到户""包干到户"的探索，到家庭联产承包责任制"两权分离"的制度安排。20 世纪 90 年代初至 21 世纪初，强化法律政策保障，土地集体所有、家庭承包经营为主的农村基本经营制度不断巩固和完善，农业税费全面取消，土地流转逐步发展。党的十八大至今将全面深化改革摆上突出位置，对深化农村土地制度改革作出了一系列重大决策部署。一是建立农村土地"三权分置"制度，坚持集体所有权，稳定农户承包权，放活土地经营权，实现了农民集体、承包农户、新型农业经营主体对土地权利的共享。二是开展农村土地承包经营权确权登记颁证，为土地承包关系的稳定提供保证。三是发展多种形式适度规模经营。党的十八届三中全会提出，允许农民以承包经营权入股发展农业产业化经营。2014 年、2017 年，中共中央办公厅、国务院办公厅印发《关于引导农村土地经营权有序流转发展农业适

---

① 吴亚卓. 当代中国农村土地制度变革研究［D］. 杨凌：西北农林科技大学，2002.

度规模经营的意见》《关于加快构建政策体系培育新型农业经营主体的意见》均指出，要加快培育新型农业经营主体，加快形成以农户家庭经营为基础、合作与联合为纽带、社会化服务为支撑的立体式复合型现代农业经营体系。四是明确第二轮土地承包到期后再延长三十年。从实行第一轮土地承包算起，我国农村土地承包关系将稳定 75 年，这意味着土地集体所有、家庭承包经营的农村基本经营制度不变。五是建立健全农村土地产权流转交易制度。2014 年国务院办公厅《关于引导农村产权流转交易市场健康发展的意见》印发，承包土地经营权流转日益增多，土地产权流转交易市场逐步发展，逐步构建起了符合农村实际和土地产权流转交易特点的制度框架①。

中国农业改革的成功与苏联解体后绝大多数国家改革的失败，形成了鲜明的对比。世界上任何地方、任何时候发生的改革，都不能与中国农村改革的成功相媲美②。改革开放以来，中国农村土地制度不断创新，始终与生产力发展水平与国情相适应；始终坚持农村土地集体所有，维护承包农户的基本权利；"两权分离"制度、"三权分置"制度、经营权流转制度等创新始终尊重农民意愿与选择。为此，中国农地制度安排必须在国家基本经济制度框架下审慎推进，使其成为农业持续健康发展和社会稳定的重要保障。

第五节　必须高度重视粮食安全并坚持立足国内的战略方针

国以民为本，民以食为天。粮食既是人民群众最基本的生活资料，也是关系国计民生和国家经济安全的重要战略物资。联合国粮农组织提出，确保所有的人在任何时候既能买得到又能买得起所需要的基本食品，是人类目前的一种基本生活权利。粮食安全与社会的和谐、政治的稳定、经济的持续发展息息相关。对于人口大国而言，粮食安全更是国家安全的重要基础，特别是随着经济全球化的发展，面对国际形势前所未有之大变局，保障国家粮食安全必须坚持以自己为主、立足国内的战略方针。

俄罗斯作为农业大国，其国家粮食安全问题一直备受关注。以苏联解体为

① 韩长赋.改革开放以来中国农村土地制度的创新实践［EB/OL］.（2018-12-28）［2021-06-20］.https://baijiahao.baidu.com/s?id=1621104490161985686&wfr=spider&for=pc.
② D.盖尔约翰逊.经济发展中的农业、农村、农民问题［M］.北京：商务印刷馆，2004.

节点，俄罗斯粮食安全遇到的挑战具有阶段性特征。苏联作为社会主义大国，紧张的国际关系对其国家粮食安全的威胁从未间断。1927 年 5 月，英国宣布同苏联断绝外交关系，英、法、德、意等国再次形成反苏、反共统一战线。当年夏粮丰收后，在即将备战的传言下农民开始争相囤粮、惜粮不售，苏联为备战决定建立战时粮食储备机制并大幅增加粮食收购量，政府和民间对粮食的竞争性需求导致粮价迅速上涨，并于几个月后爆发粮食收购危机，在苏联政府不当处理下转化为苏维埃政权同富农之间的阶级矛盾。"冷战"中后期，随着苏联粮食生产能力渐渐无法满足其国内需求，粮食进口规模不断扩大，美国开始"蠢蠢欲动"。1972—1981 年，美国在对苏联的粮食外交中采用"联系战略"，即将经济议程与其他议程联系起来，通过相互"挂钩"的方式以绑定经济交易和政治交易。"联系战略"主要分为三个阶段，"粮食—人权"联系战略、"粮食—石油"联系战略和"粮食—阿富汗"联系战略[①]。由于世界上美国主要的竞争对手——西欧和日本不断伸出"援手"，为苏联获取资金和粮食拓宽了渠道，1972—1975 年"粮食—人权"联系战略和"粮食—石油"联系战略接连失败。"粮食—阿富汗"联系战略期间，由于美国对苏联粮食禁运政策在国际市场引起粮价上涨，其自身的粮食出口国地位受到威胁，苏联又成功迫使美国放弃了粮食禁运的制裁。虽然苏联在这场粮食外交的斗争中掌握了主动权，保证了本国粮食进口的稳定性和连续性，但其并没有充分意识到粮食依赖美国的危险，也没有充分意识到美国朝野将粮食贸易"武器化"的决心。1981 年后，美国最终靠打破高油价、削弱苏联粮食购买力，使苏联陷入长久的粮食困境。此次粮食危机爆发，对苏联国家稳定产生了毁灭性的打击。

苏联解体后，俄罗斯吸取了苏联在粮食供给端过度依赖进口的教训，尤其是 2000 年以后，俄罗斯充分重视农业发展，逐步实现了粮食自给[②]。与此同时，为了进一步确保国家粮食安全，2013 年 1 月 1 日生效的《俄罗斯联邦2013—2020 年农业发展和农产品、原料、食品市场调控国家纲要》（第 717 号政府令）提出，确保国家粮食安全，主要措施是刺激农产品和食品生产的增长，实行进口替代政策，通过限制农产品的进口来提升本国农产品的生产能力，保证俄罗斯的食品自给率达到《俄罗斯联邦粮食安全准则》提出的标准；

---

① 徐振伟，左锦涛. 冷战中后期美国对苏联的粮食外交与美苏博弈［J］. 当代世界社会主义问题，2019（2）.

② 刁秀华，郭连成. 中国、俄罗斯粮食安全问题分析［J］. 东北亚论坛，2016（3）.

形成完善的农产品市场，推进其市场化进程；激励农业创新，通过农工综合体的创新发展提高俄罗斯农产品在国内和国际市场上的竞争力；实现农工综合体的金融稳定；确保农业耕地的有效使用，土地的复垦开发应当用于农业；确保农村地区的可持续发展。在多重政策作用下，总体上俄罗斯粮食数量安全基本得到保障。但是，来自国际方面的威胁从未停止，2014 年西方国家因乌克兰危机对俄罗斯开展多轮经济制裁，加之石油价格持续处于低位徘徊，导致卢布贬值、俄罗斯经济陷入困境。随后，俄罗斯实施了限制农产品进口和出口的一系列政策进行反击。2014 年 1 月，俄罗斯开始实施限制一些农产品及食品进口的措施；同年 12 月，俄罗斯政府提高了国家干预基金购买小麦的价格，并批准了一项增加小麦出口关税的决议①。与此同时，俄罗斯政府在加强与已有的非制裁国家贸易伙伴联系的基础上，积极发展新的贸易伙伴，主动推动农产品和食品潜在供应者的多元化②。在一系列政策措施下，根据俄罗斯海关数据，2019—2020 农业年度（2019 年 7 月 1 日至 2020 年 6 月 30 日）俄罗斯粮食出口达 4 170 万吨，其中小麦 3 320 万吨，出口量连续三年保持世界第一。如今，俄罗斯已成为世界上重要的粮食生产国和出口国之一，谷物总产量会直接影响世界粮食市场上的供求关系和价格，对其他国家的经济贸易活动产生冲击③。

中国作为粮食需求大国，长期以来走的是一条依靠国内资源满足粮食需求的道路。中国是人口大国，粮食饥荒的历史记忆深刻，如果粮食供给依赖于国际市场，在粮食安全、经济安全和政治安全方面都有风险。中国粮食贸易方面的大国效应非常明显，一旦增加相当于国内需求 1%～2% 的粮食，都会引起国际市场的巨大波动。在国际上，粮食禁运有成为重要制裁手段的可能④。因此，保障大国粮食安全最重要的是保障国内粮食生产能力。新中国成立以来，粮食总产量迅速增长，粮食单产水平不断提高⑤。2020 年，全国粮食产量已达66 949.2 万吨，较 1949 年的 11 318 万吨增长了 4.91 倍。1950—2020 年，全

---

① 吕新业，蔡海龙. 经济制裁背景下俄罗斯农业贸易政策的调整、影响及启示［J］. 农业经济问题，2016（4）.
② 岳萍. 俄罗斯恢复粮食出口大国地位［J］. 中亚信息，2016（5）.
③ 章元，万广华. 国际贸易与发展中国家的城市化：来自亚洲的证据［J］. 中国社会科学，2013（11）.
④ 谢高地，成升魁，等. 新时期中国粮食供需平衡态势及粮食安全观的重构［J］. 自然资源学报，2017（6）.
⑤ 姜长云，王一杰. 新中国成立 70 年来我国推进粮食安全的成就、经验与思考［J］. 农业经济问题，2019（10）.

国粮食产量年均递增 2.7%。同时，人均粮食占有量较快增长，2019 年全国人均粮食产量 474.95 千克，相当于 1949 年的 2.27 倍；1950—2019 年全国人均粮食产量年均递增 1.17%，有效解决了全国人民"吃饱饭"问题。与此同时，粮食进出口贸易活动对于调整我国粮食供求、保障我国粮食安全也具有重大意义[①]。中国是世界上最大的发展中国家，与其他经济体的国际交流也从未停止。中国和美国属于世界上最大的粮食进口国和出口国，在粮食领域的经贸关系非常密切，美国一直是中国所需大豆的主要进口来源地。自 2018 年以来，中美贸易摩擦不断升级，美国极有可能利用其政治、经济及全球粮食贸易地位制裁中国的粮食龙头企业，加强对世界粮食市场的垄断，削弱中国从其他渠道获取大豆的能力，从而影响中国的粮油、饲料产业生态链[②]。因此，中国需要积极拓展新的粮食进口来源，2017 年中国与"一带一路"沿线 26 个国家开展了粮食进口贸易，贸易总额为 26.53 亿美元[③]。其中，谷物、大豆进口金额分别为 24.77 亿美元、1.76 亿美元。"一带一路"沿线国家已经成为中国重要的粮食贸易伙伴，是中国重要的谷物进口来源国。

结合我国自身发展历史并吸取俄罗斯的经验教训，中国作为拥有世界五分之一人口的大国，整体上需要坚持"以我为主、立足国内、确保产能、适度进口、科技支撑"的国家粮食安全战略，坚持确保谷物基本自给、口粮绝对安全的原则，充分利用国内与国外两个市场、两种资源，发挥市场在资源配置中的决定性作用，加强与"一带一路"沿线国家的合作，助推国内粮油企业"走出去"，从生产、流通、加工、贸易、消费环节全产业链去解决中国国内粮食市场所存在的质量安全、数量安全与结构安全问题。

---

① 杨丽娟，杜为公．从封闭走向开放：新中国 70 年粮食进出口贸易政策的变迁与逻辑［J］．江苏农业科学，2021（10）．

② 龚波．中美贸易摩擦对中国粮食安全的影响［J］．求索，2019（4）．

③ 韩冬，李光泗，钟钰．中国与"一带一路"沿线国家粮食竞争力比较及粮食贸易影响因素研究［J］．江西财经大学学报，2020（4）．

参 考 文 献

References

Aleksandra An，辛立秋 . 俄罗斯金融支持农业发展的现状、问题及对策分析 [J]. 对外经贸，
　　2016（4）.

H. A. 马卡罗夫，肖辉忠 . 俄中农业合作：期望与现实 [J]. 俄罗斯研究，2017（2）.

Kunts Alina. 俄罗斯农业土地私有化问题研究 [D]. 哈尔滨：东北农业大学，2016.

阿尔卡季兹洛切夫斯基俄旱灾将使 2010 年通膨率上升 2％ [N]. 俄罗斯商报，2010 - 07 - 20.

阿芙丽挪·叶甫根妮娅 . 俄罗斯农业发展及其国际合作研究 [D]. 哈尔滨：黑龙江大
　　学，2015.

安东诺娃 H E，林琳 . 俄罗斯远东林业产业集群：俄中合作的现实与潜力 [J]. 西伯利亚研究，
　　2015，42（3）.

安格林娜·奥列戈夫娜·巴舒塔，玛丽娜·彼得罗夫娜 . 完善农业贷款条件 [J]. 金融与信贷，
　　2016（13）.

安琳琳 . 俄罗斯劳动力短缺问题研究 [D]. 长春：吉林大学，2007.

安载学，滕占伟，刘志全 . 俄罗斯农产品走势及合作展望 [J]. 企业研究，2011（8）.

巴基洛娃 P. T. . 私人副业的概念及其与其他农业形式的关系 [J]. 农业法和土地法，2005（6）.

波波娃 O. B. . 区域零售市场中农业生产者的竞争壁垒 [J]. 商业法和公司法，2019，11（108）.

波波维奇 . 苏联农业经济学 [M]. 边绎世，译 . 北京：中国农业出版社，1980.

陈爱雪 . 国际农产品价格波动对我国的影响及对策 [J]. 经济纵横，2016（2）.

陈鸿鹏，张凤林 . 龙江丝路带与深化对俄农业合作研究 [J]. 西伯利亚研究，2015，42（4）.

陈辉 . 列宁、斯大林时期农产品的采购制度和价格政策 [J]. 苏联东欧问题，1981（2）.

程永涛 . 我国农业保险经营模式研究 [D]. 重庆：西南大学，2007.

池东辉 . 以黑龙江省为例的中俄农业科技合作研究 [D]. 哈尔滨：哈尔滨工业大学，2007.

崔宁波，庞博 . 俄罗斯农业经营主体变迁及启示 [J]. 学术交流，2014（12）.

崔欣 . 中俄农产品贸易合作影响因素研究 [D]. 哈尔滨：东北农业大学，2017.

德米特 . 俄罗斯农地制度改革和农业政策的研究以及与中国的比较 [D]. 呼和浩特：内蒙古农
　　业大学，2012.

邓纯宝，孙天石，张兴海 . 苏联农产品市场现状及其预测研究 [J]. 辽宁农业科学，1991（6）.

段秀芳．俄罗斯外贸政策和措施的分析与评价［J］．东北亚论坛，2010，19（2）．

俄拨款 23 亿卢布补贴农机生产企业［J］．农机市场，2013（2）．

俄罗斯国家统计局．俄罗斯最低食品消费额每月 1 802 卢布［N］．中华工商时报，2008-01-14．

俄罗斯科学教育部．科学教育统计［R］．莫斯科，2019．

俄罗斯农业部．俄罗斯农工综合体的创新发展［M］．莫斯科：经济高等专科学校出版社，2020．

俄罗斯农业部．关于监测俄罗斯对农业生产者和农村人口提供咨询援助的情况［R］．2017．

方康云．俄罗斯近年农业述评［N］．东欧中亚市场研究，2002（12）．

弗德安德里阿诺夫．俄罗斯的经济和投资潜力［M］．莫斯科：经济出版社，1999．

高道明，王桦，田志宏．俄罗斯加入 WTO 的农业承诺及其影响［J］．欧亚经济，2014（2）．

高飞．农产品消费需求的影响因素刍议［J］．农业经济，1999（4）．

高际香．俄罗斯农业发展战略调整与未来政策方向［J］．东北亚学刊，2020（1）．

龚兵．俄罗斯土地权利研究［D］．哈尔滨：黑龙江大学，2013．

郭力．俄罗斯东北亚战略［M］．北京：社会科学文献出版社，2006．

何启志．国际农产品价格波动风险研究［J］．财贸研究，2010，21（5）．

胡国松，董建荣．俄罗斯对外贸易政策的变化及其影响［J］．外国问题研究，1997（2）．

吉巴波夫 P. O.．完善农产品销售形式的问题［J］．新技术，2012（40）．

加利诺夫斯卡娅 E. A.．国家管理俄罗斯农工联合体的主要法律问题［J］．俄罗斯法律杂志，2016（4）．

贾雪池，吴次芳．俄罗斯农地地籍管理的现状、特点及启示［J］．中国农村经济，2008（4）．

江宏伟．俄罗斯农业改革绩效的宏观分析［J］．俄罗斯研究，2010.162（2）．

姜莉．金砖国家农业保险财政补贴制度比较研究［D］．重庆：西南大学，2020．

蒋菁．普京第三任期以来俄罗斯农业的发展状况与政策调整［J］．欧亚经济，2020（3）．

金挥，陆南泉，张康琴．苏联经济概论［M］．北京：中国财政经济出版社，1987．

李翠霞．俄罗斯农业的困境与发展走势［J］．东欧中亚市场研究，2001（9）．

李东林，刘燕斌．世界劳动保障［M］．北京：中国劳动社会保障出版社，2001．

李光．黑龙江省农产品对俄出口的策略研究——以俄罗斯入世为背景［D］．长春：吉林大学，2013．

李建民．俄罗斯对外贸易运行与贸易政策［J］．俄罗斯中亚东欧市场，2008（5）．

李敬．"一带一路"相关国家贸易投资关系研究．俄罗斯、蒙古、独联体其他六国［M］．北京：经济日报出版社，2017．

李明滨，郑刚．苏联概况［M］．北京：外语教学与研究出版社，1986．

李青霞．"一带一路"背景下中俄新经贸关系的发展现状及对策［J］．山西农经，2018（6）．

李勇慧．俄罗斯"向东看"政策与中国企业"走出去"的思考与建议［J］．西伯利亚研究，2017（4）.

梁光明 . 俄罗斯土地资源管理 ［M］. 北京：中国大地出版社，2003.

廖伟径 . 俄罗斯：灵活应对入世补贴扶持农业 ［N］. 经济日报，2013－12－10.

林燕腾 . 开拓潜力巨大的俄罗斯农产品市场 ［J］. 世界农业，2003（1）.

刘纪稳 . 金融危机以来俄罗斯农业发展研究 ［D］. 哈尔滨：黑龙江省社会科学院，2013.

刘瑞涵，张怀波 . 俄罗斯农业支持及改革政策分析 ［J］. 农业经济问题，2010（12）.

刘世东，陈云 . 俄罗斯蜂业发展见闻及启示 ［J］. 中国蜂业，2013，64（30）.

刘燕平 . 俄罗斯国土资源与产业管理 ［M］. 北京：地质出版社，2007.

刘月坤 . 俄罗斯农业改革研究 ［D］. 哈尔滨：黑龙江大学，2013.

龙小燕 . APEC 地区开展农业保险的实践与借鉴 ［J］. 中国农村金融，2015（16）.

陆南泉 . 苏联经济 ［M］. 北京：人民出版社，1991.

罗国柱 . 印度俄罗斯的农产品价格管理政策对我国的启示 ［J］. 金融经济，2011（5）.

骆晓丽 . 新时期中俄农业经贸合作研究 ［D］. 哈尔滨：黑龙江大学，2012.

吕金琳 . 俄罗斯居民购买力状况分析 ［D］. 哈尔滨：黑龙江大学，2009.

吕新业，蔡海龙 . 经济制裁背景下俄罗斯农业贸易政策的调整、影响及启示 ［J］. 农业经济问
题，2016，37（4）.

马博 . 俄罗斯"转向东方"战略评析——动机、愿景与挑战 ［J］. 俄罗斯研究，2017（3）.

马改艳，徐学荣，周磊 . 金砖国家农业保险的实践经验 ［J］. 世界农业，2015（3）.

马蔚云 . 俄罗斯居民的收入与消费问题 ［J］. 国外理论动态，2004（1）.

毛汉英 . 苏联农业地理 ［M］. 北京：商务印书馆，1984.

莫罗佐娃 . 俄罗斯经济地理 ［M］. 莫斯科：ЮНИТИ - ДАНА 出版社，2002.

穆罕默托娃 Н. Н. . 农村发展的基础：投资、战略、经验 ［J］. 俄罗斯企业经营，2016，17（21）.

帕夫列奇克 Н. Ф. . 农业产品市场 ［J］. 尼科波尔读物，2013（1）.

帕拉季娜娅 М. И.，热瓦罗克娃娅 Н. Г. . 农业法 ［M］. 莫斯科：展望出版社，2011.

潘德礼 . 列国志：俄罗斯 ［M］. 北京：社会科学文献出版社，2005.

彭辉芳 . 苏联农产品采购体制的改革及其实践 ［J］. 外国经济与管理，1980（11）.

彭亚骏 . 中国东北地区与俄罗斯远东地区农业合作问题研究 ［D］. 哈尔滨：东北农业大
学，2017.

乔木森 . 俄罗斯的农产品和食品市场 ［J］. 东欧中亚市场研究，1996（2）.

乔木森 . 苏联解决食品和消费品问题的新动向 ［J］. 世界经济，1985（5）.

曲雅静，吕国辉 . 中俄经贸合作中文化冲突分析及对策研究 ［J］. 长春工业大学学报（社会科
学版），2007（4）.

全俄农业经济研究所 . 俄罗斯农工综合体中创新咨询活动发展的组织经济方向 ［R］. 莫斯
科，2013.

施建新，王俊文．今日俄罗斯市场［M］．北京：中国对外经济贸易出版社，2002．

石萍．俄罗斯活牛及生猪存栏量下降［J］．农村实用技术，2009（11）．

舒伟斌，陈运来．农业保险法定模式的选择［J］．江西社会科学，2010（6）．

孙化钢，郭连成．俄罗斯农业政策评析［J］．国外社会科学，2016（6）．

孙玉竹，闫琰，杨念，王旋．"一带一路"倡议下俄罗斯农业支持水平及政策分析——基于 OECD 农业政策框架［J］．世界农业，2017（11）．

唐朱昌．从叶利钦到普京：俄罗斯经济转型启示［M］．上海：复旦大学出版社，2007．

陶海东．俄罗斯农业的发展战略［J］．经济导刊，2010（6）．

田春生．俄罗斯农业发展及中俄合作［N］，中国社会科学报，2017 - 09 - 11．

田秀冬．苏联农产品收购价格加价新措施［J］．世界农业，1986（1）．

佟光霁，石磊．中俄农产品贸易及其比较优势、互补性演变趋势［J］．华南农业大学学报（社会科学版），2016，15（5）．

瓦西里·乌尊．2017 年国家农业发展计划执行情况分析［J］．俄罗斯经济发展，2018，25（6）．

汪晓波，成芳．"一带一路"背景下中国东北与俄远东地区农业合作［J］．西伯利亚研究，2017，44（3）．

王慧敏，翟雪玲．中俄农业投资合作现状及发展方向［J］．国际经济合作，2017（4）．

王守海．苏联农产品价格和价格政策中的一些问题［J］．外国经济与管理，1982（11）．

王亚军．俄罗斯农业保险改革之我见［J］．保险研究，1999（2）．

王毅．农产品遭遇全球涨价潮［J］．农产品加工（创新版），2010（11）．

王莺，赵坤．俄罗斯保险业的发展历史和现状［J］．欧亚经济，2012（12）．

王跃生．俄罗斯放开物价与价格改革的模式问题［J］．世界经济，1992（4）．

王志远．俄罗斯农村土地制度变迁二十年的回顾与反思［J］．俄罗斯学刊，2012（3）：59 - 64．

王志远．农村土地流转：中国与俄罗斯的差异与共性［J］．欧亚经济，2014（3）．

王志远．农地私有化、市场环境与俄罗斯农业发展［J］．俄罗斯研究，2010（2）．

韦晓菌．基于农业供给侧改革的广西农业产业集群发展探讨［J］．学术论坛，2016，39（3）．

温勇．人口统计学［M］．南京：东南大学出版社，2006．

翁善钢．俄罗斯养猪业现状［J］．猪业科学，2012，29（6）．

吴迪．俄罗斯农业的发展现状、困境与改革方向［J］．世界农业，2015（11）．

吴俊丽．国外农业保险对中国发展农业保险的启示［J］．北京农业职业学院报，2003（1）．

吴焰．中俄贸易在结构优化中回暖走强［N］．人民日报，2018 - 01 - 23．

肖辉忠．俄罗斯农用地私有化以及流转问题研究［J］．俄罗斯东欧中亚研究，2015（1）．

肖玉红．国际农业保险模式：对中国农业保险制度的启示［J］．湖北行政学院学报，2007（3）．

谢维．政策性农业原保险组织法律制度研究［D］．长沙：湖南大学，2009．

邢广程，张建国．梅德韦杰夫和普京［M］．吉林：长春出版社，2008．

邢鹂，吴天侠，吕开宇．"金砖三国"农业保险现状及其对中国的启示［J］．世界农业，2010（9）．

徐悦，梁利群，董晓丽，户国．俄罗斯渔业发展现状［J］．水产学杂志，2020，33（5）．

许新．重塑超级大国——俄罗斯经济社会改革和发展道路［M］．南京：江苏人民出版社，2004．

薛君度，陆南泉．中俄经贸关系［M］．北京：中国社会科学出版社，1999．

颜俊，毛广雄．俄罗斯人口结构研究［J］．世界地理研究，2009，18（1）．

杨宏．中俄农业经贸合作研究［D］．杨凌：西北农林科技大学，2002．

杨天红．中俄农业经贸合作问题研究［D］．长春：吉林财经大学，2017．

雍洪俊，唐欢，张放．俄罗斯水果生产与贸易现状及中俄水果贸易前景展望"一带一路"沿线主要国家水果生产与贸易统计分析（五）［J］．中国果业信息，2016，33（10）．

于小琴．俄罗斯城市化问题研究［M］．哈尔滨：黑龙江大学出版社，2015．

于小琴．试析"向东转"战略下俄罗斯远东发展态势［J］．西伯利亚研究，2017，44（2）．

远东地区的工农业发展（俄中工农业发展基金）［Z］．俄罗斯远东发展部新闻，2016-04-26．

张翀．2018年中俄贸易发展前瞻［N］．中国社会科学报，2018-01-11．

张怀波，刘瑞涵．俄罗斯农业补贴政策之解析［J］．世界农业，2010（11）．

张建华，李新，戴有理．三十年来路坎坷 希望生长辉前程——中国蛋鸡育种访谈录［J］．中国禽业导刊，2009，26（11）．

张抗私．就业与和谐社会发展［M］．北京：中国民主法制出版社，2005．

张泉欣．"休克疗法"与俄罗斯农业市场化改革［J］．农村经济与社会，1994（5）．

张玉东．苏联的农产品购销体制与价格政策［J］．蔬菜，1989（4）．

赵军华，等．2014年国际农产品价格走势分析［J］．世界农业，2014（5）．

郑羽，蒋明君．普京八年：俄罗斯复兴之路（2000—2008）［M］．北京：经济管理出版社，2008．

钟甫宁．农业经济学［M］．北京：中国农业出版社，2011．

周洪涛．浅析加入世贸组织后俄罗斯农业发展主要措施［J］．西伯利亚研究，2014，41（2）．

周新城，王德根．苏联农业［M］．北京：中国农业出版社，1981．

朱道华．外国农业经济学［M］．北京：中国农业出版社，1999．

朱行．俄罗斯农业政策最新变化及分析［J］．世界农业，2007（12）．

朱照阳．对我国农业保险经营模式的思考［J］．科技经济市场，2008（1）．

图书在版编目（CIP）数据

俄罗斯农业 / 郭翔宇，崔宁波主编 . —北京：中国农业出版社，2021.12
（当代世界农业丛书）
ISBN 978-7-109-28902-4

Ⅰ.①俄… Ⅱ.①郭… ②崔… Ⅲ.①农业经济－研究－俄罗斯 Ⅳ.①F351.23

中国版本图书馆 CIP 数据核字（2021）第 221037 号

俄罗斯农业

ELUOSI NONGYE

中国农业出版社出版

地址：北京市朝阳区麦子店街 18 号楼
邮编：100125
出版人：陈邦勋
策划统筹：胡乐鸣 苑 荣 赵 刚 徐 晖 张丽四 闫保荣
责任编辑：赵 刚
版式设计：王 晨 责任校对：吴丽婷
印刷：北京通州皇家印刷厂
版次：2021 年 12 月第 1 版
印次：2021 年 12 月北京第 1 次印刷
发行：新华书店北京发行所
开本：787mm×1092mm 1/16
印张：20.5
字数：330 千字
定价：108.00 元